Mélanges offerts
à François Neveu

Textes édités par Chr. Gallois, P. Grandet et L. Pantalacci
avec le concours des éditions Khéops

Mélanges offerts à François Neveu

par ses amis, élèves et collègues
à l'occasion de son soixante-quinzième anniversaire

INSTITUT FRANÇAIS D'ARCHÉOLOGIE ORIENTALE

BIBLIOTHÈQUE D'ÉTUDE 145 – 2008

ISSN 0259-3823 ISBN 978-2-7247-0493-8

Sommaire

Avant-propos

Le présent volume, offert à François Neveu à l'occasion de son 75e anniversaire, consacre la place particulière que cet excellent connaisseur de la langue des Ramsès a conquise en peu d'années dans le paysage international de la philologie égyptienne. François Neveu retrouvera dans ces pages une bonne partie de la petite communauté, collègues grammairiens, auditeurs et enseignants de l'École pratique et du cours Khéops, dont il a gagné durant les dernières décennies l'estime, l'admiration, tout simplement l'amitié. Pour variées que soient leurs contributions, tous ont cherché à lui restituer une parcelle de son enthousiasme, de son humour, de sa curiosité, de sa clarté et de sa rigueur.

Formé aux sciences exactes dans un cursus d'excellence, rompu à la pratique pédagogique par de longues années d'enseignement dans le secondaire, François Neveu est arrivé à l'Égypte ancienne au détour d'un parcours professionnel original et riche. Grâce à l'enseignement de Pascal Vernus à l'École pratique des hautes études, il a maîtrisé sans effort l'égyptien de première phase, pour focaliser son intérêt sur le néo-égyptien, dont le système grammatical lui a donné envie d'appliquer la rigueur d'analyse héritée de sa formation approfondie aux sciences du vivant. Avec une facilité rare, en très peu d'années, la perspicacité et la rigueur de ses analyses, mais aussi son sens particulièrement convivial des contacts et des échanges, l'ont inscrit dans le cercle des égyptologues philologues, avec lesquels il a partagé plusieurs des rencontres spécialisées « Crossroads ». Sous des intitulés parfois arides, la limpidité et la vivacité de ses exposés systématiques ont fait de lui un passeur de connaissances précis et tonique, généreux de ses références, de ses hypothèses et aussi de son temps pour les échanges. Sa grammaire sur « La langue des Ramsès » est aujourd'hui un outil incontournable, et la meilleure pérennisation de ce partage de son « gai savoir ».

Aussi l'appel à contribution pour ces hommages a-t-il rencontré immédiatement un écho large et favorable, et les articles ont été tôt collectés. Pourtant, depuis la conception du projet par les éditeurs de ce volume et la remise des articles par les auteurs, plusieurs années se sont écoulées. Mais la ténacité amicale de l'équipe de Khéops, relayée par le savoir-faire éditorial des services de l'Ifao, a finalement mené l'entreprise à bon port.

Que tous ceux qui ont contribué à la parution de cet ouvrage trouvent ici nos chaleureux remerciements. Au fil des pages, François Neveu déchiffrera sans doute aisément leur langue commune, qui est celle de l'étude et de l'amitié.

Laure Pantalacci

Abréviations bibliographiques

Cette liste ne donne que les abréviations bibliographiques qui diffèrent de celles employées par le *Lexikon der Ägyptologie*, VII, Wiesbaden, 1992, p. XIV-XXXVIII.

ÄAT
Ägypten und Altes Testament. Studien zur Geschichte, Kultur und Religion Ägyptens und des Alten Testaments, Wiesbaden.

AION
Annali, Istituto Universitario Orientale, Naples.

Č.-G., *LEG*
J. Černý, S.I Groll, *A Late-Egyptian Grammar, Studia Pohl: Series Maior* 4, 3e éd., Rome, 1984.

Černý MSS. ou Černý Nb.
Carnets de notes manuscrits de Jaroslav Černý, conservés au Griffith Institute, Ashmolean Museum, Oxford.

Černý et Gardiner, *HO* I
J. Černý, A.H Gardiner, *Hieratic Ostraca* I, Oxford, 1957.

CLEM
R.A. Caminos, *Late-Egyptian Miscellanies, Brown Egyptological Studies* I, Londres, 1954. [cf G*LEM*]

Davies, *WWDM*
B.G. Davies, *Who's Who at Deir el-Medina. A Prosopographical Study of the Royal Workmen's Community, EgUit* 13, 1999.

Deir el-Medina in the Third Millenium AD
R.J. Demarée, A. Egberts (éd.), *Deir el-Medina in the Third Millenium AD, A Tribute to Jac. J. Janssen*, *EgUit* 14, 2000.

Edwards, *HPBM* IV
I.E.S. Edwards, *Hieratic Papyri in the British Museum, Fourth Series: Oracular Amuletic Decrees of the Late New Kingdom*, Londres, 1960.

Égypte
Égypte. Afrique et Orient, revue trimestrielle, Avignon.

EgUit
Egyptologische Uitgaven, Leyde.

EME
Études et mémoires d'égyptologie, Paris.

Erman, *NÄG*
A. Erman, *Neuägyptische Grammatik*, 2e éd., Leipzig, 1933.

Frandsen, *Outline*
P.J. Frandsen, *An Outline of the Late Egyptian Verbal System*, Copenhague, 1974.

Gardiner, *HPBM* III
A.H. Gardiner, *Hieratic Papyri in the British Museum, Third Series: Chester Beatty Gift*, Londres, 1935.

Gedenkschrift Barta
D. Kessler, R. Schulz (éd.), *Gedenkschrift für Winfried Barta, ḥtp dj n ḥzj, Münchener Ägyptologische Untersuchungen* 4, Francfort, Berlin, Berne, etc., 1995.

GLEM
A.H. Gardiner, *Late-Egyptian Miscellanies*, *BAe* VII, Bruxelles, 1937. [cf. *CLEM*]

Gr. = Graffiti
Gr. 1-1059 : W. Spiegelberg, *Ägyptische und andere Graffiti (Inschriften und Zeichnungen) aus der thebanischen Nekropolis*, Heidelberg, 1921.
Gr. 1060-1405 : J. Černý, *Graffiti hiéroglyphiques et hiératiques de la nécropole thébaine. N°s 1060 à 1405*, *DFIFAO* 9, Le Caire, 1956.
Gr. 1578- : J. Černý *et alii*, *Graffiti de la Montagne thébaine*, *Collection scientifique*, Le Caire, 1970.

Grandet, *OHNL* VIII
P. Grandet, *Catalogue des ostraca hiératiques non littéraires de Deîr el-Médînéh* VIII, n°s 706-830, *DFIFAO* 39, Le Caire, 2000.

Grandet, *OHNL* IX
P. Grandet, *Catalogue des ostraca hiératiques non littéraires de Deîr el-Médînéh* IX, n°s 831-1000, *DFIFAO* 41, Le Caire, 2003.

Grandet, *Papyrus Harris I*
P. Grandet, *Le Papyrus Harris I (BM 9999)*, *BdE* 109, 2 vol., Le Caire, 1994, 2e éd. 2005 ; vol. 3, *glossaire*, *BdE* 129, Le Caire, 1999.

Grandet, *Ramsès III*
P. Grandet, *Ramsès III. Histoire d'un règne*, *Bibliothèque de l'Égypte ancienne*, Paris, 1993.

Gutgesell, *Dat.*
M. Gutgesell, *Die Datierung der Ostraka und Papyri aus Deir el-Medineh und ihre ökonomische Interpretation. Teil I : Die 20. Dynastie*, *HÄB* 18-19, Hildesheim, 1983 ; *Die Datierung der Ostraka und Papyri aus Deir el Medineh. Teil II : Die Ostraka der 19. Dynastie*, *HÄB* 44, Hildesheim, 2002.

Hammâmât
J. Couyat, P. Montet, *Les inscriptions hiéroglyphiques et hiératiques du Ouâdi Hammâmât*, *MIFAO* 34, Le Caire, 1912.

Haring, *Divine Households*
B.J.J. Haring, *Divine Households. Administrative and Economic Aspects of the New Kingdom Royal Memorial Temples in Western Thebes*, *EgUit* 12, Leyde, 1997.

Hoch, *Semitic Words*
J.E. Hoch, *Semitic Words in Egyptian Texts of the New Kingdom and the Third Intermediate Period*, Princeton, 1994.

Janssen, *Village Varia*
Jac. J. Janssen, *Village Varia. Ten Studies on the History and Administration of Deir el-Medina*, *EgUit* 11, Leyde, 1997.

KRI
K.A. Kitchen, *Ramesside Inscriptions. Historical and Biographical*, 8 vol., Oxford, 1970-1990. [cf. *RITA*, *RITANC*]

Kruchten, *Le Décret d'Horemheb*
J.-M. Kruchten, *Le Décret d'Horemheb. Traduction, commentaire épigraphique, philologique et institutionnel*, Bruxelles, 1981.

LGG
Chr. Leitz (éd.), *Lexikon der ägyptischen Götter und Götterbezeichnungen*, 8 vol., *OLA* 110-116 et 129, 2002-2003.

LingAeg
Lingua Aegyptia. Journal of Egyptian Language Studies, Göttingen.

McDowell, *Jurisdiction*
A. McDowell, *Jurisdiction in the Workmen's Community of Deir el-Medîna*, *EgUit* 5, 1990.

Neveu, *Langue des Ramsès*
Fr. Neveu, *La langue des Ramsès. Grammaire du néo-égyptien*, Paris, 1998.

Neveu, *Particule ḫr*
Fr. Neveu, *La particule ḫr en néo-égyptien*, *EME* 4, Paris, 2002.

ODM
J. Černý, *Catalogue des ostraca hiératiques non littéraires de Deir el Médineh* I, nos 1 à 113, *DFIFAO* 3, Le Caire, 1935 ; II, nos 114-189, *DFIFAO* 4, Le Caire, 1937 ; III, nos 190-241, *DFIFAO* 5, Le Caire, 1937 ; IV, nos 242-339, *DFIFAO* 6, Le Caire, 1939 ; V, nos 340-456, *DFIFAO* 7, Le Caire, 1951 ; S. Sauneron, [VI], nos 550-623, *DFIFAO* 13, Le Caire, 1959 ; J. Černý, [VII], nos 624-705, *DFIFAO* 14, Le Caire, 1970 ; P. Grandet, VIII, nos 706-830, *DFIFAO* 39, Le Caire, 2000 ; P. Grandet, IX, nos 831-1000, *DFIFAO* 41, Le Caire, 2003.

RITA
K.A. Kitchen, *Ramesside Inscriptions. Translated and Annotated. Series A : Translations*, Oxford, 1993. [traduction de *KRI*]

RITANC
K.A. Kitchen, *Ramesside Inscriptions. Translated and Annotated. Series B : Annotations*, Oxford, 1993. [commentaire à *RITA*]

SAGA
Studien zur Archäologie und Geschichte Altägyptens, Heidelberg.

SEAP
Studi di Egittologia e di Antichità Puniche, Pise.

Studies Quaegebeur
W. Clarysse, A. Schoors, H. Willems (éd.), *Egyptian Religion. The Last Thousand Years. Studies Dedicated to the Memory of Jan Quaegebeur, OLA* 85, Louvain, 1998.

Studies Simpson
P. Der Manuelian, R.E. Freed (éd.), *Studies in Honor of William Kelly Simpson*, Boston, 1996.

Valbelle, *Ouvriers*
D. Valbelle, *« Les ouvriers de la tombe ». Deir el-Médineh à l'époque ramesside, BdE* 96, Le Caire, 1985.

Valbelle, *Poids DM*
D. Valbelle, *Catalogue des poids à inscriptions hiératiques de Deir el-Médineh*, n°s 5001-5423, *DFIFAO* 16, Le Caire, 1977.

Vernus, *Affaires et scandales*
P. Vernus, *Affaires et scandales sous les Ramsès, Bibliothèque de l'Égypte ancienne*, Paris, 1993.

Village Voices
R.J. Demarée, A. Egberts (éd.), *Village Voices. Proceedings of the Symposium "Texts from Deir el-Medîna and their Interpretation", Leiden, May 31-June 1, 1991, Centre of Non-Western Studies, Publications* 13, Leyde, 1992.

Winand, *Études de néo-égyptien I*
J. Winand, *Études de néo-égyptien, I. La morphologie verbale, Ægyptiaca Leodiensia* 2, Liège, 1992.

Bibliographie de François Neveu

- « Le tarif de location des ânes à Deir el-Médineh », *RdE* 37, 1986, p. 151-155.
- « La particule *ḫr* en néo-égyptien », dans *Akten des vierten Internationalen Ägyptologen-Kongresses München 1985*, Bd. 3, *SAK, Beiheft* 3, Hambourg, 1988, p. 99-110.
- « À propos du P. DM 28 : un conseil royal consacré aux affaires de “La Tombe” », *RdE* 41, 1990, p. 143-152.
- « La particule néo-égyptienne *yꜣ* », *SEAP* 11, 1992, p. 13-30.
- « Vraie et pseudo Cleft Sentence en néo-égyptien », *LingAeg* 4, 1994, p. 191-212.
- *La langue des Ramsès. Grammaire du néo-égyptien*, Paris, 1996.
- « Problèmes familiaux et solutions juridiques : divorce et adoption à l'époque ramesside », *Égypte* 20, 2001, p. 25-32.
- *La particule ḫr en néo-égyptien. Étude synchronique*, *Études et mémoires d'Égyptologie* 4, Paris, 2002.
- « Extraits de la chronique judiciaire de Deir al Médina », *Égypte* 25, 2002, p. 11-18.
- Compte rendu de Fr. Junge, *Late Egyptian Grammar*, Warminster, 2001, *BiOr* LIX / 3-5, 2002, col. 260-269.
- « Les étudiants en lettres ou élèves scribes à l'époque ramesside », *Égypte* 39, 2005, p. 27-34.

En collaboration avec R. Navailles

- R. Navailles, Fr. Neveu, « Une ténébreuse affaire : P. Bankes I », *GM* 103, 1988, p. 51-60.
- R. Navailles, Fr. Neveu, « Qu'entendait-on par “journée d'esclave” au Nouvel Empire ? (*hrw m ḥm(t), hrw n bꜣk*) », *RdE* 40, 1989, p. 113-123.

Robert Navailles

François Neveu : témoignage d'un ami

Enseignement d'Ani, 18, 7-8

Un peu d'hagiographie…

Il suffit de feuilleter sa Grammaire : notre ami Neveu est aujourd'hui l'un des meilleurs spécialistes du néo-égyptien. Citez-lui trois mots d'un obscur ostracon qu'il a lu dix ans plus tôt, et il vous donnera illico contexte, références et publications. S'agit-il de repérer, dans le beau champ de son corpus préféré, les occurrences d'une particule – insignifiante pour d'autres, mais signifiante pour lui – il va « ratisser large », sans pour autant négliger les détails ; aucune d'elles ne lui échappera… et ce sera sa thèse sur *ḫr*.

C'est aussi un pédagogue exceptionnel. Explications claires, éloquence persuasive, passion communicative : au sortir d'une de ses conférences, on pourrait presque se croire intelligent…

Et affable avec ça ! d'un abord toujours facile, prêt à aider ses étudiants, prolongeant ses cours de discussions enrichissantes. Mais attention à la grosse colère si un traducteur commet le moindre délit grammatical par ignorance ou – péché mortel – par souci d'élégance stylistique ; et gare au pseudo-historien d'art qui interpréterait une scène sans même lire le texte hiéroglyphique qu'elle illustre !

Son amour de la vie lui fait préférer, à d'hermétiques théologies, les témoignages des vicissitudes des petites gens, proches de l'expérience vécue et dans lesquelles chacun peut se reconnaître.

Mais craignant de frôler la flagornerie, j'arrête là pour me laisser aller à

un peu de nostalgie…

Comment oublier, au cours de vacances communes dans le Midi, les heures passées dans la pinède, où, indifférents aux railleries de nos proches, nous agrémentions les stridulations des cigales de profondes considérations sur les formes autonomes ou les temps seconds… « *amarcord* »…

Michel Baud

Une statuette de Ramsès II « protecteur de l'Égypte »

Lorsque l'amicale proposition de participer à ce volume d'hommages m'a été faite, un heureux hasard avait mis entre mes mains, peu de temps auparavant, un fragment de statuette royale du Nouvel Empire [1]. Cette époque étant le terrain de prédilection de François Neveu, il était tentant de lui offrir la publication de ce monument, quitte à m'éloigner considérablement de mon cadre chronologique (trop) habituel. Juste tribut, après tout, à celui qui m'avait enseigné le néo-égyptien dans des cours toujours merveilleusement vivants, et dont l'intérêt dépassait de loin celui de la grammaire pure. Le petit morceau de propagande royale présenté ici restera malheureusement bien loin du quotidien des habitants de la Vallée qu'il affectionne tant, aimant à retrouver, derrière leurs joies et leurs peines, grandeur et bassesses, cette humanité qui transcende les millénaires. Loin aussi d'être tout à fait présentable, puisqu'il s'agit bien, littéralement, d'un petit morceau, quoiqu'il cache quelques surprises.

Il ne reste en effet de cette statuette royale, dont on peut estimer la taille hors socle à 50 cm environ [2], que la partie centrale. Elle est cassée au-dessus des omoplates, la fracture ayant aussi emporté, à l'avant, la poitrine. Bras et mains sont arrachés et les membres inférieurs manquent jusqu'à mi-cuisse environ. Le pilier dorsal, inscrit, est par conséquent très incomplet et aucun nom royal ne s'y lit plus. La pièce a été taillée dans un bloc de quartzite jaune-beige à reflets dorés, et, aussi fragmentaire soit-elle, sa finesse de modelé lui conserve malgré tout une belle apparence.

Le roi est représenté debout, jambe gauche avancée. Les bras sont disposés le long du corps et les mains, vraisemblablement fermées [3], touchent les cuisses. La coiffe est le *némès*, comme l'indique encore, par chance, l'extrémité de sa retombée arrière. Cet appendice est, selon la

[1] Il a été découvert dans un fossé de la région de La Roche-sur-Yon, dans les années 1940. Les circonstances qui l'ont amené dans ce lieu inattendu sont inconnues. Je remercie vivement Mme Colette Grolleau d'avoir porté ce monument à ma connaissance et ses propriétaires actuels, M. et Mme David, de m'en avoir permis l'étude et la publication. Plusieurs collègues ont bien voulu examiner des photographies de la statue et m'ont fourni de précieuses indications sur sa date, cf. certaines notes ci-dessous.

[2] Sur la base des mesures suivantes : largeur de la taille de 6,9 cm, largeur des hanches de 9,8 cm, largeur (sous-pectorale) de 8,3 cm. Le fragment lui-même mesure 22,5 cm de haut sur 11 cm de large. Parmi les mesures notables, on peut donner celles de la boucle de ceinture : 2,4 × 0,75 cm, l'épaisseur maximale de la ceinture sur les côtés : 1,9 cm, et la longueur totale du poignard : 8,1 cm.

[3] Compte tenu des parallèles, cf. la typologie des attitudes dressée par Vandier, *Manuel* III, Paris, 1958, p. 414-426.

technique habituelle de représentation, divisé et sculpté de part et d'autre du pilier ; il ne subsiste plus que du côté gauche de ce dernier. Le souverain se présente torse nu, laissant apparaître une taille assez fine, un ventre très légèrement rebondi et un nombril circulaire profondément gravé, le sillon qui le prolonge vers le haut étant lui-même assez prononcé. Il est vêtu du pagne *chendjit*, dont le plissé est délicatement rendu. Son rabat gauche, très arrondi, imprime une disposition rayonnante aux plis du vêtement, qui deviennent presque horizontaux à l'extrémité supérieure. La rondeur du rabat en fait aussi passer le bord à la limite de la boucle de ceinture, assez loin de son emplacement habituel, nettement décalé sur le côté droit. La ceinture, à bords ourlés, est décorée d'un motif de vaguelettes horizontales serrées, disposées symétriquement de part et d'autre d'une ligne centrale imaginaire. Assez nettement tombante (cf. la vue de profil), elle épouse le contour du renflement du ventre ; étroite à l'avant, elle s'élargit considérablement sur les côtés. Elle est fermée par une large boucle ovale et lisse, sur laquelle on peine à discerner quelques signes, superficiellement gravés. Mis sur la voie de l'identification du monarque par d'autres indices, il est tentant d'y vouloir lire [Ouser]-maât-[Rê setep-en]-Rê, sous toute réserve, car on s'attendrait à des disques solaires plus profondément gravés (pl. Ia). La ceinture retient un poignard disposé de biais, pressé contre le ventre du roi en évitant le nombril, manche à droite et lame à gauche, comme à l'accoutumée. Deux rainures parallèles parcourent son fourreau ; le manche, grêlé d'impacts, laisse encore voir sa terminaison en forme de fleur de papyrus, qui se prolonge par une tête de faucon regardant vers le haut, traitée en très léger relief.

Le pilier arrière, large de 5 cm en moyenne et se rétrécissant très légèrement vers le sommet, porte une seule colonne de texte (pl. Ib). Les signes sont gravés d'un trait fin et plutôt superficiel, à l'exception du *km* de *Km.t*, évidé en profondeur. L'usage d'un terme peu fréquent, le verbe *nbnb*, livre une clé de recherche des parallèles qui permet de proposer la restitution suivante :

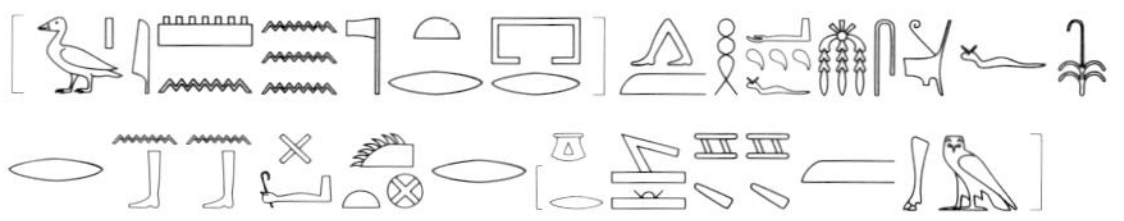

… [sꜣ Jmn mw nṯry p]r(w) m ḥʿw=f, ms~n=f sw r nbnb Km.t r g[rg tꜣ.wy m wḥm]…

« [Le fils d'Amon, semence divine is]sue de son corps, qu'il a engendré (litt. « enfanté[4] *») pour protéger l'Égypte et refon[der*[5] *les Deux Terres …]. »*

[4] Le terme dénote, dans la filiation divine des rois, aussi bien l'ascendance paternelle que maternelle, cf. Blumenthal, *Königtum*, p. 63-64 et N. Grimal, *Les termes de la propagande royale égyptienne. De la XIX*e *dynastie à la conquête d'Alexandre*, Paris, 1986, p. 104.

[5] Je suis la traduction de Grimal, *op. cit.*, p. 110, plutôt que celle de K.A. Kitchen, *RITA* II, p. 388 « to provide… anew ».

L'apparente banalité de ces épithètes, qui expriment la nature divine du monarque, sa légitimité et sa prédestination [6], cache en effet une expression rare, *nbnb Km.t*, qui n'était connue jusqu'ici que sur une statue assise de Ramsès II, provenant du temple de Karnak et conservée au musée du Caire (CG 552) [7]. L'inscription, qui figure aussi sur le pilier dorsal, donne un parallèle exact à notre texte, à quelques variantes graphiques mineures près ; Hérihor le reprendra à son compte au temple de Khonsou [8]. La différence la plus notable est l'écriture de *nbnb* sur CG 552, inversée en *bnbn* : . Le nouveau texte en assure désormais la lecture correcte, montrant qu'il s'agit bien du verbe « protéger, garder (un territoire) [9] », substitué au plus banal *mkj* [10], ce dernier détaché des contingences géographiques.

Compte tenu de cet unique parallèle, il est tentant de rattacher la statuette au règne du grand Ramsès. L'expression *pr(w) m ḥʿw⸗f*, inconnue avant le règne de Séthi Ier [11], offre une limite chronologique supérieure que des critères stylistiques viennent borner en limite inférieure. La ceinture, qui se rétrécit nettement vers l'avant, sans qu'elle soit toutefois « divisée » à l'endroit de sa plus grande largeur, est d'une forme caractéristique de la période ramesside, en restant plutôt antérieure à la fin de la XXe dynastie [12]. Le pagne *chendjit* à rabat supérieur très arrondi et plis rayonnants, ensemble évoquant la forme d'un éventail, démarque notablement cette statue des modèles habituels [13]. Ce serait un indice en faveur du règne de Ramsès II, et particulièrement de ses premières années de pouvoir [14]. Au petit temple d'Abou Simbel, comme sur une statue récemment raccordée au musée du Caire, l'arrondi du rabat n'est toutefois pas aussi prononcé que sur notre exemple, même si les plis suivent une disposition similaire [15]. En revanche, sur une dyade du même souverain et de la déesse Sekhmet, conservée dans une collection particulière suisse, la limite du rabat suit une courbure tout aussi accentuée [16]. Ramsès s'y présente

[6] Il s'agit ici d'une relative virtuelle, litt. « il (le dieu) l'a engendré (le roi) pour » ; dans ce type d'épithètes avec complétive, on rencontre plus fréquemment un participe perfectif agentiel, « (celui) qui a été engendré pour… », cf. Grimal, *op. cit.*, p. 108 et suivantes, avec références.

[7] L. Borchardt, *Statuen und Statuetten von Königen und Privatleuten* II, p. 98-99, pl. 92 ; *KRI* II, 591, nº 14, et *KRITA* II, p. 388 ; Grimal, *op. cit.*, p. 110, n. 287.

[8] Grimal, *loc. cit.*

[9] *Wb* II, 245, 5 ; Meeks, *Année lexicographique*, 79.1519 ; H. Lesko, *A Dictionary of Late Egyptian* II, Providence, 1984, p. 15. La lecture « inonder », proposée par Grimal en se fondant sur une lecture *bnbn*, doit être à présent révisée ; celle de Kitchen, *loc. cit.*, « gouverner », ne doit pas être retenue faute de véhiculer l'idée de protection du territoire.

[10] Grimal, *op. cit.*, p. 111, 322 et suivantes.

[11] Grimal, *op. cit.*, p. 101-102, n. 253.

[12] Je remercie Marianne Eaton-Krauss, Évelyne Faivre et Dominique Farout d'avoir attiré mon attention sur cet élément ; sur cette conclusion chronologique, voir T.G.H. James, « A Ramesside Divine Sculpture at Kingston Lacy », dans C.J. Eyre, A. & L. Leahy (éd.), *The Unbroken Reed. Studies A.F. Shore*, Londres, 1994, p. 146.

[13] Où les « plis du pagne sont légèrement orientés vers le milieu des jambes », D. Laboury, *La statuaire de Thoutmosis III*, Liège, 1998, p. 413, et surtout parallèles ou presque.

[14] Information communiquée par Hourig Sourouzian, que je remercie vivement d'avoir pris la peine d'examiner sa documentation ; je lui dois les références qui suivent.

[15] Resp. Chr. Desroches-Noblecourt, Ch. Kuentz, *Le petit temple d'Abou Simbel*, vol. II, Le Caire, 1968, pl. 12-15, et H. Sourouzian, « Raccords ramessides », *MDAIK* 54, 1998, p. 290-292, pl. 46. Le colosse sud du IIe pylône du grand temple de Karnak, remploi par Ramsès II d'une pièce de la XVIIIe dyn. (H. Sourouzian, « Les colosses du IIe pylône du temple d'Amon-Rê à Karnak, remplois ramessides de la XVIIIe dynastie », *Karnak* 10, 1995, p. 505-514, fig. 1b et pl. 3b), montre une disposition des plis très semblable, mais la bordure du rabat est cassée. Compte tenu des parallèles de la période, il est peu probable que sa forme ait été curviligne.

[16] C'est à Biri Fay que je dois ce parallèle essentiel, publié dans M. Page-Gasser, A.B. Wiese, *Égypte. Moments d'éternité. Art égyptien dans les collections privées, Suisse* (catalogue d'exposition, musée Rath, Genève), Mayence, 1997, p. 176-178 (nº 111).

d'ailleurs debout, avec le poignard à la ceinture ; fourreau, manche et pommeau sont du même type, si ce n'est que le faucon est coiffé d'un disque solaire [17]. Le matériau est lui aussi le même, y compris dans sa teinte, ce qui renforce un corpus ramesside encore assez maigre par rapport aux nombreuses statues royales de la XVIIIe dynastie sculptées dans cette pierre, particulièrement sous Aménophis III [18]. Autant qu'on puisse en juger, le modelé de notre statue n'ayant pas été repris, ni l'inscription du pilier dorsal regravée [19], Ramsès II – si c'est effectivement ce roi – serait bien le commanditaire du monument, dont aucun indice ne permet de déterminer l'emplacement d'origine. Tout au plus, les caractéristiques assez originales de cette statuette pourraient la situer en dehors de la région thébaine.

Addendum : Christophe Barbotin nous a signalé, après achèvement de cet article, deux autres parallèles intéressants publiés côte à côte *in Varia Aegyptiaca* 10/1, 1995, p. 51-53, n°s 37-38 (catalogue de l'exposition *Dynasties* du San Antonio Museum of Art). Les deux statues, fragmentaires, sont en quartzite (couleur non précisée). Elles présentent Ramsès II coiffé du *némès*, portant la *chendjit* retenue par une ceinture à motif de zigzags, s'élargissant vers l'arrière, elle-même fermée par une boucle-cartouche inscrite au nom du roi, derrière laquelle passe un poignard à tête de faucon, porté de biais. Aucune de ces pièces ne montre cependant un rabat du pagne aussi circulaire que la statuette étudiée ici, quoique le plissé de l'une d'elle (n° 37) soit légèrement rayonnant. Leur pilier dorsal, dans la moitié supérieure conservée, ne présente que la titulature royale, banale, à une épithète près (*jṯ.t tꜣ.wj m ḫpš=f*). Selon l'auteur du catalogue, G.D. Scott, il pourrait s'agir de remplois de statues d'Aménophis III, mais l'unique argument avancé – la profondeur des hiéroglyphes du pilier – paraît faible.

17 Quoique la représentation avec disque ne semble pas antérieure au Nouvel Empire, l'absence de cet élément ne constitue pas un critère de datation, puisque le poignard est, en effet, attesté dès le Moyen Empire dans la statuaire. La partie supérieure d'une statue d'Amenemhat III conservée au Louvre (N 464) l'illustre : E. Delange, *Catalogue des statues égyptiennes du Moyen Empire*, Paris, 1987, p. 33-35, partie anépigraphe à laquelle se rattache vraisemblablement une base inscrite au nom de ce roi, au musée du Caire (CG 769) : B. Fay, « Missing Parts », dans E. Goring *et al.* (éd.), *Chief of Seers : Egyptian Studies in Memory of Cyril Aldred*, Londres et New York, 1993, p. 98-99, fig. 1. Hourig Sourouzian y a ajouté de nouveaux exemples, en réexaminant la date de statues colossales réutilisées par Ramsès II, cf. « Standing Colossi of the Middle Kingdom Reused by Ramesses II », *MDAIK* 44, 1988, p. 229-254, avec une discussion sur le poignard p. 248-251.

18 Th. De Putter, Chr. Karlshausen, *Les pierres utilisées dans la sculpture et l'architecture de l'Égypte pharaonique*, Bruxelles, 1992, p. 98-99.

19 Elle aurait certes pu être réalisée sur une surface laissée vierge par le propriétaire initial, comme d'autres exemples le démontrent.

a

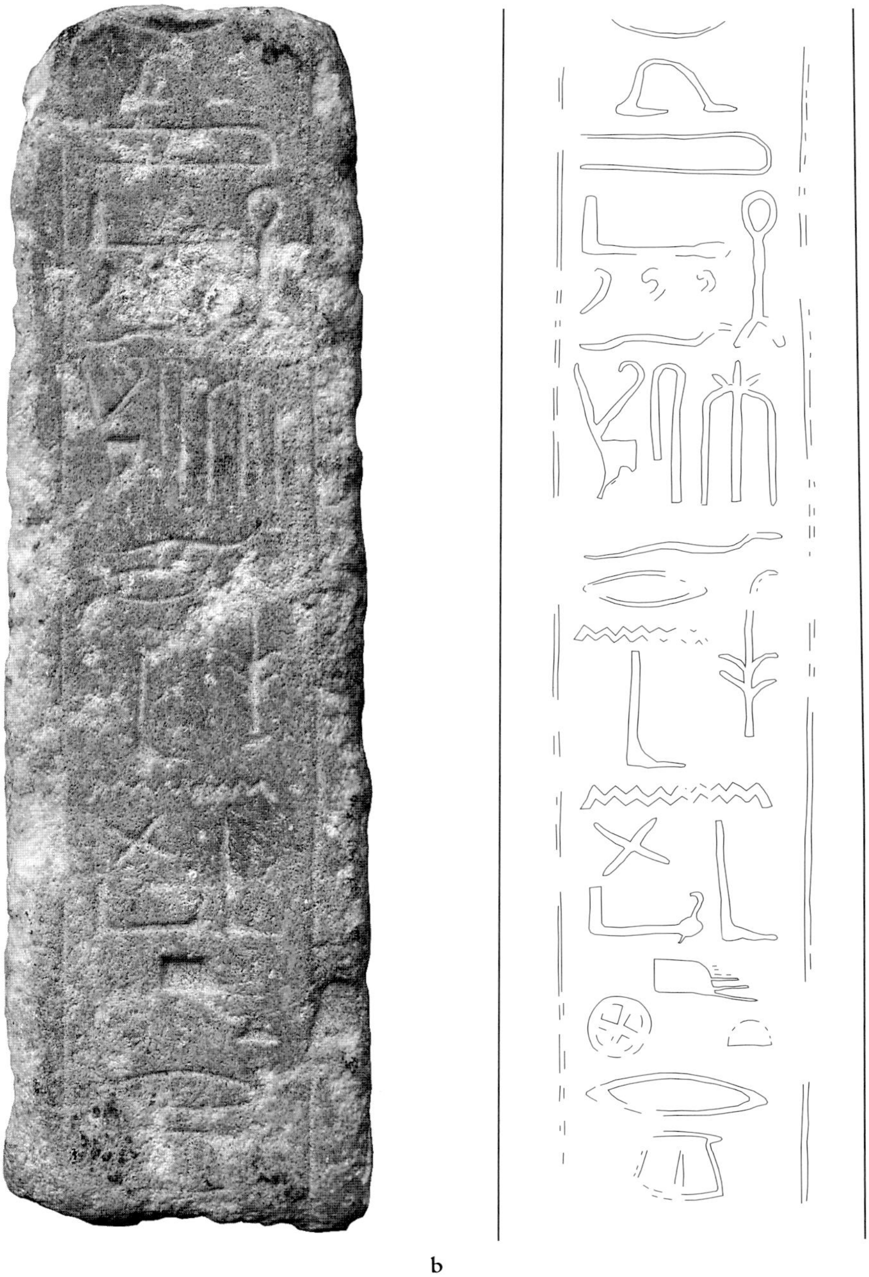

b

Planche I. a. Inscription de la boucle de ceinture. **b.** Inscription du pilier dorsal.

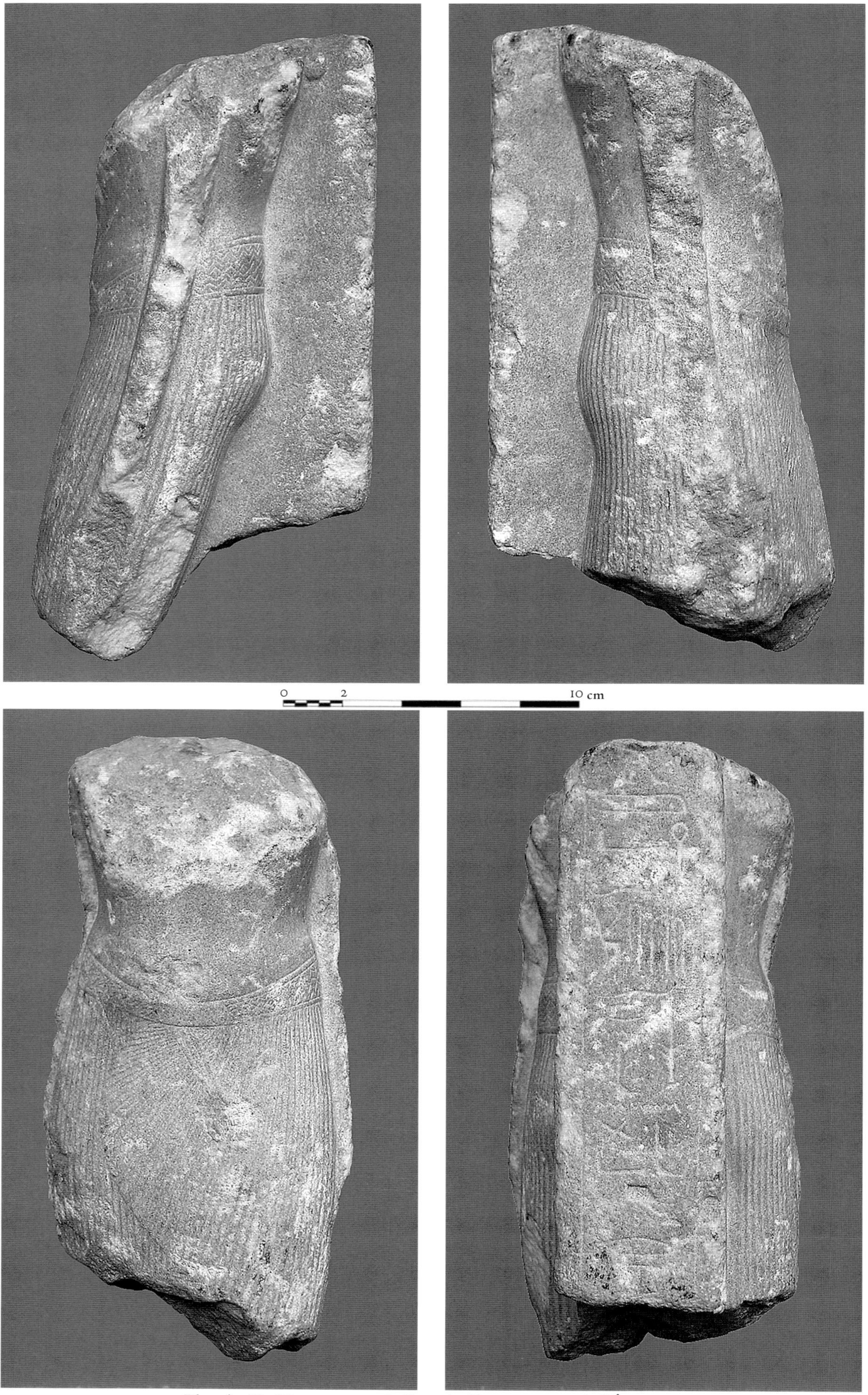

Planche II. Une statuette de Ramsès II « protecteur de l'Égypte ».

Cassure supérieure

Cassure inférieure

Planche III. Une statuette de Ramsès II « protecteur de l'Égypte ».

Nathalie Baum

Les *baou* et leur action sur terre

Le chapitre 480 des Textes des Pyramides dit du roi mort montant au ciel : « Son ba est sur lui, ses pouvoirs magiques (*ḥkꜣ.w=f*) sont à ses côtés, l'horreur qu'il inspire (*šꜥ.t=f*) est à ses pieds » (*Pyr.* 992 c). Cette formule, développée chez Téti, Pépi Ier et Pépi II, est une variante du chapitre 306, texte d'ascension attesté chez Ounas, Merenrê et Pépi II : « Ses baou sont sur lui, l'horreur qu'il inspire est à ses côtés, ses pouvoirs magiques sont à ses pieds » (*Pyr.* 477 a-b).

Être *ba* revient pour le roi mort à être tel un dieu, énergique (*wꜣš*) et puissant (*sḫm*) [1], c'est-à-dire à être investi d'une fonction dynamique qui permet de déployer toute la puissance d'action d'un dieu. Le *ba* représente non une manifestation de puissance en soi, mais plutôt un facteur déterminant l'activation de la puissance-*sekhem*. En cela, la notion de *ba* rejoint celle de *numen*, qui est pour un dieu la faculté d'entrer en activité et de s'actualiser et qui, dénotant la puissance (*dynamis*) divine, devient une désignation de la divinité elle-même. La corrélation du *ba* comme état divin et de *sekhem*, puissance activée par le *ba*, a en effet été rapportée par Van der Leeuw à l'idée de *numen* ou puissance active de la divinité [2]. Cependant, d'autres textes privilégient l'idée selon laquelle le roi a son *ba* en lui et sa puissance-*sekhem* autour de lui [3], c'est-à-dire un pouvoir intérieur qui se libère ou s'extériorise en puissance, à moins qu'il n'ait son *ba* autour de lui et son *akh* en lui ainsi que son cœur [4], siège de la conscience, du savoir comme du vouloir. Le roi mort a aussi sur lui son *ba*, qui pourrait symboliser sa couronne et que l'on voit se consteller en *baou* capables d'opérer comme ses pouvoirs magiques *hekaou* et de susciter la terreur ; on a affaire à une force susceptible d'être dirigée vers l'extérieur et d'inspirer une horreur proportionnelle à la menace contenue dans le mot *shât* : celle d'une boucherie – le massacre d'un ennemi ici non identifié. Le terme *shât* est révélateur de l'aspect redoutable du *ba*, potentiel dangereux dont l'éveil et la constellation peuvent avoir des conséquences terrifiantes pour l'ennemi vers lequel il est projeté. Ainsi lit-on dans un hymne de la fin du Moyen Empire à Sobek, coiffé des « deux puissantes-*sekhemty* » symbolisant la double couronne : « Prends la paire qui sacre ton visage,

[1] *Pyr.* 2096 a-b (chap. 690), 886 b, 887 b (chap. 467).
[2] G. Van der Leeuw, *Godsvoorstellingen in de Oud-Egyptische Pyramidetexten*, Leyde, 1916.
[3] *Pyr.* 753 a (chap. 422), 2010 b (chap. 676).
[4] *Pyr.* 1921 d-e (chap. 666), 2228 a-b (chap. 717).

ses *baou* sur toi agissent en *ba*, l'horreur (*šḥꜣt*) de ses *baou* est dirigée vers tes ennemis [5]. » Dès le Moyen Empire, précisément, cette force est largement attribuée au roi vivant. À partir de cette époque se multiplient les témoignages de l'action des *baou* [6] divins et royaux sur terre.

Lorsque, en l'an 2 de Montouhotep IV, à la fin de la XIe dynastie, une mission de carriers encadrée d'un détachement de l'armée et conduite par le vizir Amenemhat entreprit d'exploiter un gisement de grauwacke du Ouâdî Hammâmât pour le sarcophage royal, une gazelle vint mettre bas sur la pierre qui devait lui servir de couvercle [7] ; peu après, un nouveau prodige (*bjꜣj.t*) se produisit : il y eut de la pluie – ce qui permit de « voir la manifestation (*ḫpr.w*) de ce dieu, (laquelle consistait à) dispenser (ou révéler) ses *baou* aux *rekhyt* [8] », et eut pour conséquence de « changer le vallon en rivière » (*jrt ḫꜣs.t m nwj*), le réseau constitué par le lit asséché de l'oued et ses tributaires collectant les eaux de ruissellement. Les pluies auxquelles le désert Oriental est exposé sont généralement peu abondantes, mais il arrive que les averses transforment les oueds en torrents ou en cours d'eau temporaires ; les eaux drainées peuvent s'écouler pendant 2-3 jours, charriant des masses de terre et de roche, et réapprovisionnant les réserves souterraines. À la suite de l'averse, l'une de ces réserves fut précisément découverte à l'emplacement d'une nappe d'eau affleurant dans l'oued.

Un phénomène naturel inhabituel, sinon exceptionnel, est ici interprété comme un signe de la puissance divine ou, pour rester près du texte, comme une manifestation (*kheperou*) par laquelle le dieu local Min révèle sa puissance ou sa volonté au commun des mortels ; le choix du mot *rekhyt*, souvent utilisé pour désigner les sujets du roi ou du dieu, fait ressortir la position humble de l'individu face à celle-ci. L'événement lui-même, aussi inattendu que positif, est une *biayt*, un prodige [9], un fait extraordinaire, échappant à la volonté humaine, dans lequel il convient de reconnaître une intervention divine bienveillante. L'ouverture du puits se fit « pour Sa Majesté en personne, alors même qu'il (le dieu) l'avait caché, avait indiqué (ou savait) l'exactitude de ce jour et prévu ce concours de circonstances afin que l'on vît ses *baou* et que l'on sût l'efficience de Sa Majesté ».

Quelques jours auparavant, Amenemhat informait le roi qu'il avait convoyé le sarcophage après avoir « changé le désert en fleuve, les oueds supérieurs en voie d'eau [10] », cette traduction littérale suggérant qu'il avait mis en place un système d'irrigation utilisant le canal principal de l'oued et ses affluents. Une telle déclaration dénote moins une métamorphose voulue de la région que des aménagements visant à tirer ponctuellement parti du régime hydrographique du désert Arabique. Si la phrase recouvre une réalité concrète, il se peut qu'Amenemhat ait profité de ce que l'oued était devenu un cours d'eau éphémère pour résoudre le problème du

5 P. Moscou 314, XIII, 1-2. A. Erman, *Hymnen an das Diadem der Pharaonen*, Berlin, 1911.

6 La plupart des documents qui vont être passés en revue ont été étudiés par J.F. Borghouts, « Divine Intervention in Ancient Egypt and its Manifestation (*bꜣw*) », dans *Gleanings from Deir el-Medîna*, *EgUit* 1, 1982, p. 1-70. Voir aussi I. Shirun-Grumach, *Offenbarung, Orakel und Königsnovelle*, *ÄAT* 24, 1993.

7 *Hammâmât* no 110. Pour l'analyse du présent groupe de textes, voir R. Gundlach, *SAK* 8, 1980, p. 89-114.

8 *Hammâmât* no 191. Nous ne suivons pas A.B. Lloyd, *JEA* 61, p. 54-58, qui fait de *ḥw* (pluie) un commandement.

9 Sur *biayt*, recouvrant des signes prodigieux inattendus ou *omina*, voir P. Vernus, *BSEG* 19, 1995, p. 73 sq.

10 *Hammâmât* no 113. Pour cette formule, voir K.-J. Seyfried, *Beiträge zu den Expeditionen*, *HÄB* 15, 1981, p. 278-79.

déplacement du sarcophage. Il n'y avait, paraît-il, jamais eu pareil retour d'expédition ; la troupe revint sans encombre, sans qu'il y eût à déplorer la moindre perte, que ce fût parmi les hommes ou les animaux de bât : « C'est advenu pour la majesté de mon maître, grâce aux *baou* que Min a activés pour lui, tant il l'aime. » C'est encore grâce aux *baou* de Min, seigneur des contrées désertiques, que l'expédition de l'an 2 d'Amenemhat III, revint en paix [11].

Suivant ces exemples, les *baou* reflètent la puissance de la divinité perçue à travers sa manifestation casuelle (un accident météorologique et ses suites bénéfiques) ou un enchaînement heureux de circonstances au cours d'une campagne dont un imprévu peut compromettre le succès. Le contexte est ici celui des expéditions, c'est-à-dire d'opérations qui comportent toujours une part plus ou moins grande de risque et de hasard, et dont l'issue reste incertaine, quelles que soient les dispositions prises. Dans ces cas particuliers, les *baou* correspondent à une intervention divine donnant un tour avantageux à la situation – de même qu'ils dénotent la volonté divine liée à la fortune des armes quand, à la XVIIIe dynastie, Thoutmosis III affirme que s'il a réussi à faire battre en retraite à Megiddo les dynastes syro-palestiniens ligués contre lui, c'est « grâce aux *baou* de mon père Amon qui m'a guidé sur la bonne voie, grâce à toutes les bonnes décisions qu'il a prises pour ma majesté [12] ».

Quand bien même l'évocation des *baou* fait référence à la fortune survenue à point nommé, sa principale caractéristique est de rappeler le rapport de subordination au divin, auquel l'homme doit se conformer, fût-il le pharaon, l'autorité royale revêtant elle-même une dimension sacrée en vertu des relations du souverain avec le monde divin.

Lorsque, au Moyen Empire, en l'an 14 de Sésostris III, l'intendant Khouy s'en va exploiter la grauwacke de Hammâmât tant sont grands les *baou* de Sa Majesté [13], ceux-ci peuvent être compris comme l'ascendant du roi s'exerçant si bien qu'il pousse à l'action, mais aussi comme la volonté du roi atteignant à une puissance telle qu'elle devient force d'adhésion et se traduit par la foi que ses serviteurs mettent en lui. Aux *baou* du roi répond le zèle que ses sujets déploient pour accomplir les missions qui leur sont confiées. En l'an 6 d'Amenemhat III, le trésorier Herourrê fut envoyé dans la région minière du sud-ouest du Sinaï, où il arriva au troisième mois de l'hiver. Or, comme l'indique sa stèle de Sérabit el-Khadim, ce n'était pas l'époque pour s'y rendre ; les conditions thermiques étaient celles de l'été, les montagnes en étaient incandescentes et la campagne parut un moment mal engagée tant il était difficile de trouver la turquoise de la bonne couleur. Cette gemme est d'un bleu céleste ou d'un bleu vert intense, qui varie selon la teneur en cuivre et en fer, mais peut aussi s'altérer en raison de sa porosité ou au contact de l'air, sous l'effet de la chaleur et de la lumière. D'après des informations concordantes recueillies par Herourrê sur l'une des voies d'accès aux mines de Sérabit el-Khadim, la turquoise ne manquait pas, mais on cherchait la couleur qui, à la saison chaude, tendait à faire défaut. La zone de gisements qu'il devait gagner se situait sur les hauteurs du plateau : « Je me dirigeais vers ce gîte (*bia*), les *baou* du roi l'avaient mis dans mon cœur [14]. » À peine y fut-il parvenu qu'il commença

[11] *Hammâmât* n° 43.
[12] *Urk.* IV, 767, 13-14.
[13] *Hammâmât* n° 47.
[14] *Inscr. Sinai*, pl. 25 A, n° 90, 13. Traduction de l'ensemble du texte et bibliographie : D. Kurth, *GM* 154, 1996, p. 57-63.

le travail au mieux : la troupe qu'il commandait était toujours au complet, l'abattement qui le guettait avant qu'il fût à pied d'œuvre était passé, et il obtint les meilleurs résultats. Dans la phrase *bꜣ.w n nsw.t ḥr rdjt m jb=j*, il y a plus qu'une inspiration ou une décision : une conviction ancrée au cœur, celle du devoir à assumer, de l'objectif à atteindre, qui contrebalance le découragement du début : la volonté royale intériorisée et convertie en résolution personnelle est le ressort opposé à la démoralisation exprimée à trois reprises par le mot *bedesh*.

Plus tard, à la XVIIIe dynastie, Hatshepsout armera une flotte à destination du pays de Pount, afin d'y chercher des matières premières et produits précieux, le but principal de l'expédition étant d'une part de constituer un stock de myrrhe, d'autre part de transplanter des arbres dans l'espoir de maîtriser la production de cette gomme-résine à usages cultuels, médicinaux et cosmétiques. Selon les textes de Deir el-Bahari, l'opération est décrétée au nom d'Amon de Karnak, et la décision de la mettre sur pied devient l'expression du rapport privilégié que le dieu entretient avec la souveraine : celle-ci a consulté le dieu dont elle a entendu l'ordre et qui l'a en quelque sorte mandatée pour aller quérir les « merveilles (*bjꜣ.jt*) du pays du dieu ». Sans entrer dans les aspects idéologiques de l'entreprise, on note qu'à eux seuls son enjeu économique et les moyens qu'elle requiert justifient l'initiative conjointe de la couronne et du domaine divin. Derrière la « consultation » rapportée par les textes officiels on décèle une concertation ; derrière l'alliance du souverain régnant et du maître des trônes des deux terres se profile une structure associative vouée à servir les intérêts de l'Égypte et dont nous voyons le symbole dans la statue divine couplée à une statue d'elle que la reine fit ériger pour l'occasion. D'après les fragments de l'inscription dédicatoire du Portique de Pount à Deir el-Bahari, cette réalisation était destinée à « faire que ce pays voie Sa Majesté et son père, le souverain de Pount, chaque jour, si grands sont ses *baou*, si efficients sont ses *baou*, si considérables sont ses *baou* par rapport à ceux de tous les dieux, tant il aime sa fille Maât-ka-Rê [15] ». L'épithète attribuée au dieu témoigne d'une fonction analogue à celle de Min de Coptos, qui contrôle la circulation des biens et des personnes via le désert Oriental et dont le culte a, dès le Moyen Empire, fortement influencé la théologie thébaine. Le corps expéditionnaire envoyé par Hatshepsout parvint sain et sauf « aux échelles de la myrrhe de Pount ; comme cette statue était avec eux, les *baou* de ce dieu vénérable les guidaient sur l'eau et sur terre [16] ». Les Égyptiens recueillirent autant de myrrhe qu'ils voulaient et les Pountites se montrèrent assez accommodants pour que des plants de *Commiphora* fussent embarqués : «Je les ai gagnés à ton amour, ils t'adressent des prières comme à une divinité, du fait de l'importance de tes *baou* dans le pays », dit Amon [17].

L'ascendant du dieu est si grand et il aime tant sa fille que leurs statues jointes doivent imposer leur présence au pays de Pount ; les *baou* représentent ici la puissance divine perceptible à la vue de l'image du dieu et s'étendant à l'image de la reine qui lui est associée. La statue d'Amon est destinée à conjurer d'éventuels revers au cours du périple et en ce sens, les *baou* dont elle est porteuse rejoignent l'idée de fortune, mais cette fois gouvernée ou sollicitée pour que l'expédition se passe dans les meilleures conditions possibles. Auparavant, quand le bon

15 *Urk.* IV, 320, 6-11.
16 *Urk.* IV, 320, 14-16.
17 *Urk.* IV, 345, 16–346, 2.

déroulement d'une campagne dans le désert Oriental et en particulier le retour étaient attribués aux *baou* de Min, c'était après coup et, comme l'écrit le vizir Amenemhat, le roi était en fin de compte redevable de leur action. Au temps d'Hatshepsout, la perspective s'inverse : d'une part, une statue d'Amon est embarquée au départ pour mettre toutes les chances du côté des Égyptiens et restreindre au maximum le champ du hasard ; d'autre part, elle est accompagnée d'une statue royale investie d'une puissance analogue, en sorte que les *baou* divins communiqués à la figure de la reine lui confèrent un prestige, un pouvoir de fascination qui agissent sur les Pountites et se conjuguent à la force d'attraction exercée par l'amour qu'Amon a suscité pour elle, les amenant à lui rendre hommage comme au dieu.

On relève à nouveau l'idée de subordination à une instance supérieure qui, sous quelle que forme que ce soit, est toujours attachée aux *baou*. On constate, d'après les quelques exemples réunis ci-dessus, que ceux-ci touchent au sentiment du sacré et que leur action se mesure à leurs effets psychologiques. Autrement dit, les *baou* constituent un facteur déterminant dans les interactions de la divinité ou du pharaon et des sujets ou assimilés. Or, jusqu'ici, c'est dans le cadre d'interactions présentées sous un jour positif que nous les avons rencontrés – ils sont liés à des prodiges et bienfaits, à l'émulation, la reconnaissance et même l'amour. Mais cet amour, qu'il convient de considérer comme un rapport de dépendance se définissant en termes d'attrait et d'attachement [18], est induit par Amon qui a disposé les Pountites à y obéir, et les marques d'adoration qu'ils prodiguent à la reine comme à une divinité, apparentées à un acte d'allégeance à une puissance supra-humaine, constituent la réaction ou la réponse proportionnelle au degré d'intensité ou à l'amplitude des *baou* d'Hatshepsout qui agissent à la façon d'un stimulus : son ascendant sur les Pountites est si grand qu'il entraîne la vénération, l'impression qu'elle produit sur eux si forte qu'elle commande la révérence. En somme, une influence contraint ceux qui la subissent à adopter une attitude qui paraît s'imposer d'elle-même à eux ; il y a là une emprise à laquelle on ne peut échapper et ceci est une propriété inhérente aux *baou*. Au Nouvel Empire, ceux du souverain régnant sont fréquemment convoqués pour illustrer sa puissance et servir ses desseins [19].

Ainsi, au début de la XVIIIe dynastie, Thoutmosis Ier fait-il figure de jeune fauve parmi les bovins cloués sur place, image appliquée aux peuples étrangers « que les *baou* de Sa Majesté ont aveuglés [20] ». Dans le contexte des campagnes militaires menées aux confins et hors de l'Égypte, les *baou* du roi, qui peuvent opérer indépendamment de sa présence physique, embrassent ses qualités martiales et rehaussent son prestige de commandant en chef d'un caractère absolu ; ils dénotent à la fois une autorité infaillible, une volonté irréductible et une force implacable à laquelle nul ne peut se soustraire. Activés, ces *baou* représentent pour ceux qui les éprouvent une pression ou une nécessité inéluctable, qui pousse l'armée vers l'avant et paralyse ou met l'ennemi en déroute. Il arrive qu'ils soient explicitement traités comme un collectif, comme l'indique la construction à l'accompli dans laquelle le mot *baou*, ayant la fonction d'agent à la

[18] Pour la définition de l'amour-*mrwt*, voir B. Mathieu, *La poésie amoureuse de l'Égypte ancienne*, *BdE* 115, 1996, § 52-57.

[19] Exemples du Moyen Empire : Blumenthal, *Königtum*, p. 197, 205-207, 239, 335, 362, 400.

[20] *Urk*. IV, 85, 5-6.

tête de la proposition, est repris par un pronom suffixe au masculin singulier : une inscription gravée sur une dent d'éléphant dit de Thoutmosis Ier que « le pouvoir-*baou* du roi Âakheperkarê triomphant a rapporté ces défenses d'ivoire » à l'issue de ses victoires dans les pays du sud et du nord [21], tandis que « le pouvoir-*baou* de Sa Majesté a guidé » les troupes envoyées par Thoutmosis II pour mater la rébellion de Koush [22].

La constellation des *baou*, expression de puissance irrésistible, est plus particulièrement assimilée à la terreur répandue en période de conquête. Sur la stèle poétique de Karnak, Amon-Rê s'adresse en ces termes à Thoutmosis III : «Je répands tes *baou*, ta terreur (*snḏwt*) dans toutes les terres, la peur de toi (*ḥrj.t*) jusqu'aux étais du ciel. » Une phrase revient ensuite avec des variantes d'une strophe à l'autre ; introduite par la formule *dj=j tjtj=k* « je fais que tu écrases », elle a pour objet les différents pays et peuples vaincus, tour à tour « sous ton autorité » (*ẖr šfšf.t<=k>*), « tremblant sous ta terreur » (*sdꜣ ẖr snḏ.t=k*), « sous tes rugissements » (*ẖr hmhm.wt=k*) et « par la puissance de tes *baou* » (*n sḫm bꜣ.w=k*) [23].

Du fait de sa politique expansionniste, l'Égypte étend alors son hégémonie en Nubie, de la première à la quatrième cataracte, et contrôle les principaux axes commerciaux du Proche-Orient, plaque tournante du trafic avec les Égéens et les Crétois. Dans la tombe thébaine du vizir Rekhmirê (TT 100), « les chefs des *Keftiou*, venus des îles de la mer (Méditerranée), s'inclinent respectueusement devant les *baou* de Menkheperrê » – sa *majestas* en tant que grandeur suprême qui le fait révérer [24]. L'argent, le lapis-lazuli et le cuivre, les amphores, cratères et rhytons finement ouvragés qu'ils apportent sont destinés à sceller une alliance avec Thoutmosis III car, précise le texte, « ils ont entendu parler de ses victoires dans tous les pays étrangers » et si « leurs tributs sont sur leurs dos », c'est « pour obtenir la protection des *baou* de Sa Majesté [25] ».

Que ce soit au travers de déclarations belliqueuses ou dans le cadre de cérémonies d'hommage, les *baou* royaux constituent un motif caractéristique de l'historiographie pharaonique – du moins est-il aisé de l'affirmer avec le recul, car dans l'Antiquité, c'était bien plus qu'un thème à la disposition des mémorialistes : un outil de propagande, véhiculant menace et terreur, dont l'usage, soigneusement ciblé, relève des procédés d'intimidation par lesquels le régime prévient, à l'intérieur comme à l'extérieur, toute opposition ou tentative de résistance.

Amenhotep III est ainsi « celui qui pénètre les corps et sait ce qu'il y a dans le cœur, dont les *baou* emportent le scélérat, à la terreur préventive » – de même que les *baou* de Rê sont en alerte contre le malin [26]. Akhenaton « actionne les *baou* contre celui qui ignore son enseignement, (réservant) ses faveurs à qui le connaît », i.e. à qui reconnaît la suprématie du dieu Aton, dont les opposants sont « affaiblis par ses *baou* [27] », suivant la phraséologie ramesside [28], les ennemis de l'Égypte ne peuvent que s'incliner dès lors que « les *baou* de Sa Majesté sont dans leur ventre,

[21] *Urk.* IV, 103, 16 : *bꜣw nsw.t (ꜥꜣ-ḫpr-kꜣ-Rꜥ)| mꜣꜥ-ḫrw jn~n=f ꜣbw.w jpn.*

[22] *Urk.* IV, 140, 7 : *bꜣw ḥm=f sšm~n=f st.*

[23] Caire CG 34010. *Urk.* IV, 612, 8-9 ; 616-617.

[24] Le latin *majestas* et le sens originel du mot *majesté* en français vont de pair avec l'idée de caractère sacré. Le terme *baou* n'est pas envisagé ici comme un synonyme du titre *ḥm=f*, usuellement traduit par « Sa Majesté ».

[25] *Urk.* IV, 1098, 14–1099, 5.

[26] *Urk.* IV, 1724, 8-10. Cf. P. Chester Beatty IV, r° 10, 13–11, 1.

[27] M. Sandman, *Texts from the Time of Akhenaten*, *BiAeg* 8, 1938, p. 86, 15-16 ; 8, 14-15.

[28] Cf. N. Grimal, *Les termes de la propagande royale égyptienne. De la XIXe dynastie à la conquête d'Alexandre*, Paris, 1986, p. 247, n. 771; 650, n. 519; 693-701 (n. 749-754, 794, 797, 805).

la crainte révérencielle qu'il inspire est entrée en eux ». La bataille de Qadesh, où Ramsès II affronta Muwatalli, faillit tourner à la catastrophe pour les Égyptiens ; une quinzaine d'années plus tard, le conflit égypto-hittite au Proche-Orient fut réglé par un traité de paix entre Hattusil III et Ramsès II, qui épousa ensuite l'une des filles de son nouvel allié. Alors que, militairement parlant, Qadesh avait été un piège dont le souverain ramesside avait réussi à tirer son armée, la propagande égyptienne transforma l'événement en une victoire personnelle de Ramsès II [29] et, du compte rendu de la bataille de l'an 5 à la stèle du mariage de l'an 34, la littérature officielle lui prêta des *baou* face auxquels les Hittites n'avaient, d'autre issue que de déposer les armes. Le souverain avait en effet jeté dans la bataille ses *baou* qui furent « en eux comme une torche enflammée [30] » ; décuplée par l'imminence du danger, galvanisée par l'ardeur du combat, son énergie – constellée en *baou* – s'était embrasée contre eux [31], et Pentaour, le rédacteur du poème de Qadech, assortit la demande d'armistice prétendument adressée par Muwatalli à Ramsès II d'une supplique aussi peu crédible que pathétique : « Ne nous accable pas de ta puissance, tes *baou* sont (assez) grands et ta force pèse (assez) sur le pays de Hatti [32]. »

Dans les textes de cette époque, les mots « peur », « effroi », « terreur », « crainte révérencielle », « force », « puissance » sont communément associés aux *baou* qui dénotent les affres de la fureur royale et laissent chez ceux qu'elle atteint l'empreinte d'une horreur (*shâd*) que reflète l'épouvante étreignant les cœurs [33]. Ce sont là des figures de style, certes, et elles font impression, mais leur contenu a une résonance chez l'individu pour qui la perception des *baou* constitue une expérience touchant au numineux, dans le sens que Rudolf Otto a accordé à ce terme [34]. Les éléments réunis jusqu'à présent concourent à cette conclusion, que va confirmer la suite de la discussion. De la divine surprise suscitée par un prodige sous Montouhotep IV à l'effarement qui saisit les ennemis de Ramsès II, il y a une différence notable – et un écart de quelque 750 ans ; mais si la façon de présenter les *baou* connaît une évolution sensible, tributaire des circonstances historiques et des finalités idéologiques, on relève une progression d'effets de même nature, qui témoignent tous du même type d'expérience et vont dans le même sens : se constelle en *baou* une force hors norme, active au plan émotionnel et correspondant à une emprise plus ou moins aliénante dans la mesure où, à quelque degré que ce soit, elle implique toujours une relation de dépendance. Cette force formidable, que les dieux partagent avec leurs protégés sur le trône d'Égypte, est caractérisée par la grandeur, qui est *magnitudo* et intensité, ainsi que par la versatilité et la soudaineté auxquelles font écho l'irascibilité de ceux qui la détiennent et le sentiment de précarité de ceux qui la subissent. Au fil du temps, elle apparaît comme une capacité de nuisance terrifiante et prend un aspect démoniaque. À l'époque ptolémaïque, l'idée d'agressivité est par ailleurs articulée au *ba* dans une épithète du dieu faucon Horus, également appliquée au roi et à d'autres divinités ; un *ba tekek* [35] est

[29] B. Ockinga, *CdE* 62, 1987, p. 38-48.

[30] K*RI* II, 244, 4-6.

[31] K*RI* II, 120, 12-13.

[32] K*RI* II, 93, 12-16 ; 94, 1-4 : *m jr sḫm jm=n mk bꜣ.w=k ꜥꜣ=y pḥtj=k dns=tj ḥr tꜣ n Ḫtꜣ.*

[33] Cf. stèle de Beth-Shéan, an 18 de Ramsès II, K*RI* II, 150, 15-16.

[34] R. Otto, *Le sacré. L'élément non rationnel dans l'idée du divin* (18e éd. 1929), Paris, 1995.

[35] *Edfou* I, 15 (26) ; IV, 330, 7 ; 235, 2-3 ; VIII, 48, 6. *Dendara* II, 188, 13 ; VI, 57 ; VII, 183, 13 ; X, 75, 15 ; 201, 14 ; 207, 10 ; 226, 10 ; 337, 1 ; 356, 9.

du même ordre qu'un dieu farouche, terrible et sans merci, l'expression étant proche de *netjer nâsh*[36], qui situe la puissance d'un dieu dans le registre de la force brutale.

Les *baou* d'un dieu sont souvent dirigés contre ses ennemis et, plus largement, relaient ceux du roi contre ses adversaires ; assaillants, rebelles et récalcitrants peuvent en être la proie, à l'instar des sacrilèges. L'impiété attire les *baou* divins, et l'individu court le risque d'en faire l'expérience lorsqu'il enfreint des règles dont la transgression est apparentée à un attentat au sacré. À l'époque ramesside, cette instance redoutable s'avère « pire que la mort[37] », suivant une formule énoncée en cas de parjure. Le néo-égyptien tend, en l'occurrence, à traiter le pluriel *baou* comme une entité en y adjoignant l'article défini du masculin singulier, en sorte qu'à plusieurs reprises la proposition est libellée *ntj bjn pꜣj=f bꜣw r mt*[38], litt. « dont le *baou* est pire que la mort » – le caractère sacramentel du serment permettant de le rapprocher de l'idée de *numen*. Le mode d'action des *baou* ou de l'entité numineuse formée par ceux-ci n'est pas précisément défini, et pour cause : la fonction de ce type de formule est de laisser planer une menace dissuasive ; quant à savoir comment les *baou* s'en prennent à l'individu, c'est du ressort d'un mécanisme psychologique en vertu duquel, dès lors qu'il est atteint dans son intégrité, il se demande ce qu'il a fait pour cela et, convaincu de s'être rendu coupable envers un dieu, il impute à cette instance supérieure son infortune qui, par sa gravité, lui paraît actualiser la perspective d'expiation sous-jacente à la menace. Que celle-ci fût ou non prononcée au préalable importe peu ; la conscience collective savait ce qu'il en coûtait de perpétrer certains forfaits et s'entendait à faire coïncider la rémission d'un mal avec celle d'un péché. Il en va ainsi de la perte de la vue, que quelques documents rapportent aux *baou* divins, expression d'un courroux sur lequel, selon un ostracon de la XVIIIe dynastie, seul Amon – aux grands *baou* contrebalancés par la miséricorde – est disposé à revenir[39].

Au revers de l'une de ses stèles votives de Deir el-Médineh, à la suite d'une prière à Ptah, l'artisan Neferabou, dessinateur dans la nécropole thébaine sous le règne de Ramsès II, évoque les *baou* du dieu[40] : il avoue avoir prêté un faux serment au nom de Ptah, maître de Maât, qui l'aurait de ce fait rendu aveugle[41]. Par ce pitoyable aveu, l'orant établit une corrélation entre la faute qu'il a commise et la maladie des yeux, sinon la cécité définitive, qui l'a frappé et qu'il ne peut expliquer autrement ; sa détresse a dû être si grande que, pour accepter ce malheur, il fallait qu'un dieu le lui eût infligé. Persuadé d'avoir été victime de la colère divine constellée en *baou*, il lance un avertissement aussi bien à celui qui l'ignore qu'au sage, aux petits et grands : prenez garde à Ptah, le maître de la vérité, leur dit-il, évitez d'attenter à son nom, il ne laisse pas passer un tel méfait. Il a fait que je sois, dans sa main, comme un chien galeux, poursuit Neferabou ; il a fait qu'hommes et dieux me considèrent comme un homme coupable d'infamie envers son maître – et il a été juste envers moi, il m'a donné une leçon, reconnaît-il avant d'implorer sa clémence.

[36] J. Osing, *Hieratische Papyri aus Tebtynis* I, *The Carlsberg Papyri 2*, *CNIP* 17, 1998, pl. 29, fragment C 5, 19.

[37] Cf. A.H. Gardiner, *JEA* 48, 1962, p. 62 n. 3.

[38] Ex. *KRI* IV, 316, 5-6 (O. Nash 1, r° 10) ; 318, 10-11 (O. Nash 2, r° 12) ; 319, 5 (*l.c.*, v° 5) ; V, 477, 13 (P. Berlin 10496, v° 2). En revanche, l'article manque sur O. BM 5625, v° 9 (*KRI* VI, 253, 1-2).

[39] O. Caire 12202, r° 4 (*ntk wꜥ ꜥnn ḥr bꜣ.w=k*) : G. Posener, *RdE* 27, 1975, p. 201.

[40] BM 589 : *KRI* III, 771, 15 ; 772, 1. M. Lichtheim, *Ancient Egyptian Literature* II, Berkeley, Los Angeles et Londres, 1976, p. 109-110.

[41] Sur ce thème, voir J.M. Galán, *CdE* 74, 1999, p. 18-30.

Il ne faut donc pas offenser un dieu en jurant fallacieusement sur lui ; solliciter à tort sa caution morale, c'est prendre le risque de provoquer ses *baou* et d'en subir les plus graves conséquences. À la même époque, un autre membre de la confrérie des dessinateurs de Deir el-Médineh s'en était rendu compte en voyant l'un de ses proches à l'article de la mort. Nebrê avait en effet promis d'ériger une stèle au nom d'Amon si celui-ci sauvait son fils Nakhtamon qui, terrassé par une brusque maladie, était, à n'en point douter, la proie de sa vindicte constellée en *baou*. Justifiée par une faute dont le texte ne précise pas la nature, la colère (*qnd*) du dieu fut passagère mais la semonce avait porté : cela ne se reproduira plus, assure Nebrê, désormais décidé à « proclamer ses (ou son) *baou* à ceux qui naviguent vers le nord et le sud ». « Prenez garde à lui! déclare-t-il dans une harangue appelant à la plus large publicité : répétez-le au fils et à la fille, aux grands et petits, transmettez-le aux générations futures, proclamez-le aux poissons dans l'eau et aux oiseaux du ciel, répétez-le à qui l'ignore et à qui le connaît[42]. » Un avertissement analogue figure sur la stèle de Houy, provenant également de Deir el-Médineh : le dieu de la lune Iâh, sur la foi duquel il s'est engagé à la légère, lui a fait voir l'étendue de sa puissance (*pḥtj*) et il n'a de cesse d'en témoigner. « Je veux proclamer tes *baou* aux poissons du fleuve, aux oiseaux du ciel ; je dirai aux enfants de leurs enfants : "prenez garde à Iâh, le miséricordieux qui sait détourner cela[43]." »

Les instructions d'Amenemopé donnent un aperçu des manquements susceptibles de déchaîner des forces supra-humaines. Que les *baou* de l'aire de battage[44] l'emportent sur un serment par le grand trône signifie, assez prosaïquement, qu'en éludant le paiement de l'impôt, le contrevenant s'expose aux foudres du fisc. Cependant, violer le cadastre et tricher sur la superficie d'un terrain, frauder sur les poids et mesures, se parjurer ou même tenir des propos calomnieux reviennent à défier les *baou* du dieu tutélaire, qui déteste fausseté, mensonge et falsification, et n'admet pas plus que l'on tente de détourner ses desseins ou d'utiliser son pouvoir (ses *baou*) à des fins personnelles, comme s'il n'y avait ni fatum ni destinée[45]. Les actes évoqués par Amenemopé sont de nature à dérégler le corps social, et les *baou* vengeurs du dieu représentent ici, d'une façon générale, les sanctions par lesquelles la société garantit le fonctionnement des institutions.

Au demeurant, d'après la clé des songes du P. Chester Beatty III, « si un homme se voit en rêve en train de mettre de l'encens sur le feu pour un dieu », c'est mauvais signe : « les *baou* du dieu sont contre lui » (r° 8, 26) ; autrement dit, ce rite on ne peut plus ordinaire prend ici un caractère expiatoire. Il convient de noter à cet égard que l'ouvrage est un catalogue d'images oniriques dont le sens correspondant est établi conventionnellement, formant une grille d'interprétations arbitraires, circonscrites à l'objet, sans considération du sujet. Contrairement à ce que Gardiner, son éditeur, a suggéré, le principe en est différent de celui qui prévaut dans l'histoire biblique de Joseph, où, chacun ayant son rêve propre avec sa signification propre (*Gn* 40.5), s'esquisse l'idée de valeur intrinsèque non transposable d'un sujet à l'autre.

[42] Berlin 20377 : *KRI* III, 653-655, 7, en particulier 653, 13–654, 2 et 654, 10-11. M. Lichtheim, *op. cit.*, p. 105-107.

[43] Turin 50044 : *KRI* III, 795, 6-8. J. Assmann, *ÄHG*, n° 151.

[44] P. BM 10474, XIX 8.

[45] P. BM 10474, VII 19, VIII 11, XI 5 (cf. XIII 15–XIV 2), XVIII 5, XXI 13-16.

Les *baou* d'un dieu, c'est un pouvoir de réaction terrible, auquel il vaut mieux ne pas s'exposer – et qu'à la fin d'un roman épistolaire de la XXIe dynastie le malheureux Ourmaï appelle sur son persécuteur [46] – mais dont un Grec aura l'occasion de relever la curieuse absence en des circonstances tragiques. Datée de l'an 7 d'Alexandre IV, la stèle du Satrape [47], dont le texte se range dans le genre littéraire de la geste royale [48], relate une tournée d'inspection effectuée dans le nord-ouest du Delta par Ptolémée, général macédonien auquel était échue la satrapie d'Égypte après la mort d'Alexandre le Grand en ~ 323, et fondateur de la dynastie lagide en ~ 305/304. S'enquérant du territoire de Pteneto, il apprend qu'auparavant le district relevait administrativement de Bouto, ayant été concédé aux dieux de *Pe* et *Dep* par le dernier souverain indigène, Khababash (~ 338/37–336/35), dont l'histoire lui est contée : le récit dans le récit n'a d'autre finalité que d'amener au décret par lequel Ptolémée renouvelle la donation et de situer le nouveau maître de l'Égypte dans la droite ligne du dynaste égyptien. Cet ennemi des Perses était lui-même en tournée dans la région pour en raffermir les défenses contre les attaques des Achéménides, lorsqu'il s'était entendu dire que Pteneto appartenait aux dieux de *Pe* et *Dep* avant d'être confisqué par Xerxès (Arsès-Artaxerxès IV). Khababash avait fait venir les prêtres et dignitaires de Bouto, et dites-moi, leur avait-il demandé en substance, à propos des *baou* des dieux de *Pe* et *Dep*, comment se fait-il qu'ils se soient accommodés de l'ennemi eu égard au mal qu'il a fait ? Autrement dit, où était passée la réactivité des dieux quand l'envahisseur s'emparait du territoire ?

Il n'empêche que, pour les Égyptiens de l'époque tardive, les *baou* divins sont toujours opérants. À partir du Nouvel Empire se multiplient les témoignages montrant que la magie s'emploie à en préserver des individus – quand elle n'œuvre pas à les mettre en action, suivant l'expression *jrj bꜣ.w r*, qui équivaut à diriger une force surnaturelle et coercitive contre quelqu'un. On l'a vu plus haut, cette force est un instrument de propagande, c'est-à-dire une arme psychologique utilisée à des fins politiques et sociales, commandant la subordination et jouant comme un facteur de régulation : l'essentiel en est la suggestivité, l'aptitude à subjuguer par l'influence, et en ce sens, *jrj bꜣ.w r* revient à déclencher un processus induisant une adaptation de l'attitude ou du jugement, aussi bien de la part de la ou des personnes visées par la préposition *r* que de la part de la collectivité envers la personne, la catégorie de gens ou la nation concernée.

Protégé des dieux, le roi dispose de pouvoirs qui lui permettent d'actionner les *baou* contre ses ennemis, par exemple contre le pays des Libyens, comme l'indique à la XIXe dynastie une épithète attribuée à Mérenptah sur l'une des stèles commémorant sa victoire contre l'invasion libyenne de l'an 5 de son règne [49] ; d'après deux autres inscriptions, le chef vaincu est la proie de ses *baou* (*m bꜣ.w⸗f*) comme de ceux de « tous les seigneurs de Memphis », ce qui signifie d'une part que s'il survit, il ne commandera plus mais payera sa défaite d'une mutinerie de ses troupes, d'autre part que son nom est maudit, désormais frappé d'infamie, et que l'ostracisme

46 P. Moscou 127, 5, 3-4.

47 Caire CGC 22182. *Urk.* II, 17, 9-10. H. Goedicke, *BES* 6, 1985, p. 33-54.

48 La *Königsnovelle* ; le mot « geste » est ici proposé par référence au latin médiéval *gesta*, « récit, histoire ».

49 *KRI* IV, 20, 9 (stèle du Kom el-Ahmar, nom de *nebty* : *jr bꜣ.w r tꜣ Tmḥ.w*).

est prononcé contre lui[50]. Sous le régime de hiérocratie sacerdotale qui prévaut à Thèbes à la Troisième Période intermédiaire, les affaires civiles sont de plus en plus traitées comme des affaires religieuses et le respect des institutions est garanti par voie oraculaire : ainsi la malédiction tend-elle à être édictée à l'instar d'un arrêt officiel et il est décrété que les dieux de la triade thébaine actionneront les *baou* les plus terribles contre ceux qui mettraient par exemple en cause les droits de propriétés de membres de la classe dirigeante[51]. Assimilable à une force réactive que sa virulence place au rang de sortilège et intégrée à l'appareil répressif, la constellation des *baou* est largement invoquée à l'appui de l'intégrité des frontières ou de l'hégémonie égyptienne à l'extérieur et du maintien de l'ordre établi à l'intérieur. Mais du point de vue de l'individu, c'est une instance maléfique face à laquelle il se sent démuni, une mécanique infernale qu'il craint de mettre en mouvement. Ainsi lit-on sur un ostracon ramesside ce message adressé à un habitant de Deir el-Médineh : « Veux-tu me fabriquer une *ouret* ? Parce que celle que tu m'as faite a été volée et elle pourrait activer les *baou* de Seth contre moi[52] » (ODM 251).

L'adjectif substantivé *ouret* « la grande », ici déterminé par le signe de l'uræus et appliqué à une amulette ou à un talisman, désigne selon les cas une divinité, le *ʿefrit* d'un lieu ou d'un élément naturel, mais aussi le démon ou l'esprit d'un parent – il n'est à cet égard pas exclu que des images oniriques perturbantes soient sous-jacentes à l'*ouret* du père et de la mère ou de leurs ascendants et collatéraux, qui fait partie des démons dont l'individu doit être protégé[53] : dans le contexte culturel de l'Égypte pharaonique, il se conçoit fort bien que la régie de l'inconscient dispose d'une icône ophidienne exerçant une fonction défensive et guidant à travers les rêves les figures familiales parées des formes idoines. Apparemment, la déité représentée par l'objet volé pourrait se retourner contre son détenteur initial – ni plus ni moins lui envoyer les *baou* de Seth ! En somme, elle pourrait causer des dommages irrémédiables à celui qui, ayant requis ses services, n'a pas su la garder. Si la figurine portait, comme l'a suggéré Borghouts, une formule magique au nom du titulaire, il se peut que toute manipulation par un tiers malintentionné fût susceptible de lui nuire. Si l'on s'en tient néanmoins au seul énoncé du message, il apparaît que remplacer l'*ouret* dérobée, c'est réparer l'outrage fait à la déité dès lors que le lien personnellement noué avec elle a été rompu ou perverti. La structure du texte confirme l'importance de ce lien : après avoir formulé sa demande, le particulier en donne la raison – l'*ouret* confectionnée pour lui a été volée – et son corollaire – la possibilité qu'elle réagisse mal contre lui, le volé, en dirigeant vers lui les *baou* séthiens (ce qui en fait une instance médiatrice). En envisageant cette éventualité, il paraît considérer sa responsabilité engagée vis-à-vis de la déité détournée ; il estime n'être pas à l'abri de son courroux, quand bien même un tiers a porté atteinte à celle-ci et l'a spolié, portant atteinte à son moral en même temps qu'à son bien. Si l'on met non pas l'objet mais l'auteur du discours à l'avant-plan, on trouve un moi lésé, retranché derrière les prépositions *n* d'attribution et *r* d'opposition, un sujet réduit à l'état suffixal, envers lequel a été commis un acte qu'il ne peut

[50] *KRI* IV, 7, 7-8 (grande inscription de Karnak) ; 15, 1 (stèle CGC 34025 v°, dite d'Israël).

[51] Cf. A.H. Gardiner, *JEA* 48, p. 62 sq. : Karnak, Xe et VIIe pylônes, XXIe dyn., inscr. de Henouttaouy (l. 23, 27) et de Maâtkarê (l. 6, 8).

[52] ODM 251 : J. Černý, *Catalogue des ostraca hiératiques non littéraires* IV, *DFIFAO* 6, 1939.

[53] Par exemple, Edwards, *HPBM* IV, L 1 (BM 10083), v° 21-30.

tenir pour anodin puisqu'il concerne un artefact à l'image d'un être divin, identifié à ce dernier et chargé de propriétés magiques. Une telle identification a une vertu attractive pour les projections de l'émetteur : quelqu'un lui a pris son *ouret*, soit fortuitement, soit parce qu'il lui veut du mal, et cette présomption suscite en lui une anxiété que trahit la constellation potentielle de *baou* séthiens par la déité dont il a sollicité la faveur.

Dans les décrets oraculaires de la fin de l'époque ramesside, il est fréquemment question de sauver le demandeur des *baou* des dieux ou de le soustraire à la mainmise de divinités qui, pour peu qu'elles soient mal disposées, peuvent actionner ou consteller les *baou* (*jrj bꜣ.w*), les manœuvrer (*ṯꜣj*) ou déclencher leur mouvement [54]. Ces *baou* sont associés aux misères susceptibles de s'abattre inopinément sur un individu et contre lesquelles il est, en général, sans défense : la mort brutale, les maladies, les accidents, mais aussi les calomnies, la délation, les actes de malveillance, ou encore les visites non souhaitées de démons familiaux. La malchance tend à devenir malédiction, les funestes hasards de la vie sont rapportés à des influences néfastes ou au mauvais sort, un danger est assimilé à une puissance occulte, la malfaisance concrètement éprouvée ou un tourment psychologique relèvent du maléfice, un malheur est vite arrivé quand on est la cible d'une opération magique ; dans cet esprit, un préjudice subi peut être imputé à un dieu inapaisé et signifier son aversion constellée en *baou*, voire être répercuté dans l'anticipation de sa constellation, l'adversité éveille un sentiment de déréliction qui exacerbe celui de la faillibilité humaine et incite à chercher l'indulgence divine. Un père inquiet s'entend dire, de la part du dieu qu'il a consulté par l'oracle, que son fils est la cible de *baou* actionnés par une déité fâchée et qu'il lui faut apaiser celle-ci [55]. Il est par ailleurs possible que l'on se serve des produits de l'inconscient afin de contrer leur action psychologique, car dans un cas, l'engagement que le devin prend de faire les bons rêves de la personne concernée ou de quiconque à son sujet paraît s'accorder à la promesse de la soustraire aux *baou* des dieux de Thèbes, Coptos et Akhmîm [56].

Il se dégage des documents montrant l'individu aux prises avec des *baou* un principe de causalité suivant lequel celui-ci a, d'une façon ou d'une autre, provoqué une réaction divine. Les ennuis qui lui tombent dessus peuvent être interprétés comme la manifestation des *baou* d'un dieu et il lui incombe alors de demander grâce ; le schéma ressortant des textes présente une instance supra-humaine à l'action dirigée contre un homme auquel on aura tendance à imputer quelque chose à expier, et activée par un agent tout-puissant qui, de l'extérieur et d'en haut, le fait pâtir de maux qu'il lui envoie comme autant de preuves de son intangibilité. Jusqu'ici, dans tous les cas recensés à partir du Nouvel Empire, la constellation-*baou* à laquelle l'Égyptien est personnellement confronté est très au-dessus de lui : non seulement elle est transcendante, mais en plus elle lui fait peur et quand, par une relation de cause à effet dont il porte souvent la responsabilité, il se retrouve en contact avec elle, il la subit.

[54] *Ibid.*, L 1 (BM 10083), r° 32, 43 ; L 2 (BM 10251), r° 20, v° 47-51 ; L 6 (BM 10587), r° 67-68, v° 86 ; L 7 (BM 10730), 22 ; T 1 (Turin 1983), r° 62 ; T 2 (Turin 1984), r° 82-85 ; T 3 (Turin 1985), r° 69-75 ; P 2 (Louvre E 8083), r° 25-26 ; P 4 (BN 182), 24-25 ; C 1 (CGC 58035), 90 ; NY (MMA 1053), r° 24 ; Ch (Univ. Chicago), 21-22. *Ṯꜣj* ou *jrj bꜣ.w* : L 1, r° 43 ; T 2, r° 84-85 ; P 2, r° 26. Cf. *jṯꜣ bꜣw* en relation avec *dndn*, « colère, fureur » dans le rituel de repousser le Mauvais : *Urk*. VI, 79, 20-21.

[55] O. Leipzig 11 r° : J. Černý, A.H. Gardiner, *HO* I,16,1.

[56] Edwards, *op. cit.*, L 2, v° 44-51. En T 1, les devins s'engagent à faire tout bon rêve que la demandeuse a eu et aura ou que quiconque a eu et aura à son sujet (r° 17-26), ainsi qu'à amener des influences positives sur elle.

Pourtant, outre que leur activation dépend de son attitude, les *baou* forment aussi, d'après de rares exemples, une constellation propre à l'individu. Un homme doit faire du bien à ses *baou*, est-il dit, au Moyen Empire, dans l'enseignement à Merikarê [57], qui énumère ensuite les règles de la vie religieuse à observer : effectuer le service mensuel, chausser des sandales blanches et se rendre au temple pour prendre part au culte, tout en étant discret sur ce qui requiert le secret [58]. Quelques siècles plus tard, dans la région thébaine, un membre de la communauté de Deir el-Médineh cherche à cerner un problème en interrogeant l'oracle : « S'agit-il des *baou* d'Aninakht [59] ? » On ne sait ce que cet Aninakht a fait pour amener cette question, mais le voilà crédité de *baou* bien à lui, dans lesquels Černý voyait la colère du personnage et que l'on considérera, de façon plus neutre, comme un état psychologique assez perturbant pour être une source de tracas. Cependant, ce sont là des témoignages isolés et, comme l'indique un ostracon de la même série, évoquant « les *baou* du grand dieu [60] », l'individu les situe généralement dans la sphère divine, à la place correspondant à l'idée qu'il se fait de leur supériorité et de leur altérité. Lorsqu'il a affaire à des *baou*, ceux-ci lui sont, le plus souvent, envoyés de très haut, contre son gré, et il n'a de cesse de les éloigner par la prière ou la magie ; normalement ils ne résident pas en lui, mais il peut, par un sortilège, tomber sous leur emprise au point d'en être possédé. Il arrive, comme on vient de le voir, qu'ils habitent son prochain, mais le contexte dans lequel s'inscrit la question posée à propos d'Aninakht nous est inconnu, et si Černý a retenu un affect (la colère), le champ des possibilités est en réalité beaucoup plus vaste : en partant de l'hypothèse de Černý, on en vient à l'idée de trouble de l'affect, et de là à une série de syndromes comportementaux ou psychiques. Ainsi s'ouvre un large éventail d'états qui auraient pu passer pour des *baou* affectant, tel un maléfice, la personnalité d'Aninakht. Les *baou* de ce dernier semblent recouvrir une particularité – peut-être un trouble du caractère –, alors que tout indique, au Nouvel Empire, qu'un individu normal ne revendique pas de *baou* ; il les redoute et les préfère loin de lui. Quand ils se manifestent à sa conscience, comme le suggèrent quelques exemples ramessides que nous aborderons plus bas, c'est passagèrement, comme une force autre, de nature divine, qui l'incite à changer d'avis ou à infléchir sa ligne de conduite. Mais quand il en est victime, ils peuvent aller jusqu'à prendre possession de lui et l'affliger de dysfonctionnements qui, dans une société ignorant la psychopathologie, sont de la compétence de guérisseurs ne disposant guère que d'élixirs et de conjurations pour y remédier.

À l'époque romaine, un texte d'Esna nous apprend que, certains jours de cérémonie solennelle en l'honneur de Chnoum, l'accès au temple était expressément interdit à tout individu « sous l'emprise des *baou* d'un envoûtement » (*ḫrj bꜣ.w ḥm.t-sꜣ*), c'est-à-dire « possédé [61] ». Ce type de texte suggère que les *baou* sont des armes inquiétantes entre les mains des sorciers qui, étant capables de les activer comme de s'en prémunir ou de les exorciser, donnent l'impression de les

[57] P. Pétersbourg 1116 A, 63-65. G. Fecht, *MDAIK* 47, 1991, p. 122-24. J.F. Quack, *Studien zur Lehre für Merikare*, *GOF* IV/23, 1992, p. 38-41. Quack date la composition du règne de Sésostris Ier.

[58] D'après la solution proposée par M. Lichtheim, *op. cit.*, I 102, pour *kfꜣ ḥr sštꜣ.w*.

[59] O. IFAO 857 : J. Černý, *BIFAO* 72, 1972, p. 57 nº 58.

[60] O. IFAO 877 : *Ibid.*, 65 nº 85.

[61] *Esna* III nº 197, 16. S. Sauneron, *BIFAO* 60, 1960, p. 112. Pour *ḥm.t-sꜣ* « envoûtement », cf. Th. Bardinet, *Les papyrus médicaux de l'Égypte ancienne*, Paris 1995, p. 353, 395.

maîtriser. Pourtant, les cas de possession inclineraient plutôt à penser le contraire. Un possédé est en effet quelqu'un dont une force occulte, surnaturelle, s'est emparée, mais ceci est la définition théologique d'un état lié à des maladies mentales et nerveuses. En termes psychologiques, le phénomène de possession répond à une altération structurelle de la personnalité dans la mesure où un contenu psychique, échappant complètement au contrôle de la conscience, parvient à exercer sa domination sur l'individu. On sait que, dans l'Antiquité, les troubles psychotiques n'étaient pas définis comme tels, et lorsqu'ils survenaient on les mettait au compte d'une intervention divine, éventuellement suscitée par une action magique ; toujours subie, la possession ne pouvait qu'être provoquée par des génies et démons dotés d'une force contraignante et d'un pouvoir de nuisance irrésistibles, qui devenaient en quelque sorte les manipulateurs maléfiques des contenus inconscients libérés auxquels ils se superposaient. Dans cette perspective, être sous l'emprise des *baou* signifie, pour un individu, être la proie d'un complexe de représentations inconscient, autonome et asservissant.

D'autre part, les *baou* paraissent à l'occasion habiter des objets. « Verrou, à toi appartient mon destin (...) verrou, n'exerce pas tes pouvoirs ! » lit-on dans un chant d'amour du Nouvel Empire[62]. Ces « pouvoirs » ne sont autres que des *baou* auxquels est imputée la résistance imprévue du système de fermeture aux efforts de l'amant qui, s'étant faufilé nuitamment vers la maison de son aimée, a trouvé porte close. La faculté de blocage du verrou se concentre en *baou* qui font ici figure d'esprit potentiellement malin. Ou plus exactement, le désir contrarié de l'amoureux face au verrou s'hypostasie en *baou*. L'obstacle matériel et inerte se charge d'une énergie proportionnelle à l'intensité de ses sentiments ou à la tension qu'il ressent, et s'active comme s'il était mû par un être distinct, invisible et démultiplié. L'activité supposée des *baou* ne se comprend que dans leur relation à l'homme et pourrait être mise en parallèle avec celle des esprits qui sont souvent des personnifications ou représentations substitutives d'affects, ceux-ci correspondant à des processus de décharge de l'énergie pulsionnelle.

Comme l'a montré Borghouts, on observe à partir du Nouvel Empire un glissement du pluriel vers le collectif qui fait des *baou* une entité mise en relief soit par l'accord du pronom suffixe qui s'y substitue ou du déterminant (participe, adjectif) qui l'accompagne, soit par l'article défini dont l'usage paraît circonscrit à un type de formule. En l'absence d'éléments grammaticaux probants, la graphie du mot n'est pas un critère dans la mesure où elle ne permet pas de distinguer à coup sûr le collectif, encore que, dans quelques cas, par exemple dans deux passages et deux copies différentes de la stèle du Mariage, un trait vertical attire l'attention sur l'unité des *baou*. Le signe de l'échassier, généralement triplé, est fréquemment complété des trois traits du pluriel auxquels peuvent s'ajouter un ou deux déterminatifs : le rouleau de papyrus dénotant l'abstrait et, dans les textes en cursive hiératique, la ligne oblique à petit trait perpendiculaire ou transversal, qui est signe d'aversion.

[62] P. Chester Beatty I, r° 17, 9. Trad. B. Mathieu, *La poésie amoureuse*, *op. cit.*, p. 34.

Borghouts a proposé de translittérer le pluriel *bꜣ.w* et le collectif *bꜣw*, procédé que Sylvie Cauville[63] a adopté dans ses traductions des textes de Dendera, en faisant correspondre le premier aux « âmes » des dieux ou de lieux saints et le second au concept de *numen* – par exemple dans l'épithète « au(x) grand(s) *baou* », dans une proposition exprimant une action telle que se prosterner devant le(s) *baou*. Ce rapport avec le *numen* est, en l'occurrence, le plus juste qui se puisse établir, mais il n'a pas tout à fait la même portée selon le plan de référence envisagé – celui du monde latin ou de l'histoire des religions –, et il n'est pas certain que les *bꜣ.w* soient très différents de *bꜣw*. Lorsque Borghouts l'a faite, cette distinction avait l'avantage d'offrir une base de travail, mais elle a eu pour conséquence une différenciation à notre avis trop marquée entre d'une part les *baou* qui représenteraient la pluralité des « esprits » spécifiques d'un lieu ou d'un élément, et d'autre part le collectif *baou* qui traduirait un phénomène et recouvrirait les modalités d'intervention d'un être transcendant se manifestant ponctuellement. Ce nom collectif refléterait dès lors, selon les termes de Borghouts, une notion presque indépendante, n'ayant que peu de relations fonctionnelles avec le *ba* en tant qu'instance singulière de la personnalité, par laquelle ce même être peut revêtir une forme d'apparition caractéristique. Il convient toutefois de noter que Borghouts incline à étendre sémantiquement le collectif à des pluriels relevés dans des contextes analogues, alors que, si l'on s'en tient aux données morphologiques, la forme du collectif est occasionnelle. D'autre part, la quasi-dissociation du collectif *baou* et de la notion de *ba* montre la difficulté à concevoir leur lien organique. Que sont en effet des *baou*, sinon la constellation du *ba* ?

Dans le cas qui nous occupe, le collectif représente un ensemble constitué en instance, mais aussi et surtout un procès arrivant à son terme : il indique l'extériorisation d'une force décuplée ; il permet ainsi de préciser le sens de la pluralité des *baou* par lesquels le dieu ou le roi affirme sa majesté – et qui peuvent par ailleurs être les factionnaires propres à un homme (Merikarê), voire envahir un objet (P. Chester Beatty I r°). Dans cette hypothèse, les *baou* résultent d'un effet multiplicateur sur le *ba* en tant qu'instance psychique. Fondamentalement, ils ne sont pas autre chose qu'un aspect du *ba*. Celui-ci et ceux-là sont, de la même façon, rattachés aux pouvoirs magiques détenus par le roi mort dans les *Pyr.*, et dans un contexte assez proche, les *baou* de la double couronne agissent en *ba* (P. Moscou 314). Peut-être ces exemples annoncent-ils l'évolution ultérieure des *baou* vers une entité définie, mais ils montrent également qu'il convient de ne pas perdre de vue leur relation intime avec le *ba*. Quant aux deux textes où l'individu est confronté à des *baou* non spécifiquement divins ou royaux, les siens propres ou ceux d'un verrou, ils ont ceci de particulier qu'ils font ressortir la projection d'un contenu de la conscience, objet de perception ou de représentation – que nous prenons dans le sens de se faire une idée de quelque chose, nous référant au concept de représentation comme entité cognitive, image intériorisée de la réalité extérieure, correspondant à une connaissance disponible dans la mémoire, susceptible d'être actualisée sous l'effet d'un processus d'activation et influençant la façon dont l'individu règle sa conduite.

[63] Voir en particulier S. Cauville, *Dendara. Les chapelles osiriennes*, *BdE* 117-119, 1997, dont *Index*, p. 146.

Nous avons noté que les *baou* opèrent dans le cadre d'interactions en vertu desquelles se met en place un schéma opposant un agent activateur et un patient (individu ou groupe) sur lequel agit la force activée, le facteur de l'activation étant généralement à rechercher du côté de ce dernier. Un tel schéma peut être considéré comme une représentation ou un modèle inscrit dans la mentalité égyptienne, et les rares cas où il est question des *baou* d'un individu ou d'un objet le laissent paraître en filigrane, dans la mesure où il s'agit toujours d'une force qui tient dans la dépendance, implique la subordination et commande l'action. Dans le chant d'amour du P. Chester Beatty I, qui montre une réaction émotionnelle liée à la perception d'un obstacle dans une situation contrariante, le rapport à l'objet s'inverse quand l'amant s'aperçoit qu'il pourrait être dans l'impossibilité d'actionner le verrou : ce dernier devient dès lors l'agent capable d'activer une force de résistance constellée en *baou*. Chez Merikarê, ceux-ci répondent à une représentation intérieure à fonction régulatrice : faire du bien à ses *baou* consiste à se conformer aux pratiques religieuses en vigueur. Le texte suggère que l'individu agit sur ses *baou* par sa conduite et qu'une attitude contraire aux règles édictées les ferait s'activer, c'est-à-dire se retourner contre lui ; ils ont leur vie propre et ne sont l'instrument ni d'un dieu ni de leur titulaire, dont le comportement conditionne leur actualisation sans qu'il puisse prétendre en être le maître. Il y a ici une relation dynamique entre le sujet et ses *baou* qui, tout en étant reliés au moi conscient, apparaissent comme une instance distincte, jouant un rôle décisif dans l'équilibre de la psyché et dont la supériorité tient à l'autonomie. Peut-être ce dernier caractère s'appliquait-il d'ailleurs aux *baou* d'Aninakht, qui lui sont attribués comme une force déterminant son comportement et à laquelle on ne peut rien ou pas grand-chose.

La constellation des *baou* est, dans l'ensemble, l'objet d'une expérience régie par un jeu d'influences réciproques ; la plupart des textes mettent en évidence un rapport de dépendance conforme aux structures socioreligieuses de l'Égypte pharaonique, mais fondé sur l'interdépendance des sujets que suppose la confrontation d'un agent désigné et d'un patient, tandis qu'un petit nombre de documents offrent des exemples de la confrontation d'un sujet avec les agissements d'une personne (les *baou* d'Aninakht), une situation donnée (l'amant à la porte) ou des valeurs sociales (Merikarê). Ce qui caractérise en général cette expérience, c'est l'intensité de la force activée comme des sentiments qu'elle suscite chez le patient et qui, de l'admiration à l'épouvante, suivent toute une gamme dont la note dominante est la crainte révérencielle. À une réaction constellée en *baou* correspond une contre-réaction exprimant une acceptation inconditionnelle de la suprématie de l'agent ou de l'instance elle-même – Merikarê anticipe sur ce schéma, l'amant auquel on n'a pas ouvert tend à le reconstituer en prenant à partie le verrou, et les *baou* d'Aninakht ne sont apparemment pas un cadeau des dieux.

Lorsqu'elle fait irruption, cette force est, le plus souvent, décuplée par la fureur divine ou royale, la haine de l'ennemi ou du transgresseur, la volonté d'intimidation proportionnelle aux alarmes, la tension, l'effervescence, la véhémence : les ressorts par lesquels le *ba* se mue en *baou* sont des affects, c'est-à-dire des sentiments intenses, des états émotionnels, des décharges émotionnelles violentes et brèves, qui vont de pair avec une altération temporaire du comportement. L'affect est rupture de la quiétude, mais il a plus spécialement un caractère éruptif et momentané, tel le transport de joie ou l'explosion de colère – il fait tout d'un coup se mouvoir, cause le soubresaut, provoque l'emportement. Que le *ba* puisse être mû par des affects s'accorde à l'idée de mouvement discontinu qui lui est attachée[64]. Sa constellation en *baou* répond à un ébranlement et à une excitation qui entraînent leur déploiement ou leur déchaînement – mais aussi leur prolifération ou leur déferlement, car les *baou* auxquels un individu dit être en butte peuvent refléter la projection de pensées négatives exacerbées par l'angoisse, le chagrin ruminé, un sentiment de culpabilité, voire la frustration comme c'est le cas au P. Chester Beatty I où le verrou est le support matériel d'un affect. Les *baou* ne sont pas d'une nature indépendante du *ba*, mais ils paraissent à l'occasion doués d'une certaine autonomie qui est la marque d'un affect dans la mesure où, s'accompagnant d'une baisse de contrôle, celui-ci peut littéralement mettre hors de soi. Dans les cultures archaïques, un tel phénomène est souvent interprété comme l'intervention d'un esprit, à laquelle font écho les *baou* du verrou, de même que les *baou* d'Aninakht qui s'expliquent peut-être par un trouble de l'affect. Notre hypothèse permet précisément de comprendre que les *baou* ne soient pas toujours activés par un agent désigné et qu'ils soient parfois définis comme une composante de la personnalité sans que l'individu en ait pour autant la maîtrise.

Par ailleurs, les *baou* ne sont pas à proprement parler la « manifestation » du dieu (ou du roi) en ce sens qu'ils ne sont pas en eux-mêmes une forme d'apparition ; ils traduisent une activation émotionnelle intense qu'expriment, en maints exemples, l'agressivité de l'agent et les désordres vécus par le patient. Selon l'enseignement d'Ani, qui préconise d'être respectueux envers le dieu, attentif à ne pas éveiller sa colère et de se prosterner à son nom, celui-ci est capable de leur conférer une infinité de formes (*irou*)[65], lesquelles renvoient à la situation concrète à laquelle se rapportent les *baou* si l'on admet qu'ils sont d'abord la constellation d'un affect. Une attaque foudroyante, une répression impitoyable, une politique d'oppression est la manifestation tangible des *baou* divins ou royaux, laquelle aura pour conséquence la panique et le repli de l'adversaire – les *baou* dirigés contre lui sont alors en lui, ce qui signifie qu'il réagit dans le sens souhaité ; une promesse de châtiment articulée à ces mêmes *baou* aura un effet inhibiteur – l'idée qu'ils ne sont pas loin est, en principe, assez impressionnante pour arrêter toute velléité de transgression ; enfin, si une calamité est plus volontiers rapportée à des *baou* rancuniers ou funestes qu'à sa cause objective, c'est parce qu'une représentation s'est imposée à la conscience ou qu'une émotion l'a submergée – ce que l'individu ressent dans une situation perturbante se double d'un élément irrationnel qui accentue son sentiment de sujétion. Le mot « manifestation » pour *baou* serait plutôt à prendre au sens théologique de « révélation », comme le fait Shirun-Grumach, et dans cette optique nous le raccorderions au concept psychologique de représentation.

Deux exemples de hiérophanies évoquent symétriquement la forme d'apparition du dieu, variable mais localisée dans la réalité sensible, et la constellation de ses *baou* qui touche à la représentation afférente et à son aspect émotionnel. Le mécanisme qui règle leur fonctionnement est exposé en trois phrases courtes dans l'inscription 191 du Ouâdî Hammâmât : le déclenchement de la pluie (*jrt ḥw*) est appréhendé comme la manifestation de Min qui devient par là objet

64 Cf. W. Ward, *The Four Egyptian Homographic Roots b-ꜣ*, Rome, 1978.

65 P. Boulaq 4, VII 15 : *sw dj bꜣ.w Ḥḥ n jr.w*, à lire *m ḥḥ n jr.w* d'après A. Volten, *Studien zum Weisheitsbuch des Anii*, Copenhague, 1937-38.

de perception (*mꜣꜣ ḫpr.w nw nṯr pn*), l'expérience sensible actualisant la représentation de la puissance divine dans la conscience des membres de l'expédition subjugués (*rdjt bꜣ.w=f n rḫj.t*). Un phénomène physique imprévu est ici manifestation (*kheperou*) du dieu et la révélation de ses *baou* aux *rekhyt* équivaut à l'éveil du sentiment du sacré. À la fin du texte, le rédacteur use d'un raccourci en notant que le dieu a programmé toute l'affaire pour que l'on voie ses *baou*. Le second exemple est fourni par un hymne de la XVIIIe dynastie : dans un passage du P. Boulaq 17 (II 6) où il est dépeint en seigneur de la terreur inspirant un profond effroi (*nb snḏ.t ꜥꜣ nrw*), Amon-Rê est celui aux grands *baou*, puissant en ses apparitions (*wr bꜣ.w sḫm ḫꜥ.w*). L'épithète *sekhem khâou*, également associée à la description de l'image divine parée de ses couronnes (V 5), dénote la puissance affichée par le dieu quand il paraît et correspondant à l'ampleur de ses pouvoirs (*wr bꜣ.w*), qu'il exerce par ailleurs en qualité de démiurge et dieu soleil devant lequel les autres dieux s'inclinent, exaltant (*sqꜣ*) les *baou* de leur créateur (VII 5).

En revanche, il est question de la « belle apparition (*ḫꜥw*) de tes *baou* » dans une invocation à Osiris remontant au Moyen Empire[66], et à l'époque gréco-romaine, Hathor de Dendera est « celle qui fait paraître (*sḫꜥ*) ses *baou*[67] », une épithète liée, dans la salle hypostyle et en différents endroits du dispositif du nouvel an, à l'apparition resplendissante de la déesse, qu'il a tout de même fallu enivrer et charmer pour lui faire oublier sa rage dévastatrice et la ramener en Égypte : hypostasiée dans la dangereuse lionne Sekhmet et œil brûlant de Rê, elle est aussi celle qui manifeste ses pouvoirs sous la forme des fléaux annuels qui accompagnent la canicule. On notera encore qu'au mammisi du temple d'Isis à Philae, « celle qui fait paraître ses *baou* apparaît et est *ba* en répandant la terreur chez ses adversaires[68] ».

Qu'en est-il alors de la formule *bꜣ.w (nṯr) ḫpr(=w)*, « les *baou* (du dieu) se sont manifestés », attestée par quelques documents ramessides de Deir el-Médineh ? Les occasions où cette constellation de *baou* fait irruption sont la confession d'un larcin (O. Gardiner 166 r°), l'aveu d'un mensonge (stèle DeM 320), la dénonciation d'un vol (O. Nash 1 r°) et une affaire de dettes (O. CGC 25572 r°)[69]. Les protagonistes de tous ces cas rapportés devant le conseil du village sont les villageois entre eux. Une femme qui avait volé un pain à un homme s'en est confessée dix jours plus tard, parce que *baou kheperou*. Le sculpteur Qen avoue s'être mal conduit envers son épouse, il lui a menti en lui donnant fallacieusement sa parole, mais *baou netjer kheperou*. Ceux-ci agissent comme une inspiration survenant après coup, induisant un revirement pour mettre la conscience individuelle en accord avec la conscience collective. Mais quand une femme en dénonce une autre pour vol, alléguant : *baou netjer kheperou*, qui peut dire si cette inspiration divine opportunément surgie n'est pas une fausse justification, destinée à faire passer pour une adhésion à un ordre supérieur des intentions peu reluisantes ? Un homme est battu pour dettes ; après cela, il jure ne rien devoir, et quelques jours plus tard, il déclare devant le conseil : *baou netjer kheper*. Sans doute a-t-il d'abord estimé que la punition éteignait la dette, d'où le faux serment qui relève peut-être autant du sentiment d'avoir assez payé par la bastonnade que de

66 Stèle BM 447 et chap. 128 du Livre des Morts : S. Hassan, *Hymnes religieux*, Le Caire, 1928, p. 96-97.

67 Ex. *Dendara* IX, 27, 11, cf. *Dendara* VII, 182, 16 (discours de Menqet) ; VIII, 34, 15 ; 81, 11 ; 103, 5.

68 H. Junker, E. Winter, *Philae* II, 245 ‹442› : *wnn sḫꜥ bꜣ.w=s ḫꜥ=tj bꜣ=tj ḥr rdjt nrw n rkw.w=s*.

69 *KRI* III, 550, 5-6 ; III, 687, 6 (cf. Clère, *RdE* 27, 1975, p. 70-77). *KRI* IV, 315, 14 ; V, 572, 16.

la mauvaise foi. Le mensonge est flagrant et s'il a été dicté par la malhonnêteté, il pourrait en même temps traduire un besoin de compensation consécutif à l'humiliation subie : les coups reçus ont pu entraîner de la part de l'individu le refus de faire face à ses obligations. Son attitude refléterait aussi bien une manœuvre dilatoire qu'un rejet des normes collectives, et les *baou* du dieu, qui l'amènent vraisemblablement à se rétracter ensuite, semblent être intervenus comme une instance supérieure régulatrice.

Or, si l'on examine attentivement ces documents, on constate qu'en fait aucun dieu ne se manifeste ; le *netjer* de la formule reste non identifié, dans un cas même il n'est pas mentionné. Les *baou (netjer)* qui se présentent là forment une constellation qui s'impose à la conscience telle une force divine ou surnaturelle anonyme. Les *baou (netjer)* survenant de la sorte répondent à une prise de conscience hypostasiée en *baou* censeurs, qui attisent le remords, incitent au repentir, confrontent culpabilité et conformité aux standards sociaux ou viennent à la rescousse pour un arrangement – comme dans le morceau de littérature scolaire du Papyrus Anastasi II 2, 1-5 (= IV 6, 7-10), qui prête un mode de pensée bien égyptien au souverain hittite. Le chef du Hatti écrit au chef de Qedi (nord de la Syrie) : « Tiens-toi prêt et hâtons-nous vers l'Égypte, que nous puissions dire : "*baou netjer kheperou*" ! » En s'entendant pour s'exprimer ainsi, les deux chefs rapporteraient à une inspiration divine la prise de conscience d'une erreur, ce qui reviendrait à reconnaître où sont leurs intérêts et à faire cesser la pression exercée sur le Hatti qui est la proie des *baou* de Ramsès II. Le *netjer* de la formule n'est pas plus identifiable que dans les autres exemples et ne se confond pas au *netjer* de la suite du texte, le dieu qui ne reçoit plus les oblations du Hatti et qui, par référence à la stèle du Mariage, renvoie à la personne du dieu Seth[70].

La corrélation des *baou* et d'un processus émotionnel n'exclut pas la connexion avec la notion latine de *numen*, que Cauville a faite dans ses traductions des textes de Dendera et que Van der Leeuw avait déjà suggérée à propos de l'actualisation du *ba* par la puissance-*sekhem*. Le *numen* est une fonction dynamique par laquelle le divin se manifeste dans un être, un lieu, un élément naturel – lesquels peuvent au reste se charger de *numina* –, voire dans une entité politique ou dans la chose publique en général puisque, chez Cicéron qui l'associe à la force *vis*, il représente la puissance tutélaire des dieux pénates, l'autorité du sénat romain, la volonté du peuple dans ce qu'elle a de sacré, ou encore la providence divine[71]. Dérivé d'une racine indo-européenne signifiant avant tout le mouvement subit, opéré par accès ou de façon intermittente, le mot est fréquemment caractérisé par l'adjectif *praesens*, qui le définit comme présent, actuel, immédiat ; l'expression *praesens numen* signale par exemple la présence divine dans un temple[72], et il n'est pas sans intérêt de rappeler l'existence du verbe égyptien « être *ba* », que Sauneron traduisait par « être immanent, être présent en un lieu[73] ». Le *numen* étant d'abord la qualité de divinité en tant

70 Sur ce passage, traduit par Fr. Neveu, *Langue des Ramsès*, § 17.3, voir J.F. Borghouts, dans *Mélanges Adolphe Gutbub*, Montpellier, 1984, p. 13-16, et en particulier *KRI* II, 244, 11–245, 3.

71 Cicéron (éd. Les Belles-Lettres), *Sul.* 86 ; *Philip.* III, 32 ; *Quir.* 18, 25 ; *Pro Mil.* 83. En *Verr.* IV, 107, il est dit que des prodiges (*prodigia*) ont souvent manifesté *vim eius numenque*…

72 Cf. Pline le Jeune, *Epist.* VIII, 8.5.

73 S. Sauneron, *RdE* 15, 1963, p. 49-51.

que puissance (ré)active, que l'on invoque notamment dans les serments[74], le terme s'applique par suite à la divinité qui s'exprime à travers elle, et prend le sens de « dieu ». Le *numen* dénote le pouvoir détenu par un dieu ou les dieux pris globalement, leur force ou leur volonté, qui se reconnaît à ses effets – et peut se consteller en *numina*, souvent cités comme des forces en activité dans la nature et devenant à leur tour synonymes de « dieux ». Par ailleurs, un ensemble de forces au service d'un groupe de déités peut se concentrer en un *numen* doté d'un sens collectif : les Érinyes, furies vengeresses qu'attirent les crimes familiaux et que l'apaisement métamorphose en Euménides, sont « les sœurs nées de la nuit, *grave et implacabile numen*[75] » – formant une instance intransigeante et implacable.

On pourrait donc dire des *baou* de *Pe* et de *Nekhen* qu'ils sont les *numina* de Bouto et de Hiéracompolis, de la même façon que les *baou* d'un dieu seraient ses *numina* ou son *numen*. Précisons toutefois que ce n'est là qu'une hypothèse visant à estimer jusqu'où il est possible d'aller dans la transposition, et non à imposer une traduction. Le rapprochement des deux concepts se justifie en tout cas à l'époque romaine au temple de Dendera, notamment dans les chapelles osiriennes où l'on relève une série d'emplois du mot *baou*.

Parmi les divinités placées à l'embrasure de la porte de la chapelle est n° 1, figure Sothis la grande, patronne d'Éléphantine, aux puissants *numina* (*wsrt bꜢ.w*) à Dendera, force qu'elle met ici en œuvre par le maniement de l'arc et de la flèche contre Seth[76]. Dans la chapelle est n° 2, la réunion des reliques osiriennes et la reconstitution du corps divin se font sous la garde des 77 génies de Pharbaithos, exterminateurs de Seth : deux d'entre eux exaltent et protègent le dieu à la fois défaillant (*wrḏ-jb*) et maître de la durée de vie (*nb ꜥḥꜥ.w*), aux grands *numina* dans Iounet, tandis qu'un troisième rend ses *numina*, ou le *numen* totalisant ceux-ci, plus grands que les dieux gardiens[77]. Un autre dans la chapelle est n° 3, est « celui à la grande terreur (*wr snḏ.t*), aux grands *numina* ou au grand *numen* (*wr bꜢ.w*), qui inspire un effroi profond (*ꜤꜢ ḥrj.t*) et éloigne les ennemis du grand dieu (Osiris)[78] ». Au-dessus d'eux, dans la chapelle n° 2, défilent les Agathodémons de Haute et Basse Égypte : le représentant du nome diospolite du Nord et de sa métropole Tell el-Balamun (l'île d'Amon), dont le territoire est compris entre la Méditerranée, le Bahr Basandila à l'ouest et la branche damiette du Nil longeant le lac Manzaleh à l'est, est celui au(x) puissant(s) *numen* ou *numina* sur le grand vert (*wsr bꜢ.w=f m wꜢḏ-wr*), qui englobe le bassin côtier et la mer toute proche[79].

Pendant que les cohortes divines se mobilisent pour éradiquer le mal, Shentayt confectionne la figurine d'Osiris au premier registre. Suivant la tradition abydénienne, entre le 12 et le 21 Khoïak, de l'orge était mise à germer dans un moule momiforme composé de deux sections, tapissées d'une pièce de lin et remplies de sable, déposées dans une cuve jardin percée d'un orifice de drainage, et régulièrement arrosées ; dès que les pousses commençaient à sortir, les deux

[74] Catulle, 76.4 ; Virgile, *Æn.* VI, 324 ; Horace, *Epist.* II, 1.16 ; Ovide, *Met.* X, 430 ; Suétone, *Caligula*, 24.2.

[75] Ovide, *Met.* IV, 452. Le *numen* est par ailleurs associé à *ira* (colère) chez Horace (*Epod.* V, 54), à *metus* (effroi sacré) chez Valerius Flaccus (*Argon.* III, 428).

[76] *Dendara* X, 4, 7. Traduction : S. Cauville, *Dendara. Les chapelles osiriennes* I, *BdE* 117, 1997.

[77] *Dendara* X, 99, 2 ; 106, 4 ; 107, 6.

[78] *Dendara* X, 192, 1. Cette image fait penser au *numen maris* de Virgile, *Æn.* X, 221 ou au *numen*, présence divine dans l'eau de Juvénal, *Sat.*, 3.19. Pour la situation de Diospolis inferior, voir M. Bietak, *Tell el-Dabꜥa* II, Vienne, 1975, plan 4.

[79] *Dendara* X, 123, 13.

moitiés étaient démoulées, assemblées, et l'effigie ainsi obtenue était emmaillotée et couchée dans un cercueil qui serait inhumé le 30 Khoïak de l'année suivante. Au côté est de la paroi nord, alors que le grain apporté par la Meret du Sud au(x) *baou* élevé(s) (*qꜣ bꜣ.w*)[80] est chargé de vertus numineuses, Isis-Shentayt, qui « fait lever (*sqꜣ*) l'orge par son travail, fait germer (*sꜣḫ*) l'orge du crépuscule à l'aube », est aussi celle « au(x) *baou* imposant(s) (*ꜥꜣ bꜣ.w*) auprès des dieux, qui rajeunit son frère sous forme de momie (*m sꜥḥ*) dans le château de l'or (*i.e.* l'atelier funéraire)[81] », autrement dit elle est dotée de grands pouvoirs, chacun de ses gestes est empreint d'une sacralité qu'elle communique à l'orge et au moulage, conférant à ce dernier sa valeur spécifique de forme rajeunie d'Osiris. Une autre inscription dit de Shentayt : « Elle façonne à nouveau ton corps (*ḏ.t=k*), grands sont tes *baou* (*wr bꜣ.w=k*) parmi l'Ennéade – Redresse-toi, renouvelle la joie[82] ! ». Enfin, on lit au bandeau de la frise : « Tu (Osiris) es *ba* vivant à la tête des *baou* des dieux (ou, suivant la traduction de Cauville, Âme vivante à la tête des âmes des dieux) ; ton fils Horus est le roi des dieux, le roi de Haute et Basse Égypte », le souverain par excellence, et « tous les hommes (litt. les *pât* et les *rekhyt*) se prosternent devant les *baou* ou le *numen* de Sa Majesté[83]. » Dans la chapelle est n° 3, Isis-Shentayt fait vivre la forme secrète d'Osiris : « Ton *ba* est *ba* à la tête des *baou* des dieux (Cauville : ton âme est incarnée à la tête des âmes des dieux), la grande Ennéade protège ton corps (*ḏ.t=k*), elle place les déesses près de toi pour rendre grand(s) tes *baou* ou ton *numen* (*r swr bꜣ.w=k*), elle fait vivre ton corps (*ḥꜥw=k*) chaque année[84]. » La graphie du mot *ba* dans *ntk bꜣ ꜥnḫ ḫntj bꜣ.w nṯr.w* et *bꜣ=k bꜣ=tj ḫntj bꜣ.w nṯr.w* est, certes, nettement distincte de celle que l'on observe dans *pꜥ.t rḫj.t sn-tꜣ n bꜣ.w=k* et *r swr bꜣ.w=k*, où il est rendu par les trois échassiers suivis des traits du pluriel. Toutefois, si une différence a été marquée, affecte-t-elle le sens individuel du mot, son contenu en tant que signifié ? Si *ba* répond à « âme » et *baou* à « *numen* », ils ne désignent plus la même chose. La distinction porte-t-elle sur la signification du mot, déterminant deux acceptions variant selon le contexte ? Ou sert-elle à souligner la relation entre deux modalités d'un même contenu ?

Dans l'un et l'autre textes, Osiris est défini sur deux plans. Dans un premier temps, sa prééminence entre les dieux est exprimée par un mode d'être ou d'action commun dans le monde divin. Soit le *ba* du dieu est agent, exerçant sa fonction (ton *ba* est *ba*) à la tête des *baou* divins, soit le dieu est, par relation d'identité (tu es *ba*), l'instance elle-même, vivante, autrement dit active : suivant chacune de ces formulations, il est doué d'une fonction dynamique qui est essentiellement une fonction de relation et qui lui permet de se projeter. Étendons, à titre d'essai, la notion de *numen* aux deux phrases, et cela donne : « tu es (un) *numen* vivant » et « ton *numen* est numineux à la tête des *numina* divins ». Dans un second temps, sont évoquées les interactions qui caractérisent, dans deux cas particuliers, le processus d'activation de cette puissance

[80] *Dendara* X, 72, 4.

[81] *Dendara* X, 71, 4-6. Cauville rend le verbe *sakh* par « transmuer », privilégiant le processus au terme duquel l'orge germée est le corps d'Osiris, et ouvrant par là un vaste débat sur les influences des traditions pharaoniques dans l'hermétisme alchimique. Nous adoptons une traduction plus proche de l'aspect technique de l'opération, en nous fondant sur l'expression *prt ꜣḫt*, qui se dit d'une bonne récolte, de la semence ou de la graine qui donne son fruit, et métaphoriquement de la postérité. La racine *akh* donne par ailleurs le verbe *akh* « verdoyer, prospérer ; croître » (Meeks, *Année lexicographique*, 78.0077, 79.0043).

[82] *Dendara* X, 103, 5-6.

[83] *Dendara* X, 152, 2-4.

[84] *Dendara* X, 249, 12-13.

divine, dont on perçoit les effets en Horus et que l'on rend effective par un ensemble d'actes liturgiques. Assassiné par Seth, jeté à l'eau après avoir été démembré, enfin retrouvé par Isis, Osiris s'est perpétué en engendrant Horus[85]. En se prosternant face au *numen* de Sa Majesté, les hommes rendent hommage à la force active dans le fils posthume, qui procède de la faculté qu'Osiris a eue de revenir à la vie pour générer une descendance susceptible d'empêcher la rupture de la lignée et de légitimer la transmission de l'héritage royal. Pour les Égyptiens, ce pouvoir est analogue au processus physiologique par lequel une plante reprend vie après une période de dormance sous forme de diaspore ou graine susceptible de reconstituer un individu entier. Associé au pouvoir germinatif d'une graminée réputée pour sa fécondité[86], il est annuellement réactualisé en Khoïak, dernier mois de la saison *akhet* (inondation) et période de décrue précédant les mois de croissance végétale, où les rites visant à recomposer le corps d'Osiris se déroulent sous les auspices d'Isis-Chentayt, dont la fonction consiste aussi bien à lui redonner vie qu'à désigner les déesses pour magnifier ou accroître les *baou* du dieu. Ceux-ci dénotent l'activité d'une représentation ou d'une image divine – dont la numinosité tient à sa force, active d'une part en tant qu'objet de perception, suscitant l'émotion des *pât* et *rekhyt* qui en ressentent assez l'influence pour réagir instantanément en se mettant à plat ventre, d'autre part en tant que résultat de l'action de Shentayt, dans la mesure où sa constellation symbolise ici la vigueur du semis osiriaque, l'énergie à l'œuvre dans la combinaison matérielle de la forme du dieu et du phénomène de germination. C'est Shentayt qui fait vivre le corps d'Osiris, elle qui fait converger l'élan vital propre à la croissance des pousses et l'impulsion divine à se renouveler dans l'artefact de sable et d'orge à l'effigie du dieu. Mais quand il est signifié « elle te refait » – qui n'est pas un simple raccourci car, en ptolémaïque, l'emploi comme complément d'objet direct du syntagme *djet*–suffixe possessif correspond souvent à celui du pronom COD –, ce n'est plus seulement un simulacre et la numinosité divine habite si bien le moulage qu'il est possible de s'adresser à lui comme si c'était le dieu lui-même et de le regarder comme investi de la faculté de renaître.

En utilisant dans notre commentaire les dérivés adjectival et substantival (« numineux, numinosité ») de *numen*, non attestés en latin, nous avons effectué un glissement vers le développement moderne du concept. L'historien des religions Rudolf Otto est, parti de celui-ci pour définir, au début du XXe siècle, la catégorie du numineux, qui relève de l'expérience religieuse : le numineux est le sacré ressenti en tant que « tout autre », puissance insaisissable et d'une absolue supériorité, active en ce qu'elle détermine un ensemble de réactions émotionnelles intenses et s'impose comme un principe d'action. Les éléments essentiels en sont le mystère ou l'étrangeté, la grandeur (*majestas*) et l'énergie : oscillant entre divin et démoniaque, le numineux est stupeur, effroi et admiration, force répulsive et attractive, qui effraie et fascine tout à la fois,

85 Sur la mort d'Osiris, voir P. Vernus, *SEAP* 9, 1991, p. 19-34. Bien que le thème du corps coupé en morceaux ait été développé à l'époque tardive, on en relève des allusions en *Pyr.* 805 c, 1018 c, 1684 c. Sur le rôle d'Isis et la procréation posthume d'Horus, cf. stèle Louvre C 286 (XVIIIe dyn.) : A. Moret, *BIFAO* 30, 1931, p. 725-50.

86 Sur la relation entre grain et semence virile, voir M. Éliade, *Mythes, rêves et mystères*, Paris, 1957, 173 ; *Traité d'histoire des religions*, Paris, 1986 (1970), § 92-93, 125-139.

incline à l'humilité et à la révérence, subjugue et dirige les impulsions. De la notion latine de *numen* on passe ainsi à celle de numineux, qui recouvre la dynamique du sentiment du sacré et que la psychologie des profondeurs a intégrée pour caractériser l'expérience archétypique : Jung souligne en effet l'aspect numineux des produits de l'inconscient, assimilable à un non-moi, en particulier des représentations archétypiques auxquelles leur relative autonomie permet de s'imposer à la conscience et que le moi peut, en raison de leur intensité, ressentir comme l'action d'une puissance supérieure inconnue. Sans entrer dans la vaste question de l'archétype – qui est à prendre ici dans le sens de structure formelle innée, sans contenu déterminé, ou motif inscrit dans l'inconscient collectif (disposition psychique universelle), alors que ses représentations (dans les mythes, les contes, les visions, rêves et fantasmes) en sont des mises en forme variables, conditionnées par l'individu et son environnement [87] – on notera qu'une image mentale dotée de numinosité signifie pour Jung « qu'une valeur émotionnelle confère à l'image l'autonomie caractéristique d'un affect [88] ».

En somme, nos *baou* paraissent s'accorder à l'idée de *numen* pour autant qu'on la considère *sensu lato*, dans une perspective psycho-religieuse, et non du seul point de vue de la Rome antique. Car si le *numen* latin et le *ba* sont comparables à certains égards, on constate rapidement qu'ils ne se recouvrent pas, notamment dans la sphère individuelle. L'homme peut avoir de son vivant un *numen* et prendre place dans l'au-delà parmi les *numina*, qui désignent aussi les âmes des morts, mais cette qualité reste exceptionnelle et subordonnée à la volonté divine ; elle est concédée, sinon à une figure de légende, à un personnage illustre, à un homme d'État ou au souverain régnant, le *numen* représentant dès lors la puissance impériale. Il arrive cependant que, dans la poésie latine, le *numen* d'une personne dénote, comme nous l'avons remarqué pour les *baou*, l'ascendant qu'elle a sur quelqu'un [89]. Rattaché à l'intelligence humaine ou à un art, le *numen* rejoint l'idée de génie comme élan sacré, voire le concept de *genius* auquel il est souvent associé.

Ce rapide aperçu du *numen* suffit à faire entrevoir les problèmes que soulève son emprunt pour traduire le pluriel ou collectif égyptien *baou* ; si tentant que soit le rapprochement, il importe de prendre en considération la cohérence des idées constitutives de l'une et l'autre notions religieuses : le *ba*, dont les *baou* sont une forme, présente certains points communs avec le *numen* sans toutefois pouvoir en être considéré comme le synonyme. Derrière les documents relatifs à la constellation-*baou*, nous voyons se profiler une force en réalité non ou difficilement contrôlable. Le fait que l'on prétende agir sur elle et l'orienter n'exclut pas que ce soit essentiellement une puissance agissante – ou non agissante comme l'indique la stèle du Satrape – qui répond à ses propres lois.

[87] Voir par ex. C.G. Jung, *Correspondance* (Paris), II, p. 152, 164, 291 (8 février 1946, 13 avril 1946, 29 mars 1949) ; IV, p. 78, 145 (13 juin 1955, juillet 1956) ; V, p. 101, (5 mars 1959).

[88] *Ibid.*, V, p. 138 (16 novembre 1959).

[89] Cf. Ovide, *Am.* II, 18.17.

Michèle Broze

Hermès Trismégiste, Pythagore et le marin égyptien

La tradition relative à l'empereur philosophe Julien[1] fait connaître une curieuse fiction, dans laquelle Julien raille les chrétiens d'honorer un Christ né seulement deux fois, alors que certains personnages de l'hellénisme ont connu une triple génération. La *Passio Artemii*, un texte difficilement datable avec précision, a pour cadre la persécution de chrétiens par Julien. L'empereur aurait convoqué à Antioche deux prêtres chrétiens, Eugenios et Makarios, et après avoir discuté avec chacun des deux, les aurait fait torturer. Artemius, présent à la cour, les aurait défendus et pour cette raison, aurait été lui aussi torturé et mis à mort[2]. Dans le passage qui nous occupe, Julien argumente avec le prêtre Eugène sur la supériorité du paganisme sur le christianisme en ces termes :

> Καὶ ὁ Παραβάτης νομίσας ἀπαίδευτον εἶναί τινα τὸν τοῦ Χριστοῦ μάρτυρα, καὶ τῆς Ἑλληνικῆς σοφίας ἀμέτοχον, διαχλευάζων ἔφη πρὸς αὐτόν· Οὐκοῦν, ὦ ταλαίπωρε, ὁ Χριστός σου δὶς ἄρα γεγένηται; Καὶ εἰ ἐπὶ τούτῳ κομπάζεις, εἰσὶ καὶ παρ' Ἕλλησιν ἄνδρες σοφώτατοι οὐ μόνον δὶς γεννηθέντες, ἀλλὰ καὶ τρίς· ὅ τε γὰρ Ἑρμῆς ὁ Τρισμέγιστος ἐπικαλούμενος, τρίτον ἦλθεν ἐν κόσμῳ, ἑαυτὸν ἐπιγνούς, καθὼς αἱ ἱεραὶ αὐτοῦ καὶ θαυμάσιαι βίβλοι διαγορεύουσι, καὶ διὰ τοῦτο Τρισμέγιστος ὀνομάζεται. Ὁμοίως δὲ καὶ Πυθαγόρας ὁ τούτου μεταγενέστερος, καὶ αὐτὸς τρίτον ἦλθεν ἐν βίῳ· πρότερον μὲν Αἰγύπτιος γεγονὼς ναύκληρος, ἔπειτα δ' Εὔφορβος ὁ ὑφ' Ὁμήρου μνημονευόμενος, ἔσχατον δὲ Πυθαγόρας Μνησάρχου υἱός, Σάμιος.

Et l'apostat, considérant que le témoin du Christ était inculte et n'avait aucune part à la sagesse des Hellènes, lui dit en le raillant : alors, misérable, ton Christ est donc né deux fois ? Et tu t'en vantes ! Mais il y a chez les Hellènes des hommes d'une sagesse extrême, engendrés non seulement

Chercheuse qualifiée au Fonds national de la recherche scientifique belge – Université Libre de Bruxelles.

[1] Sur cette tradition, voir les deux volumes *L'empereur Julien (I). De l'histoire à la légende* et *L'empereur Julien (II). De la légende au mythe*, textes rassemblés par R. Braun et J. Richer, Paris, 1978 et 1981.

[2] Vers 800 de notre ère. Pour le texte : J.-P. Migne, *Patrologia Graeca*, 96, 1251 *et sqq.*, et maintenant P.B. Kotter, *Opera homiletica et hagiographica. Die Schriften des Johannes von Damaskos, Patristiche Texte und Studien* 29, 1988, p. 202-245. D'après les manuscrits, l'auteur de ce texte est Jean, le moine de Rhodes que certains assimilent à Jean Damascène. Artemius fut bien mis à mort sous le règne de Julien, pour avoir été complice du meurtre de Gallus, le frère aîné de Julien : voir W. Scott, *Hermetica* IV, Oxford, 1936, p. 236-241, et S.N.C. Lieu, D. Montserrat (éd.), *From Constantine to Julian : Pagan and Byzantine Views. A Source History Book*, Londres, 1996, p. 210 *et sqq.*

deux fois, mais trois fois. Car Hermès, qu'on appelle Trismégiste, vint pour la troisième fois dans le monde et s'y reconnut lui-même, comme ses livres sacrés et merveilleux le racontent, et à cause de cela porte le nom de Trismégiste. Et pareillement, Pythagore, qui est né après lui, vint lui-même aussi trois fois à la vie : la première fois, il est né pilote égyptien ; ensuite il fut Euphorbe, que mentionne Homère, et finalement Pythagore, fils de Mnésarque, Samien.

L'argumentation prêtée ici à l'empereur philosophe pourrait sembler banale et purement ironique – ironique, elle l'est évidemment –, mais elle mérite une analyse que j'ai plaisir à dédier à François Neveu, en espérant qu'il ne la trouvera pas trop peu égyptologique.

L'association de Pythagore à l'Égypte, c'est-à-dire de la philosophie grecque à la sagesse égyptienne, est un *topos* de la littérature antique. Le voyage en Égypte des philosophes illustres de la Grèce peut d'ailleurs être considéré comme un des mythes constitutifs de la philosophie grecque, dont l'historicité ne me préoccupera pas ici. Dans la lettre d'Abamon à Porphyre, de Jamblique, connue communément sous le nom de *Mystères d'Égypte*, Jamblique, faisant d'Hermès un dieu « commun », ne manque pas de rappeler que les fondements de la philosophie grecque furent découverts par Pythagore et Platon grâce à la lecture des antiques stèles d'Hermès [3]. Dans l'élaboration de cette chaîne de savants, l'antériorité chronologique de l'Égypte lui confère la primauté et le statut d'origine, ce que le Julien de la *Passio Artemii* rappelle par l'expression ὁ τούτου μεταγενέστερος.

J'essaierai de montrer ici que les deux sages, Hermès et Pythagore, dans l'argumentation de Julien, ne sont pas simplement mis en parallèle, avec une concession pour l'antériorité d'Hermès, mais que les caractéristiques respectives de leurs incarnations s'interpénètrent et superposent d'une certaine manière en un point le sage grec et le sage égyptien.

Le premier point qui retient l'attention est la capacité que possède Hermès de se « reconnaître lui-même » lors de sa troisième génération, et de gagner par ce biais le nom de Trismégiste. Or, cette tradition n'est pas inconnue et nous ramène ici encore à l'empereur Julien. En effet, après la Seconde Guerre mondiale, Henri-Charles Puech fit connaître quelques témoignages isolés en langue grecque concernant la triple incarnation d'Hermès Trismégiste, qui évoquent tous la capacité d'Hermès à se « souvenir de lui-même », ou à se « reconnaître lui-même » lors de sa troisième incarnation, ce qui lui valut l'appellation de Trismégiste [4].

[3] Sur l'Hermès commun de Jamblique, voir M. Broze, C. Van Liefferinge, « L'Hermès commun du prophète Abamon. Philosophie grecque et théologie égyptienne dans le prologue du *De Mysteriis* de Jamblique », dans Fr. Labrique (éd.), *Religions méditerranéennes et orientales de l'Antiquité*, *BdE* 135, 2002, p. 35-44.

[4] H.-Ch. Puech, « Hermès trois fois incarné. Sur quelques témoignages relatifs à l'hermétisme », *Revue des études grecques* LIX-LX, 1946-1947, XI-XIII, publié à nouveau dans *En quête de la gnose I. La gnose et le temps*, Paris, 1978, p. 117-118. Voir aussi les notes additionnelles de Nock dans le volume IV du *Corpus Hermeticum. Fragments extraits de Stobée et Fragments divers*, *Collection des universités de France*, Paris, 1983[4], p. 148-149.

C'est dire que l'épithète « trois fois très grand » est réinterprétée en une fragmentation chronologique – et parfois topologique – de la forme hellénisée dieu égyptien Thot. Ce triple Hermès connaîtra une certaine renommée dans l'hermétisme arabe et en Europe, sous le nom d'Hermès Triplex[5].

On sait que les travaux de Festugière ont fait de l'hermétisme un produit de l'hellénisme dénaturé, entaché çà et là de traces d'égyptomanie artificielle. Plusieurs études ont toutefois corrigé cette approche et mis en lumière le fonds égyptien de l'hermétisme. Parmi celles-ci, il faut mentionner l'article fondateur de Philippe Derchain sur l'authenticité de l'inspiration égyptienne dans le corpus hermétique. Les ouvrages de Garth Fowden et de Jean-Pierre Mahé ont contribué également à rendre à Hermès Trismégiste sa consistance égyptienne, sans que cela remette en cause l'impact évident du moyen platonisme et du judaïsme hellénisé sur le *Corpus hermeticum*[6].

La fragmentation généalogique de la révélation divine opérée dans les *Hermetica* grecs n'est pas absente dans le principe de la théologie égyptienne, où le dieu-fils est la forme rajeunie du dieu-père. Cette conception semble sous-jacente dans l'Asclépios, où Hermès Trismégiste mentionne son ancêtre divin décédé, qui reçoit un culte à Hermopolis. Néanmoins, le processus de la révélation en grec se fractionne plutôt en trois générations : l'initiateur, l'initié et le disciple de l'initié. J'ai suggéré ailleurs que cette structure pouvait constituer une solution à la perte de sacralisation due au passage de l'écriture hiéroglyphique, dont Thot est le détenteur, à l'écriture grecque, qui n'a pas en soi de pouvoir de validation, ainsi que l'explicite le traité XVI du corpus hermétique[7]. On passe donc d'un modèle égyptien, où l'écriture hiéroglyphique se dit parole divine et transcrit avec immédiateté dans le monde visible la vérité venant de l'invisible, à un modèle où l'écrit feint aussi l'oral, mais sous la forme d'une transmission récurrente entre les générations, ce qui évite la rupture définitive entre le savoir et l'ignorance.

En effet, l'écriture hiéroglyphique a aussi pour fonction de compenser le départ du dieu solaire par un remplaçant, qui sera son « scribe », le dieu Thot. Une fois abandonné ce formidable outil épistémologique et idéologique, il fallait bien réaménager le processus de transmission du savoir. Il apparaît que sortie du milieu égyptien, cette réflexion sur un savoir possible sur l'invisible s'est teintée de modèles explicatifs tirés de la culture grecque.

Notons que la multiplicité d'Hermès est mentionnée dans un texte attribué à Manéthon par le chroniqueur byzantin Georges le Syncelle : il y distingue un premier Hermès, qui est Thot, un deuxième Hermès dont le fils, Agathodémon, est père de Tat. Hermès Trismégiste y est appelé « propère », et est à assimiler en toute vraisemblance au deuxième Hermès. L'authenticité du fragment est toutefois douteuse. Il est pourtant cohérent avec l'activité exégétique de

[5] P. Lory, « Hermès-Idris, prophète et sage dans la tradition islamique », dans *Présence d'Hermès Trismégiste, Cahiers de l'hermétisme*, Paris, 1988, p. 100-109.

[6] Ph. Derchain, « L'authenticité de l'inspiration égyptienne dans le *Corpus Hermeticum* », *RHR* 161, 1962, p. 175-198 ; G. Fowden, *The Egyptian Hermes*, Cambridge, 1986 ; J.-P. Mahé, *Hermès en Haute Égypte* I, *Bibliothèque copte de Nag Hammadi, section « Textes »* 3, Québec, 1978, et II, *Bibliothèque copte de Nag Hammadi, section « Textes »* 7, Québec, 1982.

[7] M. Broze, « Temps réel, temps imaginaire et temps fictionnel dans la révélation hermétique », dans J.J. Wunenburger (éd.), *Figures du temps*, Strasbourg, 1997, p. 109-120.

Manéthon telle qu'elle est, par exemple, décrite par Plutarque au sujet de la fondation du culte de Sérapis. Il y est question de textes écrits par Thot, interprétés en grec par Agathodémon après le déluge[8].

Laissons ce pseudo-Manéthon et revenons à Julien, dont le *Contre les Galiléens* témoigne d'un intérêt pour notre triple Thot-Hermès en tant que dieu des Égyptiens. En 115E du traité, Julien rapporte Arès aux Grecs et aux Romains, Athéna aux Syriens, et Hermès aux Égyptiens, peuple peu belliqueux mais sage. En 176B (cité par Cyrille PG LXXVI, col. 779B), l'empereur déclare que les Égyptiens, s'ils dénombrent chez eux une foule de sages, peuvent dire qu'ils ont de nombreux successeurs d'Hermès – Ἑρμοῦ δέ φημι τοῦ τρίτον (τρίτου) τῇ Αἰγύπτῳ ἐπιδημήσαντος – « Je veux dire l'Hermès qui a séjourné la troisième fois en Égypte (ou le troisième Hermès qui a séjourné en Égypte) » ; ensuite, Julien mentionne chez les Chaldéens et les Assyriens les successeurs d'Oannès, et chez les Grecs ceux de Chiron.

Hermias, commentant le Phèdre de Platon, doit tirer son information à une même source, et, à deux reprises, nous livre plus d'informations. Dans le premier passage, Hermias met en parallèle la pluralité des Sibylles et celle d'Hermès, dans le second, il commente *Phèdre* (249a), où Platon parle de la destinée d'un être humain qui a, par trois fois, vécu la vie philosophique. Voici ce qu'Hermias écrit en commentant la pluralité des Sibylles et leur choix d'un genre de vie prophétique : ὥσπερ δὴ ὁ Τρισμέγιστος Ἑρμῆς λέγεται πλεονάκις ἐπιδημήσας τῇ Αἰγύπτῳ ἑαυτοῦ ἀνεμνῆσθαι καὶ τρίτον κεκλῆσθαι Ἑρμῆς. Καὶ τρεῖς δὲ λέγονται Ὀρφεῖς παρὰ Θρᾳξὶ γενέσθαι, « de la même manière, on dit qu'Hermès Trismégiste séjourna plusieurs fois en Égypte, se souvint de lui-même et la troisième fois fut appelé Hermès. On rapporte qu'il y eut aussi chez les Thraces trois Orphée[9]. » Et à propos de *Phèdre* (249a) : οὕτως γὰρ καὶ ὁ Τρισμέγιστος Ἑρμῆς ἐπεκλήθη, ὡς τρὶς ἐνταῦθα ᾿λοσοφήσας καὶ τὸ τρίτον ἑαυτὸν ἐπιγνούς, « c'est ainsi en effet qu'Hermès Trismégiste reçut son nom, ayant trois fois pratiqué là la philosophie et s'étant reconnu lui-même la troisième fois[10]. »

Les commentateurs ont cherché dans le *Corpus hermeticum* des parallèles à cette remémoration des incarnations, sans trop de succès. S'il est bien question de se souvenir de qui l'on est, il s'agit plutôt de redécouvrir ce que l'on a en soi de divin, dans le cadre de la variation sur le thème « connais-toi toi-même, et tu connaîtras dieu », ou « connais dieu, et tu te connaîtras toi-même ». Dans les passages qui nous occupent, l'objectif atteint par Trismégiste est plutôt de se souvenir de son identité dans ses précédents passages sur notre terre.

On conviendra que ce thème n'est guère égyptien. Or, à ma connaissance, celui qui se montra capable d'un tel souvenir n'est autre que Pythagore. En effet, lors de sa première incarnation, Pythagore fut Aethalidès, qui participa à l'expédition des Argonautes, dont il était le héraut. Notons d'emblée qu'Aethalidès est le fils d'Hermès – de l'Hermès grec, bien sûr, mais la distinction n'a guère de pertinence dans l'Antiquité –, et que son père divin lui offrit de choisir une faveur qui ne fût pas l'immortalité. Aethalidès opta pour la capacité de remonter de l'Hadès et

[8] Sur ce texte, voir J.-P. Mahé, *Hermès en Haute Égypte* I, 4.

[9] P. Couvreur, *Hermiae Alexandrini in Platonis Phaedrum scholia, Bibliothèque de l'École des hautes études* 133, 1901, p. 94, 21-23.

[10] *Ibid.*, p. 168, 24-25.

de se souvenir de ses vies précédentes. Le don passa aux incarnations postérieures, et Pythagore avait plaisir à rappeler que dans une vie antérieure, il avait été Euphorbe, le héros homérique qui blessa Patrocle juste avant qu'Apollon terrasse l'ami d'Achille. Euphorbe fut lui-même tué par Ménélas [11]. Dans un fragment d'un ouvrage perdu d'Héraclide du Pont, l'élève de Platon qui a beaucoup influencé la constitution de la légende pythagoricienne, nous trouvons que Pythagore fut Aethalidès, Euphorbe, Hermotime et Pyrrhos avant de devenir Pythagore, et qu'à chaque incarnation, il conservait le don que fit à Aethalidès son père Hermès [12]. Héraclide conclut : ἐπειδὴ δὲ Ἑρμότιμος ἀπέθανε, γενέσθαι Πύρρον τὸν Δήλιον ἁλιέα. καὶ πάντα πάλιν μνημονεύειν, πῶς πρόσθεν Αἰθαλίδης, εἶτ' Εὔφορβος, εἶτα Ἑρμότιμος, εἶτα Πύρρος γένοιτο. ἐπειδὴ δὲ Πύρρος ἀπέθανε, γενέσθαι Πυθαγόραν καὶ πάντων τῶν εἰρημένων μεμνῆσθαι, « Lorsqu'Hermotime mourut, il fut Pyrrhos le pêcheur délien, et se rappela pleinement comment il avait été avant Aethalidès, ensuite Euphorbe, Hermotime, et Pyrrhos. Quand Pyrrhos mourut, il devint Pythagore et se souvenait de tout cela aussi. »

On verra qu'un autre sage illustre, quoique plus tardif, Apollonios de Tyane, pythagoricien plus divin que le maître, a joui lui aussi d'une capacité semblable à celle que possède Hermès Trismégiste dans les passages mentionnés ci-dessus. Soulignons encore que comme Pythagore n'est pas Hermès, mais son fils, ou du moins l'a-t-il été lors de sa première incarnation, Hermès Trismégiste n'est pas le dieu Thot, mais son descendant. Le célèbre traité nommé *Poimandrès*, qui relate son initiation, en fait un homme divin, ce que sont aussi Pythagore et Apollonios.

Alain Billault a bien montré que ce statut était, chez Pythagore et Apollonios, lié à l'ambiguïté de leur généalogie et de leur statut humain/divin. En effet, s'ils reçoivent de prestigieux parents humains, leurs biographes introduisent également dans leurs narrations des pères résolument divins. Pythagore est lié à Apollon, bien sûr, et à Hermès par le biais d'Aethalidès. Apollonios est associé généalogiquement à Zeus, Apollon et Protée, le « dieu égyptien », qui apparaît à sa mère en lui annonçant que l'enfant qu'elle porte n'est autre que lui-même, comme le raconte Philostrate dans sa vie d'Apollonios : κυούσῃ δὲ αὐτὸν τῇ μητρὶ φάσμα ἦλθεν Αἰγυπτίου δαίμονος ὁ Πρωτεὺς ὁ παρὰ τῷ Ὁμήρῳ ἐξαλλάττων· ἡ δὲ οὐδὲν δείσασα ἤρετο αὐτόν, τί ἀποκυήσοι· ὁ δὲ "ἐμε" εἶπε. "σὺ δὲ τίς;" εἰπούσης "Πρωτεὺς" ἔφη "ὁ Αἰγύπτιος θεός", « Alors que sa mère était enceinte de lui, vint à elle l'image d'un démon égyptien, Protée, qui chez Homère, change de forme. Elle, sans crainte, lui demanda ce qu'elle mettrait au monde. "Moi", dit-il. "Qui es-tu ?", dit-elle, et il affirma : "Protée, le dieu égyptien" [13]. » Cette scène d'annonciation, où le fils n'est autre que le père, un dieu égyptien, est en parfaite cohérence avec la théologie égyptienne, comme je l'ai rappelé plus haut. Philostrate ne manque pas de souligner les capacités prophétiques de Protée et engage son lecteur à se souvenir du dieu égyptien dans la suite du récit. On verra en effet réapparaître Protée au livre III, lorsqu'Apollonios raconte les exploits qu'il a accomplis lors d'une précédente incarnation. Je reviendrai sur ce point par la suite.

[11] Sur les généalogies de Pythagore, voir A. Billault, « Généalogie et philosophie : à propos des pythagoriciens », dans D. Auger, S. Saïd (éd.), *Généalogies mythiques*, Paris, 1998, p. 337-351, avec les références aux sources anciennes et la bibliographie.

[12] Fr. 89. Porphyre, dans sa *Vie de Pythagore* § 45, place Aethalidès en seconde position, après Euphorbe, mais la plupart des sources précisent bien que le héros argonautique précède le héros troyen.

[13] Philostrate, *Vie d'Apollonios*, I, 4.

Ces premiers éléments posés mettent en lumière quelques liens structurels entre Pythagore et Apollonios, et laissent entrevoir les possibilités d'un rapprochement avec Hermès Trismégiste. La connotation égyptienne est évidente, mais l'étude du texte de la *Passio Artemii* permet de comprendre avec quelle subtilité les Anciens tissent la toile qui intègre les trois hommes divins dans une même trame.

Le premier acquis ici est que si faire dériver le nom de Trismégiste de trois incarnations successives est un trait bien hermétique, y déceler la mémoire de ses deux vies antérieures lors de la troisième relève davantage du pythagorisme : la tradition hellénophone transfère sur le sage divin de l'Égypte une compétence de Pythagore. Cependant, Pythagore doit cette compétence particulière à Aethalidès, qui est le fils d'Hermès. Même si le héros des aventures argonautiques n'est pas mentionné explicitement, ni par Julien, ni par Hermias, l'encyclopédie du lecteur ancien aura sans peine comblé le vide. En effet, les biographes de Pythagore mentionnent communément cette première vie et ses implications. Par ce point, les triples incarnations respectives d'Hermès et de Pythagore se recouvrent allusivement.

Mais pourquoi trois incarnations pour Pythagore ? Les traditions antiques en attribuent bien davantage au sage grec.

Dans la *Passio Artemii*, trois générations suffisent à supplanter les deux naissances du Christ, mais Julien aurait pu profiter de l'occasion pour promouvoir l'hellénisme et produire pour le sage grec une suite plus impressionnante par le nombre. C'est que les trois générations permettent de renforcer le point d'identification entre l'Égyptien et le Grec. Ici, c'est la caractéristique de l'Égyptien qui est transférée sur le Grec, dans une parfaite symétrie.

Rapporter le don d'Aethalidès à Hermès Trismégiste permet de comprendre pourquoi la première incarnation de Pythagore, transférée à Hermès, est remplacée par une autre, plus allusive. Le héros homérique qu'est Euphorbe demeure, mais Aethalidès disparaît au profit d'un *nauclère* égyptien qui ne reçoit pas de nom. On pourrait se satisfaire de la participation d'Aethalidès à l'expédition des Argonautes pour expliquer le marin, et du lien généalogique avec Hermès pour comprendre le marin *égyptien*. Notons d'abord que le *nauclère*, propriétaire de navire, peut aussi de manière générale être un pilote de navire, les deux statuts pouvant d'ailleurs être réunis. Ainsi, pour choisir un *nauclère* qui soit associé à l'Égypte, se qualifie Danaos dans les *Suppliantes* d'Eschyle, lorsqu'il s'adresse à ses filles : « Car c'est avec votre vieux père, prudent pilote (ναυκλήρῳ) en qui vous avez foi, que vous êtes venues » (176-177).

Toutefois, Aethalidès n'est pas pilote de la nef Argo, mais son héraut, une fonction qui convient bien à un fils d'Hermès. C'est pourquoi il n'est peut-être pas inutile de rechercher dans la tradition hellénophone les pilotes égyptiens susceptibles d'avoir un rapport avec notre première incarnation de Pythagore. L'un des plus célèbres est certainement Thamous, dont Plutarque rapporte qu'il annonça la mort du Grand Pan. H.J. Thissen a remarquablement clarifié le passage en élucidant la signification du nom Thamous, *le mâle est mort*, transposé en grec par « le grand Pan est mort [14]. » Néanmoins, ce Thamous est daté d'époque impériale et ne

[14] H.J. Thissen, « Der Grosse Pan ist gestorben. Anmerkungen zu Plutarch, De def. or. c. 17 », dans Fr. Labrique (éd.), *Religions méditerranéennes et orientales de l'Antiquité*, *BdE* 135, 2002, p. 177-183.

convient ici que pour mettre en lumière la capacité prophétique d'un pilote de navire égyptien. Deux autres figures sont à retenir : il s'agit de Pharos et de Canope, qui, sans être égyptiens d'origine, sont associés à l'Égypte comme éponymes et par leurs aventures à l'île de Pharos, où séjournait Protée. Les deux appartiennent aux errances d'Hélène et de Ménélas, et furent tous deux piqués par un serpent et ensevelis en Égypte dans les lieux qui leur doivent leur nom. Un autre, pourtant, retient d'avantage l'attention : comme celui de la *Passio Artemii*, il est anonyme, tout en étant par certains aspects proche de l'illustre Canope. C'est que lui aussi navigua dans les eaux de Protée. On sait en effet que Thénonoè, la fille de Protée, fut éprise de Canope.

J'ai mentionné plus haut un autre sage de la tradition qui se montra capable de retrouver le souvenir de ses incarnations précédentes : Apollonios de Tyane. On se souvient qu'Apollonios n'est autre que Protée, le dieu égyptien, venu à la génération dans le monde des hommes, dieu polymorphe et doué de science mantique. Lors de son voyage en Inde, Apollonios rencontre les sages locaux et s'entretient avec Iarchas, qui l'interroge au sujet de sa précédente incarnation[15] :

> ὁ δὲ εἶπεν "ἐπειδὴ ἄδοξον ἦν μοι ἐκεῖνο, ὀλίγα αὐτοῦ μέμνημαι." ὑπολαβὼν οὖν ὁ Ἰάρχας "εἶτα ἄδοξον "ἔφη" ἡγῇ τὸ γενέσθαι κυβερνήτης Αἰγυπτίας νεώς; τουτὶ γάρ σε ὁρῶ γεγονότα."

> *Apollonios répondit : « Puisqu'elle fut pour moi sans gloire, je ne m'en souviens que peu. » Iarchas reprit la parole et dit : « Considères-tu sans gloire d'avoir été le pilote d'un navire égyptien ? Car je vois que c'est ce que tu as été. »*

Apollonios en convient et rapporte son plus bel exploit dans cet état : trompant par la fuite des pirates phéniciens qui cherchait à acheter sa complicité pour s'emparer du navire et de la cargaison qu'il partageait avec trois autres personnes, il épargna des âmes humaines et les intérêts des marchands. Ce pilote de navire égyptien ne manque pas de préciser aux pirates qu'il a sa cabane dans l'île de Pharos, où jadis vivait Protée.

Cette belle action resta sans gloire, à cause du préjugé qu'ont les hommes pour les gens de mer, dit Apollonios, toutefois, tout en n'étant qu'un marin, à cette occasion, il réunit en lui de nombreuses vertus. L'histoire des pirates trompés est plaisante, et Iarchas sourit de l'exploit et de la conception de la justice qui consiste simplement à ne pas commettre l'injustice. Au livre VI de sa *Vie d'Apollonios*, Philostrate met en scène un autre marin égyptien : venu à Memphis de Naucratis pour échapper aux accusations d'une belle-mère inspirée par Phèdre, il acheta un bateau et se fit marinier sur le Nil. Rencontrant Apollonios et ses amis, le jeune homme, Timasion, en eux reconnut des sages et demanda à s'embarquer avec eux. Or, Apollonios avait deviné sa situation par prescience et en fit part à ses amis. Il pria le jeune homme d'énoncer ses bonnes et ses mauvaises actions et le jeune pilote égyptien déclara ne pas savoir s'il est bon, car « ne pas être injuste n'est pas encore sujet de louange ». Apollonios, qui l'avait reconnu vertueux avant de l'entendre parler, rapproche explicitement ces dires de l'opinion d'Iarchas au sujet de sa précédente incarnation. Et son disciple Damis de conclure : « Nous te louons, jeune homme,

[15] Philostrate, *Vie d'Apollonios*, III, 23

car tu crois n'avoir rien accompli d'illustre. » En cela, malgré sa sagesse, l'Indien n'avait pas loué l'incarnation d'Apollonios, mais l'avait raillé. Apollonios au contraire juge le pilote égyptien digne d'étudier la philosophie. La sagesse, dira un peu plus tard l'homme divin, selon Pythagore, c'est se connaître soi-même, en connaissant ce que l'on est et ce que l'on a été.

Ce détour par le jeune pilote égyptien n'est pas inutile, car le récit que Philostrate lui consacre réactive en quelque sorte le récit fait par Apollonios à Iarchas au sujet de sa vie de pilote de navire égyptien. C'est dire que cette histoire égyptienne, située dans la sphère de Protée, n'est pas une pure anecdote de roman d'aventures. D'autant plus que Philostrate, comme je l'ai rappelé plus haut, a dès le début de son récit engagé son lecteur à « se souvenir de Protée, surtout lorsque mon récit, en progressant, montre que l'homme eut plus de prescience que Protée et triompha de nombreuses difficultés et de nombreuses situations inextricables alors même qu'il allait être saisi ».

Apollonios, on l'a vu, ne daigne pas donner le nom du pilote égyptien dont il habita le corps. La mention de Protée nous ramène dans le monde de l'Égypte des Grecs de l'épopée et évoque Pharos ou Canope, associés tous les deux aux errances de Ménélas et d'Hélène, mais rien ne permet d'aller plus loin dans une identification. Le Julien de la *Passio Artemii* n'est guère plus précis et ne nomme pas davantage la première incarnation de Pythagore. Ce silence des deux côtés vient évidemment rapprocher Pythagore de son illustre sectateur. Et peut-être Canope, finalement, est-il apte à permettre ce glissement entre Aethalidès l'Argonaute et le pilote égyptien. En effet, selon une tradition que connaît notamment Plutarque, « ils (les Égyptiens) donnent encore à Osiris le nom de commandant et à Canope celui de pilote, qui, disent-ils, donna son nom à l'étoile ». Plutarque ajoute que le bateau dont il est question est celui que les Grecs appellent Argo, image du navire d'Osiris placée parmi les astres en son honneur, proche d'Orion et du Chien, consacrés à Horus et à Isis (*De Iside* 22)[16].

Rien n'indique cependant que Philostrate ait voulu évoquer ici le pilote du navire d'Osiris, même si la mort d'Apollonios est teintée de merveilleux et que nul ne trouva sa tombe. Quant à celui qui établit le rapprochement que nous observons dans la *Passio Artemii*, il n'est pas impossible qu'il ait songé à cet autre argonaute que fut Canôbos tout autant qu'à Apollonios lorsqu'il fit de Pythagore un *nauclère* égyptien.

Quoi qu'il en soit, il apparaît que l'argument de Julien dans la *Passio* n'est pas aussi vain et puéril qu'il pourrait sembler. Il ne se contente pas d'opposer une double naissance dans le christianisme à une triple naissance dans le paganisme : si c'était une question de nombre, il aurait pu aligner pour Pythagore davantage d'incarnations. La réminiscence des incarnations, compétence pythagoricienne due à Aethalidès fils de l'Hermès grec, est reportée sur Hermès

[16] Sur le rôle de Canôbos dans la flotte d'Osiris, voir aussi Rufin, *Eccl.* 2, 26. Pour une identification de l'étoile dans les sources égyptiennes, voir É. Aubourg, S. Cauville, « En ce matin du 28 décembre 47... », dans *Mél. Quaegebeur* II, *OLA* 85, 1998, p. 769, qui identifient Canope à Ihy, l'étoile visible. Il s'agit pour eux de « l'attestation égyptienne la plus ancienne de cette étoile qui porterait le nom de Ihy et dont on précise qu'elle est visible à l'œil nu (*nw* en égyptien) ». Je remercie Jean-Luc Fissolo de m'avoir donné cette référence et de m'avoir très gentiment éclairée sur cette question. Ainsi qu'il me l'a signalé, d'autres propositions ont été faites et des sources plus anciennes prises en compte. Comme il prépare une synthèse sur la question de l'étoile Canope, je me permets de renvoyer mon lecteur à cette prochaine étude.

Trismégiste égyptien et la triple manifestation de l'hermétisme est attribuée à Pythagore. Qu'il y ait ou non allusion à Canôbos, l'anonyme pilote de navire égyptien qui remplace Aethalidès dans les incarnations de Pythagore évoque certainement Apollonios de Tyane, illustre pythagoricien de l'Empire romain. L'empereur construit ainsi une permanence chronologique et topologique de la sagesse hellène : l'antique Hermès fondateur de la sagesse égyptienne, le Pythagore fondateur de la philosophie grecque et le tout récent Apollonios, qui associe sagesse grecque, égyptienne et indienne, en soulignant leur parenté, leur filiation. Ces trois personnages, hommes divins, présentent en outre une ascendance divine. Cette répartition topologique et cette permanence chronologique qui remonte au fond des temps correspondent bien au projet politico-religieux de Julien, pour qui « le polythéisme permet la reconnaissance de toutes les religions selon une topologie précise, qui correspond également au partage de l'Empire romain sous la tutelle de l'empereur ». De la même manière, la multiplicité des dieux est unifiée par un dieu un au sommet de la hiérarchie[17]. Ici, la multiplicité des sages (et des sagesses) est unifiée par le biais d'un entrelacement de leurs généalogies et incarnations respectives. Pour Julien, le christianisme n'a pas droit à l'universalité : son dieu est local et son Christ éphémère, né d'hier, ainsi que le rappelle le Julien de la *Passio* à son adversaire, tout en le traitant d'impie.

Si le passage de la *Passio Artemii* que j'ai traité ici est une fiction qui, en fin de narration, voit le Chrétien vainqueur, elle a vraisemblablement une dette envers les spéculations idéologico-religieuses de Julien. Elle remonte réellement, sinon à Julien en personne, sans doute aux cercles de philosophes païens qui lui servent à fonder sa démarche politico-religieuse. Ensuite, elle témoigne d'une volonté de mettre en relation philosophie grecque et sagesse orientale. Le fragment de Julien mis en lumière par Puech suggère que telle était la volonté de cet empereur, qu'on décrit trop souvent comme un défenseur de la culture grecque – ce qu'il était –, en oubliant que la portée du terme *hellène* se réfère davantage sous sa plume à ce que nous appelons paganisme qu'à une culture grecque de Grèce, et que, comme le souligne Carine Van Liefferinge, chez lui, hellénisme s'oppose à athéisme[18].

[17] Sur la philosophie politique et religieuse de l'empereur Julien, voir L. Couloubaritsis, *Histoire de la philosophie ancienne et médiévale*, Paris, 1998, p. 738-742.

[18] C. Van Liefferinge, « "Ethniques" et "Hellènes". Quelques réflexions sur la portée nationale du paganisme », dans Κῆποι. *Mélanges offerts à André Motte*, *Kernos* suppl. 11, 2001, p. 247-255.

Marie-Astrid Calmettes

Réflexions sémiologiques sur le relief Louvre B7

Rapporté d'Égypte par Jean-François Champollion au retour de l'expédition franco-toscane de 1828-1829, le relief conservé au musée du Louvre sous le numéro d'inventaire B7 [1] (fig. 1), provient du quatrième couloir de la tombe de Séthi Ier dans la Vallée des Rois (KV 17) [2]. Sculpté en léger relief levé sur une paroi de calcaire de 2,25 mètres de haut sur 1 mètre de large, il est peint et sert de support à une scène *a priori* conventionnelle : un roi et une divinité se faisant face dans un geste rituel.

Le cadre supérieur de la représentation est constitué par le signe du ciel, la délimitation inférieure est formée par une ligne noire, faisant allusion au signe de la terre, tandis que les extrémités latérales consistent en deux bandes décoratives où alternent carrés et rectangles de couleur. Le fond est uni et de couleur ocre jaune. Quant à la composition, elle s'inscrit dans un rectangle vertical, constitué de deux espaces, l'un réservé à l'image, l'autre au texte. La proportion entre les deux est révélatrice : c'est l'image qui prédomine puisqu'elle occupe en effet plus des trois-quarts de l'espace figuratif, le texte ne faisant que s'adapter à l'espace laissé vacant. C'est ainsi que la deuxième colonne du texte en relation avec la déesse s'est finalement transformée en ligne. De plus, image et texte s'inscrivent dans deux espaces symétriques : la partie gauche de la scène se lit de droite à gauche (←) dans le sens préférentiel alors que la partie droite se lit de gauche à droite (→).

Les signes qui permettent d'identifier le personnage situé à gauche comme étant une déesse hathorique sont les cornes de vache et le soleil. Les autres signes ne font que confirmer cette nature divine, à savoir la peau de couleur ocre rouge, la robe simple et les pieds nus. Le fait que la déesse soit coiffée d'une « perruque » élaborée, qualifiée de « perruques à volants [3] », ornée de deux bandeaux, tend à confirmer qu'il s'agit bel et bien de la déesse Hathor connue par ailleurs comme « *Celle à la belle chevelure* » (*ḥnskyt* [4]). Notons enfin qu'elle porte sur sa robe une résille de perles tubulaires, un collier *ousekh*, une « boucle d'oreille » en forme de serpent, ainsi que

[1] B7 = N 124.
[2] PM I, p. 528, G(23).
[3] Chr. Karlshausen, « Une perruque divine du Nouvel Empire : la coiffure à volants », dans *Amosiadès* (*Mélanges Vandersleyen*), Louvain, 1992, p. 153-173.
[4] Au sujet de cette épithète, voir Ph. Derchain, *RdE* 21, 1969, p. 21-25.

des bracelets aux bras et aux chevilles. Le personnage qui se trouve en face est orienté dans le sens inverse, selon la règle d'inversion par confrontation définie par H.G. Fischer [5]. Les signes indiquant sa nature royale sont l'uræus, le devanteau d'orfèvrerie qui orne son pagne ainsi que les « rubans » qui tombent dans son dos. Les autres signes iconographiques ne marquent qu'un haut statut social : une superposition de plusieurs vêtements de lin fin (un pagne court, un pagne long, une légère tunique plissée et un long manteau), une perruque à frisons, un collier *ousekh*, des bracelets, ainsi que des sandales.

L'image donne aussi à voir la nature du lien unissant les deux personnages. Tous deux sont représentés debout [6], se regardant face à face. C'est leur geste qui est placé au centre de la représentation : déesse et roi tiennent respectivement leurs bras gauche et droit le long du corps tout en joignant leurs mains, les pouces enlacés ; de leurs autres bras, ils élèvent les mains à la hauteur de leur visage, paumes face à face dans l'attitude de l'adoration. Ce double geste en miroir est au centre de nombreuses scènes funéraires de l'époque ramesside [7] et illustre différentes offrandes divines. Il est aussi à mettre en relation avec le signe hiéroglyphique 𓂙 représentant deux bras baissés et étreignant, signe qui sert de déterminatif à des verbes ayant le sens d'« envelopper, embrasser ou étreindre [8] ». Notons que ce geste peut fonctionner seul, sans le collier *menat* [9]. Ce dernier, qui figure entre les paumes des deux protagonistes aux mains levées, est en effet comme ajouté dans l'espace laissé vacant [10]. Cependant, la déesse Hathor est bel et bien représentée comme « offrant » le collier au pharaon.

Le collier *menat* [11], connu comme parure de la déesse Hathor depuis le Moyen Empire, symbolise la protection contre les ennemis mais peut également être mis en relation avec la naissance et le passage à un nouvel état [12]. La renaissance du pharaon dans l'au-delà se traduit ici de deux façons : sous la forme de la naissance d'un enfant – le collier *menat* symbolisant la mise au monde et l'allaitement du roi par la déesse – et sous la forme de l'union sexuelle de la déesse et du roi.

5 H.G. Fischer, *L'écriture et l'art de l'Égypte ancienne*, Paris, 1986, p. 51-93.

6 La déesse s'inscrit dans une dimension verticale (buste étroit, pieds joints) alors que le roi s'inscrit dans une dimension horizontale (buste plus large, pieds écartés). À noter que la différence d'écartement des pieds est à considérer comme un signe indiquant les natures féminine et masculine des deux personnages.

7 Voir entre autres KV 7, QV 44 et 55.

8 R.H. Wilkinson, *Reading Egyptian Art. A Hieroglyphic Guide to Ancient Egyptian Painting and Sculpture*, Londres, 1992, p. 50-51, fig. 3.

9 Voir pour KV 17, le pilier Ba, salle F (E. Lefébure, *Les hypogées royaux de Thèbes, Première division. Le tombeau de Séthi Ier*, *MMAF* II, Paris, 1886, pl. XXVIII, fig. 1 ; E. Hornung, H. Burton, *The Tomb of Pharaoh Seti I. Das Grab Sethos' I.*, Zurich, Munich, 1991, pl. 78 et 94) et le pilier Bd, salle F (E. Lefébure, *op. cit.*, pl. XXVIII, fig. 4 ; E. Hornung, *op. cit.*, pl. 95). Voir aussi les scènes de l'antichambre de la tombe d'Amonherkhepshef [TT 55] dans lesquelles ce double geste est associé à l'accompagnement du roi vers la salle du sarcophage.

10 Scène identique mais inachevée sur le pilier Bc, salle F (E. Lefébure, *op cit.*, pl. XXVIII, fig. 3 ; E. Hornung, *op. cit.*, pl. 95). Sur le pilier Bd de la salle F, c'est le signe de vie *ankh* qui est offert au roi par Sokar-Osiris, l'offrande du collier *menat* étant réservée aux divinités féminines (E. Lefébure, *op.cit.*, pl. XXVIII, fig. 4 avec erreur dans le relevé ; E. Hornung, *op. cit.*, pl. 95).

11 Au sujet du collier *menat*, voir notamment P. Barguet, « L'origine et la signification du contrepoids de collier *menat* », *BIFAO* 52, 1953, p. 103-111 ; B. Bruyère, *Rapport sur les fouilles de Deir el-Medineh (1935-1940)*, *FIFAO* XX, 3e fasc., 1952, p. 86-93 ; Fr. Daumas, « Les objets sacrés d'Hathor au temple de Dendera », *RdE* 22, 1970, p. 63-78 et J. Leclant, « Sur un contrepoids de *menat* au nom de Taharqa. Allaitement et "apparition" royale », *BdE* 32, (*Mélanges Mariette*), 1961, p. 251-384, pl. I-II.

12 Voir l'hypothèse de P. Barguet (*op. cit.*, p. 103) qui propose de voir dans certaines plaquettes de bois du Moyen Empire ayant la forme de figurines féminines l'origine du contrepoids du collier *menat*.

Cette union est non seulement sous-entendue par le collier *menat* – fréquemment qualifié de « corps » de la déesse – mais aussi par la coiffe que porte cette dernière. Ph. Derchain[13] a en effet montré qu'une coiffure élaborée et tout particulièrement la perruque revêtait une forte connotation sexuelle et érotique, et qu'elle appartenait à une codification de l'iconographie amoureuse[14]. Par ailleurs, le double geste, de même que le collier *menat*, est également susceptible d'être mis en relation avec la fête-*sed*, c'est-à-dire avec la notion de régénération du souverain[15].

Indépendamment du texte, la lecture seule de l'image nous a permis jusqu'ici d'apprendre que, des deux personnages, l'un est une déesse (vraisemblablement Hathor) et l'autre un roi et que leur relation est des plus intimes. Il semble donc que la fonction de l'image soit d'indiquer le contexte, la nature des personnages et de leur relation.

Situé conventionnellement au-dessus des personnages, le texte identifie ces derniers en les nommant et en précisant leurs épithètes et/ou leurs titres. C'est ainsi que la déesse est qualifiée de : [←]  *Ḥw.t-ḥr ḥr(y).t-tp Wꜣs.t ḥnw.t sm(y).t Jmn.t « Hathor, maîtresse de Thèbes, maîtresse du désert d'Occident »* ; quant au roi, il est : [→]  *Nb tꜣ.wy Mn-Mꜣʿt-Rʿ nb ḫʿw Stḫy mr(w) n Ptḥ dj ʿnḫ mj Rʿ ḏt « le seigneur des deux terres, Men-Maât-Rê, le seigneur des couronnes, Séthi, aimé de Ptah, doué de vie comme Rê éternellement ».*

Mais l'intérêt de cette représentation réside dans le fait qu'elle contient un autre texte qui figure dans l'espace même de l'image. Il apparaît ainsi qu'entre les perles de la résille sont insérés des signes hiéroglyphiques qui forment comme un motif sur la robe de la déesse. Les différents éléments constitutifs du texte sont répétés plusieurs fois horizontalement, alors même que l'ensemble doit être envisagé de manière verticale, se lisant sous la forme de colonnes (↓) :

[←] 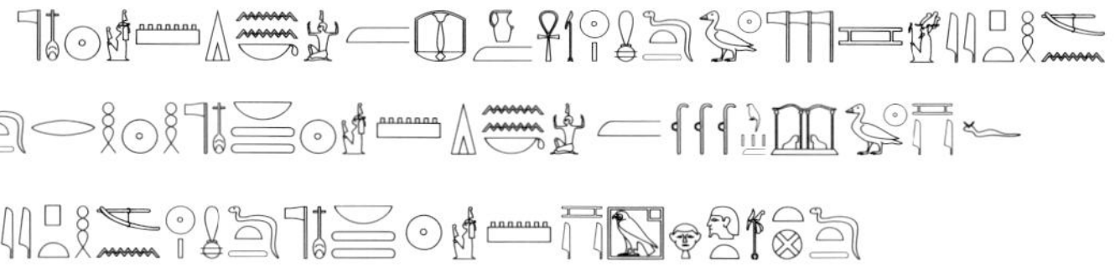

Nṯr nfr Mn-Mꜣʿt-Rʿ d.n n.k ḥḥ m ḥ(ꜣ)b ḫnm m ʿnḫ wꜣs mj Rʿ ḏt sꜣ Rʿ mr nṯr.w Stḫy mr n Ptḥ dj ʿnḫ ḏt r nḥḥ nṯr nfr nb tꜣ.wy Mn-Mꜣʿt-Rʿ d.n n.k ḥḥ m rnp.wt[16] *ḥfnw m ḥ(ꜣ)b-sd sꜣ Rʿ mry.f nb ḫʿw Stḫy mr n Ptḥ mj Rʿ ḏt nṯr nfr nb tꜣ.wy Mn-Mꜣʿt-Rʿ mry Ḥw.t-ḥr ḥr(y).t-tp Wꜣs.t ḏt*

> *« Ô dieu parfait, Men-Maât-Rê, je te donne un million de fêtes(-sed) associées à la vie et à la puissance divine, comme Rê éternellement, fils de Rê, aimé des dieux, Séthi, aimé de Ptah, doué de vie éternellement et à jamais, dieu parfait, seigneur des deux terres, Men-Maât-Rê, je te donne un million d'années, 100 000 fêtes-sed, fils de Rê, aimé de lui, seigneur des couronnes, Séthi, aimé de Ptah, comme Rê éternellement, dieu parfait, seigneur des deux terres, Men-Maât-Rê, aimé d'Hathor, maîtresse de Thèbes, pour l'éternité. »*

[13] Ph. Derchain, « La perruque et le cristal », *SAK* 2, 1975, p. 55-74.
[14] *Ibid.*, p. 73.
[15] Pour le geste en relation avec la fête-*sed*, comparer entre autres avec la scène située sur le pilier Bc, salle F (E. Lefébure, *op. cit.*, pl. XXVIII, fig. 3 ; E. Hornung, *op. cit.*, pl. 95). Pour le collier en relation avec la fête-*sed*, voir J. Quaegebeur, « Apis et la *menat* », *BSFE* 98, 1983, p. 17-39.
[16] Cette partie de la phrase est pratiquement illisible.

D'autres signes hiéroglyphiques sont également inscrits sur le contrepoids du collier *menat* :  *Mn-M3ˁt-Rˁ mry Ḥw.t-ḥr* « *Men-Maât-Rê, aimé d'Hathor*[17] », ainsi que sur le bandeau de la chevelure de la déesse :  *nḥḥ* « *éternité* ».

Voici donc synthétisés sous la forme d'un tableau les différents apports fournis respectivement par l'image, le texte principal et les différents textes secondaires insérés dans l'image :

<table>
<tr><td rowspan="2">ESPACE
DU TEXTE</td><td colspan="3">Noms et épithètes des deux personnages (TEXTE PRINCIPAL)</td></tr>
<tr><td colspan="2">HATHOR
« Maîtresse de Thèbe »
« Maîtresse du désert d'Occident »</td><td>SÉTHI Ier
« Seigneur des deux terres »
« Seigneur des couronnes »</td></tr>
<tr><td rowspan="2">ESPACE
DE L'IMAGE</td><td>Nature du personnage
situé à gauche (IMAGE) :

DÉESSE
(cornes de vache, soleil, simplicité de la robe, pieds nus, « perruque à volants », collier menat)</td><td rowspan="2">Nature de la relation
entre
les personnages
(IMAGE) :

RELATION INTIME
(regard, geste, offrande du collier menat)</td><td rowspan="2">Nature du
personnage situé à
droite (IMAGE) :

ROI
(uræus, devanteau d'orfèvrerie, « rubans », richesse des vêtements et des ornements, sandales)</td></tr>
<tr><td>Nature des personnages et de leur relation
(TEXTES SECONDAIRES) :

<u>Hathor</u> = « Maîtresse de Thèbes »
<u>Roi</u> = « Dieu parfait, Men-Maât-Rê, fils de Rê, aimé des dieux, aimé de Ptah, doué de vie éternellement, seigneur des deux terres, aimé de lui [Rê], seigneur des couronnes, Séthi »
<u>Relation</u> = « [Roi] aimé d'Hathor ; je te donne [Hathor au roi] un million de fêtes-sed »</td></tr>
</table>

Le même procédé est utilisé sur le relief aujourd'hui conservé au musée archéologique de Florence sous le numéro d'inventaire 2468 (fig. 2). Celui-ci se trouvait à l'origine en face du relief B7 auquel il faisait pendant. La scène représentée (Hathor offrant le collier *menat* au souverain) est identique, à ceci près que la déesse figure cette fois à droite de la composition. Les

[17] En observant attentivement le relief, on peut se demander s'il n'y a pas d'autres signes hiéroglyphiques précédant le cartouche du roi. Enfin, il semble que des signes figurent aussi sur la ceinture du pagne royal, formant probablement le nom du souverain. Ces derniers sont illisibles à l'exception du signe de la déesse Maât à l'extrémité droite.

deux représentations fonctionnaient ainsi selon un mode symétrique se rattachant à la catégorie que R. Tefnin qualifie de « symétrie-miroir [18] » dans la mesure où les deux scènes étaient situées parallèlement à l'axe principal de la tombe. Cette symétrie dissimule cependant quelques différences. Sur le relief de Florence, le signe du ciel est étoilé, alors qu'il ne semble pas que ce soit le cas pour le relief du Louvre. On note également des variantes dans le texte principal, dans la mesure où Hathor est qualifiée de *ḥr(y).t-tp Wꜣs.t nfr.t ḥr ḥnw.t Jwn.t « maîtresse de Thèbes, belle de visage, maîtresse de Dendera »* et que le roi porte les titres de *nswt bjty* et de *sꜣ Rꜥ*. Quant au texte situé sur la robe de la déesse, il est plus court que celui du Louvre puisqu'on n'y relève qu'une seule phrase répétée cinq fois [19] :

 *nṯr nfr Mn-Mꜣꜥt-Rꜥ sꜣ Rꜥ Stḫy ꜥšꜣ.w ḥ(ꜣ)b « Dieu parfait, Men-Maât-Rê, fils de Rê, Séthi, de nombreuses fêtes(-sed) »*. On constate enfin que la légende inscrite sur le contrepoids est fragmentaire : [...]  *[...]t* [peut-être le nom d'une ville ?] *mry Hw.t-hr, « [...] aimé d'Hathor »* alors que la même frise de hiéroglyphes figure sur le bandeau enserrant la chevelure de la déesse :  *nḥḥ, « éternité [20] »*.

Les recherches égyptologiques ont depuis longtemps souligné la valeur iconique des signes d'écriture, la valeur scripturale des images, ainsi que la relation, parfois ludique, qui peut exister entre les deux modes d'expression [21]. Il ne semble pas en revanche que la présence de textes « secondaires », tels que ceux qui sont insérés dans la robe de la déesse sur les reliefs du Louvre et de Florence, ait attiré l'attention, ce type de notation étant, à notre connaissance, unique en son genre. En principe, le texte qui explicite la relation entre les personnages, à savoir le geste rituel, est en effet situé dans l'espace de l'image, entre les deux protagonistes. Ainsi, sur une autre scène de la tombe illustrant l'offrande du collier *menat*, une colonne de texte inscrite entre la déesse et le pharaon indique 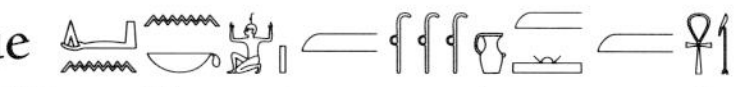 *dj.n n.k ḥḥ m rnp.wt ḫnm m ꜥnḫ wꜣs « Je [Hathor] te donne un million d'années associées avec la vie et la puissance divine [22]. »* Quelles sont donc la nature et la fonction de ces textes « secondaires » qui figurent au sein même de l'image ?

[18] Sur l'utilisation de l'orientation « pour souligner l'axialité de l'édifice », avec une « subordination du latéral à l'axial », voir R. TEFNIN, *GM* 79, 1984, p. 68.

[19] La sixième phrase ne comporte que les deux premiers groupes de mots.

[20] Il semble que quelques hiéroglyphes figurent aussi sur la boucle de ceinture du pharaon.

[21] Voir notamment G. BENEDITE, *Signa Verba. Les jeux de l'écriture dans l'image*, Recueil d'études égyptologiques dédiées à la mémoire de J.-Fr. Champollion, Paris, 1922 ; S. SAUNERON, *L'écriture figurative dans les textes d'Esna*, *Esna* VIII, Le Caire, 1982 ; H.G. FISCHER, *The Orientation of Hieroglyphs, Egyptian Studies* II, *Part I.* Reversals, New York, 1977 ; *id.*, *L'écriture et l'art de l'Égypte ancienne*, Paris, 1986 ; R. TEFNIN, « Discours et iconicité dans l'art égyptien », *GM* 79, 1984, p. 55-71 ; *id.*, « Éléments pour une sémiologie de l'image égyptienne », *CdE* 66, fasc. 131-132, 1991, p. 60-88 ; P. VERNUS, « Des relations entre textes et représentations dans l'Égypte pharaonique », dans *Écritures* II, Paris, 1985, p. 45-68.

[22] Pilier Bc, salle F (E. HORNUNG, *op. cit.*, pl. 95 ; E. LEFÉBURE, *op. cit.*, pl. XXVIII, fig. 3). Ce relief étant inachevé, on peut se demander si un texte inséré dans l'image était initialement prévu ou non. Voir aussi les piliers Ab et Bb, salle F (sur lesquels le roi est l'acteur du geste rituel). À noter enfin la présence d'un texte mentionnant la protection divine de type *sꜣ ꜥnḫ ḏd wꜣs* sur les piliers Ab, Ac, Ad, Ba, Bd, Cb et Db, salle E et les piliers Ac et Ca, salle J.

Nous savons désormais que l'image et l'écriture ont une origine commune qui est celle du signe. Ce n'est que dans un deuxième temps que s'est établie la différenciation entre les signes-image et les signes-écriture[23]. Toute la difficulté réside dans le fait que la frontière entre les deux n'est pas toujours claire[24]. Il convient donc de mesurer le degré d'iconicité et de scripturalité de chacun des signes. P. Vernus[25] propose trois critères permettant de reconnaître les signes-écriture : l'orientation (ils sont orientés selon une même direction), l'investissement rectiligne de l'espace (ils sont inscrits en lignes ou en colonnes) et le calibrage (ils sont proportionnés par rapport aux cadrats). Plusieurs éléments permettent aussi de reconnaître les signes-image. On note ainsi qu'ils sont également soumis à des contraintes d'orientation, mais que celles-ci sont plus souples. Néanmoins, la principale différence réside dans le fait que le signe-image investit l'espace de manière « multidirectionnelle ». Une autre caractéristique par laquelle le signe-image se distingue du signe-écriture est sa fonction mimésique, laquelle consiste à représenter le « réel ». On relève enfin une attention esthétique indéniable, que ce soit dans le traitement des formes, des couleurs ou des détails. Ainsi, si nous prenons l'exemple du signe du ciel qui figure sur les deux reliefs, on peut observer que c'est un signe hiéroglyphique qui ne respecte pas la règle de calibrage précédemment énoncée. C'est donc un signe dont le degré d'iconicité est particulièrement élevé. Le texte qui figure entre les perles de la résille, ne respecte quant à lui pas complètement la règle d'investissement linéaire de l'espace étant donné qu'il est entrecoupé par les perles et qu'il s'apparente ainsi à une succession de « motifs décoratifs » (répétition horizontale des différents mots sur la robe ainsi que sur le bandeau). Il semble avoir pour fonction de fournir de nouvelles données puisqu'aux informations déjà livrées par l'image et le texte s'ajoute l'offrande de « *million de fêtes-sed* ». Cependant, cette nouvelle donnée aurait pu figurer sous une forme plus conventionnelle comme nous l'avons vu précédemment. La particularité de cette « double représentation[26] », constituée par les reliefs Louvre B7 et Florence 2468, est donc bel et bien la présence du texte sur la robe divine.

L'étude du programme décoratif de la tombe peut nous fournir quelques éléments de réponse, notamment en faisant ressortir le caractère spécifique des reliefs étudiés. On peut en effet constater qu'il existe une grande ressemblance entre cette représentation et nombre de scènes figurant sur les piliers. Le roi y est généralement représenté face à une divinité et le geste rituel

[23] La différenciation entre signes-image et signes-écriture permet aussi de définir des critères de datation. Par exemple, sur le relief Louvre B7, la déesse est représentée avec deux pieds gauches alors que le roi possède un pied gauche et un pied droit. Les pieds de la déesse sont probablement à considérer comme étant équivalents au signe 𓂾, c'est-à-dire un signe qui n'a pas évolué, alors que les pieds du roi sont à considérer comme des signes ayant évolué vers l'image et sa tendance figurative. L'utilisation parallèle de ces deux signes sur un même document permet de souligner les natures divine ou humaine des personnages.

[24] Voir à ce sujet les remarques de D. Wildung, « Écrire sans écriture. Réflexions sur l'image dans l'art égyptien », dans R. Tefnin, *La peinture égyptienne ancienne. Un monde de signes à préserver*, *Monumenta Aegyptiaca* 7, 1997, p. 11-16.

[25] P. Vernus, *op. cit.*, 1985 et *id.*, « L'écriture, ses diverses origines », *Dossiers d'archéologie* nº 260, 2001, p. 20-25.

[26] Sur le fait que les deux reliefs ne forment qu'une seule représentation ou plutôt une seule « réalité », voir mon précédent article, « La tombe de Sennefer. Réflexions sur le programme décoratif du caveau (TT 96B) », *Égypte* 45, 2007, p. 56.

qui prédomine dans ces figurations est celui de l'« enlacement [27] ». Ce dernier présente certes quelques variantes dans sa forme [28], mais sa signification reste fondamentalement la même : celle d'un geste qui symbolise la renaissance royale. Or, aucune de ces scènes, à la composition tout à fait conventionnelle, ne présente de textes « secondaires ». C'est notamment le cas des piliers Cb et Ad dans la salle E reproduisant le face-à-face entre la déesse Hathor et le roi [29]. Par ailleurs, E. Hornung a remarqué que les scènes des piliers de la partie supérieure de la tombe, à savoir celles des salles E et F, mettent en scène à la fois des dieux et des déesses, alors que les piliers de la partie inférieure de la tombe (c'est-à-dire ceux situés dans la salle du sarcophage), présentent exclusivement des divinités masculines [30]. À noter enfin une dernière différence : les scènes des piliers appartenant à la salle E présentent un fond de couleur blanc [31] tandis que celles des piliers de la salle J se détachent sur un fond ocre jaune. Cette couleur, utilisée à plusieurs reprises dans le programme décoratif, semble avoir pour but de mettre en valeur certaines scènes [32].

Ces différentes constatations permettent donc non seulement de confirmer la nature exceptionnelle de la représentation dédoublée du quatrième couloir mais aussi d'émettre quelques hypothèses. Rappelons que les reliefs du Louvre et de Florence étaient à l'origine situés dans l'embrasure d'un passage de porte marquant le seuil du quatrième couloir, au commencement de la seconde moitié de la tombe et au commencement de son deuxième axe [33]. Il semble que l'accès à la partie inférieure de la sépulture était à l'origine caché (en raison du comblement de l'escalier reliant la salle à piliers E au quatrième couloir) et probablement fermé par un mur doublé d'une porte [34], de telle sorte que les deux reliefs formaient le début du programme décoratif de la seconde partie de la tombe. De plus, à cet endroit précis, le mur présente un

27 Sur les quarante-huit scènes des piliers (salles E, F et J), quarante d'entre elles figurent un face-à-face roi/dieu et trente-six le geste rituel de l'enlacement (piliers Ab, Ac, Ad, Ba, Bb, Bc, Bd, Ca, Cb, Cc, Cd, Da, Db, Dc, Dd dans la salle E ; piliers Aa, Ab, Ac, Ad, Ba, Bc, Bd dans la salle F ; piliers Ab, Ac, Ba, Bb, Bc, Cb, Cc, Dc, Dd, Fa et Fd dans la salle J). Seules quatre scènes font exception à la règle : devant le dieu Ptah (Pilier Aa, salle E) et devant le dieu Osiris (Pilier Bb, salle F ; pilier Ca, salle J et probablement pilier Ba, salle J – représentation en partie détruite sur laquelle seuls sont visibles les épithètes du dieu).

28 1° Le dieu tient la main du roi et pose son autre main sur son épaule : piliers Bc, Cd, Dc et Dd, salle E (Serket, Anubis, Neith et Ptah-Sokar-Osiris), pilier Ab, salle F (Rê-Horakhty), piliers Ab, Ac, Bb, Cb, Cc, Dd, Fd, salle J (Ptah-Sokar-Osiris, Geb, Anubis, Thot, Horus, Rê-Horakhty et Anubis) ; 2° le dieu pose ses deux mains sur les épaules du roi : pilier Bb, salle E (Shou), piliers Aa, Ac et Ad, salle F (Nefertoum, Maât et Atoum) ; 3° le dieu pose une main sur l'épaule du roi et l'autre sous son coude, le roi pose une main sur l'épaule du dieu : piliers Ab, Ac, Ad, Ba, Bd, Cb, Da, Db, salle E (Horus, Anubis, Imentet, Rê-Horakhty, Isis, Hathor, Atoum et Nephthys) ; 4° le dieu et le roi se tiennent la main : piliers Bc, Fa et Dc, salle J (Khepri, Rê-Horakhty et Shou).

29 E. Hornung, *op. cit.*, pl. 77, 73 et 196 ; E. Lefébure, *op. cit.*, pl. I, fig. 4 et pl. II, fig. 2. À noter que sur le pilier Ad, Hathor figure en tant que déesse de l'occident.

30 E. Hornung, *op. cit.*, p. 23.

31 Rappelons que la salle F est inachevée.

32 Les représentations qui comportent un fond de couleur ocre jaune sont: 1° à l'entrée de la tombe, la scène où le roi est devant Rê-Horakhty (scène qui introduit les Litanies de Rê, dont la couleur est aujourd'hui très effacée); 2° la paroi du fond de la salle E avec la scène de présentation du roi devant Osiris; 3° au début du quatrième couloir, la double représentation constituée par les reliefs Louvre B7 et Florence 2468 et 4° la salle du sarcophage (sans doute par référence à son nom de *pr nbw*, à savoir la « salle de l'or »).

33 Voir le dessin de Robert Hay réalisé avant l'enlèvement des reliefs par Champollion et publié dans J. Romer, *Valley of the Kings*, Londres, 1981, p. 123.

34 Je dois cette information à Florence Barberio que je remercie ici vivement pour son aide et ses conseils.

redan, c'est-à-dire un rétrécissement de l'espace, ce qui permet, d'un point de vue architectural, de souligner la paroi. Le support de la représentation, c'est-à-dire l'espace, semble donc lui aussi devoir être considéré comme un signe.

Cet espace fonctionne clairement comme un « passage », un passage des plus importants au sein de l'espace funéraire puisqu'il est situé entre les deux parties et les deux axes de la tombe. Il nous semble que ce passage, qui sépare et relie tout à la fois, influence, ou plutôt crée, la double représentation constituée par les reliefs Louvre B7 et Florence 2468. C'est une représentation dont l'efficience est « intensifiée » : Hathor accueille le roi, lui fait l'offrande du collier *menat* ainsi que de million de fêtes-*sed*. Or, le lieu de passage dont il est question n'est-il pas le corps hathorique, lieu de régénération par excellence du roi défunt, et n'est-ce pas précisément le corps de la déesse qui sert de support au texte secondaire ?

Tenter de percevoir la représentation égyptienne comme un ensemble cohérent, constitué de signes – et notamment de signes-image et de signes-écriture qui font sens au sein de l'espace dans lequel ils s'insèrent – permet donc de poser un autre regard. La représentation égyptienne offre un espace d'une infinie richesse en s'octroyant la liberté d'user de tous les moyens d'expression possibles et de n'en exclure aucun : le signe-image pour sa profondeur polysémique « [...] toute bruissante d'énigmes, [qui] organise le discours en étoiles plutôt qu'en lignes, en empilements ou en corrélations de sens plutôt qu'en évidences à sens unique, [qui] crée des ralentissements et des densités, nimbant chaque mot d'un halo d'incertitude, évoquant dans le visible ce que la langue ne saura jamais dire, déployant dans l'espace entièrement présent des jeux graphiques pleins de sève [...] [35] » ; le signe-écriture pour sa précision et sa capacité à donner vie et à animer ; le signe-espace parce qu'il est le premier ou l'ultime [36], celui qui contient l'ensemble des signifiants et des signifiés, celui qui crée la représentation, laquelle à son tour intensifie le sens et l'efficience de l'espace.

[35] A. Zali, « Les systèmes d'écriture », dans *L'écriture, ses diverses origines*, *Dossiers d'archéologie* n° 260, 2001, p. 15.

[36] À ce sujet, voir R. Tefnin, « L'espace architectural comme premier (ou ultime) niveau de sens », *CdE* 66, 1991, p. 66-69.

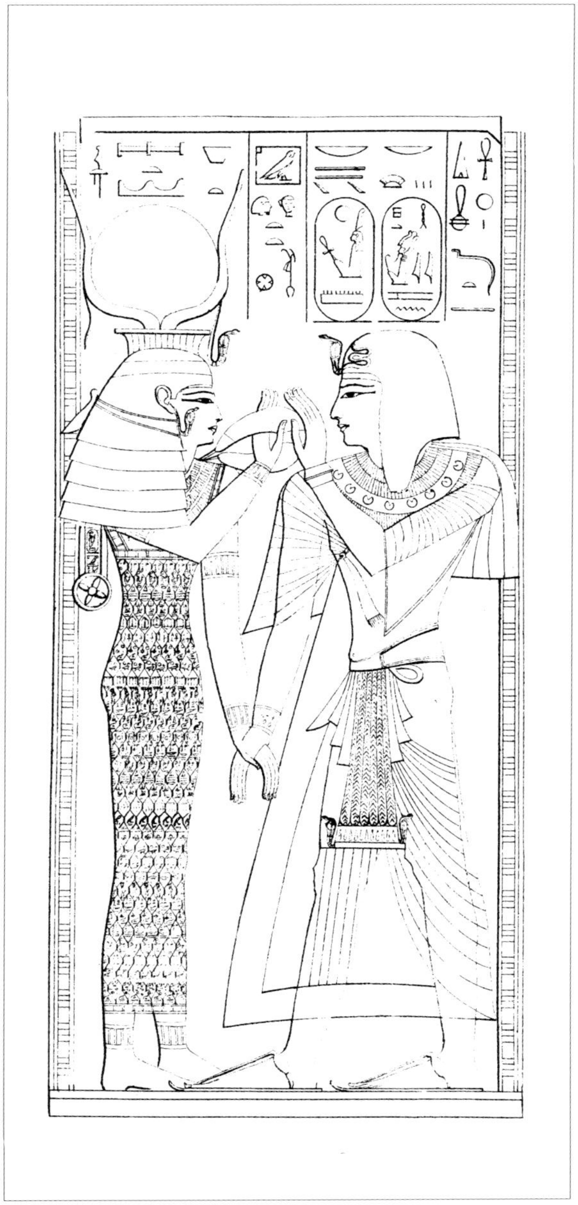

Fig. 1. Relevé du relief Louvre B7.
D'après Belzoni et le Louvre, É. Lefébure, *Les hypogées royaux de Thèbes, Première division. Le tombeau de Séthi Ier*, *MMAF* II, 1886, Appendice, pl. I[37].

Fig. 2. Relevé du relief Florence 2468.
D'après Rosellini, É. Lefébure, *Les hypogées royaux de Thèbes, Première division. Le tombeau de Séthi Ier*, *MMAF* II, 1886, Appendice, pl. I[38].

37 J.-Fr. Champollion, *Monuments de l'Égypte ancienne et de la Nubie* III, Paris, 1844, pl. CCLI.

38 Voir un dessin de ce relief dans *SAK* 5, 1977, p. 297.

Patricia Cassonnet et Serge Rosmorduc

Un fragment de miscellanée
l'O. Louvre E 11178a

Quoi de plus agréable que de se promener le soir dans les galeries des collections égyptiennes du musée du Louvre après une journée de travail bien remplie, des centaines d'objets n'attendant que le regard du flâneur curieux pour dévoiler un de leurs secrets ?

C'est ainsi qu'un soir, notre attention fut attirée par un bel ostracon, exposé dans la vitrine consacrée aux supports de l'écriture (3.3), l'O. Louvre E 11178 a. Parmi les premiers signes de la ligne 4, habilement calligraphiée... se trouvait une particule, *ḫr*. Et plus loin encore, nous lisions ce qui semblait être... une particule, *yꜣ* ! Ainsi, dans un document de six lignes à peine, coexistaient deux particules néo-égyptiennes dont les fonctions et les différents sens avaient été brillamment étudiés par Fr. Neveu [1].

Une recherche bibliographique [2] ayant révélé que ce texte – de toute évidence ponctué et présenté comme « un modèle de lettre en hiératique du vizir Djehoutimès au chef du Trésor Imenhètep » – n'avait fait l'objet d'aucune étude philologique, nous proposons de combler cette lacune en espérant que Fr. Neveu prendra plaisir à lire cette modeste étude.

Le musée du Louvre a acquis l'O. Louvre E 11178a en 1909 de Michel Casira, demeurant au Caire, sans indication de provenance [3]. Néanmoins, il est plus que probable que son origine soit Deir el-Médineh.

C'est un ostracon en calcaire de 14 cm de hauteur sur 27 cm de largeur, écrit dans un hiératique bien lisible [4]. Le côté droit étant abîmé, le début des lignes 1 à 4 manque. On trouvera une photo en noir et blanc dans E. Faivre-Martin, *Hiéroglyphes mode d'emploi. Chercheurs d'Art*, Paris, 2000, p. 35 ; un fac-similé dans Y. Koenig, « Les ostraca hiératiques du musée du Louvre »,

Nous tenons à remercier R. Navailles pour ses remarques pertinentes à la relecture attentive de cet article et G. Andreu pour son aide chaleureuse.

1 « La particule *ḫr* en néo-égyptien », *Akten des vierten Internationalen Ägyptologen-Kongresses München 1985*, Bd. 3, *SAK Beiheft* 3, Hambourg, 1988, p. 99-110 ; « La particule néo-égyptienne *yꜣ* », *SEAP* 11, 1992, p. 13-30 ; *La particule ḫr en néo-égyptien. Étude synchronique*, *EME* 4, Paris, 2002.

2 Nous avons utilisé, entre autres, la *Deir el-Medina Database* (www.leidenuniv.nl/nino/dmd/dmd.html).

3 G. Andreu, communication personnelle.

4 Pour plus de détails sur l'aspect général et les traits caractéristiques des écritures sur ostracon, voir A. Gasse, « Les ostraca hiératiques littéraires de Deir el-Medina. Nouvelles orientations de la publication », dans *Village Voices*, 1992, p. 57-66.

RdE 42, 1991, p. 115[5] ; une transcription hiéroglyphique dans Y. Koenig, *o.c.*, p. 114 et dans K*RI* VII, 377, 3-9 qui le classe parmi les documents de l'an IV de Ramsès IX ; une traduction dans W. Helck, *Die datierten und datierbaren Ostraka, Papyri und Graffiti von Deir el-Medineh*, *ÄA* 23, 2002, p. 474. On pourra maintenant consulter Chr. Barbotin, *La voix des hiéroglyphes*, p. 46, qui donne une traduction et une photographie couleur du document

Texte hiéroglyphique

Transcription

1. *[ỉr pꜣy.tn] sgnn ° n rnpt 4 ° ptr dd. °tw m ḥr*
2. *[n ṯꜣy] ḥw ḥr wnmy n nsw ° mr nỉwt ṯꜣty Ḏḥwty-ms ° mr pr-ḥḏ ʿỈmn-ḥtp {n}°*
3. *[r dỉt n.]tn ° pꜣy.tn ḥbsw ° ꜥꜣ ḥr mdn n.tn °m hd*
4. *[se] dd.tw n.n ° ḥr dd.tw n.n pꜣ sgnn ° (r) ḏd yꜣ ỉmỉ se ° – ỉrỉ ʿỈmn-Rꜥ*
5. *nsw nṯrw r rdỉt ỉry Pr-ꜥꜣ pꜣ°y.n nb nfr ° pꜣ ꜥḥꜥw ° – n (= m) tꜣ ꜣḥt rdw (?)*
6. *pꜣ sgnn ḥr°.s ꜣbd 3 ꜣḫt ° sw 9*

Traduction

(1) [Quant à votre[a]*] huile* sgnn[b] *de l'an 4*[c]*, voyez ! on*[d] *a ordonné*[e] *(2) [au flabellifère] à la droite du roi, maire de la Ville et vizir*[f] *Djéhoutymès, ainsi qu'à l'intendant du trésor Amenhotep (3) [de] vous [donner] votre vêtement*[g] *là, comme apaisement*[h] *(lit. « à cause de la tranquillité pour vous »). Ne contestez pas !*[i] *(4) [Cela] nous a été donné*[j] *et*[k] *on nous a (aussi) donné l'huile* sgnn *(en) disant : « Oui*[l]*! Donnez-la – Amon-Rê (5) roi des dieux fera en sorte que Pharaon notre bon maître passe le temps de vie*[m] *–* [n] *en provenance du champ sur lequel pousse (6) l'huile* sgnn. *» Le troisième mois d'Akhet, le neuvième jour.*

[5] La numérotation de l'ostracon est erronée.

Notes

a. Restitution proposée par K.A. Kitchen. Les traces visibles permettent seulement de restituer le pronom suffixe *.tn* [6].

b. Écrit *sḳnn*. Selon Jac. J. Janssen [7], *sgnn*, « onguent » (*sgnn n wrḥ*), est un mot également utilisé pour désigner une huile pour les lampes parfois nommée *sgnn n stꜣ*. L'emploi fréquent de ce terme générique dans les listes de Deir el-Médineh ne permet pas toujours de distinguer l'huile de lampe pour le chantier de l'huile à usage individuel [8]. Il semble néanmoins que *sgnn* désigne plus la qualité d'une huile que sa composition.

On notera également que ce mot est souvent associé à *ḥbsw*, par exemple P. DM 24, r° 1 : *ḥsbt 3 ꜣbd 4 ꜣḫt sw 10 iw tꜣ ist ḥr [///] pꜣy.sn ḥbsw m-mitt pꜣy.sn sgnn*. Dans le P. Lansing, 2, 3 (= *LEM*, 100, 14), les deux termes semblent faire partie d'une liste prototypique de fournitures : (l'écrit) *nḏm sw r ʿkw ḥnkt r ḥbsw r sgnn*, « il est plus doux que des vivres, de la bière, que des vêtements, que de l'huile ». On remarquera que le scribe a utilisé une figure de style classique en égyptien, où quatre éléments complémentaires groupés deux à deux valent pour la totalité (nourriture/boisson et vêtement/huile). On peut même se demander si le même procédé n'est pas à l'œuvre dans le Papyrus de la grève, P. Turin 1880, r° 2, 3 (= *RAD*, 53, 16 – 54, 1) : *mn ḥbsw mn sgnn mn rmw mn smw*, « il n'y a plus de vêtement, plus d'huile, plus de poisson, plus de légume ». Les ouvriers auraient formulé leurs revendications bien réelles en utilisant les ressources de la rhétorique.

c. Si le scribe prend la peine de préciser que l'huile est celle de l'an 4, c'est très probablement qu'il s'agit d'un arriéré et que le document a été écrit au moins en l'an 5.

d. *tw*, « on », renvoie sans doute au pharaon, seul supérieur du vizir et autorité suprême de l'institution de la Tombe. On sait que certaines réclamations des ouvriers (notamment à propos des distributions de rations) étaient transmises par le vizir à Pharaon lui-même [9]. Voir par exemple la lettre écrite par le *ṯꜣy ḫw ḥr wnmy n nsw, sš nsw, mr niwt ṯꜣty Ḫʿy* : O. DM 114, r° 8-9 (= KRI III, 46, 2-4) : *ḫr iw.i r šm m ḫd r pꜣ nty tw.tw im mtw.i di.{i} ʿm Pr-ꜥꜣ ʿ.w.s. m [tꜣy].tn ḥrt*, « et j'irai dans le nord où On se trouve et je ferai en sorte que Pharaon V.S.F connaisse (*i.e.* se rende compte de) votre revenu. » ; le texte scolaire de l'O. Berlin P 12337 (= K*RI* III, 145, 15 – 146, 14) est une lettre écrite à Pharaon par un certain Séthi, *sš nsw mr pr-ḥḏ*, contemporain du vizir Khay que nous venons de citer, et qui énumère les fournitures octroyées à la communauté de la Tombe par décision royale en tant que salaire annuel (*ḥr pꜣy.sn ḥtri n (= m) ḥrt rnpt*, ligne 3).

6 Y. Koenig, *op. cit.*, p. 114.

7 *Prices*, § 103, p. 336-337.

8 Par exemple P. Turin 2063, 1, 3 - 17 (= K*RI* VI, 655, 9 – 656, 8) ; P. Turin 1894 (= K*RI* VI, 656, 15 – 657, 11).

9 Voir D. Valbelle, *Ouvriers*, p. 137-138, et surtout A. McDowell, *Jurisdiction*, p. 236-244.

e. *dd.tw* (), qu'on trouve également à la ligne 4 précédée de la particule *ḥr,* est la forme perfective active *sḏm.tw,* d'ailleurs très bien étudiée par J. Winand[10]. Malgré la présence d'un complément adverbial susceptible d'être mis en valeur (*m-ḥr [n ṯꜣy] ḫw,* etc. et *n.n* ligne 4), il ne faut pas la confondre avec la forme emphatique perfective *dd.tw.f* qui exprime aussi le passé[11]. Il s'agit bien d'un *sḏm.f* perfectif actif suivi du morphème *tw* réinterprété comme pronom suffixe dès le Moyen Empire et qui est le véritable sujet. À la XIXe dynastie, le verbe *rdi͗* est noté , mais dès la XXe dynastie, la graphie montre un redoublement du radical[12]. D'après J. Winand, ce redoublement insolite doit être mis en relation avec les formes à redoublement qu'on trouve avec le verbe *rdi͗* au passif (le perfectif *dd.f* dont le sujet est presque toujours nominal, l'emphatique passé *dd.tw.f,* le prospectif non initial *rdi͗ dd.tw.f*).

f. Les titres *ṯꜣy ḫw ḥr wnmy nsw, mr ni͗wt* et *ṯꜣty* sont souvent associés (voir par exemple O. OIC 16991, r° 1 (= *KRI* V, 559, 9), lettre au vizir To, ou *supra,* note **d**).

g. C'est-à-dire le vêtement qui vous est dû. Il s'agit d'un des salaires perçus par les ouvriers de Deir el-Médineh[13]. Selon D. Valbelle, il pourrait s'agir « uniquement de vêtements des hommes actifs (vêtements de travail ?), les vêtements des femmes et des enfants étant soit tissés avec le fil distribué, soit acheté par ailleurs[14] ».

h. *ḥr*  *n.tn.* Selon le *Wörterbuch, mdn* signifie soit « être tranquille » soit « la tranquillité[15] ». En tant que substantif, *mdn* se rencontre dans l'expression *rdi͗ ḥr mdn* + pronom suffixe[16] que les éditeurs traduisent par « mettre quelqu'un à son aise[17] », « être à son aise, vivre tranquille[18] ». L'année lexicographique signale les définitions « être calme, au repos, à l'aise[19] », par exemple P. Anastasi IV, 13, 8 (= *LEM,* 49, 11-12) : *i͗mi͗ dd.tw n.f pꜣy.f di͗w dy*  *.f* (= *mdn.f*) *m swꜣw n Q.,* « Faites que lui soit donné son paiement ici, afin qu'il soit à l'aise dans la région de Q. » En copte sahidique, on a **ⲘⲦⲞⲚ** « être tranquille, être calme, reposer, guérir » et en bohaïrique **ⲘⲞⲦⲈⲚ** « être content, en bonne disposition[20] ». *Mdn,* par ces sens, semble être un quasi-synonyme de *ḥtp.* Par exemple P. Turin 1976, r° 13 – v° 1 (= *KRI* VI, 599, 7-9)

[10] *Études de néo-égyptien I,* § 522 à 530.
[11] *Ibid.,* § 487 et suivants.
[12] Voir en particulier *ibid.,* tableau p. 334.
[13] D. Valbelle, *op. cit.,* p. 68 et surtout chapitre 6. Il arrivait aussi que des ouvriers reçoivent des « extras » par faveur royale. Ce fut le cas de l'ouvrier *'In-ḥr-ḫꜥw* qui fit graver sur une stèle (Stèle BM 588 = *KRI* VI, 83-84) la liste des nombreux objets que le pharaon Ramsès III lui offrit (entre autres, plusieurs pièces d'étoffes). Pour cette stèle, voir Jac. J. Janssen, « An Unusual Donation Stela of the Twentieth Dynasty », *JEA* 49, 1963, p. 64-70. Pour la notion de « Gift-Giving » dans la société pharaonique, voir Jac. J. Janssen, « Gift-Giving in Ancient Egypt as an Economic Feature », *JEA* 68, 1982, p. 253-258.
[14] D. Valbelle, *op. cit.,* p. 152, et p. 282 pour une description des vêtements (*mss, rwḏw,* etc.) distribués à l'équipe.
[15] *Wb* II, 182, 8-9.
[16] Par exemple P. Turin 1882, r° 3, 2 (= *KRI* VI, 73, 1) ; P. Turin 1882, r° 5, 4 (= *KRI* VI, 75, 13) ; P. Harris I, 79, 1 ; Décret d'Horemheb, côté droit, ligne 4 (= *Urk.* IV, 2156, 4-5).
[17] « To set at his (its) ease », A.H. Gardiner, « A Pharaonic Encomium », *JEA* 42, 1956, p. 16.
[18] J.-M. Kruchten, *Le Décret d'Horemheb,* p. 153-154 ; P. Grandet, *Papyrus Harris I,* vol. I, p. 339 ; H.-W. Fischer-Elfert, *Lesefunde im literarischen Steinbruch von Deir el-Medineh, Kleine ägyptische Texte* 12, 1997, p. 83, n. 7.
[19] Meeks, *Année lexicographique,* 77.1947.
[20] W. Vycichl, *Dictionnaire étymologique de la langue copte,* Louvain, 1984, p. 125 ; J. Černý, *Coptic Etymological Dictionary,* Cambridge, 1976, p. 94.

mtw.k tm wḫꜣḫ ṯṯṯ ḫr ỉw ỉw ỉrỉ.k n mdn.k stp pꜣ nfr mtw.k ỉr(t).f nfr (m) ỉrt nfr, « Et ne va pas chercher querelle mais comme c'est pour ta satisfaction que tu dois agir [21], choisis le bon et traite-le bien en bon traitement [22]. »

i. *m* . Traduction peu sûre. Faut-il voir dans *ḥd* un substantif dérivé du verbe « repousser » mais aussi « vaincre l'ennemi [23] », c'est-à-dire « lutte, confrontation (au combat) [24] » et traduire *ḫr mdn m ḥd* par « en apaisement d'une confrontation » ? *Ḥd* peut également avoir un sens juridique : « refuser, repousser, décliner [25]. » L'expression signifierait alors « en apaisement d'un refus ». Dans le premier cas, le scribe ferait allusion à une confrontation (une grève ?) qui aurait eu lieu entre les autorités et les ouvriers, pour laquelle ces derniers recevraient maintenant des vêtements ; dans le second cas, nous aurions peut-être affaire à une expression juridique du genre « en compensation, pour vous, d'un refus », refus des autorités de fournir les provisions demandées.

La dernière hypothèse, que nous retenons pour notre traduction, est de voir dans *m ḥd* un impératif négatif « Ne repoussez pas (la proposition), ne contestez pas », avec un sens légal là aussi. Dans ce cas, nous aurions une attestation rare d'un impératif négatif non périphrasé dans un texte écrit à la fin de la XXᵉ dynastie. En effet, à l'exception d'A. Erman, *NÄG*, § 789, les grammaires du néo-égyptien ne citent que le tour périphrasé *m ỉrỉ sḏm* [26].

j. Nous proposons de restituer dans la lacune le pronom , *se* [27], sujet d'un présent I dont le prédicat est le pseudo-participe du verbe *rdỉ* [28], renvoyant à *pꜣy.tn ḥbsw* ligne 3 : « Cela (les vêtements) nous a été donné. »

k. Pour d'autres exemples de la particule *ḫr* devant le *sḏm.f* perfectif du verbe *rdỉ*, voir Fr. Neveu, *Particule* ḫr, § 1.3.1.1, p. 25.

l. Les emplois de la particule *yꜣ* ont été bien étudiés par Fr. Neveu. Rappelons que le rôle fondamental de la particule *yꜣ* est de renforcer un tour presque toujours autonome. Pratiquement dépourvue de valeur sémantique, elle intervient dans la stratégie de l'énonciateur pour mettre l'accent sur telle ou telle partie de son discours [29]. Devant un impératif, elle renforce l'injonction [30].

21 Noter l'opposition entre *ṯṯṯ*, « querelle », et *mdn*, « repos, satisfaction ». Pour *ḫr ỉw*, voir Fr. Neveu, *Particule ḫr*, chapitre v.

22 Voir aussi B. Gunn, « The Decree of Amonrasonthēr for Neskhons », *JEA* 41, 1955, p. 102, l. 23-24.

23 *Wb* II, 504, 14 – 505, 9 ; Meeks, *Année lexicographique*, 77.2533 et 79.1844.

24 Meeks, *Année lexicographique*, 77.2534.

25 *Wb* II, 505, 7-8 ; R.A. Caminos (*CLEM*, p. 180 et p. 454) cite aussi *ḥd* avec un sens légal : « to punish, to fine ».

26 Č.-G., *LEG*, § 25.1 ; M. Korostovtsev, *Grammaire du néo-égyptien*, Moscou, 1972, § 274 ; P.J. Frandsen, *Outline*, 1974, § 43 à § 48 ; Fr. Neveu, *Langue des Ramsès*, § 21.2 ; F. Junge, *Neuägyptisch. Einführung in die Grammatik*, Wiesbaden, § 2.2.2, (3) ; S.I. Groll, *The Negative Verbal System of Late Egyptian*, Londres, 1970, et J. Winand, *Études de néo-égyptien I*, ne parlent pas de l'impératif négatif.

27 Pour la graphie du pronom troisième personne masculin singulier, voir Č.-G., *LEG*, § 2.6.1. On peut aussi considérer que *pꜣy.tn ḥbsw* (votre vêtement) est un pluriel collectif. Dans ce cas, *st* est la graphie habituelle du pronom pluriel.

28 Pour la désinence *t* écrite 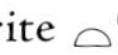, voir Fr. Neveu, *Langue des Ramsès*, § 14.1.

29 Fr. Neveu, « La particule égyptienne *yꜣ* », *SEAP* 11, 1992, § 1.3, p. 15.

30 *Ibid.*, § 2.1.1.2, p. 16.

m. Comprendre « la durée de vie d'Amon ». On trouve des parallèles à cette expression dans les textes amarniens : *ỉry.f pꜣy ꜥḥꜥw*, « qu'il accomplisse cette durée (de vie) [31] » et *dỉ.k ỉry.f pꜣy.k ꜥḥꜥw*, « puisses-tu permettre qu'il accomplisse ta durée (de vie) [32] ». M. Sandman propose de corriger *pꜣy ꜥḥꜥw* dans le premier exemple en *pꜣy<.k> ꜥḥꜥw*. Au vu de notre texte, il semble que nous ayons là trois variantes *a priori* correctes d'une même formule.

n. Incise. Pour le tour *ỉrỉ + pꜣy.ỉ nb (r) rdỉ*, voir A.H. Gardiner, « The Origin of Certain Coptic Grammatical Elements », *JEA* 16, 1930, p. 221-222, exemples (5), (6), (7), (14) et (15), auxquels on peut ajouter O. Petrie 16, r° 4 (= Černý et Gardiner, *HO* I, pl. XXI, 1), et O. Nash 1, v° 12 (= *KRI* IV, 317, 9-10) [33]. La préposition *r* est remplacée par *ḥr* dans P. Anastasi V, 12, 5-6 (= *LEM*, 62, 9-10).

Commentaire

Ce petit texte renvoie aux problèmes de retard de livraison des rétributions en nature dues aux ouvriers de la Tombe (*ḥtrỉ* [34]) qui causèrent les conflits que l'on connaît entre le pouvoir central et la communauté de Deir el-Médineh dès le règne de Ramsès III [35] : deux personnages importants, un certain vizir Djéhoutymès et un certain intendant du Trésor Amenhotep, ont été chargés (par Pharaon) de la livraison immédiate de vêtements, visiblement pour apaiser des ouvriers (*ḥr mdn n.tn*) qu'un probable retard dans le paiement des salaires a rendu nerveux, l'auteur de la lettre – sans doute un intermédiaire entre les ouvriers et l'administration – conseillant fortement d'accepter le don. Cette *indemnité* viendrait en quelque sorte s'ajouter à l'huile *sgnn* (de l'an 4) « en provenance du champ sur lequel pousse l'huile *sgnn* » qui leur est due.

Comme souvent dans les textes de la pratique, il est malaisé d'identifier les différents protagonistes. Le changement de personne dans les pronoms à la ligne 4 permet de distinguer deux parties. Le discours, qui s'adressait à un groupe désigné par le pronom *.tn*, passe ensuite à la première personne du pluriel. Nous pensons qu'il faut y voir un changement de position du locuteur qui, dans un premier temps, s'adresse aux ouvriers jusqu'à leur donner un ordre (« Ne contestez pas ! »), mais qui, dans la seconde partie de son discours, s'inclut dans le groupe

[31] M. Sandman, *Texts from the Time of Akhenaten*, *BAe* VIII, 1938, 2, 19.

[32] *Ibid.*, 83, 6.

[33] Fr. Neveu, *Langue des Ramsès*, § 19.3, p. 95, ex. 7.

[34] D. Valbelle, *op. cit.*, p. 148 : « Les salaires des hommes de la Tombe sont désignés par le mot *ḥtrỉ*, habituellement employé pour définir les taxes, les impôts... Ces *ḥtrỉ* consistent d'abord en céréales – blé et orge – fournies par les Greniers de Pharaon, en produits divers – vêtements, corps gras, vin, *srmt*, et, occasionnellement, miel, sel, viande, peaux, produits laitiers, etc. – provenant des institutions royales, en pains, gâteaux, bière et dattes, habituellement livrés par les temples de la rive ouest, et en approvisionnements réguliers – eau, poissons, légumes, fruits, bois de chauffage et poteries – assurés par les *smdt*... ».

[35] D. Valbelle, *op. cit.*, p. 97. Les grèves (dont la raison principale tient aux retards dans le versement des céréales, ainsi que de vêtements et d'huile) semblent se produire pour la première fois en l'an 29 de Ramsès III (Papyrus de la grève).

(« cela nous a été donné », etc.). La proposition *ỉmỉ se m tꜣ ꜣḫt rdw pꜣ sgnn ḫr.s*, quant à elle, s'adresse à des individus chargés de fournir l'huile aux ouvriers. Elle se complique d'une incise qui exprime la joie des bénéficiaires.

Notre ostracon est un texte ponctué que l'on peut sans hésiter rattacher au groupe des *Miscellanées*. En effet, l'écriture, ni maladroite ni hâtive, montre une maîtrise certaine de l'hiératique. Il est clair que l'auteur de cette lettre (à tout le moins le copiste) était déjà bien avancé dans l'initiation aux techniques administratives ; cela confirme l'opinion d'A. McDowell qui a montré que les ostraca de Deir el-Médineh illustraient le même stade d'avancement dans les études que les *Late Egyptian Miscellanies* (*LEM*) [36]. En effet, il a longtemps été admis que les milliers de fragments de textes littéraires (textes classiques ou de type *Miscellanées*, etc.) étaient le travail d'étudiants débutants parce qu'ils étaient le plus souvent courts et écrits sur ostraca, alors que les textes des *LEM* étaient le fruit du travail d'étudiants confirmés, parce que plus longs et écrits sur papyrus, matériel coûteux [37]. Dans les *LEM*, un maître ne dit-il pas à son élève : « Tu es dans la place pour t'accomplir, *m ỉrỉ ỉr.t pꜣy.k ḥꜣty ꜥḏḏ ° tw.k m s n 30*, Ne fais pas l'enfant ! Tu es un homme âgé de 30 ans [38]. » Mais cela indique seulement que le métier de scribe était un apprentissage de longue haleine, indépendamment du support de l'écriture.

Sur les milliers d'ostraca scolaires qui ont été retrouvés, quinze portent un colophon indiquant explicitement que l'exercice a été copié pour le professeur par son assistant (*ẖry-ꜥ*), comme les papyrus des *LEM* [39]. On peut donc se demander si notre ostracon est un exercice (en l'occurrence un modèle de lettre) préparé par le maître ou bien la copie de son élève. Quelques indices font pencher pour la deuxième hypothèse (si l'on ne doute pas des qualités du maître, bien sûr). Tout d'abord, une ponctuation parfois maladroite (lignes 1, 3, 5, 6) ; ensuite, quelques hésitations dans l'orthographe : par exemple un *n* superflu ligne 2, l'orthographe inhabituelle de la particule *yꜣ* () [40], du pronom *se* ligne 4 ou du mot *ꜥḥꜥw* ligne 5, le  superflu ligne 6 ou bien encore les deux *r* correctement ajoutés cette fois devant le verbe *rdỉ* au-dessus de la ligne 5 ; enfin, la date présente à la fin du texte (*ꜣbd 3 ꜣḫt sw 9*) [41]. Il semble par ailleurs que le

[36] A. McDowell, « Student Exercices from Deir el-Medina : The Dates », dans *Studies Simpson*, p. 602 ; *id.*, « Teachers and Students at Deir El-Medina », dans *Deir El-Medina in the Third Millenium AD. A Tribute to Jac. J. Janssen*, *EgUit* 14, 2000, p. 220-222. Dans le compte rendu de cet ouvrage, A. Gasse, *BiOr* 58, 2001, p. 560, ajoute que « l'écriture, compte tenu des irrégularités du support, n'est pas, dans l'immense majorité des cas, plus maladroite ou hâtive que celle des papyrus et que des relectures et corrections n'y sont pas rares ».

[37] Pour la bibliographie, nous renvoyons aux deux articles d'A. McDowell précédemment cités, « Student Exercices », p. 601, note 2, et « Teachers and Students », p. 221, note 25.

[38] P. Turin A, v° 1, 10 – 2, 1 (= *LEM*, 122, 4-5).

[39] A. McDowell, « Student Exercices », p. 602 et « Teachers and Students », p. 223-229. Le colophon, assez bref, nomme le copiste et son professeur (« Pour A (le professeur), son assistant B » ou « Pour A, B »).

[40] L'O. Louvre E 11178 a, 4 serait l'unique occurrence de cette graphie (Fr. Neveu, *op. cit.*, 1992, p. 14). K.A. Kitchen et Y. Koenig considèrent que le signe  est superflu.

[41] Les ostraca scolaires portent souvent une date rajoutée, en général, à la fin du texte. A. McDowell, « Student Exercices », p. 603-604, a dénombré plus de cent ostraca portant une date. On peut donc ajouter O. Louvre E 11178a.

texte présente les traces de ce qui pourrait être un exercice de style, ainsi le tour bien connu *ỉrỉ* X *r rdỉt ỉrỉ* Y, inséré de façon inattendue (mais cela rend le texte très vivant) au milieu d'une injonction (lignes 4-5).

Deux hauts personnages sont cités : un flabellifère à la droite du roi, maire de la ville et vizir Djehoutymès, et un intendant du trésor Amenhotep. Ces deux fonctions sont en relation avec la fourniture des *ḥtrỉ* de la Tombe (par exemple O. Caire CG 25 271 [= *KRI* VII, 455, 5-8] [42]). Si les fonctions citées correspondent parfaitement au contexte, l'identification des deux personnages est plus problématique.

On connaît un intendant du trésor et échanson Amenhotep sous Ramsès IX. Il est cité dans le P. ESB B, 7-8 (= *KRI* VI, 518, 12-13) ainsi que dans une inscription datée de l'an 10 de Ramsès IX, concernant une récompense pour le grand prêtre d'Amon Amenhotep (*KRI* VI, 455, 16). Ce texte indique qu'il est envoyé par le roi avec d'autres échansons royaux, et probablement à leur tête, pour récompenser le grand prêtre d'Amon. W. Helck en déduit fort raisonnablement que ce directeur du trésor était un personnage de la Résidence et travaillait plutôt dans le nord de l'Égypte [43]. Le texte commence d'ailleurs ainsi : *nsw ḏs.f ḏd.f n srw smrw nty r-gs.f*, « le roi lui-même dit aux hauts fonctionnaires et aux courtisans qui sont à ses côtés ».

Cet intendant du trésor est-il celui qui apparaît sur l'O. Louvre E 11178 a ? Sur les deux monuments où il est attesté, il est cité sous les titres de *mr pr-ḥḏ n Pr-ꜥꜣ, wdpw nsw*. Le titre de directeur du trésor est ambigu, puisque de nombreuses institutions disposent de leur propre *pr-ḥḏ*. Au reste, le grand prêtre Amenhotep est, *inter alia*, *mr pr-ḥḏ n Imn*. Néanmoins, le titre, cité sans autre précision, renvoie en principe au trésor royal, d'autant que le personnage est cité en même temps qu'un vizir. L'identification paraît donc sûre.

Le vizir Djéhoutymès est assez énigmatique. Une série de documents atteste plusieurs vizirs du nord portant ce nom sous la XVIIIe dynastie [44]. À supposer que notre document cite des personnages réels, sa paléographie, sa grammaire et son contenu indiquent sans conteste qu'il date de la XXe dynastie. Il ne peut donc s'agir de ces vizirs-là.

Deux autres documents d'époque ramesside citent un vizir Djéhoutymès. Il y a tout d'abord un fragment de paroi, qui provient probablement de la tombe du vizir Rahotep [45], sous le règne de Ramsès II. L'autre document connu est l'O. Caire CG 25339 [46], qui provient de la Vallée des Rois. Il s'agit d'un « brouillon » pour une inscription funéraire. Il donne une longue liste de titres, en hiéroglyphes, disposés en colonnes. La datation de cet ostracon varie selon les auteurs. Certains l'attribuent au début du règne de Ramsès II [47], d'autres à la fin de la XXe dynastie,

[42] Jac. J. Janssen, *Village Varia*, p. 165.
[43] W. Helck, *Verwaltung*, p. 415.
[44] *Ibid.*, p. 298-299.
[45] F. Petrie, G. Brunton, *Sedment II, British School of Archaeology in Egypt and Egyptian Research Account* 35, 1924, pl. 56, 2 ; A. Weil, *Die Veziere des Pharaonenreiches*, Strasbourg, 1908, p. 119 ; W. Helck, *op. cit.*, 1958, p. 320.
[46] G. Daressy, *Ostraca*, p. 87.
[47] W. Helck, *op. cit.*, p. 320, avec réserves. J. Černý, *BiOr* 19, 1962, p. 143 (compte rendu de W. Helck, *op. cit.*), ajoute notre ostracon à la liste d'attestations du vizir Djéhoutymès donnée par W. Helck, p. 456.

une étude paléographique et orthographique restant à faire. La raison d'une attribution de l'ostracon du Caire au début de la période ramesside est due à l'identification du vizir avec le personnage du relief de Rahotep. Néanmoins, comme Fl. Petrie le suggérait déjà, il est fort possible que ce Djéhoutymès-là fût cité chez Rahotep à titre, non de collègue, mais d'ancêtre. Il s'agirait alors d'un des vizirs de la XVIIIe dynastie et il faudrait donc le retrancher des vizirs ramessides. D'un autre côté, si l'on groupe l'O. Louvre E 11178 a et l'ostracon du Caire, cela suggère une possible datation vers la fin de l'époque ramesside.

Enfin, comme il s'agit d'un document scolaire, il n'est pas impossible que nos deux personnages sortent de l'imagination d'un scribe. On connaît des miscellanées quelque peu fantaisistes [48]. Dans ce sens, on pourrait remarquer que les protagonistes portent tous les deux des noms de rois de la XVIIIe dynastie. Néanmoins, ils concordent aussi avec l'onomastique de la fin XXe. Le peu de documents concernant un individu aussi important qu'un vizir peut étonner. Cependant, J. Černý, dans le compte rendu qu'il a consacré au livre de W. Helck, *Verwaltung*, donne une liste de « nouveaux » vizirs. Certains, dont l'existence ne fait aucun doute, n'apparaissent que dans un ou deux monuments (par exemple *Pntw*, connu par une étiquette de jarre, ou *Ḫ*ʿ*-m-trỉ*, qui n'est attesté que sur un seul relief) [49]. Il n'y a donc rien d'impossible à ce qu'il y ait eu un vizir Djéhoutymès à la fin de l'époque ramesside, probablement à Thèbes, d'après l'O. Caire CG 25339. Ce personnage aurait pu rester en fonction durant un temps fort court, ce qui expliquerait qu'il soit mal connu.

Pour conclure sur ce point, les documents suggèrent fortement que ces deux hommes ont bien existé et que notre document date effectivement de Ramsès IX (au plus tôt de l'an 5, voir *supra*, note **c**).

[48] Jac. J. Janssen, *op. cit.*, p. 1.

[49] J. Černý, *op. cit.*, p. 142.

Philippe Collombert

Des animaux qui parlent néo-égyptien
Relief Caire JE 58925

Les fouilles de Deir el-Médineh ont livré par dizaines des ostraca ornés de scènes qu'on a coutume d'appeler « satiriques ». Ces dessins représentent des animaux marchant sur leurs deux pattes arrière et se comportant comme des êtres humains : singe jouant de la double flûte, chacal transportant une palanche, chat armé d'une badine et dirigeant des oies, etc. Malheureusement, faute de textes les accompagnant, ces images restent désespérément muettes, et l'on en est réduit à des conjectures pour essayer de reconstituer les histoires qui se dissimulent derrière ces représentations si curieuses. Dans son ouvrage *Altägyptische Tiergeschichte und Fabel*, E. Brunner-Traut, spécialiste de ces questions, signalait cette carence substantielle : « Zu all den Bildern, die wir bisher betrachtet haben, kennen wir keine Texte. Dies macht die Schwierigkeit der Interpretation aus[1]. » Cette affirmation n'est peut-être pas tout à fait exacte. Il existe en effet une scène « satirique », connue depuis bien longtemps et citée à de nombreuses reprises, qui présente un texte qui n'a cependant jamais été pris en considération. J'espère que ce petit texte, traduit ici tant bien que mal, saura exciter la curiosité de mon professeur François Neveu, dont la science, l'enthousiasme et la pédagogie hors du commun ont illuminé mes années d'étudiant.

Lors des fouilles de l'Ifao à Médamoud, F. Bisson de La Roque trouva, remployée sous le dallage du temple ptolémaïque, une série de blocs d'une chapelle de Chépénoupet II. Parmi ces blocs figurait un relief étrange[2] (voir fig. 4). La scène se déroule dans un décor de papyrus.

[1] E. Brunner-Traut, *Altägyptische Tiergeschichte und Fabel. Gestalt und Strahlkraft*, 3e éd., Darmstadt, 1970, p. 21. On notera qu'il subsiste quelques traces d'une légende des scènes « satiriques » du papyrus de Turin, trop abîmée malheureusement pour qu'il soit possible d'en déduire autre chose que la preuve de l'existence de telles légendes (voir E. Brunner-Traut, *ZÄS* 80, 1955, p. 19 et pl. III ; J. A. Omlin, *Der Papyrus 55001 und seine satirisch-erotischen Zeichnungen und Inschriften, Catalogo del Museo Egizio di Torino, Serie Prima – Monumenti e Testi* III, 1973, p. 65, pl. I et II). Peut-être une autre légende sur l'ostracon Deir el-Médineh 2281, où l'on voit une guenon jouant de la harpe ; à côté se trouve le texte suivant : *ḏd=s jnk* [...]*f ḥs-n* [...], « Elle dit : je suis [...] » (J. Vandier d'Abbadie, *Catalogue des ostraca figurés de Deir el Médineh, DFIFAO* II/2, 1937, p. 57-58, pl. XL), à comparer avec les formules étudiées *infra*. Noter aussi la légende [...] *pꜣ nṯr* [...] *pꜣ mj* : « [...] le dieu [...] le chat » sur un ostracon figurant un chat servant une souris assise en majesté (O. Boston 1976.784 : *A Table of Offerings. 17 Years of Acquisitions of Egyptian and Ancient Near Eastern Art by William Kelly Simpson for the Museum of Fine Arts, Boston*, 1987, p. 50-51 ; référence D. Meeks).

[2] Relief Caire JE 58924. Dimensions : 91 cm × 32 cm (profondeur : 14 cm). Voir PM V, 144 ; F. Bisson de La Roque, *Fouilles de Médamoud 1930, FIFAO* VIII/1, 1931,

Une souris est assise sur un large fauteuil (ou un trône ?) ; à ses côtés se dresse un chat, qui semble être son majordome. Devant eux, un chacal, penché sur un chaudron, verse un liquide (?) dans un bol à l'aide d'une louche. Un homme (encore que le profil semble un peu simiesque) s'approche, portant des présents (?) ; un petit récipient pend à son épaule. Il est vêtu d'une longue robe et d'une mitre (costume d'étranger vraisemblablement). Derrière lui s'avance un crocodile luthiste, sur lequel est juchée une harpiste nue. Il s'agit manifestement ici d'une de ces scènes « satiriques » si souvent figurées sur ostraca.

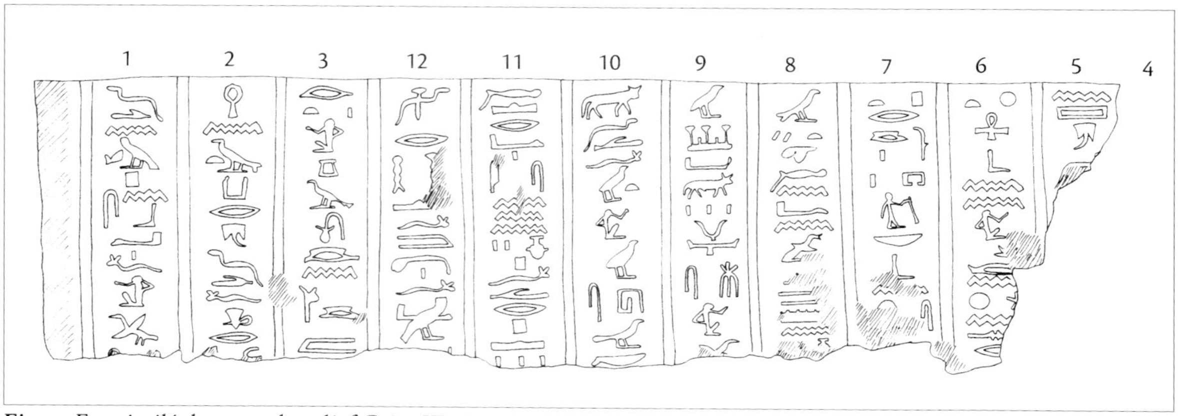

Fig. 1. Fac-similé du texte du relief Caire JE 58925.

Un autre bloc faisait partie du même ensemble[3] (voir fig. 5) ; il présente la partie inférieure d'une scène « satirique » : deux chacals s'affairent autour d'une oie troussée, posée sur une table ; sur la droite subsistent encore l'arrière-train d'un chacal et la queue d'un crocodile. Sous la scène « satirique » se trouve un petit texte de onze colonnes, sans rapport direct manifeste avec la scène figurée au-dessus (voir fig. 1). Étant donné l'orientation opposée des huit colonnes de droite (→) et des trois colonnes de gauche (←), il est évident que ce texte représente la légende de personnages qui se tournaient le dos et qui figuraient en dessous. Or, si l'on fait l'hypothèse que les colonnes finissaient au bas du bloc (ou à peine un cadrat plus bas, voir n. [b] *infra*) et que le texte est donc conservé dans sa quasi-totalité – colonnes courtes qui conviendraient parfaitement à des légendes –, on peut mettre en évidence l'existence d'une structure, commençant toujours en début de colonne et organisée selon le modèle suivant :

Titre X + Nom Y + nom d'animal Z + *ḏd=f* + « paroles prononcées ».

p. 73-74, fig. 54 et pl. VI ; J. Vandier d'Abbadie, *Catalogue des ostraca figurés de Deir el Médineh*, *DFIFAO* II/3, 1946, p. 80, n. 1 ; J. Leclant, *Recherches sur les monuments thébains de la XXV*[e] *dynastie*, *BdE* 36, 1965, p. 133, n° (m) ; E. Brunner-Traut, *op. cit.*, p. 3, 5, 8, 11, 29, 67, pl. 31 ; J. A. Omlin, *op. cit.*, pl. XXIII ; S. Curto, *La satira nell'antico Egitto, Quaderno n. 1 del Museo Egizio di Torino*, 1965, fig. 14 ; J.-P. Corteggiani, *Centenaire de l'Institut français d'archéologie orientale, musée du Caire, 8 janvier - 8 février 1981*, 1981, p. 94-96, n° 59.

[3] Relief Caire JE 58925. Dimensions : 61 cm × 36 cm (profondeur : 15 cm). Voir PM V, 144 ; F. Bisson de La Roque, *Fouilles de Médamoud 1930*, *FIFAO* VIII/1, 1931, p. 74, fig. 55 ; J. Vandier d'Abbadie, *loc. cit.* ; J. Leclant, *op. cit.*, p. 133, n° (m) ; E. Brunner-Traut, *op. cit.*, p. 5, 13, 67, n. 374 ; J.-P. Corteggiani, *op. cit.*, 1981, p. 94-96, n° 59. Je remercie le CSA et les autorités du musée du Caire pour m'avoir autorisé à publier ces deux blocs.

Cette structure des légendes se retrouve par trois fois dans le texte, et permet d'identifier les protagonistes qui étaient représentés dessous : à l'extrême droite figurait un chacal (→), suivi d'un taureau (→), alors qu'un chat (?) (←) était figuré à gauche. Il apparaît donc que ce texte est bien la légende d'une scène « satirique » aujourd'hui perdue, du même type que celle du registre supérieur et celle de l'autre bloc. Malheureusement, la brièveté des propos, la disparition de la représentation afférente et l'absence de contexte rendent difficile la traduction de ces quelques colonnes [4].

Col. 9-12 : « Le bouvier [a] Oupouaoutmès, le taureau [b], il dit : « je suis lassé [de (?) [c]] remplir deux abreuvoirs (?) [d] ; son approvisionnement [, il est (?)] frais, pour le déposer devant lui [e] avec (?) [...]. »

a. Le terme *wš(ꜣ)-jḥ.w* désigne plus exactement la personne chargée de l'entretien (c'est-à-dire de l'engraissage) des bœufs [5]. Faute d'équivalent français exact, j'ai traduit le terme par « bouvier ».

b. On doit probablement restituer un signe dans la lacune. Cela signifierait qu'il faut ajouter un cadrat de lacune à la fin de chacune des colonnes conservées. À moins de lire *kꜣ*, « taureau », ou *jḥ*, « bœuf », pour le signe seul. La lecture des textes des autres colonnes ne permet pas de trancher.

c. Le verbe *whs* : « être lassé (de) » [6] (variante tardive *wḥs* [7]) régit parfois la préposition *r*.

d. Je propose de lire ici *r-ꜥ-s(wr)j* (hapax). Ce mot serait un nouvel exemple de composé en *r-ꜥ* + verbe [8]. Ce type de composé est attesté depuis le Nouvel Empire, souvent dans des hapax (témoignant en cela de la vitalité productive du procédé), et toujours à partir de verbes dynamiques. Notre exemple rentrerait donc parfaitement dans cette catégorie. La graphie pour *swr* rendrait compte de la prononciation (copte ⲥⲱ) [9]. Cette lecture trouve un appui intéressant dans l'existence d'un mot *r-ꜥ-wnm*, « banquet (?) [10] ».

La base *r-ꜥ* sert à former des noms décrivant une action dans son déroulement, encore que certains glissements sémantiques soient attestés [11]. Compte tenu de la présence du déterminatif et de ce que l'on peut comprendre du contexte, je propose de traduire l'ensemble par « abreuvoir ».

[4] Je remercie chaleureusement Dimitri Meeks, qui a eu l'obligeance de revoir ce texte avec moi et m'a fait profiter de sa connaissance inégalée du lexique égyptien (références signalées dans les notes).

[5] *Wb* I, 369, 7 ; *CLEM*, p. 53 ; voir surtout le P. Sallier I, 4, 8, où les *wšꜣ.w-jḥ.w* apportent du fourrage aux bêtes de l'étable (*CLEM*, p. 307 ; *GLEM*, 81, 4-5).

[6] *Wb* I, 346, 7 ; Meeks, *Année lexicographique*, 79.0730 ; L.H. Lesko, *A Dictionary of Late Egyptian* I, Berkeley, 1982, p. 123.

[7] *Wb* I, 352, 1 ; voir J. Osing, *Hieratische Papyri aus Tebtynis* I, *The Carlsberg Papyri* 2, *CNIP* 17, 1998, p. 89-90, n. j.

[8] Voir L. Pantalacci, *OLP* 16, 1985, p. 5-17 ; Fr. Neveu, *RdE* 41, 1990, p. 143-152 (sur *r-ꜥ-sš.w*)

[9] Voir par exemple les graphies signalées par P. Wilson, *A Ptolemaic Lexikon*, *OLA* 78, 1997, p. 811.

[10] Voir P. Grandet, *Le papyrus Harris* (*BM 9999*) II, *BdE* 109, 1994, p. 92, n. 335 ; Chr. Leitz, *Hieratic Papyri in the British Museum, Seventh Series : Magical and Medical Papyri of the New Kingdom*, Londres, 1999, p. 7, pl. 2, l. 13 (références D. Meeks).

[11] Voir Fr. Neveu, *op. cit.*, p. 149.

La présence du chiffre « 2 » derrière le déterminatif pourrait orienter cependant vers une autre hypothèse : le terme *r-ʿ-s(wr)j* pourrait désigner les deux récipients que l'on voit transportés à l'aide d'une palanche dans certaines scènes « satiriques ». On pense surtout au papyrus « satirique » du Caire (voir fig. 2), où l'on voit un chacal apportant sur une palanche de la nourriture pour un bœuf parqué dans un enclos. La présence du bœuf rappelle le « bouvier » de notre texte.

e. Noter que l'emploi de l'expression *wꜣḥ m-bꜣḥ*, « déposer devant (quelqu'un) », semble impliquer une marque de respect.

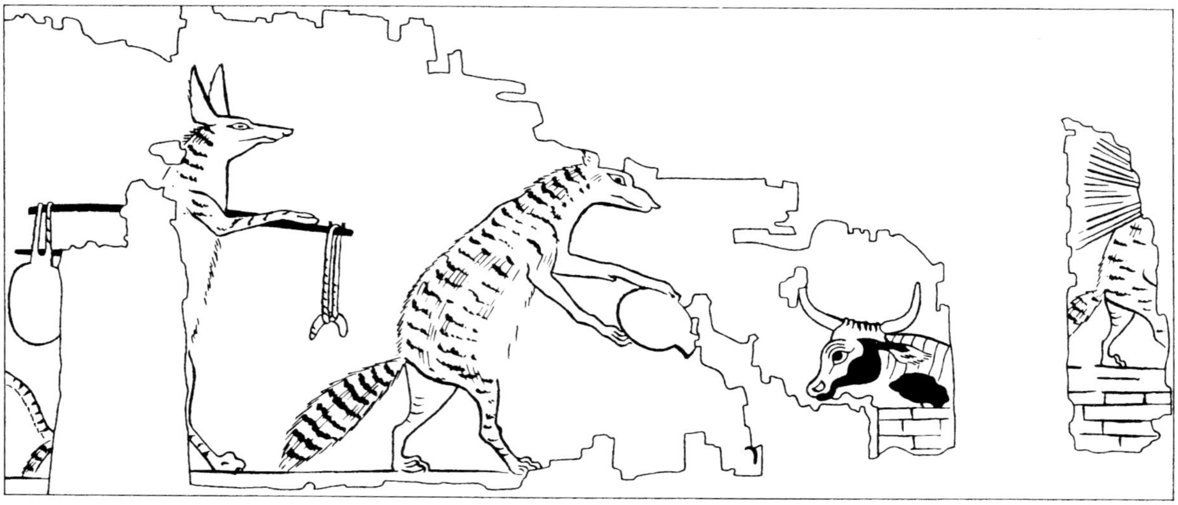

Fig. 2. Papyrus « satirique » du musée du Caire
(dessin E. Brunner-Traut, *Altägyptische Tiergeschichte und Fabel*, fig. 18).

Col. 4-8 : [Le ...?... N, le ch]acal, [il] di[t :[f] « ...] sceau, je n'ai pas le temps de tambouriner (?)[g] ; vois, le ménage (?)[h] de tout notable, ils ne sont pas [...] ...?)[i] de marquer le rythme (?)[j] à ...? quotidiennement (?)[k]. »

f. Les signes qui subsistent au début de la colonne 5 rendent la restitution [*w*]*nš*, « chacal », certaine. La colonne précédente devait contenir les titre et nom propre du chacal, à l'instar des colonnes 1 (chat [?]) et 9 (taureau). Le reste du discours est malheureusement très opaque, compte tenu des lacunes importantes.

g. [hiéroglyphes] *sr*, « jouer du tambour[12] ». Si tel est bien le terme employé ici, on aimerait rapprocher cette déclaration des représentations d'Anubis jouant d'un tambourin (assimilé à la lune) sur les reliefs de certains mammisis, temples ou tombes[13] (voir fig. 3 et *infra*). On pourrait cependant tout aussi bien restituer le verbe *sr*, « prédire, annoncer » (avec déterminatif de la girafe en lacune), ou tout autre terme commençant par *sr*[...].

[12] *Wb* IV, 191, 10-12 ; H. Hickmann, *BIE* 36, 1955, p. 596.

[13] Voir R. K. Ritner, *JEA* 71, 1985, p. 149-155 (référence D. Meeks) ; J. Quaegebeur, *StudAeg* 3, 1977, p. 121.

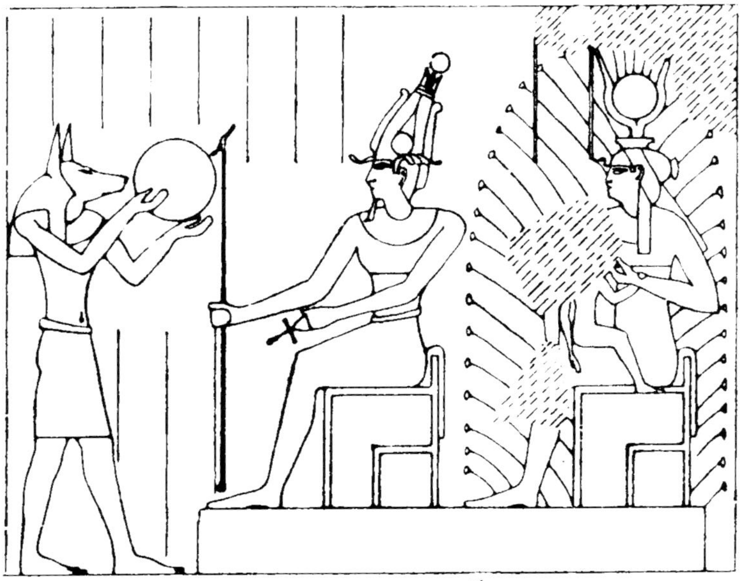

Fig. 3. Mammisi d'Edfou, sanctuaire, paroi sud (É. Chassinat, *Le mammisi d'Edfou*, *MMAF* XVI, 1939, pl. XIII, registre supérieur).

h. *pr*, « maisonnée, ménage[14] ». On peut aussi considérer comme un déterminatif et lire ici le terme *ptr*, « fenêtre ou vasistas troué par où pénètre le vent ou la lumière » (terme attesté dans les Textes des Sarcophages[15]), ou « belvédère, observatoire[16] ». Une lecture *p<t>r(j)*, « arène, champ de bataille[17] », est aussi envisageable, même si le déterminatif de la maison n'est attesté qu'à partir de l'époque ptolémaïque pour ce terme[18].

i. J'avais d'abord pensé lire *ꜣty*, « dos », le déterminatif semblant endommagé[19]. D. Meeks me suggère une lecture *[sm]ꜣ.ty*, « testicules[20] », qui offre l'avantage de correspondre assez précisément à la forme du déterminatif tel qu'il est figuré.

j. Je ne connais pas de verbe *mḥn* déterminé par [21]. Sous toutes réserves, on pourrait interpréter comme une graphie de *mꜣḥ*, « marquer le rythme, frapper des mains ». Ce verbe est parfois déterminé par mais n'est attesté qu'à l'Ancien Empire[22]. La disparition

[14] Voir R. Jasnow, *A Late Period Hieratic Wisdom Text*, *SAOC* 52, 1992, p. 58, n. CC.

[15] R. Van der Molen, *A Hieroglyphic Dictionary of Egyptian Coffin Texts*, *PdÄ* 15, 2000, p. 142-143; D. Van der Plas, J.F. Borghouts, *Coffin Texts Word Index*, *Publications inter-universitaires de recherches égyptologiques informatisées* VI, Utrecht et Paris, 1998, p. 104; *Wb* I, 565, 1-2 (Textes des Pyramides). Graphie avec déterminatif de la maison attestée en *CT* VI, 67b; voir aussi A.H. Gardiner, *RdE* 11, 1957, p. 52, n. 10 (suggestion et références D. Meeks).

[16] A. Gutbub, *Textes fondamentaux de la théologie de Kom Ombo*, *BdE* 47, 1973, p. 86, n. A, et É. Drioton, *ASAE* 44, 1944, p. 134-135 (références D. Meeks).

[17] *Wb* I, 565, 6; 532, 1.

[18] P. Wilson, *A Ptolemaic Lexikon*, *op. cit.*, p. 381.

[19] Pourrait-on y voir un exemple de l'expression *ꜣty n*, « prendre soin de », déterminée normalement par le crocodile? Voir Gardiner, *HPBM* III, p. 49, n. 7, sur cette expression.

[20] *Wb* III, 451, 9-10; Meeks, *Année lexicographique*, 77.3582.

[21] Le signe semble bien différent du de la col. 1 et 11 ou du de la col. 9.

[22] *Wb* II, 30, 14; H. Hickmann, *BIE* 36, 1953-1954, p. 587-588; E. Brunner-Traut, *Der Tanz im Alten Ägypten*, *ÄF* 6, 1938, p. 16 et 83; H.G. Fischer, *JARCE* 38, 2001, p. 4-5.

du *ꜣ* médian est attestée dans les graphies tardives de *mꜣḥ* var. *mḥ*, « couronne[23] ». La présence du *n* reste plus difficile à expliquer. La variation *ꜣ/n* est bien attestée, mais il faudrait supposer ici une métathèse *mꜣḥ* > *mḥꜣ*, suivie d'un passage de *ꜣ* à *n*. Peut-être est-il plus sage de voir dans ce groupe une graphie de *mḥn*, « s'enrouler », avec un déterminatif inhabituel, ou un mot de la racine *mḥ*, « coudée » (mais comment expliquer alors le *n* intrusif ?), ou encore un hapax ?

k. Graphie de *m-mn.t*, « quotidiennement[24] » ? Je n'arrive pas à donner un sens aux signes et traces qui précèdent. D. Meeks me propose sous toutes réserves une lecture *n-ṯꜣy-n/m*, « depuis », préposition démotique attestée aussi en hiératique et en hiéroglyphe[25]. Cependant, compte tenu de la date proposée pour la composition de ce texte (Nouvel Empire, voir *infra*), la présence de cette préposition serait surprenante.

Col. 1-3 : « (Ce qu'a) dit le serviteur[l] P(a)seneb(em)âef[m], le [...?...][n] à la guenon[o], il dit : « Depuis (?)[...], mon œil est grand ouvert[p] pour veiller dans [...]. »

l. Pour retrouver ici très exactement la structure supposée pour l'ensemble des légendes, il conviendrait de faire de *ḏd-n-sḏm* un titre ; je n'en connais cependant pas d'autres attestations. Aussi est-il peut-être préférable de lire ici *ḏd~n sḏm* : « A dit le serviteur (...) », le titre *sḏm* étant quant à lui bien attesté. La formule *ḏd~n* servirait soit à introduire l'ensemble des légendes, soit à introduire le datif *n tꜣ kr(.t)* (voir note [o]).

m. Le nom *P(ꜣ)-snb-(m-)ꜥ=f* ne semble pas attesté mais est bâti sur une structure onomastique proche de types connus ; on le rapprochera de la formation tardive *Pꜣy=f-ṯꜣw-m-ꜥ.wy* + nom de divinité (*PN* I, 127-128), ou encore de noms comme *Pꜣ-ṯꜣw-m-dj-Jmn* (*PN* I, 121, 9, Nouvel Empire), *ꜥnḫ(=j ?)-m-ꜥ* + nom de divinité (*PN* I, 63-64, Ancien Empire) ou *Pꜣ-sḫr-ḥr-ꜥ=f* (Nouvel Empire[26]). Pour les noms incluant *snb*, voir *Snb-ḥnꜥ=f/s* (*PN* I, 313, 18-19), *Snb-n=j/f/s* (*PN* I, 313, 5-7), *Snb-sw/sy-m-ꜥ=j* (*PN* I, 313, 20-21), tous datés du Moyen Empire cependant. À rapprocher aussi des formations du type *Dj*-nom de divinité-*pꜣ-snb*[27]. Dans notre exemple, il est probable que le pronom *=f* renvoie à une divinité non nommée plutôt qu'au personnage lui-même (contrairement aux pronoms utilisés dans les noms cités *supra*).

n. Les traces de signes en fin de colonne pourraient convenir à *mj*. Faudrait-il alors comprendre *mjw*, « chat » ? Quoi qu'il en soit, le premier signe de la colonne 2 est certainement un déterminatif du mot employé, mais je n'arrive pas à l'identifier. La lecture *ḥr*, qui semblerait s'imposer au premier abord me paraît exclue (absence du trait d'idéogramme, absence d'oreilles, petite pointe au sommet du signe).

[23] *Wb* II, 31, 1-5.

[24] Voir par exemple *Wb* II, 65.

[25] Voir par exemple R. Jasnow, *A Late Period Hieratic Wisdom Text*, p. 58, n. DD ; J.Fr. Quack, *LingAeg* 5, 1997, p. 239.

[26] Absent du *PN* ; P. BM 10105, 7 : voir Chr. Leitz, *op. cit.*, p. 88, pl. 48, l. 7.

[27] H. De Meulenaere, *RdE* 12, 1960, p. 69.

o. J'interprète ici le groupe *n tꜣ kr(.t)* comme un datif introduit par le verbe *ḏd* du début de la colonne 1 (« P(a)seneb(em)âef a dit à la guenon »). On pourrait aussi y voir un génitif se rapportant soit au titre (*ḏd-n-)sḏm*, (« le serviteur (?) de la guenon, P(a)seneb(em)âef »), soit au nom de l'animal mentionné (« P(a)seneb(em)âef, le [chat ?] de la guenon »).

p. Sur le mot *g(ꜣ)w* (et dérivés) « ouvrir grand les yeux (de surprise et d'admiration) », voir *Wb* V, 151, 2-5 ; E. Edel, *ZÄS* 81, 1956, p. 14-17.

Je conviens sans peine que la traduction proposée pour ce petit texte repose sur trop d'incertitudes pour être totalement satisfaisante. Néanmoins, les légendes présentent certains éléments clairs qui permettent d'asseoir la compréhension des scènes « satiriques » sur des bases textuelles intéressantes. Ainsi, on apprend que ces animaux, non contents de se comporter comme des humains, étaient aussi affublés d'un titre, et même d'un nom humain (ici « Oupouaoutmès » et « Pasenebemâef »). La profession exercée par chaque animal semble être en rapport avec sa nature : le taureau est bouvier, le chacal s'occupe peut-être de musique (à l'instar d'Anubis, voir n. g). Les noms propres n'ont probablement pas non plus été choisis au hasard. Ainsi, le bouvier Oupouaoutmès porte un nom formé sur une divinité canine, alors qu'il s'agit d'un taureau, mais qui fait peut-être écho à la fonction de bouvier attribuée à Anubis dans certains textes religieux [28]. Et le serviteur fatigué de veiller porte un nom contraire à son état (Pasenebemâef, « La-santé-est-son-fait »).

Par ailleurs, ces animaux parlent ; l'effet comique produit par ces représentations d'animaux au comportement humain se perçoit aussi dans les dialogues. Et malgré notre difficulté à comprendre ces textes dans le détail, on perçoit très nettement un point commun à toutes ces légendes : les animaux se plaignent de leur condition. Le taureau est fatigué, probablement à force de remplir ses récipients ; le chacal grogne qu'il n'a pas assez de temps (pour jouer du tambour ?) ; le chat (?) doit veiller.

Enfin, si ces animaux parlent, ils parlent néo-égyptien, comme en témoigne l'emploi de *bn*, du présent I *tw⸗j*, des articles *pꜣ* et *tꜣ*, du possessif *p(ꜣy⸗)f*, ainsi que le vocabulaire utilisé (*ptr, rʿ-sj, whs, gꜣw, ꜣty* [?]) [29]. L'état de langue utilisé ici correspond donc exactement à la date du *floruit* de toutes ces scènes « satiriques » sur ostraca et papyrus, c'est-à-dire le Nouvel Empire. L'emploi du nom propre Oupouaoutmès, typique de la période, confirme la datation [30]. On serait donc tenté de placer la date de composition de ces histoires, ou, à tout le moins, la date de leur fixation par écrit, au Nouvel Empire. Par ailleurs, cette observation chronologique présente ici un intérêt

[28] Voir J. Quaegebeur, *StudAeg* 3, 1977, p. 119-130 ; A. Egberts, *In Quest of Meaning*, *EgUit* 8, 1995, p. 339-340.

[29] Pour autant que ces fragments de discours permettent d'en juger, certains traits semblent plus archaïsants : absence d'article devant *pr* (?), graphie en *k(wj)* du pseudo-participe, emploi de la préposition *m-ʿ*. On pourrait qualifier le texte de néo-égyptien mixte, sans qu'il soit possible de préciser si ces particularités grammaticales sont dues au genre littéraire ou à une date de fixation du texte vers la XVIIIe dynastie, avant l'apparition du néo-égyptien qu'on a coutume d'appeler « complet » (voir Ph. Collombert, L. Coulon, *BIFAO* 100, 2000, p. 215).

[30] *PN* I, 77, 23.

particulier car la grammaire du texte et les noms propres utilisés n'étaient déjà plus en vigueur à la XXVe dynastie, date de leur emploi dans le décor de la chapelle de Chépénoupet. Peut-être leur « archaïsme » relatif leur donnait-il déjà un caractère plus approprié à un monument religieux.

Reste en effet à expliquer la présence de ce décor sur la chapelle d'une divine adoratrice. Ces deux reliefs sont les seuls exemples connus de scènes « satiriques » dans un contexte explicitement religieux, tous les autres exemples provenant d'ostraca ou de papyrus. Faute d'un nombre suffisant de blocs, les tentatives d'interprétation restent malheureusement bien peu assurées.

Les scènes sont gravées en relief levé, ce qui tendrait à indiquer que le décor était situé à l'intérieur de la chapelle. La colonne hiéroglyphique à gauche du bloc JE 58924 (relief dans le creux) accompagnait la représentation en relief levé située à l'extrême gauche et permet d'y reconnaître la divine adoratrice Chépénoupet. On peut restituer : [*ḥm.t-nṯr dwꜣ.t-nṯr Šp-n-wp.t, ʿnḫ=tj*] *ḫnt(y).t kꜣ.w ʿnḫ.w* [*nb.w mj Rʿ*] : « [L'épouse-du-dieu et adoratrice-du-dieu Chépénoupet – qu'elle vive] qui préside aux *kas* [de tous] les vivants, [comme Rê] [31]. » Cette restitution de la colonne et la représentation de la divine adoratrice permettent de situer ce bloc à la deuxième assise du monument. Le registre inférieur était constitué d'une rangée de papyrus, dont subsistent quelques traces. Si l'on considère que ces papyrus sont les vestiges d'une autre scène (« satirique » ?), il faudrait admettre que celle-ci était assez petite. Il est peut-être préférable de voir dans ces vestiges d'ombelles l'habituel décor de soubassement des temples tardifs, en supposant qu'une grande représentation de Chépénoupet interrompait ce défilé sur la gauche.

Aucun élément ne permet de joindre directement les deux blocs qui nous occupent. En revanche, le contexte manifestement festif des représentations et la présence des papyrus invitent à rapprocher de ces deux scènes d'autres blocs en relief retrouvés dans le même contexte à Médamoud. Sur l'un d'eux figurent trois danseuses, les mains sur la tête, coiffées de quelques fleurs et dansant dans un décor de papyrus [32]. Un autre bloc conserve les traces de tiges de papyrus et d'un cartouche de Chépénoupet [33]. Tous ces blocs faisaient partie d'un (ou plusieurs) édifice(s) consacré(s) par Aménirdis et Chépénoupet [34]. Les autres blocs, à la décoration beaucoup plus classique, ne nous apprennent malheureusement rien sur la fonction spécifique de cette chapelle.

Ces représentations de danseuses permettent encore de faire le lien avec une autre chapelle de la même époque dont plusieurs blocs, gravés en relief eux aussi, ont été découverts à Karnak-Nord [35]. On y retrouve des danseuses dans ces mêmes fourrés de papyrus, accompagnées d'une

[31] Voir une titulature similaire sur un relief de Nitocris (L. A. Christophe, *Karnak-Nord* III, *FIFAO* 23, 1951, p. 104 et pl. XLV, 37).

[32] Bloc Inv. n° 5275 (voir F. Bisson de La Roque, *op. cit.*, p. 72-73, fig. 53).

[33] Bloc Inv. n° 5283 (voir F. Bisson de La Roque, *op. cit.*, p. 75-76, fig. 58).

[34] F. Bisson de La Roque, *op. cit.*, p. 69-77.

[35] Blocs remployés à l'époque ptolémaïque : P. Barguet, J. Leclant, *Karnak-Nord* IV, *FIFAO* 25, 1954, p. 131-132, pl. CXIV.

tambourineuse. Ces blocs faisaient manifestement partie de la chapelle d'une divine adoratrice [36] et le thème a donc quelques chances d'être en rapport avec la fonction spécifique de cette grande prêtresse. La présence de danseuses laisserait penser à quelque rituel de fête ou drame liturgique [37]. La représentation récurrente des fourrés de papyrus sur l'ensemble de ces blocs n'est certainement pas non plus anodine ; on aimerait y voir une allusion aux marais de Chemmis. Pourrait-on alors supposer qu'il existait une sorte de drame sacré évoquant la naissance ou la jeunesse d'Horus ? On rappellera que c'est notamment à cette occasion qu'Anubis jouait du tambourin (voir fig. 3, avec Isis et Horus dans les fourrés de papyrus) ; or, un élément de notre texte pourrait bien faire allusion à cet épisode [38]. Par ailleurs, Dimitri Meeks me signale l'existence d'une scène « satirique » (un chat armé d'une badine dirigeant trois oies – thème bien connu des ostraca et papyrus « satiriques ») sur la coiffure de certaines figurines de Bès en faïence [39]. La présence de ce motif sur la couronne de Bès paraît de prime abord incongrue mais elle prend un relief nouveau dans la perspective ici envisagée. Ce serait un nouvel exemple d'un lien à établir entre naissance divine [40] et scènes « satiriques ». Il est cependant difficile d'être plus précis actuellement.

En définitive, si l'effet comique de ces représentations et de ces textes est indéniable, il n'était manifestement pas le propos ultime de ces scènes « satiriques ». Leur inclusion dans un contexte religieux montre qu'elles pouvaient véhiculer un autre message [41]. Par ricochet, on aimerait étendre cette conclusion à l'ensemble des scènes figurées sur les ostraca et papyrus « satiriques ». Malgré la différence des supports, l'unité du propos me semble probable ; elle pourrait d'ailleurs bien être illustrée par le choix des scènes du papyrus « satirique » du Caire : est-ce vraiment un hasard si la représentation d'une souris assise en majesté et servie par des chats – exactement comme sur le relief de Médamoud Caire JE 58924 (voir fig. 4) – y figure juste à côté de la représentation de chacals bouviers amenant de la nourriture à un bœuf (voir fig. 2) – scène qui semble trouver un parallèle textuel dans le bloc de Médamoud étudié ici ?

[36] P. Barguet, J. Leclant, *op. cit.*, p. 133.

[37] À cet égard, Laurent Coulon me rappelle aussi la description de la procession lors de la fête d'Isis dans les *Métamorphoses* d'Apulée, où figure en tête de cortège une série de gens déguisés et d'animaux singeant des humains (voir J. Gwyn Griffiths, *Apuleius of Madauros. The Isis-Book (Metamorphoses, Book XI), EPRO* 39, 1975, p. 79-80, chap. 8 et p. 178-179).

[38] Voir *supra*, n. 9.

[39] Voir J. Málek, *The Cat in Ancient Egypt*, Londres, 1993, p. 121, fig. 97 et p. 123 ; J.-L. Chappaz, dans le catalogue de l'exposition *Reflets du divin. Antiquités pharaoniques et classiques d'une collection privée, musée d'Art et d'Histoire, Genève 30 août 2001 – 3 février 2002*, Genève, 2001, p. 114, n° 104 ; J. Bulté, *Talismans égyptiens d'heureuse maternité*, Paris, 1991, p. 23-24, 98, pl. 7 (références D. Meeks).

[40] Les liens entre Bès et la parturiente et son rejeton Horus sont établis par toute une série de témoignages, même si le fondement profond de ces liens reste encore mal éclairci.

[41] À l'instar des fables incorporées dans le mythe démotique de l'Œil du Soleil.

Fig. 4. Relief Caire JE 58924 (© A. Lecler, Ifao).

Fig 5. Relief Caire JE 58925 (© A. Lecler, Ifao).

Laurent Coulon

Le tombeau d'Osiris à travers les textes magiques du Nouvel Empire

L'ESSENTIEL de ce qui est connu sur les différents lieux de sépulture d'Osiris répartis dans les nomes d'Égypte provient des témoignages tardifs. Les textes et représentations de Dendara ou de Philae, pour ne citer que les plus célèbres, fournissent des indications précieuses sur la configuration du tombeau du dieu et sur les rites qui s'y déroulaient [1]. Des trouvailles archéologiques récentes ont également permis d'éclairer la structure réelle de ces lieux dans deux sites : Karnak [2] et Oxyrhynchos [3]. Pour ce qui concerne les périodes antérieures au premier millénaire, la documentation est bien moins explicite, si l'on excepte certains cas particuliers tels que l'Osireïon de Séthi Ier à Abydos [4]. Aussi convient-il de prêter une attention toute particulière aux mentions spécifiques des textes de la haute époque qui permettent d'établir un lien direct avec la documentation tardive. À travers les textes magiques du Nouvel Empire se trouvent quelques exemples caractéristiques que nous voudrions présenter en hommage à François Neveu.

LA « GRANDE PLACE »

La littérature magique du Nouvel Empire est riche en allusions aux mystères osiriens. Le contexte dans lequel ils sont évoqués est le plus fréquemment celui d'une menace proférée

1 É. CHASSINAT, *Le mystère d'Osiris au mois de Khoïak*, Le Caire, 1966-1968, par ex. I, p. 276-297 ; H. JUNKER, *Das Götterdekret über das Abaton*, *DAWW* 56, 1913.

2 Fouilles du Cfeetk. Cf. L. COULON, Fr. LECLÈRE, S. MARCHAND, « Catacombes osiriennes de Ptolémée IV à Karnak », *Cahiers de Karnak* X, 1995, p. 205-251 ; et dernièrement Fr. LECLÈRE, « Fouilles dans le cimetière osirien de Karnak – travaux récents », *BSFE* 153, 2002, p. 24-44.

3 Fouilles de la mission hispano-égyptienne à Oxyrhynchos. Cf. H.I. AMER et Ph. COLLOMBERT, dans B. MATHIEU, « Travaux de l'Institut français d'archéologie orientale en 2001-2002 », *BIFAO* 102, 2002, resp. p. 571-572 et p. 565 ; J. PADRÓ *et alii*, « Campañas del 2001-2002 en Oxirrinco (El-Bahnasa, Egipto) », *Aula Orientalis* XX, 2002, p. 148-149 et 154-159 ; *Oxyrhynchos I. Fouilles archéologiques à el-Bahnasa (1982-2005)*, *Nova Studia Aegyptiaca* III, 2006, p. 57-61, 76-77, 81-83 et 86-88.

4 Cf. D. EIGNER, *Die Monumentalen Grabbauten der Spätzeit in der thebanischen Nekropole*, *DÖAWW* VI, 1984, p. 163-183. Voir néanmoins l'interprétation différente de l'édifice par A. von LIEVEN, « Bemerkungen zum Dekorationsprogram des Osireion in Abydos », dans B. Haring, A. Klug (éd.), *6. Ägyptologische Tempeltagung. Funktion und Gebrauch altägyptischer Tempelraüme*, Wiesbaden, 2007, p 167-186.

par le magicien pour contraindre les dieux à intervenir au bénéfice de la victime [5] : s'ils ne portent pas assistance au bénéficiaire de la formule, les lieux saints seront détruits et les secrets des rites osiriens seront révélés. Ainsi, dans le charme amoureux de l'ostracon ODM 1057 [6], le locuteur enjoint aux dieux de l'aider à ce qu'une femme s'attache à lui « comme une vache s'attache à l'herbe » avant de leur déclarer :

Si vous ne faites pas en sorte qu'elle vienne s'attacher à moi,
je mettrai le feu à [Bus]iris, et je brûlerai [Osiris] [7]*!*

La gravité de ces menaces amène le magicien à reporter leur responsabilité sur un autre dieu ou sur la magie ennemie.

Le texte le plus intéressant de ce point de vue est préservé par le P. Chester Beatty VIII [8], qui dans son ensemble constitue le témoin le plus ancien pour plusieurs traditions textuelles bien attestées à l'époque tardive [9]. L'une des formules de ce recueil (v° 4, 1-7, 5), intitulée « Livre d'abattre un ennemi », évoque les reliques osiriennes conservées dans plusieurs villes d'Égypte [10]. Ce texte n'est pas isolé au Nouvel Empire, car un fragment de papyrus de Turin offre un parallèle au passage concernant les reliques d'Athribis [11], tandis que plusieurs extraits sont également utilisés dans un texte magique de la XXe dynastie, le P. Deir el-Medineh n° 44, récemment publié par Y. Koenig [12].

[5] Sur les menaces aux dieux comme composante caractéristique de la magie égyptienne, voir principalement S. Sauneron, « Aspect et sort d'un thème magique égyptien : les menaces incluant les dieux », *BSFE* 8, 1951, p. 11-21 ; J.-P. Sørensen, « The Argument in Ancient Egyptian Magical Formulae », *Acta Orientalia (C)* 45, 1984, p. 14-17 ; W.M. Brashear, « Ein neues Zauberensemble in München », *SAK* 19, 1992, p. 79-109, part. p. 80, n. 7 (avec réf.).

[6] Éd. G. Posener, *DFIFAO* I, 1934-1938, pl. 31 ; bibliographie et traduction dans B. Mathieu, *La poésie amoureuse de l'Égypte ancienne*, *BdE* 115, 1996, p. 227.

[7] ODM 1057, l. 6-8. Formules parallèles dans d'autres textes magiques du Nouvel Empire : P. Turin 1993 [11] v° 3, 10 (= Pleyte-Rossi, *Papyrus de Turin*, Leyde, 1869-1876, pl. 135, 10, traduit par J.F. Borghouts, *Ancient Egyptian Magical Texts*, Leyde, 1978, p. 69, n° 92) et P. Genève MAH 15274 v° V, 3 (= A. Massart, « The Egyptian Geneva Papyrus MAH 15274 », *MDAIK* 14, 1956, pl. XXXVI-XXXVII et p. 184). Pour des menaces comparables vis-à-vis des lieux saints osiriens (Abydos, Busiris, Mendès), voir P. Ebers 30, 8-9 [131] (= H. Grapow, *Grundriss* V, 1958, p. 24 et J.F. Borghouts, *op. cit.*, n° 52, p. 34-35). La veillée d'Osiris est par ailleurs représentée sur certaines vignettes de textes magiques dans un but prophylactique. Voir par exemple le papyrus Louvre E 32308 publié par Y. Koenig, « Le papyrus de Moutemheb », *BIFAO* 104, 2004, p. 291-326, part. p. 303-313 et p. 322, fig. 1.

[8] Publ. Gardiner, *HPBM* III, I, p. 66-77 ; II, pl. 39-49.

[9] Cf. J.-Fr. Quack, « Monumental-Demotisch », dans L. Gestermann, H. Sternberg el-Hotabi (éd.), *Per aspera ad astra*, Kassel, 1995, p. 108.

[10] Cf. L. Pantalacci, « À propos de reliques osiriennes », *CdE* LXII, 1987, p. 108-123, part. p. 110, § 6 ; sur les reliques osiriennes, voir aussi H. Beinlich, *Die „Osirisreliquien". Zum Motiv der Körperzergliederung in der altägyptischen Religion*, *ÄÄ* 42, 1984 ; L. Coulon, « Les reliques d'Osiris en Égypte ancienne : données générales et particularismes thébains », dans Ph. Borgeaud, Y. Volokhine (éd.), *Les objets de la mémoire. Pour une approche comparatiste des reliques et de leur culte*, *Studia Religiosa Helvetica* 2004-2005, Berne, 2005, p. 15-46.

[11] P. Turin 1942 (parallèle à P. Chester Beatty VIII, v° 4, 8-11). Publ. : A. Roccati, « Nuovi paralleli torinesi di testi magici ramessidi », *Aegyptus* 49, 1969, p. 7-11. Voir aussi P. Vernus, *Athribis*, *BdE* 74, 1978, p. 320-321, doc. 297 et p. 433-434.

[12] Y. Koenig, « Le contre-envoûtement de Ta-i.di-Imen. Pap. Deir el-Médineh 44 », *BIFAO* 99, 1999, p. 259-281.

Le « Livre d'abattre un ennemi » commence par une invocation du magicien à une entité, présentée comme « celui qui calcule sa formule » (*ḥsb r(ꜣ)=f*) et « qui préside à l'Orient, qui englobe l'ensemble des forces dangereuses ; elle est sommée de lui dire le nom du maléfice (*ḥkꜣ*) qui est venu attaquer le bénéficiaire du discours. Ensuite, une série de formules parallèles rend responsable le maléfice de la divulgation des secrets concernant les reliques osiriennes de différentes villes et menace Osiris d'extermination s'il ne révèle pas le nom de celui-ci. Voici la première formule :

m ꜥfd(t) twy nt šnḏt nty bw rḫ.tw dmw rn n pꜣ nty m ḫnw=s
ḫpš pn mjst pn ḥp pn nt Wsjr
bn jnk j.ḏd se
bn jnk wḥm se
m pꜣy ḥkꜣ nty ḥr jy(t) r mn ms.n mnt j.ḏd se wḥm se
ḏd.n=f štꜣw n Wsjr
ḏd.n=f qmꜣ n nṯrw
pḫr n=f psḏt m st ꜥꜣt
jn rḫ Wsjr rn=f
bn jw=j r djt ḫd=f r Ḏdw
bn jw=j r djt ḫntj=f r ꜣbḏw
jw=j r fqꜣ bꜣ=f
jw=j r sḥtm ḫꜣt=f
jw=j r djt ḫt m js nb sꜣwy

Quant à ce coffre d'acacia dont on ne saurait prononcer le nom de ce qui est à l'intérieur,
ce bras, ce foie, ce poumon (?)[13] *d'Osiris,*
ce n'est pas moi qui l'ai dit,
ce n'est pas moi qui l'ai répété,
c'est ce maléfice qui vient s'attaquer à untel né de unetelle qui l'a dit et l'a répété,
ayant révélé les mystères d'Osiris,
ayant révélé la forme des dieux,
tandis que l'Ennéade est à son service dans la Grande Place.
Est-ce qu'Osiris connaît son nom ?
Je ne le laisserai pas descendre vers Busiris,
Je ne le laisserai pas remonter vers Abydos,
Je déchiquetterai son ba.
J'anéantirai son cadavre,
Je mettrai le feu à chacune de ses tombes.

[13] P. Vernus, *op. cit.*, p. 320, n. (c).

Les reliques osiriennes évoquées ici ne sont pas rattachées à une localité, peut-être du fait d'une omission, mais les cinq formules parallèles [14] qui suivent mentionnent quant à elles cinq villes conservant chacune un coffre reliquaire : Athribis, Babylone, Létopolis, Mendès et Héracléopolis. Comme le note L. Pantalacci, « le P. Chester Beatty VIII révèle la première tentative "centralisée" de répartition des reliques, entre six centres religieux dont chacun prétend posséder plusieurs reliques [15] ».

Une précision toponymique apportée par le texte n'a, à notre connaissance, jusqu'à présent pas été relevée : l'endroit où sont conservées les reliques, où sont cachés les mystères d'Osiris et dans lequel le maléfice a réussi à se rendre maître de l'Ennéade est « la Grande Place » (*st ꜥ3t*). Or, il s'agit d'un terme générique bien attesté à l'époque tardive pour désigner le lieu de sépulture d'Osiris et des dieux morts qui lui sont associés [16]. À Karnak, cette « Grande Place », que plusieurs mentions permettaient de mettre en rapport avec le secteur nord-est du *temenos* d'Amon [17], a pu être appréhendée dans sa réalité archéologique par des fouilles récentes, qui ont mis au jour des « catacombes » d'époque ptolémaïque, destinées à accueillir les figurines du dieu fabriquées et enterrées annuellement lors des fêtes de Khoïak, ainsi que des phases antérieures de la nécropole pouvant remonter au plus tard au début de la Troisième Période intermédiaire [18]. Plusieurs chapelles entourant le cimetière osirien ainsi que diverses représentations associées à la Grande Place [19] font référence à l'arbre-*jšd* qui ombrage la butte.

Les textes des temples gréco-romains d'Esna et de Kom Ombo montrent que la Grande Place désigne là aussi l'emplacement d'un tombeau divin, sur lequel se déploie un arbre-*jšd*. À Esna, la Grande Place est le nom d'une butte associée au sanctuaire de Pi-Neter, au sein de laquelle Osiris réside avec plusieurs autres divinités [20]. À Kom Ombo, une monographie précise : « Quant à l'arbre-*jšd* qui se trouve en ce lieu dans la Grande Place, c'est le corps de Geb qui est protégé (= enterré) sous lui [21]. »

[14] Une variante est à noter dans les trois dernières menaces de ces formules : « J'anéantirai son cadavre le jour de la fête de Sokaris, je déchiquetterai son *ba* pendant les cinq jours épagomènes, je lui mettrai le feu pendant la grande fête annuelle. » Ces précisions calendériques organisées sur un mode ternaire sont à rapprocher des cycles osiriens saisonniers mis en évidence par A. Spalinger, «Parallelism of Thought», dans C. Berger, G. Clerc, N. Grimal (éd.), *Hommages à J. Leclant*, *BdE* 106, 1994, IV, p. 363-377.

[15] L. Pantalacci, *CdE* LXII, 1987, p. 119, § 19.

[16] Pour un premier aperçu des sources, voir Fr. Leclère, L. Coulon, « La nécropole osirienne de la "Grande Place" à Karnak. Fouilles dans le secteur nord-est du temple d'Amon », dans C.J. Eyre (éd.), *Proceedings of the Seventh International Congress of Egyptologists. Cambridge, 3-9 September 1995*, *OLA* 82, 1998, p. 656-658.

[17] Voir P. Barguet, *Le papyrus N. 3176 (S) du musée du Louvre*, *BdE* 37, 1962, p. 31-34.

[18] Voir *supra*, n. 2 et 16.

[19] Fr. Leclère, L. Coulon, *op. cit.*, p. 656-657.

[20] *Esna* II, n° 130, 1 ; *Esna* II, n° 163, 26-27 (trad. S. Sauneron, *Esna* V, p. 292 ; cf. p. 294-295, n. [bb]) ; *Esna* III, n° 340, 5-6 (trad. *Esna* V, p. 32). Pour les rites de la Grande Place, voir aussi *Esna* II, n° 55, 5 (trad. *Esna* V, p. 15) ; n°. 55, 4 (trad. *Esna* V, p. 45) ; *Esna* III, n° 345, 14-15 ; *Esna* VI/1, n° 497, 1 ; *Esna* n° 613 (inédit).

[21] J. de Morgan *et al.*, *Catalogue des monuments et inscriptions de l'Égypte antique. Première série, II. Kom Ombos (I)*, Vienne, 1895, p. 314, n° 424, 8. Cf. A. Gutbub, *Textes fondamentaux de la théologie de Kom Ombo*, *BdE* 47, 1973, I, p. 36 et 55, n. (bv). Le terme « Grande Place » apparaît également dans les inscriptions du conservatoire de statues du temple de Tôd, où une effigie de Min-Amon porte la légende *nty m st ꜥ3t*, « celui qui est dans la Grande Place ». Cf. Chr. Thiers, *Tôd*, II, 284 II, 42 ; *LGG* IV, 376a. Un « Osiris, maître de l'arbre-*khétes*, qui est dans la Grande Place » est également attesté par le papyrus Harkness et doit probablement être localisé dans le 10e nome de Haute-Égypte. Cf. M. Smith, « The Provenience of Papyrus Harkness », dans A. Leahy, J. Tait (éd.), *Studies on Ancient Egypt in Honour of H.S. Smith*, Londres, 1999, p. 289, et dernièrement *id.*, *Papyrus Harkness (MMA 31.9.7)*, Oxford, 2005, p. 227-228. Enfin, l'épithète d'Hathor *nbt st-ꜥ3t m Ṯnnt*, « maîtresse de la Grande Place dans le sanctuaire-*Ṯnnt* » (*Dendara* IX, 31, 1 ; *LGG* IV, 123a) pourrait renvoyer à une nécropole osirienne memphite.

L'anthroponymie tardive conserve trace de l'importance de la Grande Place à travers la diffusion du nom démotique *Pa-tꜣ-s.t-ꜥꜣ.t*, « Celui de la Grande Place » ou de son équivalent grec Πατσεοῦς [22]. On serait enfin tenté de voir une adaptation grecque du toponyme dans ce passage des *Papyrus grecs magiques* :

Ne me poursuis pas, toi, etc., car je suis Papipetou Metybanes, portant la momie d'Osiris, et je vais l'emporter à Abydos, l'emporter à Tastai (εἰς Ταστάς) *et l'enterrer à Areq-heh* (᾿Αλχαί) *(PGM XIVb, 13-15)* [23].

L'identification d'᾿Αλχαί au toponyme abydénien Areq-heh [24] est hors de doute. Celle proposée pour Ταστaί par Fr.J. Lauth, à savoir  *Ṯs-ḥḥ*, désignation de la nécropole, est moins convaincante [25]. Ταστaί pourrait être, à notre sens, l'adaptation grecque du toponyme *Tꜣ st ꜥꜣt* qui conviendrait particulièrement bien au contexte.

Avec l'acception de « tombeau d'Osiris » qu'il possède indubitablement dans le P. Chester Beatty VIII, le terme « Grande Place » est rarement attesté au Nouvel Empire [26] : il apparaît au sein d'un contexte probablement similaire dans le P. Leyde I 343 + 345, malheureusement très lacunaire à cet endroit [27] ; par ailleurs, une « Isis dans la Grande Place » est citée dans une litanie géographique abydénienne [28]. En revanche, dans la documentation du Nouvel Empire, le toponyme « Grande Place » est surtout connu pour désigner la nécropole royale de Thèbes-Ouest, soit au singulier collectif soit au pluriel renvoyant à un ensemble de tombeaux [29]. Il n'est pas exclu que ce soit la désignation du tombeau osirien qui ait été à l'origine de l'appellation conférée aux tombes royales, les points de convergence entre les deux types de sépulture ne manquant pas, à travers notamment le contenu des Livres funéraires royaux [30] – présents également dans l'*Osirieïon* de Séthi Ier à Abydos – ou la figurine d'Osiris végétant associée au mobilier du roi défunt [31].

Le lien entre les fêtes de Khoïak et la Grande Place osirienne qui est attesté pour Karnak trouve un écho indirect dans le PDM 44, qui reprend mot pour mot certains passages du P. Chester Beatty VIII, comme Y. Koenig l'a mis en évidence dans son commentaire [32]. En voici un extrait :

[22] Cf. *PN* I, 111, 26 ; *Demotisches Namenbuch*, I, p. 426-427 (et p. 1218 pour la contrepartie féminine).

[23] Cf. R.F. Hock, dans H.D. Betz (éd.), *The Greek Magical Papyri in Translation, including the demotic Spells*, Chicago, Londres, 1986, p. 221. Dans la version démotique de la formule, Abydos et Areq-heh sont mentionnés mais Tastai n'a pas d'équivalent (cf. J.H. Johnson, *ibid.*).

[24] Voir M. Smith, *The Liturgy of Opening the Mouth for Breathing*, Oxford, 1993, p. 39, l. 14 (a).

[25] Fr.J. Lauth, « ᾿Αλχαί und Ταστaί », *ZÄS* 4, 1866, p. 36 ; l'interprétation est reprise par W.M. Brashear, *Aufstieg und Niedergang der Römischen Welt* II. 18.5, 1995, p. 3544.

[26] Nous avons bénéficié, dans l'étude du toponyme, du dépouillement des fiches du *Wb* berlinois, qui nous ont été amicalement communiquées par M. Gabolde. Nous ne tenons pas compte dans l'analyse des cas où l'expression *st ꜥꜣt* est une désignation laudative comparable à certains emplois de *st wrt*. Pour deux attestations dans des épithètes divines de la Troisième Période intermédiaire (*ḫnty st ꜥꜣt*), voir *LGG* V, 850c.

[27] A. Massart, *The Leiden Magical Papyrus I 343 + I 345*, *Suppl. OMRO* 34, 1954, p. 40 (v° IX, 10) et p. 107-109.

[28] Mariette, *Abydos I*, 1869, pl. 45, col. 32.

[29] Cf. J. Černý, *A Community of Workmen at Thebes in the Ramesside Period*, *BdE* 50, 1973, p. 69-70.

[30] Cf. Chr. Leitz, « Die obere und die untere Dat », *ZÄS* 116, 1989, p. 41-57.

[31] Cf. M.J. Raven, *OMRO* 63, 1982, p. 12-15.

[32] Le PDM 44 cite notamment le coffre reliquaire de Létopolis, mais il est notable que la liste des reliques qu'il contient diffère de celle du P. Chester Beatty VIII, montrant la divergence fréquente des textes, même contemporains, concernant les parties du corps divin réparties dans les nomes d'Égypte.

Certes, il a parlé contre Osiris, le grand, maître d'Hermopolis, la momie vénérable, la flamme, qui n'a pas de visage, à qui l'on fait offrande au sceau (?) (wdn n=f n ḫt) [33]. *Ô ! Ô ! Ce n'est pas moi qui l'ai dit, ce n'est pas moi qui l'ai répété. C'est ce maléfice qui vient pour attaquer Ta-i.di.Imen qui l'a dit, c'est lui qui l'a répété, ayant révélé la forme d'Osiris tandis que le [...] de l'Ennéade est à son service. Est-ce qu'Osiris connaît son nom ?*

La mention de la Grande Place est ici omise, mais l'épithète d'Osiris « qui n'a pas de visage [34] » renvoie à la phase critique de la nuit du 25 au 26 Khoïak durant laquelle le dieu dort « loin de sa tête [35] » ; la mention de la « momie vénérable [36] » conforte elle aussi le lien existant avec les cérémonies de confection des figurines à cette période de l'année, bien attestées au Nouvel Empire [37]. En reliant ce texte à celui du P. Chester Beatty VIII, il apparaît que le tombeau d'Osiris de la Grande Place est, dans chacune des métropoles concernées, destiné à protéger la momie du dieu fabriquée annuellement tout comme les reliques locales du dieu et que sa nature mystérieuse est particulièrement bien gardée On a là déjà constitués un grand nombre d'éléments de l'*abaton*, tel que les témoignages tardifs nous permettent de l'appréhender.

LES 365 DIEUX

Un autre texte magique ramesside (P. Turin 1993 [16] v° 4, 12-5, 4) [38], destiné à conjurer les morsures de scorpion, contient des allusions précises au lieu de sépulture d'Osiris. La formule se termine ainsi :

33 La traduction proposée par l'éditeur du texte, « il (= le maléfice) a révélé sa titulature par un acte de gravure », paraît peu probable au vu du parallèle du P. Chester Beatty VIII, v° 5, 12-6,1 : *jr rn n nꜣ nwy bꜣ m Ḏd(t) 4 ḥrw ḥr nḥbt wꜥt wdn.tw n=sn n ḫt*, « quant au nom de ces reliques du *Ba* dans Mendès, 4 faces sur un seul cou, à qui l'on fait offrande au sceau (?)... ». Le pronom est là au pluriel et renvoie donc aux 4 faces, ce qui implique que dans la formule parallèle *n=f* renvoie à Osiris. La formule a donc une structure proche de celles du type *wdn.tw n=f ḫt* : « à qui l'on fait des offrandes » (*Esna* III, 232, 1). L'expression *n ḫt* reste énigmatique. La graphie  est bien attestée pour le mot « sceau » (L. Lesko, *A Dictionary of Late Egyptian*, Providence, 1984, II, p. 196) et c'est l'hypothèse retenue par A.H. Gardiner et J.F. Borghouts pour le passage de Chester Beatty VIII, sans que le sens leur paraisse néanmoins satisfaisant. Dans le P. Abbott, célèbre compte rendu des enquêtes sur le pillage des tombes royales sous le règne de Ramsès IX, il est question de « contrôler les sceaux des Grandes Places (*nꜣ ḫtw nꜣ swt ꜥꜣt*) de la Ta-set-neferou » (P. Abbott 5, 8-9 = T.E. Peet, *The Great Tomb-Robberies of the Twentieth Egyptian Dynasty*, Oxford, 1930, pl. III). Peut-être ce mot *ḫt* évoque-t-il de la même façon l'entrée scellée des tombes divines ?

34 É. Chassinat, *Le mystère d'Osiris*, *op. cit.*, II, p. 596 ; D. Meeks, « Dieu masqué, dieu sans tête », *Archéo-Nil* 1, 1991, p. 8-10. Sur l'Osiris acéphale, voir aussi J. Berlandini, « "L'acéphale" et le rituel de revirilisation », *OMRO* 73, 1993, p. 29-41 ; *PGM* V, 96-100 : « I summon you, Headless One, who created earth and heaven, who created night and day, you who created light and darkness ; you are Osoronnophris [= Osiris Ounnefer] whom none has ever seen » (D.E. Aune, dans H.D. Betz [éd.], *The Greek Magical Papyri in Translation, Including the Demotic Spells*, Chicago, Londres, 1986, p. 103).

35 Cf. D. Meeks, *op. cit.*, p. 8-10 ; voir surtout le P. Louvre E 3229, col. 4-5 = J. Johnson, « Louvre E3229 : A Demotic Magical Text », *Enchoria* VII, 1977, p. 70-71 (trad. reprise par *id.*, dans H.D. Betz [éd.], *op. cit.*, p. 327) et M. Smith, *Papyrus Harkness (MMA 31.9.7)*, Oxford, 2005, p. 174 : « Speak to the Netherworld ! Let Osiris stop sleeping while his head is far from him! (...) If not doing it is what you will do, o noble spirit, your soul will not be allowed to rise upwards on day 25 of the fourth month of Akhet to dawn of day 26 while the excellent spirits are awake. »

36 Sur l'expression *sꜥḥ šps* comme désignation de la figurine fabriquée lors des fêtes osiriennes, voir par exemple Fr.-R. Herbin, *Le livre de parcourir l'éternité*, *OLA* 58, 1994, p. 217 (VI, 2-3).

37 M.J. Raven, « Corn-Mummies », *OMRO* 63, 1982, p. 15.

38 Publ. Pleyte & Rossi, *Papyrus de Turin*, Leyde, 1869-1876, pl. 136, 12-137, 4. Cf. J.F. Borghouts, *Ancient Egyptian*

Quant à la nuit au cours de laquelle la femme d'Horus te mord, je ne permettrai pas que l'inondation jaillisse sur les rives, je ne permettrai pas que la lumière brille sur le sol, je ne permettrai pas que le grain germe, je ne permettrai pas qu'on fasse du pain, je ne permettrai pas qu'on brasse pour les jarres des 365 dieux qui passent la nuit affamés, qui passent le jour affamés [la nuit] de l'enterrement d'Osiris[39].

L'évocation de l'enterrement d'Osiris renvoie explicitement au tombeau du dieu. Mais deux éléments suggèrent la présence dans ce passage d'une allusion plus précise aux mystères osiriens. En premier lieu, le jeûne accompagnant le deuil est bien attesté dans ce contexte par certains passages du *Livre de parcourir l'éternité*, que Fr.-R. Herbin a rapprochés du texte de Turin[40]. Dans l'un de ceux-ci, la faim et la soif associées au deuil sont décrites comme insupportables au dieu ressuscité :

Tu trouves le travail excellent [= la fabrication de la figurine] terminé heureusement,
le jour de lier le rouleau de papyrus.
Tu fais halte auprès de Djedet (quand) elle a fini sa tâche,
en ce jour du flux d'Hâpy ;
Horus monte à toi au sujet de (?) l'enterrement… (?)
le jour d'en terminer avec la relique (?).
Tu vois Iry-Meh en train de jouer du tambour,
en ce jour d'alimenter son géniteur (?) ;
passer le jour affamé, passer la nuit assoiffé, est l'abomination de ton ka *– qu'elle soit éloignée de ta Majesté*[41] *!*

Dans le papyrus d'Imouthès, fils de Psintaès (P. MMA 35.9.21)[42], datable du début de l'époque ptolémaïque[43] et qui se présente comme une adaptation au profit du défunt de liturgies osiriennes de Khoïak, un passage du « grand décret mis en œuvre à l'égard du nome d'*Igeret* » évoque la même situation de faim et de soif lors de la veille d'Osiris précédant sa résurrection, pendant la nuit séparant le 25 et le 26 Khoïak :

Magical Texts, Leyde, 1978, p. 80, n° 115. Sur le recueil d'où provient ce texte, voir *id.*, « The Edition of Magical Papyri in Turin : A Progress Report », dans A. Roccati, A. Siliotti (éd.), *La Magia in Egitto al tempio dei Faraoni*, Vérone, 1987, p. 257-269.

39 Pour la traduction, nous suivons R.K. Ritner, « The Wives of Horus and the Philinna Papyrus (*PGM* XX) », dans *Studies Quaegebeur* II, *OLA* 85, 1998, p. 1034.

40 P. Leyde T 32, V, 25 et VI, 12 ; Fr.-R. Herbin, *op. cit.*, p. 210-211 et p. 222.

41 P. Leyde T 32, VI, 10-13 ; trad. *ibid.*, p. 64 et commentaire p. 220-222.

42 *Editio princeps* par J.-Cl. Goyon, *Le papyrus d'Imouthès fils de Psintaês*, New York, 1999. Il convient de prendre en compte les différentes corrections apportées par les auteurs suivants : M. Müller, *Lingua Aegyptia* 10, 2002, p. 437-440 ; J.Fr. Quack, « Der pränatale Geschlechtsverkehr von Isis und Osiris sowie eine Notiz zum Alter des Osiris », *SAK* 32, 2004, p. 327-332 ; M. Smith, « The Great Decree Issued to the Nome of the Silent Land », *RdE* 57, 2006, p. 217-232.

43 Pour la date, voir J.Fr. Quack, *op. cit.*, p. 331, n. 20 ; M. Smith, *op. cit.*, p. 217.

Grand appel dans la Demeure de Chentayt, aussitôt qu'arrive la troisième heure durant cette nuit ; ne pas cesser de psalmodier cet ouvrage, c'est le « passer la nuit solitaire », (puisque) tout dieu et toute déesse sont éloignés et qu'il y a famine et soif[44]*».*

La demeure de Chentayt est le lieu où sont fabriquées les effigies osiriennes lors des fêtes de Khoïak[45]. Dans le texte magique de Turin, l'invocation concerne donc apparemment les dieux qui subissent le jeûne de ce jour de deuil au sein du tombeau d'Osiris et qui sont menacés de ne pas être ravitaillés au sortir de cette période critique[46].

Pour concilier la solitude d'Osiris et la présence de ces 365 dieux en cette période, il faut considérer que ces dieux sont en fait des formes d'Osiris, ce que confirme la documentation tardive. La symbolique du nombre 365 y est en effet un deuxième trait caractéristique du cimetière osirien. L'exemple le plus connu est celui de l'*abaton* de Philae[47]. Le premier des deux décrets divins, gravé sur les parois de l'embarcadère menant à l'île de Bigeh, évoque la mise en place de 365 autels destinés à des libations quotidiennes :

Concernant l'île pure, le saint territoire d'or d'Osiris et de sa sœur Isis, il a été décrété à son sujet, dès le commencement, au profit d'Osiris qui avait été enfanté (?) à Thèbes :
*On ne permettra pas que le lait fasse défaut à cette butte de l'arbre-*mentè *ni à (ce) temple où Osiris est inhumé.*
On disposera 365 tables à libation autour de ce territoire, sur lesquelles seront posées des palmes.
On ne permettra pas que les libations y fassent jamais défaut, ni que l'eau y fasse jamais défaut.
Le rituel divin sera accompli par le grand ouâb *de service mensuel, et le choachyte d'Isis, dame de Philae, accomplira la libation sur elles (= les tables) chaque jour*[48].

Diodore de Sicile fait écho à ces usages en rapportant que 360 vases à libations entouraient le tombeau d'Osiris à Philae et que « tous les jours, les prêtres préposés à ces tâches les emplissent de lait et chantent des thrènes en invoquant le nom des dieux[49] ». Au vu d'autres exemples de liturgies fondées sur des éphémérides, cette variation entre 365 et 360, les 5 jours épagomènes étant exclus dans ce dernier cas, est peu signifiante[50].

44 Trad. J.-Cl. Goyon, *op. cit.*, p. 27 et pl. I-IA, col. I, 5-7.

45 Cf. S. Cauville, « Chentayt et Merkhetes, des avatars d'Isis et Nephthys », *BIFAO* 81, 1981, p. 24-25 ; Fr.-R. Herbin, *op. cit.*, p. 115 ; L. Coulon, « Le sanctuaire de Chentayt à Karnak », dans *Egyptology at the Dawn of the 21st Century: Proceedings of the Eighth International Congress of Egyptologists, Cairo, 2000*, Le Caire, 2003, vol. I, p. 138-146 (avec réf.).

46 La famine et la soif caractérisant une phase de transition dans les rites funéraires appliqués au roi défunt sont présentes dès les *Textes des Pyramides*. Cf. D. Franke, « Arme und Geringe im Alten Reich Altägyptens : „Ich gab Speise dem Hungernden, Kleider dem Nackten…" », *ZÄS* 133, 2006, p. 105-107.

47 H. Junker, *Das Götterdekret über das Abaton*, *DAWW* 56, 1913 ; J. Yoyotte, P. Charvet, *Strabon. Le voyage en Égypte*, Paris, 1997, p. 260-261 ; voir aussi S. Émerit, « À propos de l'origine des interdits musicaux dans l'Égypte ancienne », *BIFAO* 102, 2002, p. 190.

48 Trad. J. Yoyotte, P. Charvet, *op. cit.*, p. 260.

49 Diodore de Sicile, *Livre I*, § XXII. Trad. M. Casevitz, *Diodore de Sicile. Naissance des dieux et des hommes*, Paris, 1991, p. 31.

50 Voir le cas des litanies d'Hathor/Sekhmet : 365 noms à Dendara et 360 noms sur les architraves d'Edfou. Cf. J. Yoyotte, « Une monumentale litanie de granit. Les Sekhmet d'Aménophis III et la conjuration permanente de la déesse dangereuse », *BSFE* 87/88, 1980, p. 60.

Cette disposition semble commune à l'ensemble des sépultures du dieu à travers l'Égypte. Pour ce qui est d'Abydos, une liturgie tardive connue notamment par le P. Berlin 8351, déjà signalée par H. Junker et republiée par M. Smith, en atteste[51] :

Tu descendras le courant jusqu'à Busiris.
Tu descendras le courant jusqu'à Abydos.
Osiris te saluera pendant la fête-ouag.
Tu seras honoré lors de la fête de Sokaris.
Ton ba *viendra pour suivre Sokar Osiris la nuit durant la fête d'Ombos.*
Tu t'envoleras en tant qu'ibis et te poseras en tant que faucon, sous la forme d'un faucon divin.
De l'eau sera versée pour toi sur ces 365 tables d'offrandes qui sont sous les grands arbres d'Ou-Peker[52].
Tu seras invoqué sur les 365 tables d'offrandes qui sont sur le chemin d'Areq-heh.

Le même dispositif est décrit pour la localité d'*ꜣlbḫ*, située quelque part au nord de Busiris, où étaient disposées 365 tables d'offrandes appelées également « grandes tables d'offrandes » (*ḥtpw(t) ꜥyw*), sur lesquelles étaient pratiquées des libations accompagnées de récitations litaniques du nom du défunt identifié à Osiris[53]. À Esna, les textes concernant les rites funéraires de la Grande Place laissent peu de doute sur l'existence des mêmes installations :

Faire la fumigation d'encens et la libation sur les grandes tables d'offrandes qui sont au-dehors et au-dedans. Offrande que donne le roi. Purifier Osiris. (Autre formule pour faire la libation) : «Venez en paix, âmes excellentes, ka *des dieux gisants*[54]. »

Malgré l'absence de précision numérique, les grandes tables d'offrandes associées à la Grande Place latopolitaine « évoquent irrésistiblement ces 365 tables de l'Abaton[55] ».

Au sein des vestiges archéologiques de la Grande Place de Karnak, aucun dispositif de ce type n'a été retrouvé mais la symbolique qui y préside est néanmoins largement présente dans la structure même des catacombes osiriennes et de leur décoration. En effet, la restitution du bâtiment élaborée à partir des vestiges *in situ* et de la reconstitution de la décoration permet d'affirmer qu'un total de 720 (2 × 360) niches y étaient aménagées, réparties entre les 6 parois des 3 couloirs parallèles, sur 4 niveaux de 30 niches chacun[56]. La symbolique annuelle propre

51 P. Berlin 8351, col. V, 6-10 ; trad. d'après M. Smith, *The Liturgy of Opening the Mouth for Breathing*, Oxford, 1993, p. 34 et p. 64, col. V, l. 9.

52 Sur cet emplacement du tombeau arboré d'Osiris, voir É. Chassinat, *Le mystère d'Osiris*, *op. cit.* I, p. 253-260 ; M. Smith, *op. cit.*, p. 54, l. 15 (d) ; P. Koemoth, *Osiris et les arbres*, *Ægyptiaca Leodiensia* 3, 1994, p. 245-249.

53 Cf. CGC 31112, l. 7-9 (éd. W. Spiegelberg, *Demotische Inschriften* I, Leipzig, 1904, p. 44-45 et pl. 9) et P. Harkness V, 10 ; cf. M. Smith, *The Mortuary Texts of Papyrus BM 10507*, *Catalogue of the Demotic Papyri in the British Museum*, Londres, 1987, p. 100, VII (c) et n. 442.

54 *Esna* III, 346, 20-21 (trad. S. Sauneron, *Esna* V, p. 62). Voir aussi *Esna* III, 340, 5-6 (trad. *Esna* V, p. 32).

55 S. Sauneron, *Esna* V, Le Caire, 1962, p. 32.

56 L. Coulon, dans J. Leclant, G. Clerc, « Fouilles et travaux en Égypte et au Soudan, 1996-1997 », *Orientalia* 67, 1998, p. 377 ; Fr. Leclère, *BSFE* 153, 2002, p. 27-28.

à l'*abaton* est donc bien présente ici[57]. Entre les niches des deuxième et troisième niveaux se trouvent peintes sur l'enduit des épithètes d'Osiris, chaque « tableau » comportant deux colonnes de hiéroglyphes commençant chacune par le nom Osiris. Au total, on obtient 360 épithètes, réparties dans l'ensemble de l'édifice[58]. Cette litanie correspond bien aux récitations associées aux 360/365 tables/vases de l'*abaton* de Philae ou d'Abydos[59], qui rendraient ainsi hommage à la multiplicité des formes divines d'Osiris.

Les exemples d'associations entre le nombre des jours de l'année et les rites osiriens pourraient être multipliés, confortant le caractère spécifique de la mention des 365 dieux soumis au jeûne dans le papyrus magique turinois[60]. La comparaison avec les textes tardifs montre sans ambiguïté qu'il s'agit donc là des formes démultipliées d'Osiris, incarnant le cycle annuel de résurrection du dieu et attendant dans le tombeau les rites de régénération sur les tables d'offrandes de l'*abaton* qui leur sont associées. Le contexte liturgique, celui de la nuit-*nṯryt*, entre le 25 et le 26 Khoïak, que nous avons déjà rencontré dans notre analyse des textes mentionnant « la Grande Place », peut être déduit de la confrontation des différentes attestations et la décoration des tombes thébaines du Nouvel Empire confirment l'importance de cet événement au sein du calendrier religieux dès cette époque[61].

Les quelques mentions éparses dans les textes magiques du Nouvel Empire concernant l'*abaton* osirien nous ont permis d'établir des ponts supplémentaires entre la documentation tardive, la plus explicite, et les traditions plus anciennes. Les fouilles archéologiques menées à Karnak témoignent elles aussi de la continuité des rites osiriens dans une même nécropole sur près d'un millénaire, prouvant que la promotion du culte osirien s'est faite sur une assise déjà ancienne à cet endroit, dans un lieu qui s'apparentait peut-être déjà au Nouvel Empire, à une Grande Place aux 365 Osiris.

57 Pour le dédoublement des jours de l'année, voir J. Yoyotte, *BSFE* 87/88, 1980, p. 63 ; voir par ex. l'épithète d'Hathor : « Maîtresse des 13, souveraine des 16, le cortège de sa Majesté étant de 730 [= 2 × 365], maîtresse des années, souveraine des mois et des jours » (E. Bresciani, S. Pernigotti, *Assuan*, Pise, 1978, p. 104, col. 2, pl. XXIII ; cf. J. Osing, dans *id.*, G. Rosati, *Papiri geroglifici e ieratici da Tebtynis*, Florence, 1998, p. 143, n. 74).

58 Il convient de prendre en compte néanmoins le fait que, d'après les vestiges archéologiques en place, il n'y a que 29 espaces entre les 30 niches. Il est envisageable que les montants intérieurs de la porte d'entrée du couloir aient porté la 30e série d'épithètes.

59 Voir *supra*. L'invocation des « 365 noms du dieu grand » est mentionnée dans les *Papyrus grecs magiques* (*PGM* XII, 138-140 ; trad. R. Kotansky, dans H.D. Betz (éd.), *The Greek Magical Papyri in Translation, Including the Demotic Spells*, Chicago, Londres, 1986, p. 158). Dans ce corpus, le nombre 365 est fréquemment employé avec une vertu magique en relation avec la divinité Abrasax/Abraxas, la somme de la valeur numérique des lettres de ce nom atteignant ce total du nombre des jours de l'année (*ibid.*, p. 331, *s. v.* Abrasax). Seuls quelques cas d'emploi, comme celui cité ici, semblent plus spécifiques à Osiris et s'accorderaient avec la documentation plus ancienne. On rapprochera notamment du texte ramesside de Turin le passage suivant (en démotique) : « Are the [3]65 gods sitting down to eat the produce of the field of the Nile (?), my great one, until they remove the fever from the head of the son of Isis… » (*PDM* XIV, 1219-1227 ; trad. J.H. Johnson, *ibid.*, p. 251).

60 Voir les libations effectuées par « trois cent soixante prêtres, un par jour » à Acanthônpolis, site où se trouvaient un « temple d'Osiris » et un « bois sacré » selon les témoignages de Diodore et de Strabon, mis en relation avec l'*abaton* de Philae par J. Yoyotte, « Études géographiques. I. La « cité des acacias » (Kafr Ammar) », *RdE* 13, 1961, p. 71-105, part. p. 100-104 ; voir aussi les 365 lampes intervenant dans la fête de la navigation du 22e jour des mystères de Khoïak (É. Chassinat, *Le mystère d'Osiris*, *op. cit.*, II, p. 614).

61 Cf. C. Graindorge, « Les oignons de Sokar », *RdE* 43, 1992, p. 95-105 ; *id.*, *Le dieu Sokar à Thèbes au Nouvel Empire*, *GOF* IV/28, 1994, p. 228-239.

Robert J. Demarée

Two "New" Donkey Texts from Deir el-Medina
O. Hildesheim PM 5160, O. Leiden F. 2002/10.1

Donkeys played an all important role in the everyday life of the workmen's community of Deir el-Medina. They were a valuable asset and certainly indispensable both as a means of transport and for agricultural tasks. Hardly surprising therefore are the great number of texts mentioning the use of these animals, and especially recording conflicts involving their owners and other people, be it buyers or hirers. So far, published and unpublished material from Deir el-Medina counts more than a hundred texts mainly concerned with renting, selling or buying donkeys. In the past decades several studies have been devoted to this text corpus and to the rent of donkeys in particular.[1]

Here I intend to publish two "new" texts of this genre. Just like their companions, they are very brief and need to be interpreted within the context of already known facts. In view of the additional information furnished by one of the texts, an excurs on the price of donkey rent will follow at the end of this contribution.

1. O. HILDESHEIM PM 5160

A small chunk of yellowish white limestone, 9 (height) × 12 (width) cm. The piece is flaked off on all edges except the upper rim, resulting in loss of text in several lines on both sides. The recto (see *Commentary* below) bears six lines written in red ink and the verso four lines in black ink, with a few signs in red in the last preserved line. Top recto = top verso. The ostracon was acquired by the Roemer- und Pelizaeus-Museum in 1979. Its provenance is not known, but the text undoubtedly refers to Deir el-Medina as its place of origin.[2]

[1] For the practice of donkey hire see W. Helck, *Materialien* III, 295-306; B. Menu, "Le prêt en droit égyptien", *CRIPEL* 1, 1972, 59-143, esp. 93-113; Fr. Neveu, "Le tarif de location des ânes à Deir el-Medineh", *RdE* 37, 1986, 151-155; B. Menu, "Le louage des ânes à Deir el-Medineh", *RdE* 39, 1988, 211-213; S. Eichler, "Untersuchungen zu den Wasserträgern von Deir el-Medineh II", *SAK* 18, 1991, 175-205; Jac. J. Janssen, "*Bꜣkw*. From Work to Product", *SAK* 20, 1993, 81-95. For donkeys in ancient Egypt in general see also K. Closse, "Les ânes dans l'Égypte ancienne", *Anthropozoologica* 27, 1998, 27-39.

[2] I wish to express my gratitude to Dr Bettina Schmitz of the Roemer- und Pelizaeus-Museum for granting me permission to publish this ostracon and working on the other hieratic ostraca in the collection. Photographs of both recto and verso of PM 5160 were published (upside down!) in Arne Eggebrecht, *Das alte Ägypten*, München, 1984, 206.

Transcription

Recto

1. *rnp.t-sp 23 II šmw sw 20 (?+x)...*
2. *ḏd in-mw Ṯꜣ-ꜥꜣ ḥnꜥ Ḥr*
3. *r rdi.t rḫ=tw iḫ.t=f nb*
4. *sꜣy 27 ir.n dbn 2 [...]*
5. *[...] ... dbn (?) 7 ꜥnḫ 1, ir.n [...]*
6. *[...]*

Verso

1. *[... h]rw n di.t pꜣ ꜥꜣ n in-mw Ṯꜣ-ꜥꜣ r bꜣk.w=f*
2. *[...?] ir.n ip.t 1/4 m mn.t ir.n ꜣbd 1 ḫꜣr 1 (ip.t) 3 1/2*
3. *dmḏ ḫꜣr 25 (ip.t) 3 1/4 (?)*
4. *[...]*

Translation

Recto

1. Year 23, II *šmw* 20 (?+x)...
2. Water-carrier Tja'o litigated with Hori.
3. List of all his things:
4. *sꜣy*-beams 27, makes *deben* 2 [...]
5. [...] *deben* (?) 7, goat 1, makes [...]
6. [illegible traces]

Verso

1. [... D]ay of giving the donkey to water-carrier Tja'o for its rent.
2. [...?], makes 1/4 *oipe* per day, makes (per) 1 month:
   1 *khar* 3 1/2 *oipe*.
3. Total: 25 *khar* 3 1/4 (?) *oipe*.
4. [illegible traces]

Notes to transcription and translation

rt. 1: The slight trace remaining of the day-number can hardly stand for anything else but "10" as part of "20".

rt. 2: The same expression *ḏd NN ḥnꜥ NN* is used in O. Petrie 14, rt. 2 and O. Berlin P 1121, rt. 1-2, both recording disputes over donkeys; a similar expression is *ḏd iri.n NN ḥnꜥ NN* in ODM 73, rt. 1-2.[3]

[3] See also Sh. ALLAM, *Hieratische Ostraka und Papyri aus der Ramessidenzeit* II, 230, note 1 and MCDOWELL, *Jurisdiction*, 38: *ḏd ḥnꜥ* – "to speak against, litigate with".

The water-carrier Tja'o is known from other texts datable to the reign of Ramses III. In year 28 [month X] day 15, he hired a donkey from workman Menna.[4] And on IV *šmw* 10 of that same year 28, Tja'o had a dispute with the same workman Menna for not having delivered a good donkey against the valuables worth 27 deben of copper Menna had given him.[5] It is still not certain whether the water-carrier Tja'o is to be distinguished from a contemporary doorkeeper with the same name and even a third namesake who was a woodcutter, or that in fact they are one and the same man who had different titles at different periods, but as a member of the *smd.t*-personnel performed a combination of tasks. This point can best be illustrated by a list of sources mentioning Tja'o, all dating to the period Ramses III - early Ramses IV (see Table).[6]

Hori may well be the workman Hori son of Huynefer.[7] O. Michaelides 2 (Year 16 Ramses III) records the hire of his donkey by some water-carriers, and in O. Michaelides 1 (Year 10 or 20 Ramses III) scribe Neferhotep declares under oath to reimburse the donkey of Hori son of Huynefer before a certain date.

Another option would be that we are dealing here with the necropolis scribe Hori, who is known from several documents to have rented out and traded donkey(s): e.g. ODM 400 (Year 31 Ramses III), where a donkey is given to him; O. Ashmolean Museum 1933.810, vs. 6-8 (= HO 71/1) (Year 31 Ramses III); O. Leiden F. 2002/10.1 (see below, of a Year 3); possibly ODM 305 (Year 31 Ramses III). He was already active as scribe of the necropolis in Year 23, cf. O. Petrie 4 (= HO 72/3).[8]

Record	Date	Title	Notes
O. Glasgow 1925.89	Year 14	doorkeeper	objects given via T.
ODM 72	Year 18	*no title*	donkey hire
O. Turin 57150	Year 19 II *šmw* 5	doorkeeper	an ox is brought by T. to a buyer
ODM 779	Year 22 II *šmw* 1	doorkeeper	a donkey is given to NN via T.
O. Hildesheim PM 5160	Year 23 II *šmw*?	water-carrier	donkey hire and dispute
O. IFAO 265 [unpub.]	Year 23?	water-carrier	unclear
ODM 151	Year 27 II *šmw* 22	water-carrier	wood delivery (for Ashakhet)
ODM 168	Year 28 I *šmw* 10	water-carrier	wood delivery?
ODM 156	Year 28 IV *šmw* 1	*no title*	beer delivery
O. Petrie 14 (= HO 45/1)	Year 28 IV *šmw* 10	water-carrier	dispute with Menna over a donkey
ODM 62	Year 28 xx 15	water-carrier	donkey hire
Strike Pap. vs. 2, 6-7	Year 29? III *Ꜣḫ.t* 2?	appointed as door-keeper of the *ḫtm*	

[4] ODM 62, cf. also e.g. S. Eichler, in *SAK* 18, 1991, 175.

[5] O. Petrie 14, recto (= HO 45/1).

[6] All published ostraca are quoted after the standard editions: ODM; Černý et Gardiner, *HO* I; J. López, *Ostraca Ieratici. Catalogo del Museo Egizio di Torino – Series II – Collezioni. Volume* III *Fasciculo* 1-4, Milano, 1978-1984; H. Goedicke and E.F. Wente, *Ostraka Michaelides*, Wiesbaden, 1962. O. Ashmolean Museum (Gardiner) 160 (= *KRI* VII, 362), dated to a Year 2, most probably of Ramses VI, records a wood delivery by a certain Payefdes son of Tja'o.

[7] See for him Davies, *WWDM*, 18.

[8] *Ibid.*, 143-148.

Record	Date	Title	Notes
ODM 147	Year 29 IV *šmw* 30	*no title*	wood delivery (for Pashed)
ODM 152	Year 29 IV *šmw* 30	*no title*	wood delivery (for Saroy)
ODM 145	Year 30 epagom. 3 and 5 and I *ꜣḫ.t* 14	*no title*	wood delivery
ODM 646	Year 30 IV *pr.t* 10; II *šmw* 22; III *šmw* 3/11/14/19	*no title*	wood delivery
O. Ashmolean Mus. (= Gardiner) 131	Year 2 II *pr.t* 11	*no title*	wood delivery
O. Cairo 25721	R. III?	*no title*	deliveries
ODM 679	mid-20th dyn.	*no title*	unclear
O. Glasgow 1925.82	R. III	*no title*	objects given via T.
O. Michaelides 33	R. III	*no title*	wood delivery
O. Petrie 20 (= HO 32/1)	R. III	*no title*	T. brings donkey-loads of straw
O. Vienna Institute	R. III	*no title*	wood delivery
O. IFAO 1244 [unpub]	R. III-R. IV	*no title*	wood delivery (also a Tja'o son of Nebhay delivers wood!)

rt. 3: "List of all his things", i.e. the commodities Tja'o has brought with him to pay for the rent. In ODM 244, a dated note about a donkey hire is similarly followed (in line 4) by *r rdi.t rḫ=tw iḫ.t...* (continuation broken off, but at the end in line 5, a total price is recorded of 5 3/8 *khar*). Cf. ODM 67, 4-5: "*iw mn iḫ.t nb m-di=f* - he had nothing with him (i.e. to pay)"; O. Ashmolean Museum 1933.810 (= HO 71/1), vs. 5: "*wn iḫ.t nb ḥr r=i* - everything (i.e. to pay) was upon me".

rt. 4: For the prices of *sꜣy*-beams, ranging from 6 to 1/3 *deben*, cf. Jac. J Janssen, *Prices*, 372-374. The reason for the variety in price may have been, as Janssen suggested, the size or the quality of the beams. We do not have enough data available to see whether there may have occurred a drop in price in the course of time (see Janssen's table LXII on page 374).

The ligature transcribed as *dbn* poses somewhat of a problem, especially in view of the following diacrital stroke. An almost similar sign in O. Brussels E. 311, line 5 (unpub.) was transcribed by Černý as *sniw/š(n)ʿty* with a question mark. This could hardly be the meaning in the case of our text, since, for all we know, that unit or standard of value was no longer used after the early years of Ramses III (cf. Janssen, *op. cit.*, 105-106). One may wonder, however, whether the scribe was a victim of some confusion or that he really meant to use the "old" unit of value.

The preserved traces at the end of this line must represent the first sign of a next item, but I am unable to offer any suggestion as to its meaning.

rt. 5: The first item mentioned is illegible, but it is most probably valued at 7 *deben*. The sign before the number "7" could stand for *dbn*, although it is made differently from that in rt. 4.

A piece of small cattle (goat or sheep) regularly occurs amongst items making up a payment. The usual value recorded is between 1 and 3 *deben*, cf. Janssen, *op. cit.*, 165-166.[9]

vs. 1: Date + *hrw n dỉ.t pꜣ ꜥꜣ n* NN is one of the standard formulas introducing donkey hire texts (of which well over fifty are known by now). Alternative options are: date + *hrw pn dỉ.t pꜣ ꜥꜣ n* NN, or simply: date + *dỉ.t pꜣ ꜥꜣ n* NN. Putting on record the exact date was clearly necessary since as of this date the rent was due.[10]

Here the date is obviously lost in the lacuna at the beginning of line 1. In more than half of the known donkey hire texts the formula is followed or continued by *r bꜣk.w=f* – "for its rent". Against imperfect older translations like "for its work",[11] the correct meaning of this expression was established by Jac. J. Janssen.[12]

vs. 2-3: These lines clearly contain the data regarding the period and the price of the rent of the animal. I have no clue as to what should be read at the beginning of line 2. In other comparable donkey hire texts the introductory formula is either followed immediately by the price per day and the period of the rent, or these data are preceded by the statement that the animal was brought or taken back on a certain day. The remaining traces do not, however, support such a reading here. See further the excurs on "donkey rent prices" below.

The calculation in line 2 would seem to be correct: $^1/_4$ *oipe* per day adds up to 7 $^1/_2$ *oipe* per month, equalling 1 *khar* + 3 $^1/_2$ *oipe*. The total mentioned in line 3 of 25 *khar* + 3 $^1/_4$ *oipe* (= 103 $^1/_4$ *oipe*) covers the price of the rent for a period of 13 $^1/_2$ months. This is extremely long. In most cases the period of renting a donkey varies between a couple of days or a week and three to four months, although once a period of almost five months is recorded, in O. Petrie 34 (= HO 29/1), and once even a period of nine months, in O. Ashmolean Museum 1933.810, rt. 6-7.

Since the 103 $^1/_4$ *oipe* equals about 51 $^1/_2$ *deben* (2 *oipe* = 1 *deben*),[13] the rental price is far more than the average cost price of a donkey which varies between 25 and 40 *deben*.[14]

9 Other payments for the rent of donkeys include:
– ODM 66: 2 *oipe* emmer, 1 *hin mrḥ.t*-oil, 1 she-goat (or sheep);
– ODM 69: 1 donkey-load of straw, 10 jars fenugreek, 1 donkey-load of firewood;
– ODM 557: on several occasions - 3 donkey-loads of *ḥty*-plants; grain, vegetables, barley, 2 donkey-loads of straw and greenfodder;
– ODM 627: 1 *khar* emmer, 2 bundles vegetables and some unclear commodity;
– O. Petrie 4: 1 goat (or sheep);
– O. Michaelides 5: 1 bundle vegetables, 1 adze, 1 *wḏḥ.t* and firewood;
– O. Turin 57457: a.o. 1 donkey load of firewood, 1 donkey load of dung.

10 The standard formulas in these texts are comprehensively treated by B. Haring, in: B. Haring and K. Donker van Heel, *Writing in a Workmen's Village*, Leiden, 2003.

11 E.g. "pour sa corvée", B. Menu, *CRIPEL* 1, 1973, 108 note 6; "für seine Arbeiten", S. Eichler, *SAK* 18, 1991, 178.

12 *SAK* 20, 1993, 82-87 and the final paragraph on p. 94. Fr. Neveu, in *RdE* 37, 1986, 152 with note c), translated "en location", but explained: "lit. 'pour son travail' ". However in note 20 on p. 153, he rendered *bꜣk.f* by "sa location".

13 Cf. Janssen, *op. cit.*, 124.

14 *Ibid.*, 168 and Table XIV.

vs. 3: The form of the last sign is somewhat peculiar, but it most probably stands for $^1/_4$ *oipe*.

vs. 4: The remaining traces of signs in black and red are baffling. I have no solution to offer. After the total price in vs. 3, one might expect here the amounts of what was paid already and how much was still due, like e.g. in ODM 69, ODM 557 and ODM 619: "came (*îw*) X, remainder (*wḏꜣ.t*) Y", but I fail to see a clue in that direction.

Commentary

When describing ostraca which do not bear a continuous text on both sides, the use of the terms "recto" and "verso" is of course arbitrary. My choice here was mainly due to the interpretation of the text, which would seem to have been written down at the moment the two parties—hirer and lender—needed to settle their conflict. This moment evidently came on a certain day in month II *šmw* of Year 23 of Ramses III and the ostracon was used to record some basic facts: on the verso the day when the donkey was hired, the rental price per day, the total amount and possibly a balance of how much was paid and how much was still due; and on the recto after the initial formula indicating the dispute a list of commodities brought by the hirer as payment, which was most probably insufficient and resulted in the conflict.

As already remarked in the note to vs. 3, the period of hire in this case seems to be extremely long and the resulting price of the hire would exceed by far the cost price of a donkey. The question remains, how a water-carrier could pay such a rent—certainly not from his "salary" as a member of the *smdt*-personnel, amounting to no more than 4 *oipe* per month. Several suggestions have been made, but sofar they do not provide a convincing solution.[15]

2. O. LEIDEN F. 2002/10.1

A thin slab of white limestone, 14 (height) × 11.7 (width) cm. The piece is almost complete, with only small chips flaked off at the upper right and upper left edges, resulting in the loss of some signs at the end of lines 1 and 2. The surface is slightly rubbed off at places. The text is written on one side only in black ink and the four lines do not cover the whole surface. Its provenance is unknown,[16] but in view of the contents of the text it certainly originated in the Deir el-Medina community.

[15] Cf. Menu, *op. cit.*, 106 ff.; Janssen, *Village Varia*, 33 and Eichler, *op. cit.*, 177. In one instance, however, a water-carrier is said to have paid for a she-ass: O. Berlin P 1268 (= *KRI* VII, 284).

[16] The ostracon was acquired from an old Dutch collection.

Transcription

1. *rnp.t-sp 3 III pr.t sw 11 hrw pn [di͗.t]*
2. *pꜣ ꜥꜣ rmṯ-i͗s.t Bꜣk-n-wrnr*
3. *n sš Ḥr n pꜣ ḫr r-ḏd i͗w⸗i͗ di͗.t tꜣ*
4. *ꜥꜣ.t r ḏbꜣ⸗f*

Translation

1. Year 3, III *prt* 11. This day [giving]
2. the donkey of workman Bakenwerel
3. to the scribe of the Necropolis Hori, who said: I will give the
4. she-ass to reimburse him (i.e. the donkey).

Notes to transcription and translation

1: In view of the persons recorded in this text, the regnal year 3 can only refer to one of the mid-20th dynasty rulers after Ramses III, i.e. Ramses IV, V or VI.

1-2: The formula *hrw pn di͗.t pꜣ ꜥꜣ* regularly occurs in donkey texts, but unlike this case it mostly introduces the record of a donkey hire.[17] The upper part of the *p* in *pn* and the verb *di͗.t* are lost as a result of the damage at the end of this line.

2: The determinative of the name Bakenwerel is lost in the lacuna at the end of the line. This workman is known from dated records between Year 21 of Ramses III until Year 2 of Ramses V.[18] He hired out his donkey—the same animal?—more often: e.g. in Year 28 (O. Berlin P 1121) and Year 29 (O. Ashmolean Museum (Gardiner) 185).[19]

3: The scribe of the Necropolis Hori was already mentioned in connection with O. Hildesheim PM 5160, rt. 2, above. He seems to have been active from Year 23 of Ramses III till early in the reign of Ramses IX.[20]

Generally in texts recording a dispute between two parties *r-ḏd* is used to introduce the speech of the first-named person, but the context here demands it refers to the last-named, i.e. the scribe Hori.[21]

4: Since no price is mentioned, the text would seem to record a case of pure barter. The two parties involved clearly exchange a donkey for a she-ass. Although not very common, this kind of exchanging animals does occur, but then as a means of compensation. In ODM 73, rt. a she-ass is given as compensation (*r ḏbꜣ⸗f*) for a bad donkey and in ODM 582, 8 someone promises to give "this other (*tꜣy kt.ti͗*) [she-ass] as compensation (*r ḏbꜣ⸗f*)". The only reason I can think of in the case of the present text is, that one party needed a she-ass for breeding.

[17] See above on O. Hildesheim PM 5160, vs. 1, with note 10.
[18] Cf. Davies, *op. cit.*, 220.
[19] Cf. *KRI* V, 524-525 and VII, 297-298.
[20] See also note 8.
[21] Other examples are O. Berlin 10655, 3 (*KRI* V, 573, 12) and O. Florence 2625, rt. 2 (*KRI* V, 501, 7).

Excurs: Donkey rent prices

The information on the rental price of a donkey provided by O. Hildesheim PM 5160 was good reason to collect all relevant sources (listed in chronological order, as far as possible), and test current views on this subject. (see Table)

* = calculated   ** = explicitly stated

Date	Document	Period & price of hire	Rent per day
Year 16 Ramses III	O. Strasbourg H. 182[22]	100 days 21 $^1/_2$ *oipe*	* $^1/_4$ *oipe* (0,215)
Year 23 Ramses III	O. Petrie 4 (= HO 72/3)	ca. 80 days 26 *oipe*[23]	* $^1/_3$ *oipe*
Year 23 Ramses III	O. Hildesheim PM 5160	* 13 $^1/_2$ months 103 $^1/_4$ *oipe*	** $^1/_4$ *oipe*
Year 28 Ramses III	O. Edgerton 10 (O. Or.Inst.Chicago 19154) (*KRI* VII, 297)	27 days[24]	** $^1/_4$ *oipe*
Year 28 Ramses III	O. Ashmolean Museum 1933.810 (= HO 71/1) O. Petrie 9 + O. IFAO 424 (= HO 42/3)	hirer is convicted for 5 *deben* = 10 *oipe* (probably for a month)	* $^1/_3$ *oipe*
Year 28 (?) Ramses III	O. Petrie 34 (= HO 29/1)	107/105 days, or 147/145 days[25] 25 *deben* = 50 *oipe*	* $^1/_2$ *oipe*, or $^1/_3$ *oipe*
Year 1 Ramses IV	ODM 624 (Černý, Nb. 107.73 for rt. 5-7)	4 months = 120 days 30 *oipe*[26]	* $^1/_4$ *oipe*
Year 3 mid-20th dyn. (R. IV-R. VII)	ODM 1068, rt. II	42 days 5 *deben* = 10 *oipe* per month	* $^1/_3$ *oipe*
Year 4 mid-20th dyn. (R. IV-R. VII)	O. AG 55 (Černý, Nb. 31.57)	24 days	** $^1/_2$ *oipe*

22 Published with some flaws in the transcription by Y. Koenig, *Les ostraca hiératiques inédits de la Bibliothèque nationale et universitaire de Strasbourg, DFIFAO* 33, 1997, 20 and pl. 93; see the corrections by M. Müller, *LingAeg* 7, 2000, 283-284.

23 See for this reading also Neveu, *op. cit.*, 153.

24 After the hire, the donkey is brought back from the cultivated area or the river bank upwards to the village. A similar phrase occurs in ODM 432, vs. 2. For *r ḥry* - upwards, cf. M.A. Green, *Orientalia* 45, 1976, 405.

25 Cf. Neveu, *op. cit.*, 153.

26 The translation of *iw bn sw ir n ibd* 4 as "alors qu'il n'a pas accompli 4 mois" by B. Menu, *RdE* 39, 1988, 213, would seem to be grammatically incorrect.

Date	Document	Period & price of hire	Rent per day
Year 6 mid-20th dyn. (R. IV-R. VII)	O. Ashmolean Mus. (Gardiner) 260 (Černý, Nb. 31.64)	–	*/** $^1/_2$ *oipe* (or yet $1/_4$) ?[27]
mid-20th dyn. (R. III-R. IV)	O. Turin 57457	25 days 10 *oipe*	* $^2/_5$ *oipe*
mid-20th dyn. (R. III-R. IV)	ODM 627	51 days (still to pay) 10 *oipe*	* $^1/_5$ *oipe*
mid-20th dyn. (R. III-R. IV)	ODM 557	19 days (still to pay) 6 *oipe*	* $^1/_3$ *oipe* (0,31)
mid-20th dyn.[28] (R. III-R. IV)	ODM 619	26 days 6 *oipe*	* $^1/_4$ *oipe* (0,23)
mid-20th dyn.?	ODM 245	2 *oipe* for 10 days	* $^1/_5$ *oipe*
mid-20th dyn. (R. III-R. IV)	ODM 69	15 days 7 *oipe*	** $^1/_2$ *oipe*

Some texts of the same type unfortunately do not provide useful data: in O. Michaelides 5 and O. Edgerton 5 the rental price is not specified, in ODM 66 the duration of the hire is not mentioned, and in O. Petrie 78 (= HO 35/4) only the number of days the donkey stayed with the hirer is recorded.

The above listed corpus of sixteen "donkey hire texts" mentioning a rental price more than doubles the number of sources used in previous studies.[29] The evidence provided by these texts may be summarized in the following conclusions:

a. As far as our documentation goes, all texts informing us about rental price(s) of donkeys date to the 20th dynasty. It should be noted, however, that of the complete corpus of texts concerning the hire of donkeys only very few date to the 19th dynasty. Remarkably, as far as can be ascertained, the texts mentioning a rental price all date within a period of some 30 to 40 years (from Year 16 Ramses III till max. beginning reign Ramses IX).

b. Based on the data from six of the above-mentioned texts, Helck and Menu concluded that the rental price was $^1/_2$ *oipe* per day.[30] Neveu, after scrutinizing these six texts plus an additional seventh one, modified this conclusion by saying that the average tarif was more likely around 5 *deben* per month or $^1/_3$ *oipe* per day. A quick survey of all data in the texts listed above shows that no fixed tarif existed - this could vary between $^1/_2$, $^1/_3$, $^1/_4$ and $^1/_5$, while only in a few cases we may guess the reason for a "higher" price.

[27] Černý transcribes $^1/_2$ *oipe*, but his facsimile of the sign would also allow for $^1/_4$ *oipe*. Maybe he was influenced by the $^1/_2$ *oipe* in ODM 69 to which his note to the transcription refers.

[28] As a water-carrier Pawekhed is mentioned in ODM 133 (Yr 4 Ramses V) and O. Turin 57364 (mid-20th dyn.). The possibility however remains that he is identical with the like named woodcutter known from this period. A water-carrier Pawekhed also occurs in Year 5 of Sethi II, in O. Berlin P 11241, but this is most likely another man.

[29] See the literature quoted above in note 1.

[30] JANSSEN in his *Prices*, 449-450 and 544, followed HELCK, *Materialien*.

c. Whereas the period of time from which these texts date coincides with the economically "difficult" mid-20th dynasty, there appears to be no indication of an "inflation" of rent prices. Caution, however, seems warranted, since even sixteen data may not constitute sufficient evidence.

ADDENDUM

The above text was written and submitted in 2002. For an updated comprehensive study on the so-called "donkey texts" see now: Jac. J. Janssen, *Donkeys at Deir el-Medina*, *EgUit* 19, 2005.

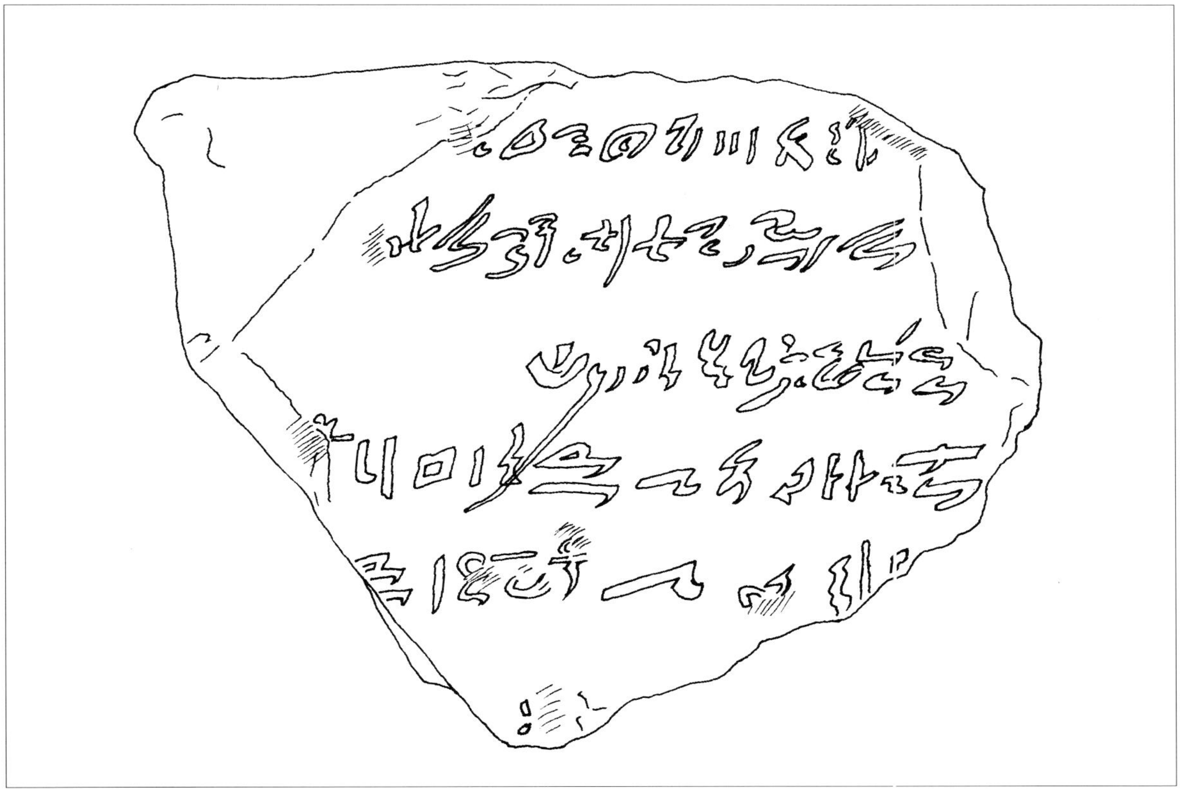

Fig. 1a. O. Hildesheim PM 5160, recto.

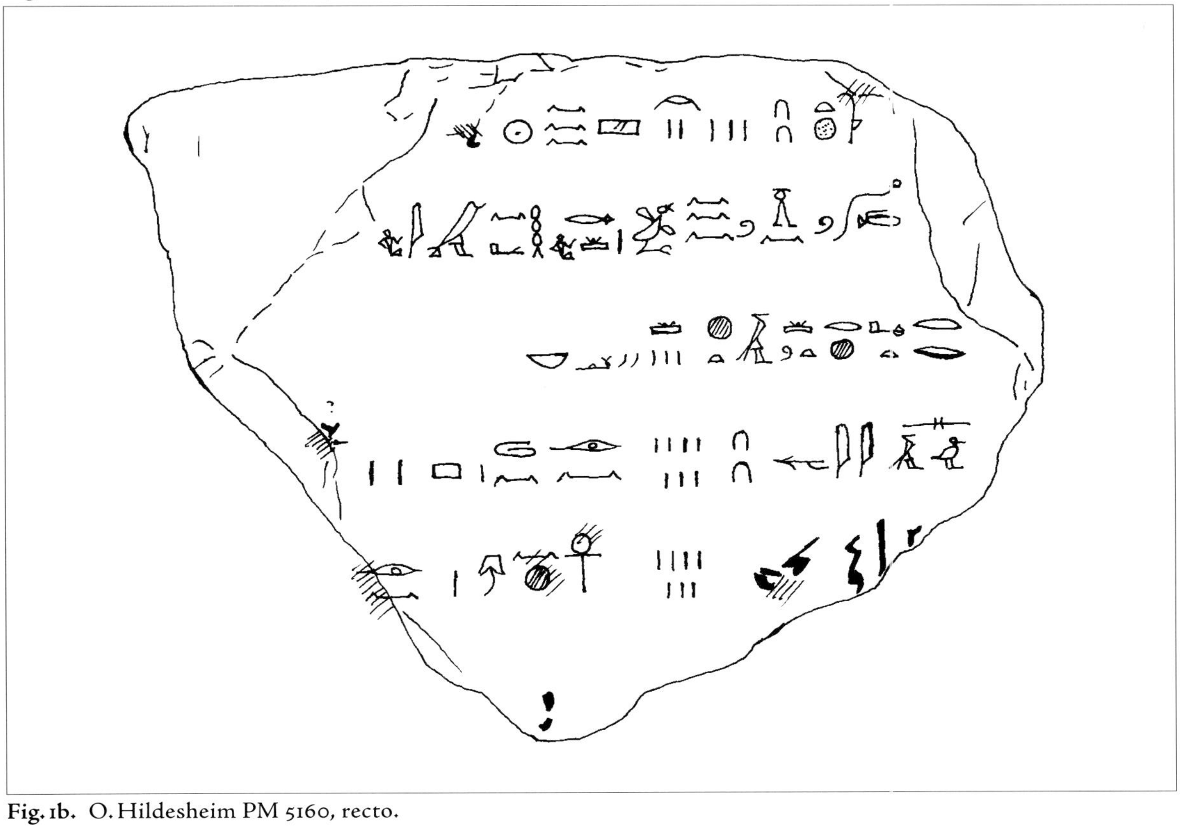

Fig. 1b. O. Hildesheim PM 5160, recto.

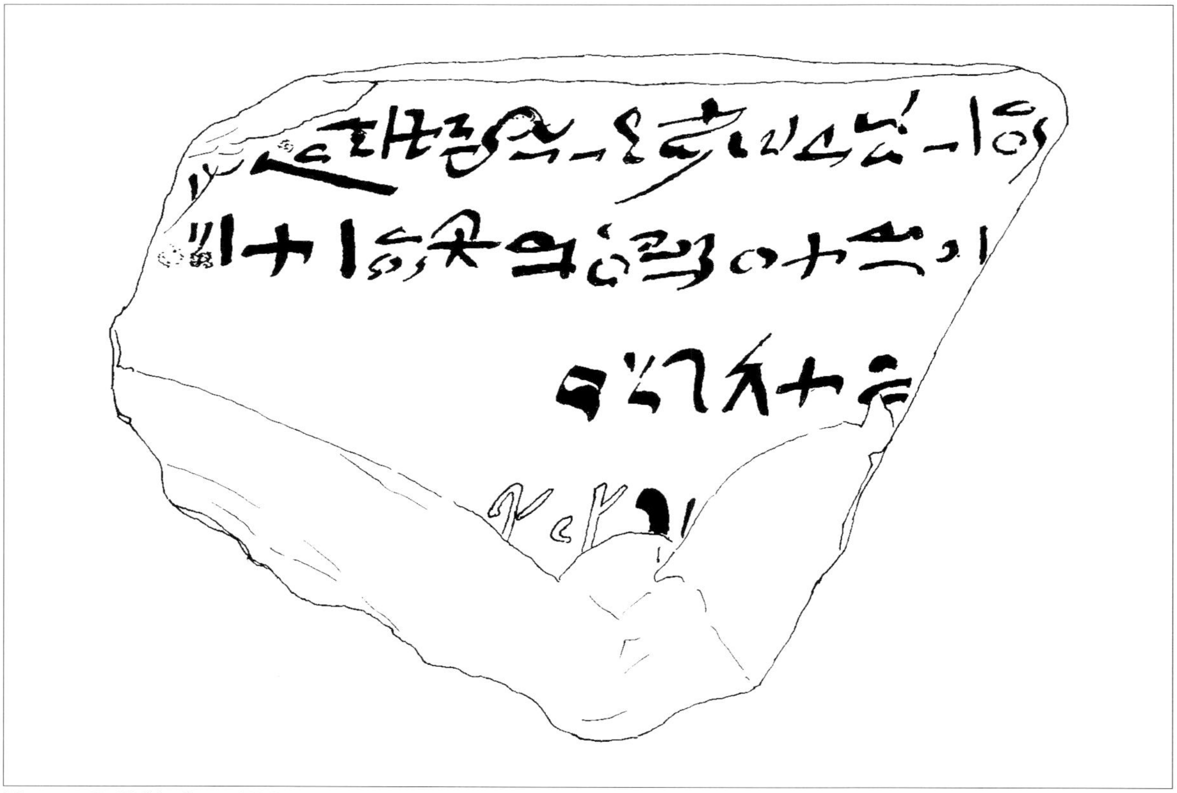

Fig. 2a. O. Hildesheim PM 5160, verso.

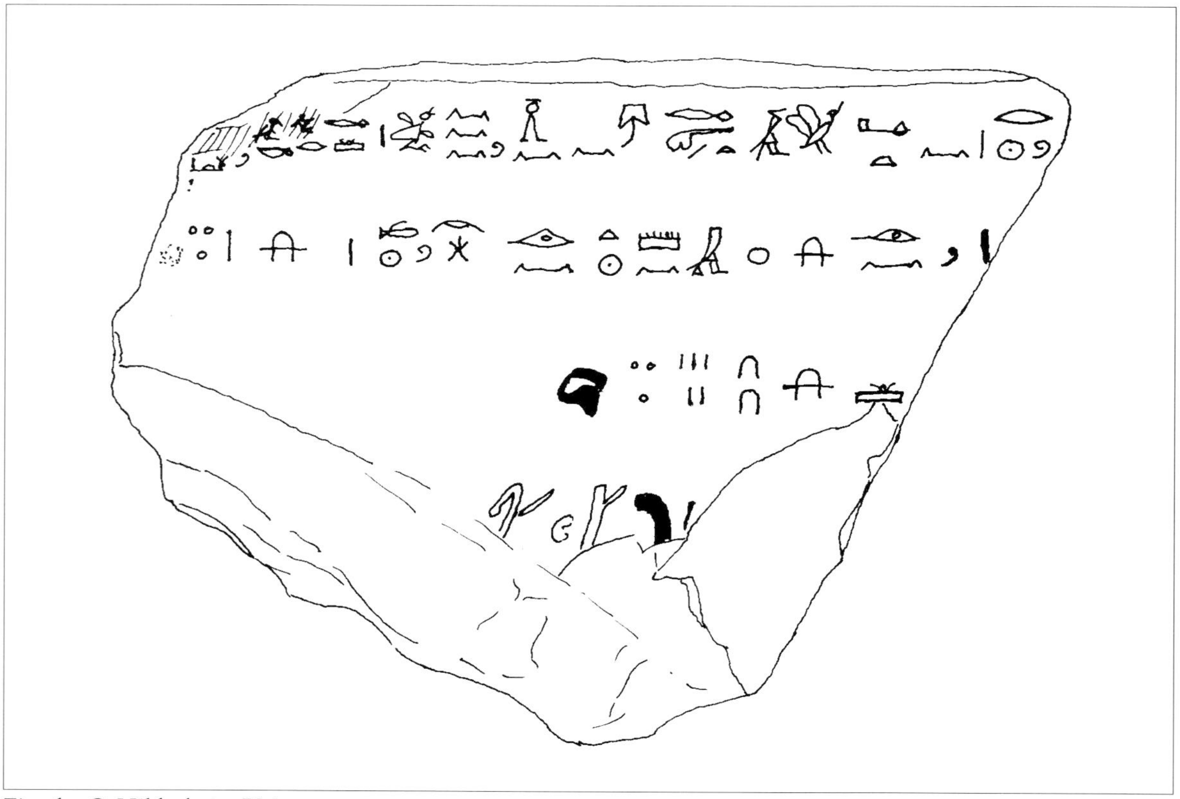

Fig. 2b. O. Hildesheim PM 5160, verso.

Fig. 3a. O. Hildesheim PM 5160, recto.

Fig. 3b. O. Hildesheim PM 5160, verso.

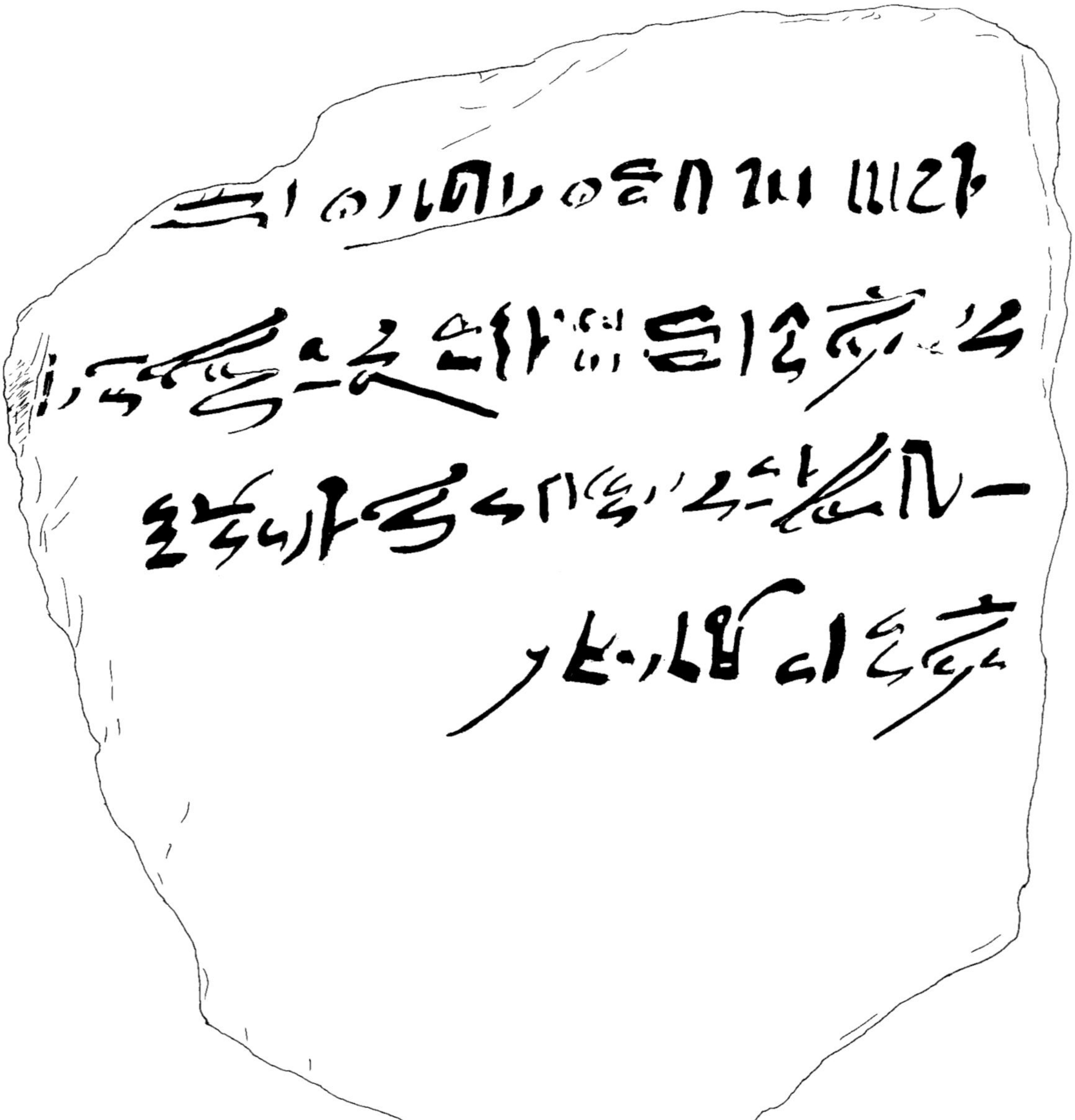

Fig. 4. O. Leiden F. 2002/10.1.

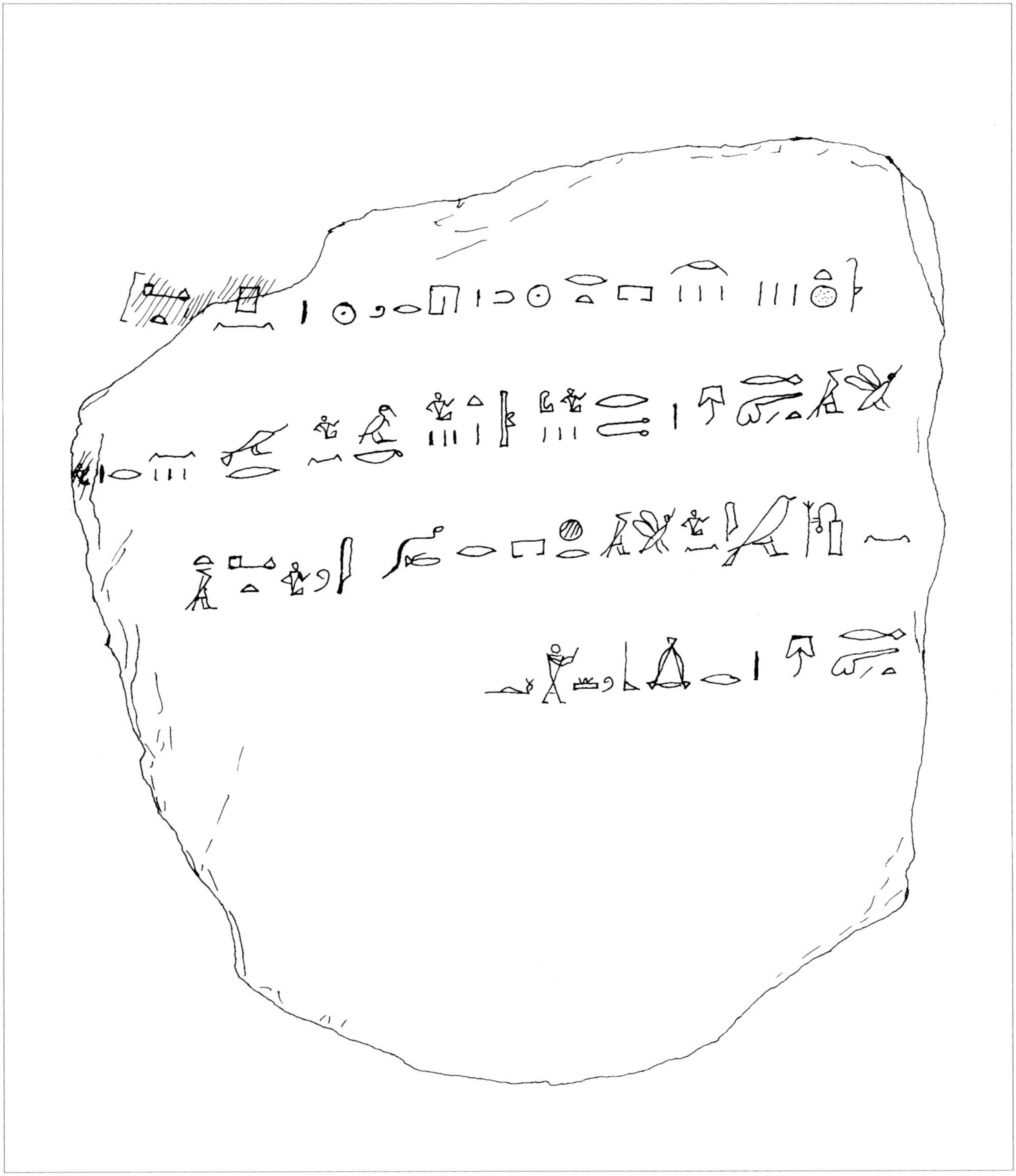

Fig. 5. O. Leiden F. 2002/10.1.

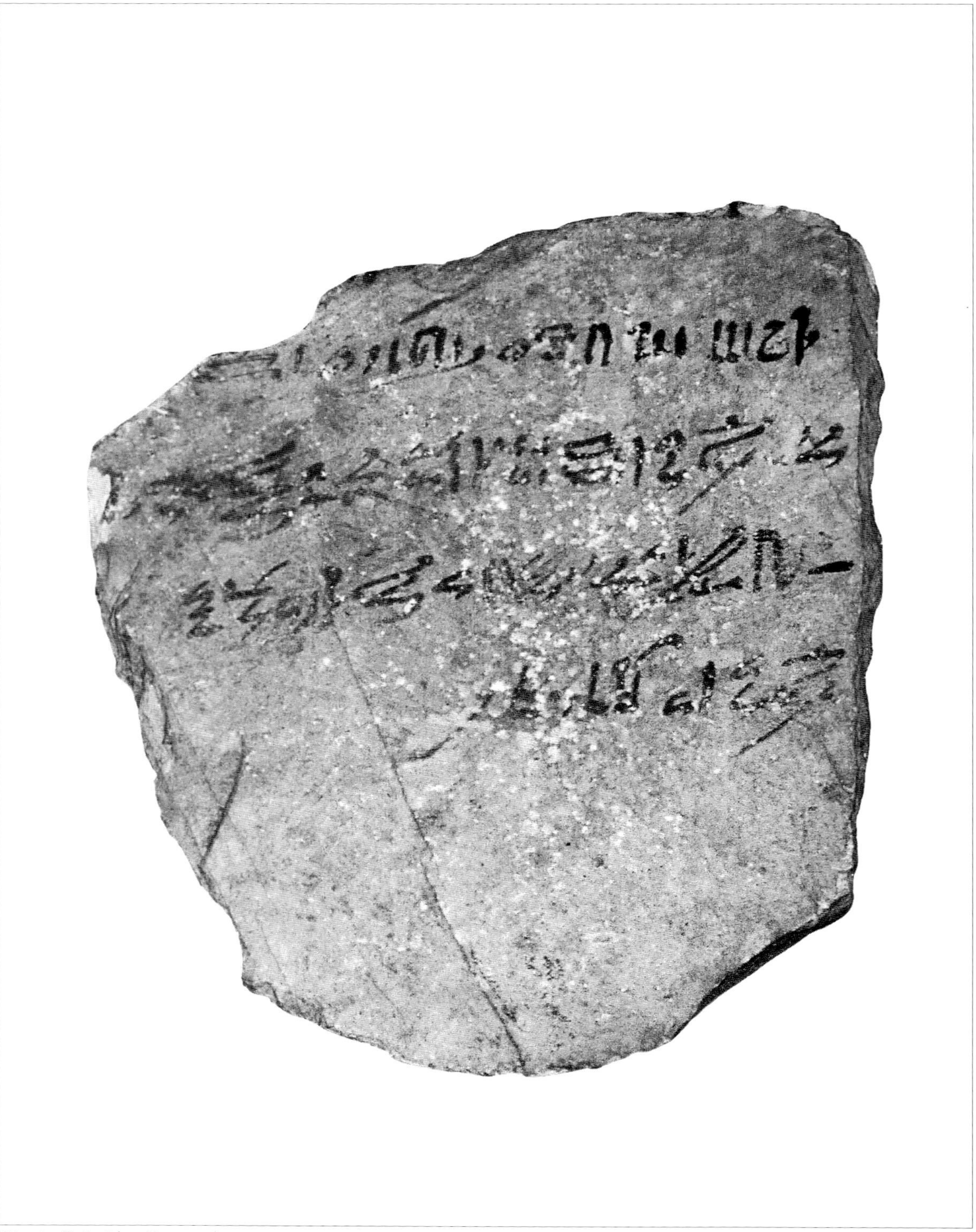

Fig. 6. O. Leiden F. 2002/10.1.

Georges Demidoff

Hérihor-Piankhy, Piankhy-Hérihor
Retour sur une controverse

On sait l'intérêt tout particulier que suscite actuellement la fin de l'époque ramesside. Parmi les contributions importantes qui ont marqué ces dernières années, il ne fait nul doute qu'il convient d'attribuer une place privilégiée aux recherches de Karl Jansen-Winkeln [1] concernant notamment la chronologie des gouvernements respectifs de Hérihor et de Piankhy [2]. La thèse développée par cet auteur, selon laquelle il y aurait lieu de situer le pontificat de Hérihor postérieurement et non antérieurement à celui de Piankhy, a suscité des réserves [3] ou des critiques [4], parfois virulentes [5], mais aussi des adhésions [6], parfois enthousiastes [7]. On sait par ailleurs l'intérêt tout particulier que François Neveu y a lui-même accordé.

Une telle thèse n'est à l'évidence pas sans conséquence au regard de notre perception des conditions dans lesquelles s'est effectué le passage du Nouvel Empire à la Troisième Période intermédiaire et plus particulièrement des liens familiaux ayant uni les principaux acteurs de cette époque, puisqu'elle bat en brèche, à juste titre semble-t-il, l'idée d'une filiation de Piankhy par rapport à Hérihor [8], lequel aurait en fait été le gendre de son prédécesseur [9], plutôt que son père. Par ailleurs, comme Jansen-Winkeln le relève lui-même [10], cette thèse a également

[1] K. Jansen-Winkeln, « Das Ende des Neuen Reiches », *ZÄS* 119, 1992, p. 22-37 ; « Der Schreiber Butehamun », *GM* 139, 1994, p. 35-40 ; « Die Plünderung der Königsgräber des Neuen Reiches », *ZÄS* 122, 1995, p. 62-78 ; « Die thebanischen Gründer der 21. Dynastie », *GM* 157, 1997, p. 49-74.

[2] Il s'agit des articles de 1992 et 1994.

[3] J. Goldberg, « Was Piankh The Son of Herihor After All ? », *GM* 174, 2000, p. 49-58.

[4] O. Goelet, « A New "Robbery" Papyrus : Rochester MAG 51.346.1 », *JEA* 82, 1996, p. 125. J. von Beckerath, « Zur Chronologie der XXI. Dynastie », dans *Gedenkschrift Barta, p.* 49-55 ; A. Gnirs, *Militär und Gesellschaft. Ein Beitrag zur Sozialgeschichte des Neuen Reiches, SAGA* 17, 1996, p. 199-211 ; A. Niwiński, « Les périodes *wḥm mswt* dans l'histoire de l'Égypte : un essai comparatif », *BSFE* 136, 1996, p. 6 ; *id.* « Le passage de la XXe à la XXIIe dynastie. Chronologie et histoire politique », *BIFAO* 95, 1995, p. 347.

[5] K.A. Kitchen, *The Third Intermediate Period in Egypt*, Warminster, 1986, p. xiv-xxii (ci-après : *TIP*).

[6] J.H. Taylor, « Nodjmet, Payankh and Herihor : The Early Twenty-first Dynasty Reconsidered », dans C. J. Eyre (éd.), *VIIth International Congress of Egyptologists. Abstracts*, Cambridge, 1995, p. 184-185 ; A. Egberts, « Piankh, Herihor, Dhutmose and Butehamun : a Fresh Look at O. Cairo CG 25744 and 25745 », *GM* 160, 1997, p. 23-25. Rössler-Köhler, « Pianch – Nedjemet – Anchefenmut – eine Kleinigkeit », *GM* 167, 1998, p. 7-8.

[7] A. Egberts, « Hard Times : The Chronology of "The Report of Wenamun" Revised », *ZÄS* 125, 1998, p. 93-108.

[8] K. Jansen-Winkeln, « Das Ende des Neuen Reiches », *ZÄS* 119, 1992, p. 22-23.

[9] *Ibid.*, p. 25.

[10] *Ibid.*, p. 25-26.

pour implication une remise en question de la datation traditionnelle de deux des trois seuls documents datés mentionnant Hérihor [11], à savoir deux des « étiquettes [12] » figurant sur les cercueils utilisés lors du réensevelissement de Séthi Ier et de Ramsès II [13]. Ces deux étiquettes apparaissent en effet datées chacune d'un an 6. Or dès lors que le pontificat de Hérihor doit être situé après celui de Piankhy et dans la mesure où ce dernier apparaît par ailleurs avoir exercé encore le pouvoir en l'an 7 de la renaissance (*wḥm mswt*), il ne peut plus s'agir de l'an 6 de cette même période, comme on l'écrit habituellement [14]. Seules deux possibilités paraissent dès lors subsister. Soit il s'agit de l'an 6 de Smendès Ier, soit, et c'est l'hypothèse finalement retenue par Jansen-Winkeln, il convient d'admettre que Hérihor a décompté ses propres années de règne, l'an 6 en question devant être rattaché à celui-ci.

Cette hypothèse va cependant à l'encontre de l'idée largement adoptée à ce jour [15], selon laquelle les grands prêtres d'Amon à Thèbes n'auraient jamais exercé une véritable éponymie avec des années de règne propres, les documents thébains ayant toujours été datés d'après les rois tanites alors régnant, y compris lorsque certains grands prêtres s'étaient arrogé des prérogatives royales, notamment par l'emploi du cartouche ou de certaines épithètes normalement réservées à la personne du roi. Jansen-Winkeln fait remarquer cependant qu'il existe une complémentarité frappante entre deux situations : l'une, correspondant à la première partie de la XXIe dynastie, jusqu'au grand prêtre Menkhéperré y compris, dans laquelle on observe à la fois l'absence totale, en Haute Égypte, de documents datés des rois tanites et la présence, dans cette même région, de grands prêtres d'Amon qui s'arrogent des cartouches et épithètes royaux ; l'autre, correspondant à la deuxième partie de cette même XXIe dynastie, dans laquelle, mis à part le cas particulier et complexe de Psousennès II/III, on retrouve à la fois un grand prêtre sans aucune prétention à la royauté (Pinédjem II), ainsi que tout un ensemble de documents thébains datés expressément des souverains tanites [16]. Jansen-Winkeln fait observer également qu'il existerait au moins un document daté formellement d'un grand prêtre d'Amon, en l'occurrence de l'an 48 de Menkhéperrê. Il suggère donc de compléter la désormais célèbre inscription figurant sur une bandelette de momie et mentionnant conjointement le roi Amenémopé et un an 49 [17], de la manière suivante : « [An x du] roi Amenémopé ; an 49 [du grand prêtre Menkhéperrê] [18]. » Dans le même mouvement, cet auteur propose de dater la stèle du bannissement [19] de l'an 25 de Pinédjem Ier et non de l'an 25 de Psousennès Ier, dans la mesure où cet an 25 apparaît devoir être situé dans le prolongement immédiat d'un an 16 mentionné sur une autre étiquette de

[11] Le troisième de ces documents est bien entendu le conte d'Ounamon, la date indiquée mentionnant un an 5.

[12] Traduction littérale de l'anglais 'docket', couramment employé dans ce contexte. Il s'agit en réalité ici d'inscriptions portées directement sur les cercueils.

[13] Cercueils de remploi pour Ramsès II, mais pas, semble-t-il, pour Séthi Ier. Cf. N. Reeves, R.H. Wilkinson, *The Complete Valley of the Kings. Tombs and Treasures of Egypt's Greatest Pharaohs*, Londres, 1996, p. 138 et 143.

[14] *KRI* VI, 838.

[15] A. Niwiński, « Problems in the Chronology and Genealogy of the XXIst Dynasty: New Proposals for their Interpretation », *JARCE* 16, 1979, p. 57.

[16] K. Jansen-Winkeln, *op. cit.*, p. 34-35.

[17] K.A. Kitchen, *TIP*, § 387:47.

[18] K. Jansen-Winkeln, *op. cit.*, p. 35. Contra K.A. Kitchen, *TIP*, § 29, qui envisage plutôt : « [An x du] roi Amenémopé ; an 49 [du roi Psousennès Ier] », ce qui établit une corégence entre ces deux souverains.

[19] J. von Beckerath, « Die "Stele der Verbannten" im Museum des Louvre », *RdE* 20, 1968, p. 7-36.

momie citant à la fois le grand prêtre Masaharta (prédécesseur immédiat de Menkhéperrê) et le « roi » Pinédjem Ier [20]. Il est certain que de tels arguments ne sauraient laisser indifférent et qu'on ne peut être que sensible à l'apparence d'évidence que recèle la formulation employée par Jansen-Winkeln en manière de résumé : « Ein König datiert nach sich selbst [21]. »

Il reste cependant qu'en dépit de la brillante réfutation que Jansen-Winkeln s'est efforcé d'opposer aux critiques qui avaient été formulées à l'encontre de sa théorie [22], celle-ci semble se heurter encore, en l'état, à certaines difficultés. On objectera tout d'abord que la reconstitution proposée en ce qui concerne l'inscription mentionnant conjointement Amenémopé et un an 49 ne rend aucun compte de ce qui peut apparaître alors comme une aberration, à savoir la mention du nom d'un roi avec l'année de règne d'un autre roi. Une telle anomalie a d'ailleurs été relevée par Kitchen au regard d'une autre reconstitution proposée pour le même document, à savoir : « [Accession au trône du] roi Amenémopé ; an 49 [de Psousennès Ier] [23]. » La reconstitution proposée par Jansen-Winkeln ne saurait donc venir à l'appui de l'idée que l'an 48 mentionné sur une autre étiquette de momie et présenté dans ce document comme étant « de » (*n*) Menkhéperrê serait la preuve du fait que ce grand prêtre aurait bien exercé une éponymie complète avec ses propres années de règne. Comme le fait remarquer Kitchen, il pourrait ne s'agir là de la part de l'intéressé que d'une tentative de s'approprier le comput des années de règne du souverain tanite contemporain, de la même manière que l'avait fait auparavant Hatchepsout avec les années de règne de Thoutmosis III ou encore Taousert avec celles de Siptah [24]. L'idée qu'il conviendrait de rattacher l'an 25 mentionné sur la stèle du bannissement (lignes 1 et 4) au « règne » de Pinédjem Ier apparaît également critiquable. Jansen-Winkeln reconnaît en effet que l'année qui était mentionnée à la ligne 8 du même document (et dont l'indication se trouve aujourd'hui perdue) correspondait très probablement à un nombre inférieur à 25 et se rapportait en conséquence à un autre règne que celui auquel l'an 25 précédemment mentionné à deux reprises dans la stèle se rattachait lui-même [25]. Dans la logique de sa thèse, Jansen-Winkeln s'en trouve conduit à conclure que cette année de règne dont le millésime exact demeure inconnu aurait fait référence quant à elle au propre règne de Menkhéperrê [26]. Il se serait agi là en réalité d'un curieux système dans lequel on se serait trouvé en présence d'un texte qui aurait contenu trois dates dont une seule se serait rattachée au règne de l'acteur principal (Menkhéperrê) des événements qui s'y trouveraient rapportés, sans que rien n'indique pour autant, ni de laquelle des trois dates il se serait agi, ni à quel autre règne les deux autres dates se seraient rattachées,

[20] K. Jansen-Winkeln, *op. cit.*, p. 36. En ce qui concerne l'étiquette de momie, voir K.A. Kitchen, *TIP*, § 383:27.

[21] K. Jansen-Winkeln, « Die thebanischen Gründer der 21. Dynastie », *GM* 157, 1997, p. 71.

[22] *Ibid.*, p. 49-74. Pour les critiques auxquelles ce dernier répond, voir *supra*, notes 3, 4 et 5.

[23] K.A. Kitchen, *TIP*, § 29. Très curieusement, l'auteur semble pourtant adopter ensuite lui-même une reconstitution exactement du même type.

[24] K.A. Kitchen, *TIP*, § M. En l'occurrence, selon cet auteur, le roi contemporain de l'inscription de l'an 48 serait Psousennès Ier.

[25] L'auteur suit en cela J. von Beckerath, *RdE* 20, 1968, p. 33.

[26] En supposant, ce qui paraît probable, que Masaharta n'a pas survécu à Pinédjem Ier.

alors au surplus que, selon l'hypothèse de Jansen-Winkeln, l'hésitation aurait été permise entre souverain tanite et « roi » thébain. La situation aurait été d'autant plus trompeuse que, contrairement à ce à quoi on aurait pu s'attendre, ce n'aurait été en l'occurrence que la dernière des trois dates qui aurait correspondu au règne du « héros » de la stèle et non pas celles mentionnées en début de texte, alors pourtant que ledit « héros » apparaissait déjà comme le protagoniste essentiel des faits survenus sous ces deux premières dates. Certes un tel document n'a pas été élaboré pour une postérité bien en peine de s'y retrouver dans le labyrinthe de la chronologie égyptienne et probablement les Égyptiens devaient-ils connaître leur actualité et leur histoire, mais quelle confusion!

Il subsiste enfin une objection majeure à la thèse de Jansen-Winkeln concernant la datation des documents thébains du début de la Troisième Période intermédiaire, laquelle tient à l'absence (en dehors de l'exemple douteux précédemment évoqué mentionnant un an 48) de tout document expressément daté des grands prêtres censés avoir eu leurs propres années de règne, alors qu'à l'inverse, les témoignages datés explicitement des rois tanites ne sont pas rares et revêtent en principe la forme habituelle : an x *ḥr ḥm n*… Or, Jansen-Winkeln n'apporte aucune explication satisfaisante sur ce point. Il se borne en effet à suggérer dans un premier temps que les grands prêtres, même lorsqu'ils décomptaient leurs propres années de règne, n'auraient jamais été considérés comme de véritables rois ou ne se seraient eux-mêmes jamais pris pour tels [27]. Ce type d'argument, tiré de considérations purement subjectives et psychologiques dont on discerne mal le fondement, paraît bien mince. Il est en outre affaibli par Jansen-Winkeln lui-même, puisque ce dernier écrit par la suite qu'il n'y aurait en fait pas eu sous ce rapport de différences essentielles entre rois tanites et grands prêtres, dans la mesure où les uns comme les autres auraient été d'extraction libyenne, leurs lignées ne se situant dans le prolongement de la XXe dynastie que d'un point de vue strictement chronologique et les traditions égyptiennes leur étant, selon ses propres termes, totalement étrangères (« völlig fremd [28] »). On ne distingue donc toujours pas pourquoi les uns auraient eu des documents expressément datés de leur règne, au contraire des autres pour lesquels il aurait subsisté en permanence un certain flottement. Certes Jansen-Winkeln s'emploie à démontrer ultérieurement que certains rois tanites auraient eux-mêmes recouru à un mode d'expression de la datation qui n'aurait pas suivi le schéma habituel. On remarque toutefois que le seul exemple cité par lui se rapporte à Chéchanq Ier et ne correspond donc pas à l'époque concernée, à savoir la première partie de la XXIe dynastie [29]. En tout état de cause, une telle observation, à supposer qu'elle soit fondée, ne répond aucunement à la question centrale susvisée de l'absence de documents expressément datés des grands prêtres thébains. L'incertitude demeure donc sur le bien fondé de la thèse de Jansen-Winkeln sur ce point.

Qu'en est-il dès lors de la seconde branche de l'alternative concernant la datation des étiquettes de cercueil mentionnant Hérihor, à savoir le fait qu'il s'agirait de documents provenant de l'an 6 de Smendès Ier ? Une première remarque paraît s'imposer. Il semble en effet que cette hypothèse

[27] K. Jansen-Winkeln, « Das Ende des Neuen Reiches », *ZÄS* 119, 1992, p. 35.

[28] K. Jansen-Winkeln, « Die thebanischen Gründer der 21. Dynastie », *GM* 157, 1997, p 67.

[29] *Ibid.*, p. 69.

ait été quelque peu négligée par Jansen-Winkeln, lequel se trouvait peut-être alors plus préoccupé de défendre sa théorie relative à l'existence d'années de règne propres aux grands prêtres. Jansen-Winkeln se limite en effet au raisonnement suivant : il existe un document daté de l'an 6, III *péret*, 7e jour, qui mentionne le grand prêtre Pinédjem Ier [30], un tel document ne pouvant dater que du règne de Smendès Ier. Hérihor ne peut donc avoir été grand prêtre sous ce même roi, en l'an 6, III *péret*, 15e jour, cette date, nécessairement postérieure à la précédente, étant celle qui apparaît en effet mentionnée sur le cercueil de Ramsès II [31]. La seule issue envisagée par Jansen-Winkeln pour sortir de cette contradiction serait de préférer la lecture proposée par Daressy, en ce qui concerne la date mentionnée sur le cercueil de Ramsès II, à celle de Maspero. Il conviendrait dès lors de lire : an 6, III *akhet*, 15e jour (et non *péret*) et de conclure qu'il y aurait eu un changement de pontificat entre Hérihor et Pinédjem Ier entre cette date et le 7e jour du IIIe mois de *péret* de l'an 6 de Smendès Ier. À vrai dire, Jansen-Winkeln aurait pu également faire remarquer que dans la mesure où on ignore la date de l'avènement de Smendès Ier, rien n'impose de situer le 15e jour du IIIe mois de *péret* après le 7e jour du même mois. Si cet avènement a eu lieu entre le 8 et le 15 du IIIe mois de *péret*, cette dernière date, qui mentionne Hérihor, doit au contraire être située avant la date citée par Jansen-Winkeln et qui mentionne Pinédjem Ier. On aurait donc la succession chronologique suivante : an 6, III *péret*, 15e jour (Hérihor) ; an 6, II *akhet*, 7e jour (Hérihor) [32] ; an 6, III *péret*, 7e jour (Pinédjem Ier). La situation apparaît toutefois plus complexe, dans la mesure où il existe en réalité deux inscriptions mentionnant Pinédjem Ier et qui dateraient de l'an 6 de Smendès Ier [33], à savoir celle qui vient d'être mentionnée et une autre comportant comme date : IV *péret*, 7e jour [34]. Or, dans la succession chronologique proposée ici, ce dernier document viendrait s'intercaler exactement entre les deux inscriptions mentionnant Hérihor. Il faudrait donc, pour sortir de l'impasse, imaginer avec Beckerath qu'il y aurait eu une erreur de notation dans l'une des deux dates mentionnant Pinédjem Ier, en ce qui concerne l'indication du mois, et qu'il conviendrait de lire en fait pour les deux documents mentionnant ce dernier, soit : an 6, III *péret*, 7e jour (avec avènement de Smendès Ier entre le 8 et le 15 du IIIe mois de *péret*) [35], soit encore : an 6, IV *péret*, 7e jour (avec avènement de Smendès Ier entre le 8 du IVe mois de *péret* et le 7 du IIe mois d'*akhet*) [36]. Certes ce genre d'hypothèse n'est pas des plus satisfaisantes, mais elle se situe dans le droit fil de l'incertitude qui subsiste en ce qui concerne la lecture exacte de certaines étiquettes de momies et de cercueils de la Troisième Période intermédiaire [37], alors même que celles-ci constituent l'une des principales sources permettant de reconstituer la chronologie de cette époque.

30 K.A. Kitchen, *TIP*, § 381-9. Il s'agit d'une étiquette inscrite sur le cercueil ayant servi au réensevelissement de Thoutmosis II.

31 K. Jansen-Winkeln, « Das Ende des Neuen Reiches », *ZÄS* 119, 1992, p. 26.

32 Cercueil de Séthi Ier.

33 J. von Beckerath, « Zur Chronologie der XXI. Dynastie », dans *Gedenkschrift Barta*, p. 51.

34 K.A. Kitchen, *TIP*, § 381-10. Il s'agit d'une étiquette inscrite sur le cercueil ayant servi au réensevelissement d'Amenhotep Ier.

35 On aurait dans ce cas la chronologie suivante : an 6, III *péret*, 15e jour (Hérihor) ; an 6, II *akhet*, 7e jour (Hérihor) ; an 6, III *péret*, 7e jour (Pinédjem Ier).

36 J. von Beckerath, *op. cit.*, p. 51. On aurait dans ce cas la chronologie suivante : an 6, II *akhet*, 7e jour (Hérihor) ; an 6, III *péret*, 15e jour (Hérihor) ; an 6, IV *péret*, 7e jour (Pinédjem Ier).

37 On sait notamment qu'il existe une polémique sur la fiabilité des copies effectuées par Daressy. Sur ce point, voir A. Niwiński, *op. cit.*, p. 57. K.A. Kitchen, *TIP*, § 29.

Il reste un point essentiel à examiner, à savoir le fait que les deux documents susvisés datés d'un an 6 et mentionnant Pinédjem Ier seraient bien à situer sous le règne de Smendès Ier. Jansen-Winkeln se réfère à cet égard à Kitchen [38], lequel semble lui-même, sur ce point, s'être largement appuyé sur les recherches de Beckerath [39]. En effet, dans un long article consacré à la stèle du bannissement, ayant notamment pour objet de déterminer le règne sous lequel il conviendrait de situer l'an 25 qui s'y trouve mentionné avec les conséquences qui en résulteraient sur la chronologie des grands prêtres d'Amon du début de la Troisième Période intermédiaire, Beckerath attire particulièrement l'attention sur une étiquette de momie datée d'un an 6 et mentionnant le grand prêtre Menkhéperrê [40]. Il s'agit là de la date de fabrication de l'étoffe sur laquelle elle se trouve mentionnée [41], celle-ci ayant été utilisée conjointement avec une autre bandelette, datée quant à elle d'un an 10 et mentionnant le grand prêtre Pinédjem Ier [42], à l'occasion du réensevelissement de Séthi Ier, lui-même intervenu au cours de l'an 7 d'un roi non dénommé dans le procès-verbal alors établi. Beckerath émet tout d'abord l'hypothèse selon laquelle l'an 6 en question pourrait appartenir au règne d'Amenémopé, mais il fait remarquer que Menkhéperrê n'a probablement pas survécu à Psousennès Ier, dans la mesure où on a retrouvé dans la tombe de ce dernier des bracelets inscrits au nom du grand prêtre d'Amon Smendès, lequel pourrait bien devoir être identifié avec le fils et successeur de Menkhéperrê [43]. Il en résulte que l'an 6 susvisé ne pourrait être situé au plus tard que dans le règne de Psousennès Ier. Par ailleurs, Beckerath fait valoir que l'an 10 mentionné sur la momie de Séthi Ier en même temps que le nom de Pinédjem Ier ne pourrait appartenir qu'au règne de Smendès Ier. Il en déduit que l'an 7 au cours duquel est intervenu le réensevelissement de Séthi Ier ne pourrait donc pas appartenir au règne d'Amenémopé, sans quoi cela signifierait que la bandelette marquée au nom de Pinédjem Ier aurait été préparée 71 ans avant les funérailles auxquelles elle devait servir (en comptant 16 années de règne supplémentaires pour Smendès Ier, plus 48 années de règne pour Psousennès Ier, plus 7 pour Amenémopé), ce qui serait contredit par le fait que de telles bandelettes étaient en général utilisées peu de temps après leur préparation. Cet an 7 devrait donc être situé dans le règne de Psousennès Ier, ce qui serait confirmé par le fait que le réensevelissement de Séthi Ier, compte tenu de l'aspect général du procès-verbal s'y rapportant, ne devrait pas être distingué de ceux de la reine Satkamès et du prince Siamon, datés respectivement d'un an 7 et d'un an 8, et entrepris par le « roi » Pinédjem Ier. En effet, dans la mesure où ce dernier serait entré en fonction au plus tard en l'an 9 de Smendès Ier, il apparaît peu vraisemblable qu'il ait pu procéder à ces deux réensevelissements au minimum 72 et 73 ans plus tard, ce qui serait pourtant le cas s'ils avaient eu lieu au cours des ans 7 et 8 d'Amenémopé (en comptant 17 années de règnes complémentaires pour Smendès Ier, plus 48 années de règne pour Psousennès Ier et 7 ou 8 pour Amenémopé). Il se confirmerait dès lors que l'an 6 mentionné avec le nom de Menkhéperrê (année de préparation de la bandelette sur laquelle il apparaît

[38] K. Jansen-Winkeln, *op. cit*, p. 26.

[39] K.A. Kitchen, *TIP*, § 25:26.

[40] J. von Beckerath, « Die "Stele der Verbannten" im Museum des Louvre », *RdE* 20, 1968, p. 30.

[41] K.A. Kitchen, *TIP*, § 386:37.

[42] K.A. Kitchen, *TIP*, § 381:14.

[43] K.A. Kitchen, *TIP*, § 387:48 ; J. von Beckerath, *op. cit.*, p. 30.

indiqué) et nécessairement antérieur à l'an 7 de Psousennès Ier (année du réensevelissement de Séthi Ier et d'utilisation de cette bandelette), devrait être situé lui-même dans le règne de Psousennès Ier. Même si Beckerath ne l'indique pas lui-même expressément dans son article, il découle implicitement de sa thèse que dans la mesure où cet an 6 de Psousennès Ier devrait être situé postérieurement à la prise de fonction de Menkhéperrê comme grand prêtre d'Amon intervenue au cours de l'an 25 du règne précédent, à savoir celui de Smendès Ier, les deux étiquettes de momie portant le nom de Pinédjem Ier (mentionné seulement en tant que grand prêtre) et datées d'un an 6 ne pourraient appartenir elles-mêmes qu'au règne de Smendès Ier.

Cette thèse appelle toutefois d'importantes réserves. Même si ce n'est pas l'hypothèse la plus probable, il n'est pas exclu tout d'abord que le grand prêtre d'Amon Smendès mentionné sur des bracelets retrouvés dans la tombe de Psousennès Ier doive être distingué du propre fils et successeur du grand prêtre thébain Menkhéperrê [44]. Beckerath évoque par ailleurs l'idée formulée par Hornung, selon laquelle il aurait pu y avoir une corégence entre Psousennès Ier et Amenémopé, de telle sorte que l'an 6 associé au nom de Menkhéperrê sur la momie de Séthi Ier correspondrait à l'an 54 de Psousennès Ier [45]. Dans cette perspective, Menkhéperrê aurait exercé une partie de son pontificat sous Amenémopé, sans avoir pour autant nécessairement survécu à Psousennès Ier. Il est vrai que l'hypothèse d'une corégence peut sembler artificielle, mais il convient alors de relever qu'il n'est en tout état de cause pas assuré que Menkhéperrê n'a pas survécu à Psousennès Ier. Niwiński a suggéré en effet que le grand prêtre Smendès II, fils de Menkhéperrê, n'aurait peut-être été mentionné sur les bracelets de Psousennès Ier qu'en qualité de grand prêtre d'Amon de Tanis et non en celle de grand prêtre d'Amon thébain [46]. Selon cette hypothèse, évoquée d'ailleurs par Jansen-Winkeln [47], il n'y aurait donc plus aucune difficulté à faire coexister Menkhéperrê et son fils Smendès II sous le règne d'Amenemopé, indépendamment de toute prétendue corégence entre ce dernier et Psousennès Ier. De ce point de vue, l'an 6 mentionné conjointement avec le nom de Menkhéperrê sur la momie de Séthi Ier pourrait parfaitement être situé sous le règne d'Amenémopé et non plus nécessairement sous celui de Psousennès Ier.

La thèse de Beckerath appelle par ailleurs d'importantes réserves en ce qu'elle se fonde sur le calcul de certains intervalles de temps jugés trop importants (à propos de la date de préparation de l'étoffe funéraire datée d'un an 10 et mentionnant Pinédjem Ier, par rapport à l'époque de l'utilisation de cette étoffe, ainsi qu'au regard de la durée d'exercice de ses fonctions par ce dernier). Tout d'abord, rien ne paraît justifier l'affirmation de Beckerath selon laquelle l'an 10 susvisé appartiendrait nécessairement au règne de Smendès Ier et que le grand prêtre Pinédjem Ier serait entré en fonction au plus tard en l'an 9 de ce même règne. En effet, dès lors qu'on écarte l'argument tiré du fait que Menkhéperrê n'aurait pas survécu au règne de

44 K.A. Kitchen, *TIP*, § 30.
45 J. von Beckerath, *op. cit.*, p. 30.
46 A. Niwiński, *op. cit*, 60.
47 K. Jansen-Winkeln, *op. cit*, p. 36.

Psousennès Ier (dans ce dernier cas tous les documents mentionnant Pinédjem Ier comme grand prêtre devraient être situés sous Smendès Ier [48]) et à supposer par ailleurs que Pinédjem Ier a exercé ses fonctions de grand prêtre ou de roi sous deux règnes distincts [49], rien n'impose pour autant de considérer qu'il se serait agi là des règnes de Smendès Ier et de Psousennès Ier et rien n'exclut qu'il ait pu s'agir des règnes de Psousennès Ier et d'Amenémopé. Dans cette dernière hypothèse, Pinédjem Ier serait entré en fonction au plus tard en l'an 9 de Psousennès Ier. Par ailleurs, dans la mesure où il existe au moins un document daté de l'an 8 d'un règne non précisé et mentionnant Pinédjem Ier en tant que roi [50], le document daté de l'an 10 et qui ne mentionne ce dernier que comme grand prêtre semble devoir nécessairement appartenir au règne précédent, lequel serait donc également celui de Psousennès Ier.

Il apparaît en outre que ce document de l'an 10 semble en tout état de cause pouvoir être rattaché au règne de Psousennès Ier, y compris dans le cas où on en resterait à l'idée que Pinédjem Ier a exercé ses fonctions sous Smendès Ier et Psousennès Ier. Jansen-Winkeln a démontré en effet de manière convaincante qu'il y avait eu manifestement une grande souplesse, à l'époque de Pinédjem Ier, dans la manière de désigner celui-ci dans les textes, Jansen-Winkeln assumant de ce point de vue pleinement la notion de *Beliebigkeit* que lui avait opposée Beckerath, ce dernier estimant que celle-ci aurait été inconcevable de la part des scribes, lesquels n'auraient donc pu, selon lui, faire apparaître à leur gré Pinédjem Ier tantôt en qualité de grand prêtre, tantôt comme roi (alors que tel aurait été le cas si on admettait que Pinédjem Ier avait eu ses années de règne propres et que tous les documents le mentionnant se trouvaient datés d'après lui-même). Dès lors et indépendamment de la question de l'existence ou de l'inexistence d'années de règne propres à Pinédjem Ier, rien n'établit en dernière analyse que le document de l'an 10 qui ne mentionne Pinédjem Ier qu'en qualité de grand prêtre doive être situé nécessairement avant le document de l'an 8 qui le mentionne en qualité de roi. Dans la mesure où on admet en effet que l'une et l'autre fonction aient pu être assumées conjointement par Pinédjem Ier, de la même manière au demeurant que par certains rois tanites à la même époque [51] et comme par Menkhéperrê après lui, il devient en tout état de cause possible de rattacher l'inscription de l'an 10 figurant sur la momie de Séthi Ier au règne de Psousennès Ier [52]. Tels sont les premiers motifs de remise en question des calculs effectués par Beckerath à l'appui de sa démonstration tendant

48 Ces documents seraient en effet antérieurs à l'entrée en fonction de Menkhéperrê. Dans la mesure où ce dernier a exercé son pontificat sous deux règnes qui ne pourraient être, dans l'hypothèse envisagée, que ceux de Smendès Ier et de Psousennès Ier, cette entrée en fonction ne pourrait avoir eu lieu que sous le règne du premier de ces deux souverains.

49 J. von Beckerath, *op. cit.*, p 30. L'auteur signale en effet certains documents datés d'un an 7 ou d'un an 8 et qui mentionneraient Pinédjem Ier en tant que roi. Selon lui, ces documents seraient nécessairement postérieurs à ceux qui mentionnent le même personnage en tant que grand prêtre. Dans la mesure où, parmi ces derniers documents, certains apparaissent datés d'une année postérieure à l'an 7 (par exemple l'an 10), ils doivent nécessairement appartenir à un règne antérieur à celui auquel correspondent les documents susvisés datés d'un an 7 ou d'un an 8 mentionnant Pinédjem Ier comme roi.

50 K.A. Kitchen, *TIP*, § 386:40.

51 K. Jansen-Winkeln, « Die thebanischen Gründer der 21. Dynastie », *GM* 157, 1997, p. 67.

52 On remarque d'ailleurs qu'à partir du moment où rien n'impose plus de situer les documents mentionnant Pinédjem Ier comme grand prêtre avant ceux qui le désignent comme roi, il n'est également plus nécessaire de considérer que ce même personnage a exercé ses fonctions sous deux rois. Voir *supra*, note 49.

à situer l'inscription de l'an 6 mentionnant Menkhéperrê sous le règne de Psousennès Ier et par voie de conséquence les deux documents de l'an 6 mentionnant Pinédjem Ier sous le règne de Smendès Ier. En effet, en situant l'entrée en fonction de Pinédjem Ier en l'an 9 de Psousennès Ier, l'intervalle de temps séparant celle-ci des funérailles de la reine Satkamès et du prince Siamon (dans l'hypothèse où elles auraient eu lieu en l'an 7 et en l'an 8 d'Amenémopé) ne serait plus de 72 et 73 ans, mais se trouverait réduit à 46 et 47 ans. De même, la bandelette portant l'indication d'un an 10 aurait été préparée non plus 71 ans avant le réensevelissement de Séthi Ier (intervenu par hypothèse en l'an 7 d'Amenémopé) mais 45 ans.

Il est par ailleurs d'autres motifs de remise en question des calculs effectués par Beckerath. Il apparaît en effet que ces calculs s'appuient sur l'idée fondamentale selon laquelle les règnes de Smendès Ier et de Psousennès Ier auraient duré 26 ans pour le premier et 48 ans pour le second. Or, dans le cas de Smendès Ier, il ne s'agit que d'une hypothèse, certes probable, fondée essentiellement sur Manéthon et il n'est pas exclu que ce roi n'ait en réalité régné que 16 ans [53]. Quant à Psousennès Ier, la question de la durée de son règne a donné lieu à un important débat rapporté de manière complète par Kitchen dans son ouvrage de référence sur la Troisième Période intermédiaire [54]. On ne reviendra pas ici sur le détail des arguments invoqués pour ou contre l'attribution d'un règne long à Psousennès Ier, lequel règne aurait été dans ce cas au minimum de 48 ans [55]. On rappellera cependant que la question de la longueur du règne de Psousennès Ier est indissociable de celle de la longueur du règne de son successeur, Amenémopé. En effet, comme le souligne Kitchen [56], il apparaît invraisemblable que les deux rois aient pu avoir l'un et l'autre un règne long qui serait alors au minimum de 49 ans pour Amenémopé (et même plus probablement de 52 ans). On rappellera également qu'après avoir exposé les fondements respectifs des deux thèses en présence (règne long d'Amenémopé et règne long de Psousennès Ier), Kitchen retient cinq points essentiels dont l'examen le conduit *in fine* à opter pour la thèse du règne long de Psousennès Ier [57] :

Premier point : l'inscription « Roi Amenémopé ; an 49 ». Compte tenu de sa brièveté, il y aurait là une manière totalement atypique d'exprimer la datation, de telle sorte qu'il s'agirait en réalité de la forme abrégée d'une formule plus longue, qu'il y aurait lieu de restituer. Les chercheurs semblent en général d'accord sur ce point [58], mais ils ne s'accordent en revanche pas sur la restitution devant être effectuée. Rien en tout état de cause ne paraît imposer une restitution qui aurait pour conséquence nécessaire d'attribuer un règne long à Psousennès Ier plutôt qu'à son successeur, comme celle que propose Kitchen, à savoir : « [An x du] roi Amenémopé ; an 49 [du roi Psousennès Ier] . » Il ne pourrait s'agir là que d'une simple hypothèse. À supposer donc que ce document puisse réellement servir de critère dans le cadre de l'étude de la longueur

53 K.A. Kitchen, *TIP*, § 23.

54 *Ibid.*, § 21-35

55 Et beaucoup plus probablement de 49 ans, voire 50 ans, *ibid.*, § 25.

56 *Ibid.*, § 22 ; E.F. Wente, « On the Chronology of the Twenty First Dynasty », *JNES* 26, 1967, p. 172.

57 K.A. Kitchen, *op. cit.*, § 28-32.

58 K. Jansen-Winkeln, « Das Ende des Neuen Reiches », *ZÄS* 119, 1992, p. 35 ; A. Niwiński, *op. cit.*, p. 57.

des deux règnes concernés, il semble en dernière analyse préférable de le considérer tel qu'il se présente, en dépit de son caractère atypique, plutôt que de s'acharner à lui faire dire autre chose que ce qu'il exprime *prima facie*. Dans cette optique et avec toutes les réserves qui s'imposent, il s'agirait néanmoins d'un document qui militerait évidemment en faveur d'un règne long pour Amenémopé.

Deuxième point : la bandelette au nom d'Amenémopé datée d'un an [x] + 3. Cette bandelette associe les noms d'Amenémopé et du grand prêtre Pinédjem II. Elle est donc postérieure aux documents qui mentionnent Menkhéperrê, dont Pinédjem II est en effet le fils et second successeur après Smendès II. Or parmi ces documents il en existe au moins deux qui apparaissent datés d'un an 48[59]. Dès lors qu'on considère que cet an 48 doit être situé dans le règne d'Amenémopé, cela signifie que le texte de la bandelette au nom de Pinédjem II doit être reconstitué nécessairement comme mentionnant un an [5]3. Il faudrait donc non seulement supposer que Manéthon s'est trompé en notant neuf années de règne pour Amenémopé et lire plutôt [4]9, mais il faudrait supposer également une corégence de quatre ans entre Amenémopé et son successeur Osorchon pour expliquer la différence entre cette correction et le nombre 53. À l'inverse, selon Kitchen, avec un règne court pour Amenémopé (qui aurait duré neuf ans selon Manéthon), le document mentionnant Pinédjem II pourrait être reconstitué avec n'importe quel numéral entre 1 et 6, pour atteindre un nombre d'années entre 4 ([1+]3) et 9 ([6+]3). Par là même, il n'y aurait plus lieu de corriger Manéthon ou de supposer une corégence entre Amenémopé et Osorchon. Il y aurait donc là une hypothèse plus « économique » en suppositions. En réalité, comme il sera démontré ci-après, à supposer qu'une émendation de Manéthon ne soit pas nécessaire, dans le cadre de l'attribution d'un règne long à Psousennès Ier, en ce qui concerne la durée du règne d'Amenémopé, il n'en reste pas moins que sur d'autres points certaines modifications du texte manéthonien devraient être entreprises (voir *infra*). Quant à la supposition d'une corégence entre Amenémopé et Osorchon, elle ne s'impose pas. À partir du moment où on admet qu'une émendation du texte manéthonien est nécessaire en ce qui concerne la durée du règne d'Amenémopé, rien n'empêche de considérer que Manéthon ou ses compilateurs se sont trompés non seulement en omettant d'indiquer le nombre des dizaines, mais également sur le nombre des unités. Et même si, en dernière analyse, on devait absolument supposer cette corégence entre Amenémopé et Osorchon, il suffirait de rappeler que dans le cadre de la thèse du règne long de Psousennès Ier, il apparaît tout aussi nécessaire d'effectuer certaines suppositions, à commencer par celles concernant le contenu de l'inscription susvisée associant Amenémopé à un an 49 et dont la restitution, si elle s'impose, apparaît pour le moins malaisée.

Troisième point : les bracelets retrouvés sur la momie de Psousennès Ier et mentionnant le grand prêtre Smendès. Comme rappelé ci-avant, la présence de ces bracelets tendrait à démontrer que Menkhéperrê n'aurait pas survécu à Psousennès Ier et que Smendès II aurait donc succédé à son père sous le règne du même Psousennès Ier. Or cette donnée apparaît en contradiction avec la thèse du règne long d'Amenémopé. En effet, selon cette thèse, Menkhéperrê aurait exercé son pontificat jusqu'en l'an 48 de ce roi (les deux documents datés d'un an 48 et mentionnant Menkhéperrê ne pouvant

[59] K.A. Kitchen, *TIP*, § 387:45; 387:46.

être attribués qu'à Amenémopé car il est exclu que tant ce dernier que Psousennès Ier aient pu avoir tous deux un règne long), et Smendès II se retrouverait dès lors lui-même avoir commencé son pontificat non sous le règne de Psousennès Ier mais sous celui d'Amenémopé. On a vu cependant qu'il n'apparaît pas impossible de considérer qu'il y a eu deux Smendès, l'un grand prêtre à Tanis, fils d'un Menkhéperrê inconnu à ce jour, et l'autre qui aurait été le fils et successeur du grand prêtre thébain Menkhéperrê, lui-même fils et successeur de Pinédjem Ier. Kitchen admet lui-même cette hypothèse, tout en insistant sur le fait qu'il ne s'agit pas de la plus probable. On a vu cependant également l'idée avancée par Niwiński, selon laquelle c'est le même Smendès qui aurait été d'abord grand prêtre d'Amon à Tanis, pour devenir ensuite seulement grand prêtre d'Amon thébain. Dans cette dernière optique, Smendès II aurait pris ses fonctions à Tanis au plus tard à la fin du règne de Psousennès Ier, probablement au décès de ce dernier, puisque Psousennès Ier apparaît avoir exercé lui-même le pontificat d'Amon à Tanis[60]. Smendès II ne serait peut-être pas resté longtemps en fonction à Tanis, dans la mesure où la charge de grand prêtre apparaît avoir été reprise également par Amenémopé[61] (à moins que cette reprise n'ait eu lieu qu'au moment où Smendès II quittait Tanis pour prendre ses fonctions à Thèbes). Ce n'est que vers la fin du règne d'Amenémopé que Smendès II aurait repris la charge de grand prêtre d'Amon thébain exercée jusque-là par son père. Cette reprise de fonctions serait intervenue au plus tôt en l'an 48 d'Amenémopé, puisque Menkhéperrê se trouve encore mentionné cette année-là comme grand prêtre[62], pour se terminer peu après, dans la mesure où Pinédjem II est également attesté sous Amenémopé[63]. Il est vrai que Smendès II aurait atteint alors un âge avancé. En admettant en effet qu'il soit entré en fonction à un âge se situant entre 20 et 25 ans et en lui attribuant une vie active de l'ordre de 50 ans, correspondant à l'essentiel du règne d'Amenémopé, Smendès II aurait eu entre 70 et 75 ans au moment de son décès[64]. Il résulte en tout cas de ce qui précède que les bracelets de Psousennès Ier mentionnant le grand prêtre Smendès II n'imposent pas nécessairement d'adopter la thèse du règne long de Psousennès Ier.

Quatrième point : les corrections devant être apportées au texte de Manéthon. Il y aurait selon Kitchen quatre corrections à apporter aux écrits de Manéthon dans le cadre de la thèse du règne long d'Amenémopé, contre une seulement s'agissant du règne long de Psousennès Ier, à savoir :

[60] *Ibid.*, § 395-396.

[61] *Ibid.* ; E.F. Wente, *op. cit.*, p. 169. Cela expliquerait le peu de documents mentionnant Smendès II. En tout état de cause, même si ce dernier avait conservé ses fonctions à Tanis un certain temps, il lui aurait fallu compter malgré tout avec la présence immédiate du roi, ainsi que la concurrence du grand prêtre d'Amon à Thèbes. De telles fonctions n'auraient donc peut-être pas eu une importance suffisante pour justifier que leur titulaire apparaisse fréquemment dans la documentation de l'époque. Sur les documents mentionnant Smendès II, voir E. Young, « Some Notes on the Chronology and Genealogy of the Twenty-First Dynasty », *JARCE* 2, 1963, p. 104.

[62] Voir *supra*, note 59.

[63] K.A. Kitchen, *op. cit.*, § 388:50-55.

[64] En admettant par ailleurs qu'il soit né alors que son père avait entre 15 et 20 ans, s'agissant probablement du fils aîné, et en admettant également que Menkhéperrê ait exercé lui-même le pontificat d'Amon à Thèbes une cinquantaine d'années à partir du début du règne d'Amenémopé, c'est-à-dire à partir de la propre entrée en fonction de Smendès II, le père et le fils seraient décédés à peu de temps d'intervalle, Menkhéperrê ayant alors entre 85 et 95 ans (il aurait eu en effet entre 35 et 45 ans au moment de l'entrée en fonction de Smendès II). Une telle estimation correspond à l'évaluation effectuée par Kitchen à hauteur de 88 ans (*TIP*, § 65). Sur le fait de fixer à 15 ans l'âge probable pour la naissance d'un premier enfant, voir E.F. Wente, *op. cit.*, p. 170 à propos de Pinédjem Ier.

- Règne long d'Amenémopé :
  - Smendès Ier, 26 ans : probablement 16 ans ;
  - Psousennès Ier, 46/41 ans : 26 ans ;
  - Amenémopé, 9 ans : 49 ans ;
  - Siamon, 9 ans : 19 ans.
- Règne long de Psousennès Ier :
  - Siamon, 9 ans : 19 ans.

En réalité, rien n'impose, dans l'hypothèse d'un règne long d'Amenémopé, de modifier la durée de règne attribuée par Manéthon à Smendès Ier à hauteur de 26 ans. En outre, dans l'hypothèse d'un règne long de Psousennès Ier, il y aurait une deuxième correction à apporter, laquelle concernerait la durée de ce règne lui-même. En effet, selon les versions de Manéthon, Psousennès Ier se voit attribuer 46 ou 41 ans de règne. Or en cas de règne long, celui-ci aurait été en fait au minimum de 48 ou même de 49 ans, car il conviendrait alors de lui attribuer le document évoqué plus haut daté de cette dernière année et mentionnant Amenémopé [65]. Le rapport des corrections devant être apportées au texte de Manéthon n'est donc pas de quatre pour une, selon qu'on adopte un règne long pour Amenémopé ou pour Psousennès Ier, mais de trois seulement pour deux, ce qui affaiblit de manière conséquente l'argument de Kitchen.

Cinquième point : la longueur du pontificat de Piankhy. L'adoption de la thèse du règne long d'Amenémopé aurait pour conséquence d'obliger à admettre que Piankhy aurait eu lui-même un pontificat d'une longue durée (4/5 ans sous Ramsès XI, plus 26 ans sous Smendès Ier, outre éventuellement 4 ans sous Amenemnisou). En effet, le pontificat de Pinédjem Ier aurait été exercé quant à lui sous Psousennès Ier et Amenémopé [66]. Or une telle durée serait en contradiction avec la rareté des monuments et témoignages datant du pontificat de Piankhy. Cependant, l'adoption de la thèse de Jansen-Winkeln concernant l'inversion des pontificats de Hérihor et de Piankhy, laquelle constitue le point de départ de la présente recherche, permet précisément de résoudre cette difficulté, car en raison de cette inversion, ce serait en effet Hérihor et non Piankhy qui se serait trouvé en fonction sous Smendès Ier. Or les monuments de Hérihor ne font, quant à eux, aucunement défaut.

En résumé, on constate qu'il existe en définitive des motifs sérieux de retenir un règne long pour Amenémopé [67] ce qui aurait une incidence sur les calculs effectués par Beckerath à l'occasion de sa recherche sur la datation du linge funéraire trouvé sur la momie de Séthi Ier, mentionnant Menkhéperrê et daté d'un an 6. La durée de règne à retenir pour Psousennès Ier ne serait plus de 48 ans, mais de 26, voire 21 ans (ce qui fait une différence de 22, voire de 27 ans) [68]. En conséquence, en situant l'entrée en fonction de Pinédjem Ier en l'an 9 de Psousennès Ier,

[65] Voir *supra*, note 17.
[66] K.A. Kitchen, *TIP*, § 23.
[67] Ce qui n'est au demeurant pas contredit par l'état de sa momie. E.F. Wente, *op., cit.*, p. 173, cite Derry, selon lequel Amenemopé aurait atteint « a considerable age ».
[68] K.A. Kitchen, *loc. cit.*

l'intervalle de temps séparant celle-ci des funérailles de la reine Satkamès et du prince Siamon (dans l'hypothèse où elles auraient eu lieu en l'an 7 et en l'an 8 d'Amenémopé) ne serait plus de 46 et 47 ans (selon la dernière hypothèse envisagée ci-avant), mais se trouverait réduit à 24 et 25 ans (ou même 19 et 20 ans). Il s'agirait d'un intervalle qui serait égal ou inférieur à celui que Beckerath admet lui-même dans le cadre de sa propre thèse [69]. De même, la bandelette portant l'indication d'un an 10 et découverte sur la même momie aurait été préparée non plus 45 ans avant le réensevelissement de Séthi Ier (intervenu par hypothèse en l'an 7 d'Amenémopé) mais 23 ans (voire 18 ans). Il s'agirait également d'un intervalle de temps égal ou inférieur à celui admis par Beckerath [70].

Rien ne semble donc imposer de situer les deux documents mentionnant Pinédjem Ier en tant que grand prêtre et datés d'un an 6, sous le règne de Smendès Ier. En revanche, ces documents semblent parfaitement pouvoir être situés sous le règne de Psousennès Ier [71] et par voie de conséquence, les étiquettes des cercueils de Séthi Ier et de Ramsès II, datées d'un an 6 et mentionnant Hérihor, pourraient être rattachées quant à elles au règne de Smendès Ier. On relève d'ailleurs, et ce n'est pas un aspect négligeable de la question, que le seul autre document daté dans lequel apparaît Hérihor (il s'agit de l'an 5 qui apparaît dans le conte d'Ounamon), mentionne lui aussi Smendès Ier. Admettre une telle datation pour ces deux étiquettes de momie aurait donc pour conséquence de conforter la thèse de Jansen-Winkeln sur l'inversion des pontificats de Hérihor et de Piankhy, sans qu'il soit besoin pour autant d'adopter l'autre thèse de ce dernier concernant l'existence d'années de règne propres aux premiers grands prêtres d'Amon de la Troisième Période intermédiaire et, en définitive, sans que la perception traditionnelle de la situation politique de cette époque et de la répartition originale des pouvoirs alors en vigueur au sein de la société égyptienne s'en trouve fondamentalement modifiée.

69 J. von Beckerath, *op. cit.*, p. 31. L'intervalle serait, selon cet auteur, de 24 ou 25 ans (17 ans de règne complémentaires pour Smendès Ier, plus 7 ou 8 ans pour Psousennès Ier).

70 Pour Beckerath, cet intervalle serait de 23 ans (16 ans de règne complémentaires pour Smendès Ier, plus 7 ans pour Psousennès Ier).

71 C'est d'ailleurs la conclusion à laquelle parvient Kitchen lui-même (*TIP*, § 23), lorsqu'il examine l'hypothèse d'un règne long de Psousennès Ier.

Marc Étienne

Njwt-bw-smḫ(=s), enfin presque…

« And History became legend, legend became myth. »
Tolkien, *The Lord of the Rings*

Parmi les ostraca littéraires conservés au département des antiquités égyptiennes du musée du Louvre figure le fragment d'un conte merveilleux connu sous le nom de « Khonsouemheb et le fantôme ». Ce fragment est conservé sur deux tessons qui ont été recollés ensemble (N 600 + N 700). Le texte de cet ostracon est connu de longue date [1] et les recherches de Georges Posener [2] ont permis de traquer d'autres fragments de ce même récit. L'étude complète de Jürgen von Beckerath [3] a ensuite permis de reconstituer la trame de ce conte et recense toutes les sources existantes.

Le fragment du Louvre est particulièrement important : sans parallèle, il constitue une partie de la quatrième section du conte, qui avait été recopiée sur des vases. Il constitue la clôture d'un de ses épisodes ou peut-être même sa fin, car il mentionne le dénouement du problème que le grand prêtre d'Amon doit résoudre : retrouver la tombe du fantôme pour mettre fin à sa manifestation dans le monde terrestre. Par ailleurs, à l'atmosphère de merveilleux du conte, se mêlent sur cet ostracon des éléments inhabituels. Les noms des héros, l'humour et la fantaisie contrastent avec des éléments topographiques insolites et d'une précision inhabituelle, déjà remarqués par Beckerath. Le nom du revenant *Njwt-bw-smḫ(=s)* et l'emplacement de sa sépulture appellent à mon sens des commentaires plus approfondis. Ces particularités me permettent ainsi d'offrir à François Neveu ce modeste témoignage d'amitié, par le biais de l'évocation des mentalités à la fin de l'époque ramesside sur la rive gauche de Thèbes qui lui est si familière.

Structure narrative et schéma actanciel

La reconstitution de la structure du récit à partir des fragments conservés du conte permet d'y déceler un schéma qui est relativement classique [4]. La *situation initiale* est ici inconnue du

[1] W. Spiegelberg, « Varia », *RT* 16, 1894, p. 26-32, § XIV, p. 31-32.

[2] G. Posener, « Les ostraca numérotés et le Conte du Revenant », dans I. S. Katsnelson (éd.), *Drevnii Vostok: k semidesiatipiatiletiiu akademika M. A. Korostovtseva [Mélanges Korostovtsev]*, Moscou, 1975, p. 105-112.

[3] J. von Beckerath, « Zur Geschichte von Chonsemhab und dem Geist », *ZÄS* 119, 1992, p. 90-107. S. Rosmorduc, « À propos du conte du revenant », *GM* 195, 2003, p. 81-86 et « Histoire de fantôme égyptien », *Égypte* n° 34, juin 2004 p. 51-58 ; Chr. Barbotin, *La voix des hiéroglyphes*, 2005, p. 52-53, n° 16.

[4] Pour les principales méthodes analytiques des contes, voir Vl. Propp, *Morphologie du conte*, Paris, 1965 ; Alg.-J. Greimas, *Sémantique structurale*, Paris, 1966 ; Cl. Brémond, *Logique du récit*, Paris, 1973.

fait de la perte du début du texte. L'origine de la *perturbation* qui transforme cette situation reste également inconnue. On peut néanmoins supposer que sa cause est la ruine d'une tombe menaçant de détruire un corps, entraînant de fait la manifestation de l'*akhou* dans le monde des vivants. L'*action* consiste en la recherche de la sépulture, entreprise à l'initiative du grand prêtre d'Amon – grâce à l'évocation du fantôme et son interrogatoire – et par ses auxiliaires – grâce à une prospection physique. Cette *action* débouche sur la *réparation* qui constitue la *force d'équilibre* avec la découverte de la tombe ruinée et la *situation finale* est ensuite évoquée à travers la quiétude du grand prêtre.

Dans la *situation initiale* les circonstances de temps et de lieu tout comme l'état avant perturbation ne nous sont pas connus. De même, la présentation du héros qu'est Khonsouemheb et les circonstances qui le placent au centre du conte sont perdues.

Le développement nous a été heureusement conservé. La personne qui confie la mission au héros est ici implicite : il s'agit du dieu Amon à travers celui qui est responsable de son culte. Le grand prêtre contacte le fantôme en montant sur le toit de sa maison et l'interroge. Cette prise en main du problème par le grand prêtre d'Amon est révélatrice de la « nouvelle éthique » de la fin du Nouvel Empire pour reprendre les termes de Pascal Vernus [5] : celui qui prend les choses en charge sur la rive gauche n'est pas le représentant du roi ou de l'administration mais celui du dieu tutélaire de Karnak.

L'élaboration des obstacles que le héros doit surmonter est résumée dans la séquence qui voit la confrontation du grand prêtre et de l'esprit. Cette partie se subdivise en plusieurs segments :

– celui où le fantôme raconte son histoire ;

– celui où se manifeste la réticence de l'esprit à faire confiance au grand prêtre, sur un mode ironique et savoureux (« cela fait quatre fois que l'on m'a fait cette promesse » III, A 12 ; B 8), que l'on doit comprendre comme « on ne m'aura pas encore une fois » ;

– celui concernant la restauration de la tombe et du culte funéraire qui lui est associé, objectifs difficiles du fait de l'état d'abandon de la nécropole.

S'il n'y a pas d'intervention d'ennemis contre le héros, celui-ci dispose en revanche d'auxiliaires bénéfiques que sont ses serviteurs. Une menace persiste en cas d'échec : le déchaînement du fantôme dans le monde des vivants, entre autres contre la personne physique du grand prêtre. Elle n'est cependant jamais clairement explicitée.

La *situation finale* est aussi résumée à l'extrême : la mission est réussie, le fait de retrouver la tombe et de la rénover annule la perturbation initiale. La *victoire* du héros est simplement évoquée, à l'inverse de la *célébration* qui, elle, est développée : toute l'équipe festoie et passe un bon moment. Cette évocation laconique de la victoire renvoie avant tout à une autre notion bien plus importante qui est la fiabilité absolue du dieu Amon pour résoudre les problèmes surgissant dans le territoire dont il est le dieu, par l'entremise des desservants de son culte.

La structure narrative classique des contes se retrouve donc dans cette composition littéraire : une information est donnée concernant une perturbation (la manifestation de *l'akhou*) qui entraîne une réaction du héros (l'évocation de l'esprit et son interrogatoire), un déplacement

[5] P. Vernus, *Affaires et scandales*, p. 172-196.

dans l'espace (la rive gauche de Thèbes, lieu où se situe le problème), un affrontement (une confrontation visuelle et verbale), une tâche difficile à accomplir (retrouver la tombe), pour aboutir à la réparation de la perturbation (faire disparaître le fantôme) et au triomphe du héros.

On peut ainsi dresser le *schéma actanciel* du conte (fig. 1). La sphère de la lutte oppose le fantôme au héros Khonsouemheb, ses auxiliaires constituant une aide pour la réalisation de la mission. Celle-ci relève de la sphère de la quête et du vouloir dont la tombe perdue est l'objet. Cette même tombe est au cœur de la sphère de l'échange : le destinateur passé, le roi qui octroie la sépulture, trouve sa contrepartie dans le présent en la personne du grand prêtre Khonsouemheb. Le destinataire est en fait un même individu qui est en quelque sorte dédoublé en un individu « social » inclus dans un ordre aulique (le chef du trésor) et un individu errant hors société qu'est le spectre. Ce dernier se situe ainsi à l'intersection des sphères de la lutte et de l'échange.

Le personnage du fantôme relève ici du type du personnage codé, qui est généré par un état de la société ou plus exactement de la relation entre deux composantes du monde créé – le monde des vivants et celui des morts –, qui ont un point de contact sur la terre. À travers ces relations s'expriment les personnes et on a ici un rôle codé : celui du défunt abandonné et quasi oublié. L'acteur est le *ba* errant du défunt qui se manifeste sous la forme d'un esprit *akhou* et provoque la perturbation en semant le trouble dans la société. Le personnage codé est ici celui de *Niout-bou-semekh(es)* qui fait passer le message que le concepteur du conte a élaboré. En effet, la fidélité au symbole de référence – le défunt oublié – est variable et ces variations sont importantes car on s'attend à un certain comportement et à l'expression d'un certain point de vue. L'auteur impose un certain niveau de lecture à travers ces variantes et introduit de nouvelles significations. On peut comparer ce texte à celui du papyrus Chassinat II (P. Louvre E 25352) [6], qui relate également une confrontation entre un esprit et un individu. Le discours du revenant n'y comporte pas l'ironie grinçante de celui du nôtre. Cet humour décapant du fantôme, que traduit son nom même, reflète le dérèglement social de la fin du Nouvel Empire et de la mise en place d'un nouveau système de valeurs et de référents.

Les noms du fantôme et de ses parents

Comme dans toute histoire de fantôme, il est nécessaire de connaître son nom et sa filiation afin de pouvoir le conjurer. Le seul nom de la mère pourrait suffire à cette opération si l'on avait affaire à un être vivant. Il semble que pour les fantômes il faille connaître le nom des deux parents.

Le fantôme va décliner son identité et sa filiation pour la première fois au moment où Khonsouemheb le fait apparaître. Il s'agit d'une des très rares descriptions d'une procédure d'évocation d'un mort que l'on qualifierait de nos jours de spiritisme. Elle se déroule à ciel ouvert sur le toit d'une maison. Le spectre apparaît après invocation des dieux du ciel, de la terre et des quatre directions cardinales. Le passage est ensuite en lacune. Le revenant apparaît après que Khonsouemheb l'a appelé par la formule « Viens à moi, *akhou* auguste » (II, A 6 ; B x+1). Cette

[6] G. Posener, « Une nouvelle histoire de revenant. Recherches littéraires VII », *RdE* 12, 1960, p. 76-82.

évocation a lieu pendant le jour, car le revenant doit être auprès de sa tombe le soir (II, 6, 7). Ce n'est qu'après que le grand prêtre lui demande de s'identifier et que l'esprit lui répond : « *Nioutbou-semekh(es)* est mon nom, *Ankh-men* celui de mon père et *Iti-em-shaset* celui de ma mère » (II, A 9, 10 ; B x+3).

Cette filiation appelle plusieurs commentaires. Les noms des parents du fantôme sont des noms fictifs, mais ils ont été choisis selon des critères assez particuliers, convenant à la fois au type de rencontre magique mais aussi au contexte général du conte et à ce à quoi il renvoie. Le nom du père arrive en premier dans l'énumération : « Puisse Un tel vivre ». Il s'agit d'un nom passe-partout, visant à combler la méconnaissance du nom réel de l'individu. Le nom de la mère du fantôme est aussi de nature fantaisiste [7] et ne manque pas d'humour : *jt(=j)-m-šꜣs.t* que l'on pourrait rendre par « Mon père est en vadrouille [8] ». Les parents sont donc on ne peut plus absents, ou du moins impossible à identifier par ces anthroponymes comiques fictifs. Cependant ces deux noms sont d'un type assez bien attesté au Moyen Empire. Les deux parents ont des noms endophoriques selon la classification de Pascal Vernus [9]. Ces derniers se rapportent au porteur et/ou à ses géniteurs. Cependant, le nom de chacun des parents peut se comprendre soit à travers son porteur soit en référence à leur enfant, le spectre.

Le nom du père de ce dernier qualifie directement son porteur – « Puisse Un tel vivre » – et donne ainsi une efficacité et une existence au nom du père et à l'être corporel lui correspondant, même si « Un tel » reste inconnu, ce qui renvoie bien à la condition de spectre de l'*akhou*. Dans le cas de la mère, le nom imite un modèle en relation avec son lignage du type *jt=f ʿnḫ*, « son père est vivant ». On attendrait alors ici pour la mère *Jt=s-m-šꜣs.t*. Le fait d'employer le suffixe 3e pers. masc. singulier (*=f*) indique qu'il s'agit plutôt du spectre dont on parle et que le nom de sa mère est un écho comique du nom de son père. À « que vive Un tel » répond « mon père est en vadrouille », insistant ainsi sur l'aspect incertain voire inconnu des parents du spectre dans l'esprit du rédacteur du conte. Cependant on remarque que le nom de la mère inclut une référence au père de l'individu comme si on avait à travers cette mention des deux parents une attention particulière donnée au père du fantôme. Cette insistance est peut-être due au statut du spectre. En tant qu'être hors norme reflétant une perturbation de la Maât, son nom semble avoir été traité comme celui des criminels par la modification du nom de leur père [10] En effet, le fantôme est à travers le nom de ses parents relié de façon très forte à l'ascendance paternelle, ascendance qui est traitée sur le mode du père absent et inconnu, caractéristique que l'on retrouve comme châtiment des coupables.

Cette inspiration tirée des anthroponymes du Moyen Empire et de l'expression de la filiation à cette époque, se retrouve dans la structure du nom même du fantôme.

Celui-ci apparaît dans le récit à plusieurs reprises avec des orthographes diverses sous la forme  dans la version A col. II. l.9, col. III. l.16 et 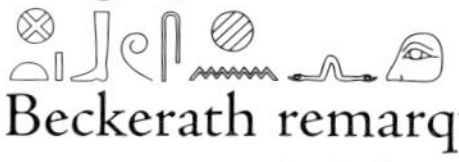 dans la version B l.12, celle ci présentant une orthographe plus fautive. Von Beckerath remarque que ce nom pose quelques difficultés grammaticales et propose de le corriger en *Njwt(=j)-bw smḫ(=s)* et de le

[7] J. von Beckerath, *op. cit.*, p. 105, note i.

[8] *šꜣs*, *Wb* IV, 412 3-7 « se déplacer » mais aussi « se hâter, filer » ; Meeks, *Année lexicographique*, 77.4089.

[9] P. Vernus, *Le surnom au Moyen Empire*, *StudPohl* 13, 1986, § 27, p. 125-127.

[10] G. Posener, « Les criminels débaptisés et les morts sans nom », *RdE* 5, 1946, p. 51-56 ; Vernus, *op. cit.*, p. 117.

traduire par « Ma ville, elle n'oublie pas (ses défunts) [11] ». Il s'agit encore d'un nom endophorique qui se rapporte à l'individu considéré dans son statut d'enfant. Le modèle des noms du type *bw rḫ=f*, « on ne le connaît pas », est bien attesté et a été étudié par Clère, Spiegel et surtout Fischer [12]. Au lieu d'y voir une évocation de personnes inconnues comme le pensait Spiegel, ces noms comportant une négation d'un verbe de cognition sont plutôt à mettre en relation avec le souci de protéger l'enfant : pour dissimuler son nom aux puissances néfastes qui chercheraient à lui nuire on l'affuble d'un nom « péjoratif » selon la dénomination de Sainte Fare-Garnot [13]. On trouve ainsi des noms du type *ḫm=sn*, *n rḫ=tw=f/s*, *nn ḫm=sn*. Les exemples les plus proches du nom de notre revenant sont formés avec la négation du futur ou du prospectif d'un verbe de cognition : *nn smḫ=tw=f*, « il ne sera pas oublié », *n smḫ=tw=f/s*, « il/elle n'est pas oublié(e) [14] ».

C'est ce type de nom qui a servi de modèle à l'élaboration du nom de *l'akhou*, nom d'autant plus savoureux qu'il est le contrepoint exact de la réalité. En effet, si la tombe menace ruine et que le personnage est réduit à l'état *d'akhou* se manifestant dans le monde des vivants, c'est qu'il est visiblement tombé dans l'oubli le plus total. De ce fait, reprenant une suggestion de G. Lefebvre, je pense qu'une autre traduction du nom du fantôme peut être proposée, qui donne d'autant plus de piquant au conte. À la traduction de von Beckerath, « Ma ville, elle n'oublie pas (ses défunts) », je crois que l'on peut préférer « Thèbes ne saurait oublier », voire « Thèbes n'oubliera jamais » ou « Thèbes n'oubliera plus jamais », en thématisant *njwt* dans son acception de ville par excellence, donc « Thèbes », bien attestée à l'époque ramesside [15].

La négation néo-égyptienne *bw sḏm=f* renvoyant à la notion atemporelle d'impossibilité [16], le nom devient ici porteur d'un sens qui s'accorde mieux avec le contexte du conte. Il reste un nom endophorique et Thèbes apparaît comme la mère qui n'oublie pas ses enfants. Ce nom est en outre un nom « déflecteur », servant à inverser par sa signification une situation anormale dans la réalité. Portant un nom certifiant qu'il ne peut être voué à l'oubli, le spectre a encore une chance de pouvoir être conjuré par la rénovation de la tombe où se trouve l'enveloppe charnelle menacée de destruction.

L'emplacement de la tombe

L'emplacement de la sépulture ruinée est indiqué en des termes à la fois vagues et très précis sur notre ostracon. La tombe est située sur la rive gauche, *r-gs tꜣ ḥwt ḏsrt n nsw Nb-ḥpt-Rꜥ, sꜣ Rꜥ Mntw-ḥtp* (IV, x+4), « à côté du domaine sacré du roi Nebhépetrê, le fils de Rê Montouhotep », et pour la trouver les hommes du grand prêtre marchent ou mesurent [17] *mḥ* 25 *m tꜣ wꜣt-nsw ḏsrt* (IV, x+5), « 25 coudées à partir du "chemin du roi" sacré ».

[11] J. von Beckerath, *op. cit.*, p. 105, note h : « Meine Stadt, nicht vergißt sie (scil. ihre Verstorbenen) ».

[12] J.J. Clère, « Notes d'onomastique à propos du Dictionnaire des noms de personnes de H. Ranke », *RdE* 3, 1938, p. 103-113, p. 108, n° 1 ? ; J. Spiegel, « Erwähnung unbekannter Personen auf Denksteinen des Mittleren Reiches », dans *Fs Grapow*, p. 315-321 ; H. G. Fischer, « *sḫꜣ=sn* (Florence 1774) », *RdE* 21, 1972, p. 64-71.

[13] J. Sainte Fare Garnot, « Défis au destin », *BIFAO* 59, 1960, p. 1-26.

[14] *PN* I, 204, 29 ; *PN* I, 168, 24-25 ; pour ce type de noms, voir P. Grandet, B. Mathieu, *Cours d'égyptien hiéroglyphique*, 2e éd., Paris, 1998, p. 637, b et c.

[15] Meeks, *op. cit.*, 78.1997.

[16] J. Winand, *Études de néo-égyptien I*, p. 381. G. Lefebvre, *Romans et contes égyptiens*, Paris, 1949, p. 173, note 10.

[17] Le texte est ici lacunaire ; le verbe n'a pas été clairement identifié (*LES*, p. 94 a).

Le « domaine sacré du roi Nebhépetrê » désigne à l'évidence le temple du roi Nebhépetrê Montouhotep II, construit dans le cirque de Deîr el-Baharî. Le terme *wꜣt-nsw ḏsrt* est plus inhabituel. Il désigne la voie processionnelle du temple funéraire de ce roi. Ce terme vient s'ajouter à ceux recensés par A. Cabrol dans son étude des voies processionnelles thébaines [18]. Il est construit sur une variante du modèle terminologique relativement rare de *wꜣt-nṯr*, « le chemin du dieu », où le mot *nṯr*, « dieu », est remplacé par un nom propre de divinité. Ici c'est le mot *nsw*, « roi », qui en tient lieu, renvoyant à Nebhépetrê Montouhotep. L'ensemble *wꜣt- nsw* désigne de façon certaine la voie processionnelle menant au domaine dont Nebhépetrê est le maître en tant que roi divinisé, auquel est adjoint le qualificatif *ḏsrt*, « sacré », en référence probable à sa fonction dans les cérémonies religieuses.

Comment doit-on comprendre cette localisation ? Les hommes du grand prêtre se rendent au temple funéraire de Nebhépetrê, dont l'emprise a été réduite entre-temps par ceux d'Hatchepsout et de Thoutmosis III, la voie processionnelle de ce dernier étant adjacente à celle qui est mentionnée dans notre texte. Les Égyptiens s'orientant face au sud, les 25 coudées en question ont de grande chance d'être parcourues en direction du sud, mais à partir d'un point de référence qui reste vague : la voie processionnelle du temple. Est-ce à partir de sa jonction au mur d'enceinte, considérée à l'époque comme le point de départ du dromos, compte tenu de son état de conservation, ou à partir d'un point plus éloigné situé vers son milieu qu'il faut parcourir ces 25 coudées (12,5 m) ? Dans les deux cas, il se trouve que la zone probable ou se trouve la tombe coïncide avec des cimetières où l'on trouve des sépultures du tout début du Moyen Empire, notamment à proximité du dromos où se trouvent des tombes de hauts fonctionnaires ayant exercé leur charge sous Nebhépetrê Montouhotep, dont le directeur du harem royal Djary (TT 103), le chancelier Khéty (TT 311), (= au nord du site) le général Antef (TT 386) et le vizir Dagy (TT 366) (fig. 2).

Cette nécropole du Moyen Empire a été fouillée par les équipes du *Metropolitan Museum* de New York et de l'Institut allemand d'archéologie du Caire [19]. Les tombes des hauts fonctionnaires de la XIe dynastie et du tout début de la XIIe dynastie ont pour leur part été étudiées par James Allen [20]. Le tableau qu'il dresse de ces officiels et de leur succession est particulièrement intéressant quant à notre fantôme inconnu. Ce dernier raconte (III, B 4-5) qu'il était directeur de la maison de l'argent (*mr pr ḥḏ*) sous la majesté d'un roi Montouhotep qui est probablement Nebhépetrê. Il déclare également qu'il a été enseveli en « l'an 14, le premier mois de la saison *chémou* ». Le roi lui offre quatre canopes et un sarcophage d'albâtre, ce qui a priori contraste avec les inhumations de la zone pour les hauts fonctionnaires. Or les tombes des hauts fonctionnaires du roi Montouhotep II sont situées sur le flanc de la colline jouxtant son temple funéraire et abritant les dépouilles de la plupart des hauts fonctionnaires du roi dont l'activité se situe entre l'an 30 à 51, date du pharaon. Qu'en est-il des sépultures des hauts fonctionnaires des

[18] A. Cabrol, *Les voies processionnelles de Thèbes*, *OLA* 97, 2001.

[19] Br. Jaroš-Deckert, *Das Grab des Inj-jtj.f. Die Wandmalereien der XI. Dynastie, Grabung in Asasif 1963-1970*, Band V, *AV* 12, 1984.

[20] J. P. Allen, « Some Theban Officials of the Early Middle Kingdom », *Studies Simpson* I, p. 1-26.

trois premières décennies ? L'autre groupe de tombes situées le long de la chaussée du temple pourraient-elles leur être attribuées ? La tombe de notre fantôme devrait alors se situer dans cette zone (fig. 2), mais, si elle existe, elle n'a toujours pas été retrouvée. Les indications données dans le conte peuvent être dues à la présence d'un texte autobiographique ou encore à un graffiti dans une tombe délabrée et fournir un point de départ tangible à notre histoire, mais le nom réel de ce chef du trésor fantôme reste à découvrir ainsi que sa sépulture.

Le conte, vecteur de propagande et/ou histoire à faire peur ?

Le conte intègre, dans la trame du récit, des éléments qui sont le reflet d'un certain état de la société. Il vise à travers sa diffusion à transmettre un message ou à servir un point de vue qui est souvent celui d'un cercle lié au pouvoir sociopolitique, pouvoir qu'il sert ou dont il stigmatise les failles [21]. Plusieurs éléments du récit mettent en relief des personnages, des lieux et même des dates qui ont tous pour point commun d'être étroitement liés au culte d'Amon et même plus précisément à celui de Khonsou. Le dénommé Khonsouemheb – « Khonsou est en fête » – n'est pas attesté parmi les grands prêtres d'Amon [22]. Dans le conte, il dirige les opérations depuis sa maison située sur la rive droite. L'évocation du spectre se fait sur le toit de celle-ci selon un modèle de prière liée à la piété personnelle. Elle fait peut-être écho aux pratiques religieuses prenant place sur le toit des temples et au rôle important dévolu à celui-ci [23], pratiques dont les empreintes de pieds sur le toit du temple de Khonsou à Thèbes sont les témoins. On peut remarquer que le grand prêtre d'Amon ne traverse pas le fleuve ; seuls ses acolytes se rendent sur la rive gauche pour trouver la tombe et reviennent ensuite rive droite rendre compte de leur mission. Le centre de décision à l'origine de l'action régulatrice est bel et bien Karnak, évoqué à travers la « maison » du grand prêtre. Par ailleurs cela correspond bien à la raréfaction des cérémonies amoniennes, telle la *Belle Fête de la Vallée*, pour la fin de l'époque ramesside, date généralement admise pour la composition de ce récit. Cette raréfaction est liée à la désaffection de la moitié nord de la rive gauche à cette époque. Il est aussi significatif d'avoir choisi comme lieu de l'action le cirque de Deîr el-Baharî et notamment le temple funéraire de Nebhépetrê Montouhotep. Des indices laissent soupçonner qu'il fut l'instaurateur de la *Belle Fête de la Vallée* avec procession et station de la barque d'Amon au sein de son édifice funéraire [24]. Les temples de millions d'années d'Hatchepsout et de Thoutmosis III ont contribué à parachever l'importance donnée à ce cirque lors de la *Belle Fête de la Vallée*. À cet égard, il s'agit d'un « lieu de mémoire » capital pour Thèbes. La raréfaction de son utilisation pour ces grandes processions entraîne le déclin et l'abandon de ses alentours où sont situées les tombes du Moyen Empire.

[21] J. Zipes, *Les contes de fées ou l'art de la subversion*, Paris, 1986.

[22] G. Lefebvre, *Histoire des grands prêtres d'Amon de Karnak*, Paris, 1929.

[23] Sur l'incipit de l'évocation, cf. R. Caminos, *LEM*, p. 171-172, note 1. Je remercie Chr. Barbotin d'avoir attiré mon attention sur ce point. D. Kurth, *Den Himmel stützen. Die « Tw3-pt »-Szenen in den ägyptischen Tempeln der griechisch-römischen Epoche*, *Rites égyptiens* II, 1975.

[24] A. Cabrol, *op. cit.*, p. 547-550 et 739-740.

Le nom du spectre évoque par ricochet un fait avéré : Thèbes ne peut oublier mais, pour en arriver à cet état de décrépitude, cet oubli a bien eu lieu. Cette constatation évoquée par le nom rejoint d'autres éléments présents dans le conte, notamment l'histoire du spectre. En tant que serviteur du roi Nebhépetrê Montouhotep, il a été enseveli dans le cimetière de Deîr el-Baharî jouxtant le temple de ce roi, ou à proximité de la voie processionnelle qui lui est associée. La date d'inhumation du chef du trésor qui deviendra le spectre n'est pas due au hasard : le premier mois de la saison *chémou* est le mois de *Pakhons*, le premier jour de ce mois étant la date d'une fête amonienne liée à la nouvelle lune qui va ensuite être consacrée à Khonsou et dont les calendriers de fêtes et les listes de chronocrates des temples d'époque gréco-romaine conservent le souvenir [25]. Ainsi, en rénovant la sépulture et en la redonnant au spectre, le grand prêtre d'Amon assume un rôle similaire à celui du glorieux devancier Nebhépetrê Montouhotep vis-à-vis de son chef du trésor. Il contribue à rétablir la Maât locale en un lieu lourd de sens pour le culte du dieu Amon dont il est le grand prêtre. Ce constat correspond bien à la mentalité de la fin de l'époque ramesside où le clergé d'Amon se substitue à l'organisation administrative et royale pour la prise en charge du cadre quotidien et l'exercice de la Maât sociale. Le conte de Khonsouemheb en est la parfaite illustration et constitue ainsi un vecteur de propagande pour le clergé d'Amon et l'efficacité de son action. L'idée sous-jacente est de considérer l'action royale comme un geste filial envers Amon, le dieu père, identifiant le souverain de fait à Khonsou, ce qui pourrait expliquer l'importance accordée à son temple.

Le secteur voisin du temple de Nebhépetrê est dépeint à travers ce conte comme une zone où des spectres d'un lointain passé peuvent se manifester. Seul le grand prêtre d'Amon a le pouvoir de les conjurer en restaurant leurs sépultures. Cependant, si l'on regarde la zone probable ou se situe la sépulture de notre spectre, on remarque qu'elle est située au débouché de la vallée qui mène à la gorge de la cachette où seront transférées les momies royales à l'instigation des grands prêtres d'Amon. Ce conte vise-t-il aussi à semer le trouble dans l'esprit de ceux qui voudraient explorer cette zone de plus près à une époque où l'on assiste à un accroissement significatif des talismans de protection individuels ? Si tel est le cas, le conte ferait aussi fonction d'histoire de croque-mitaine, bien que son dénouement soit heureux. Dans l'état actuel de nos connaissances, *Njwt-bw-smḫ(=s)* nous est seulement connu par les fragments de ce conte, il reste à l'archéologie le soin de confirmer l'efficacité magique de son nom...

[25] Chr. Leitz, *Studien zur ägyptischen Astronomie*, *ÄA* 49, 1989 ; Sh. El-Sabban, *Temple Festival Calendars of Ancient Egypt*, Liverpool, 2000, p. 129, 156, 165.

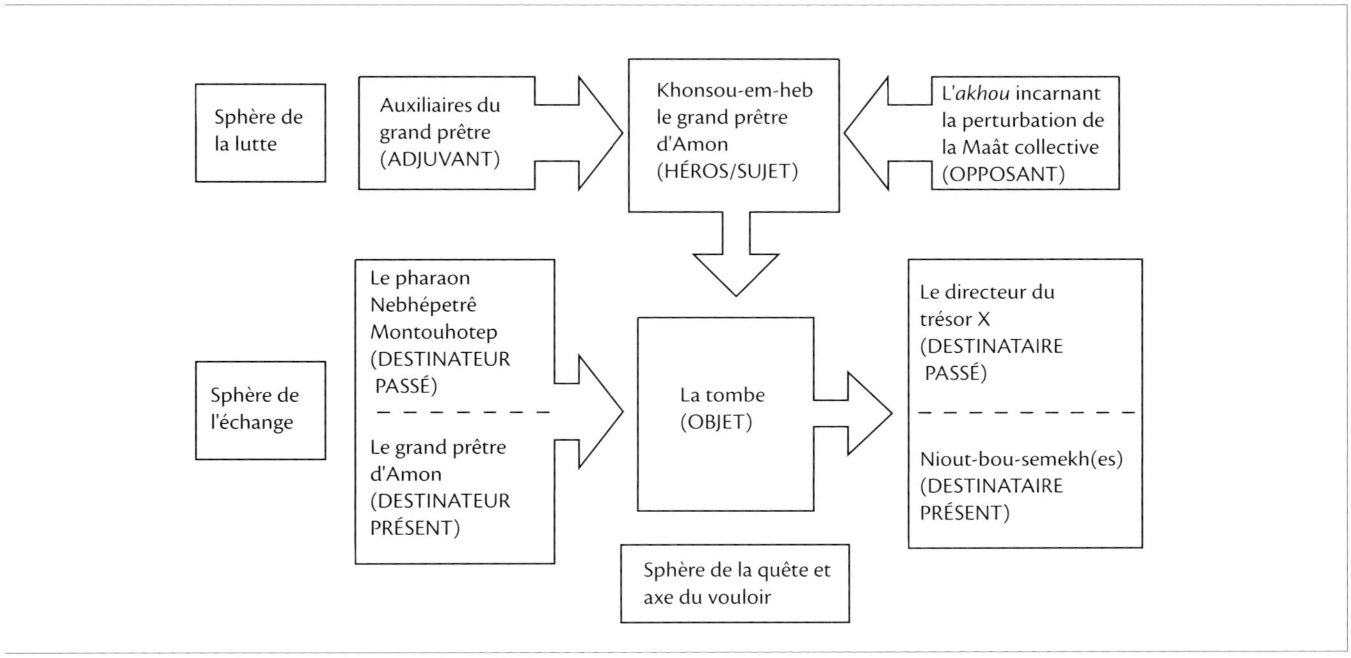

1. Schéma actanciel du conte *Khonsouemheb et le fantôme*.

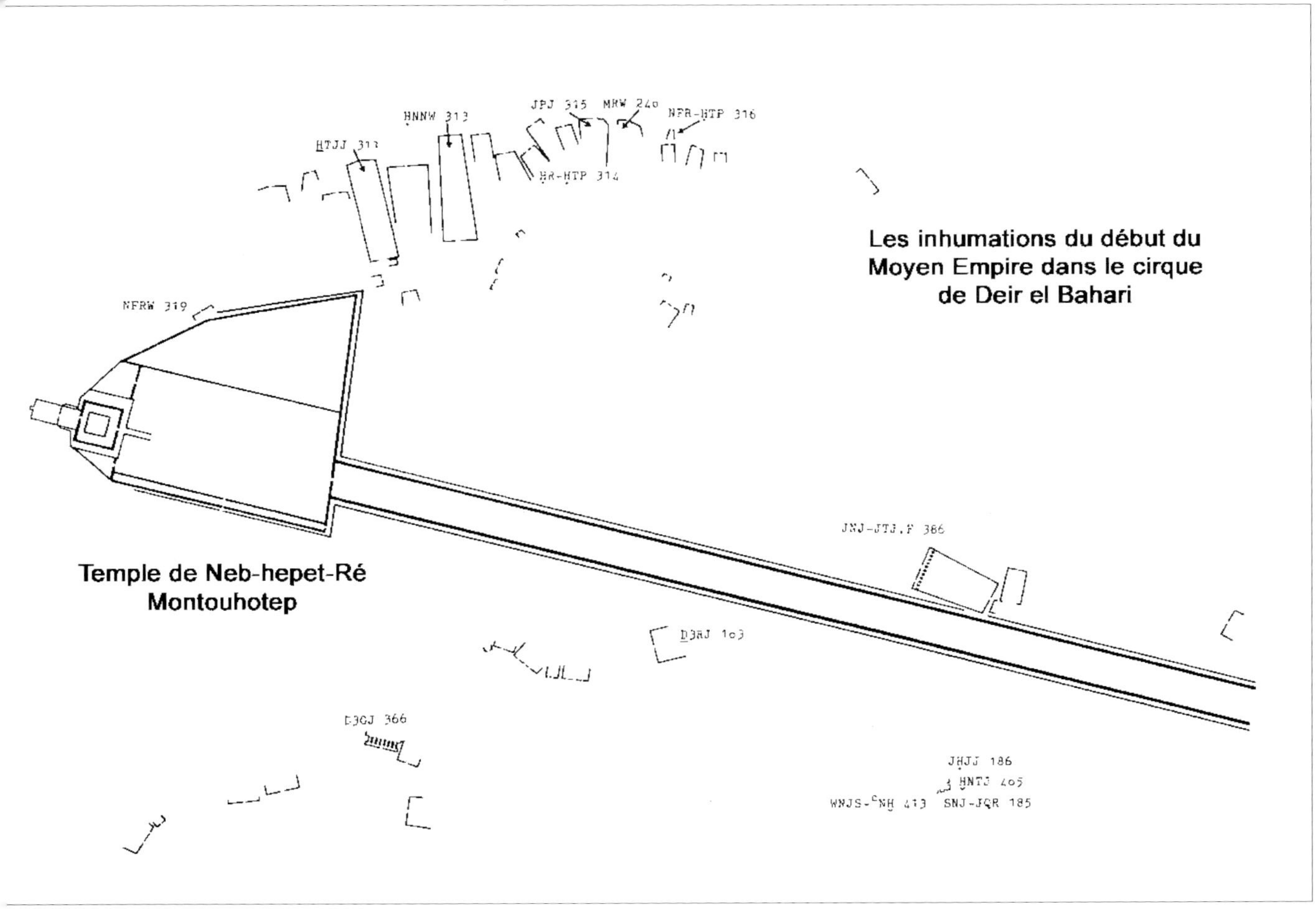

2. Les inhumations du début du Moyen Empire près du temple de Montouhotep II, d'après Br. Jaroš-Deckert, *op. cit.*, pl. 11.

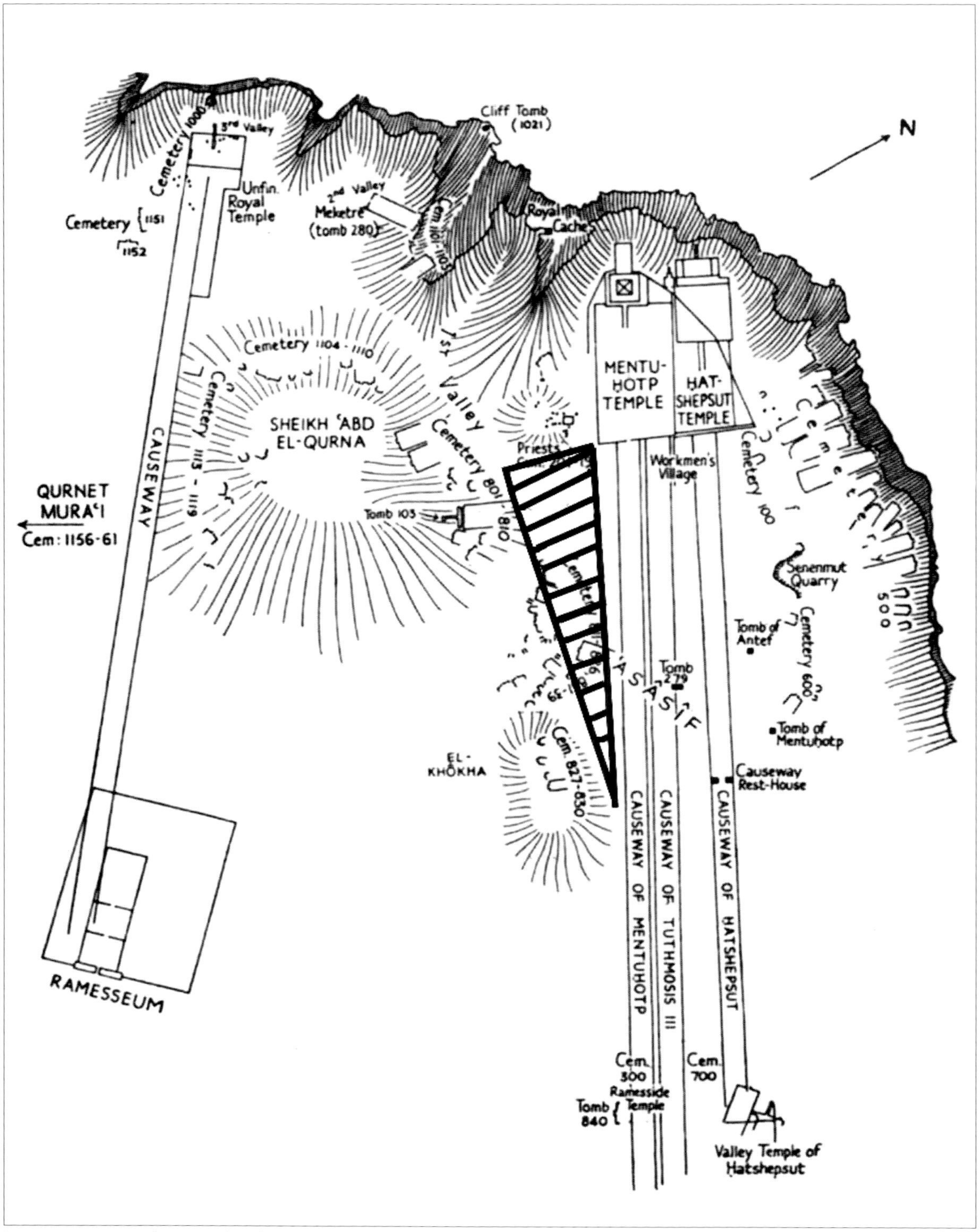

Fig. 3. Le cirque de Deîr el-Baharî, d'après PM I, 2, pl. V. L'emplacement supposé de la tombe du spectre est indiqué par le triangle hachuré.

Dominique Farout

Les fourberies de Djédi
P. Westcar 6, 22-9, 21

Le goût de François Neveu pour l'humour des habitants du village de Deir el-Médineh est bien connu. Il a toujours agrémenté ses cours de néo-égyptien d'exemples plaisants, généralement accompagnés de commentaires faisant la joie de ses élèves, dont j'ai eu la chance de faire partie. Effectivement, bien que l'image officielle laissée par la civilisation égyptienne montre une société très hiérarchisée et respectueuse du roi et des institutions, il faut avouer que celui qui s'intéresse aux artisans de « la Tombe » constate aisément leur caractère enjoué et irrévérencieux. Cet état d'esprit ne pouvait que plaire à François.

Un certain nombre de *papyri* ou *ostraca*, datés principalement du Nouvel Empire [1], ainsi que des statuettes, représentent des animaux dans des attitudes amusantes [2]. Souvent, ils remplacent les humains, renversant les valeurs du monde à des fins humoristiques [3]. Ce sont principalement des singes, des souris et des chats. Mais on trouve aussi des lions, renards ou chacals, chiens, ânes, bouquetins, gazelles, crocodiles, hippopotames, canards… Ils exercent toutes sortes d'activités humaines, se servent d'instruments de musique [4], conduisent des chars [5], jouent au *senet*, fabriquent de la bière [6], portent des divinités en procession [7], etc.

[1] Les traits d'humour se rencontrent régulièrement sur les parois des tombes de l'Ancien Empire. De plus, les thèmes animaliers sont attestés au-delà de l'époque pharaonique. En témoigne, par exemple, la scène provenant de Baouït, conservée au musée du Caire, où trois souris présentent des objets à un chat qui leur fait face. Cf. S. Curto, *La Satira nell'Antico Egitto, Museo Egizio di Torino*, Turin, 1966, fig. 16. Il en existe aussi sur des parois d'édifices religieux, par exemple les animaux musiciens de Philae. Cf. H. Hickmann, *Musikgeschichte in Bildern*, II : *Musik des Altertums* / 1, Leipzig, 1961, p. 36, fig. 14. Sur ce point, voir en dernier lieu Ph. Collombert, « Des animaux qui parlent néo-égyptien », dans le présent recueil.

[2] Statuette représentant des singes de plus en plus petits s'épouillant les uns les autres, Royal Ontario Museum, Toronto n° 948.34.156 ; D.P. Silverman, catalogue d'exposition *Egypt's Golden Age: the Art of Living in the New Kingdom 1558-1085 BC*, Museum of Fine Arts, Boston, 1982, n° 385, p. 280.

[3] Voir P. Vernus, J. Yoyotte, *Bestiaire des pharaons*, Paris, 2005, p. 58-61.

[4] Statuette de singe jouant de la harpe, Brooklyn Museum 16.68, D.P. Silverman, *op. cit.*, p. 280. Animaux instrumentistes sur des *ostraca*, J. Vandier d'Abadie, *Catalogue des ostraca figurés de Deir el Médineh*, *DFIFAO* II, fasc. 4, 1959, n°s 2844, 2845 et 2846, p. 183-184, pl. CXVIII.

[5] Statuette provenant d'Amarna : singe conduisant un char tiré par des canidés ; A.M. Badawi, « Le grotesque : invention égyptienne », *Gazette des beaux-arts* 66, n° 1161, 1965, fig. 17, p. 195.

[6] Papyrus du British Museum, hippopotame et chien. S. Curto, *op. cit.*, fig. 12.

[7] *Ostracon* provenant de Deir el Médineh, Musée égyptien de Turin, n° suppl. 6333 ; S. Curto, *op. cit.*, fig. 4.

Un mécanisme humoristique plus complexe consiste non seulement à faire jouer aux animaux le rôle des hommes, mais en plus à placer des prédateurs en compagnie de leurs proies. Ainsi cette hyène qui joue du double chalumeau alors qu'un bouquetin danse devant elle [8], ce crocodile qui joue d'instruments de musique en compagnie de caprinés [9], cet orchestre formé d'un âne, d'un lion, d'un crocodile et d'un singe [10] ou ce lion qui joue au *senet* avec une gazelle [11].

L'inversion est encore accentuée lorsque les prédateurs sont mis au service de leurs proies – chat servant des boissons à une souris mâle assise en costume de haut personnage [12] ; chat portant un nid plein d'œufs et de canetons [13], chatte nourrice d'un souriceau [14], chacals donnant à boire à un bovidé – ou lorsqu'ils sont placés comme protecteurs de leurs proies, tels ces chats [15], renards ou chacals [16] gardant des volailles et du petit bétail [17].

Le décalage peut être obtenu en plaçant en l'air celui qui est lourd et en bas celui qui est léger et ailé. Il en est ainsi de cette représentation où une hirondelle grimpe une échelle pour atteindre un hippopotame perché dans un arbre [18]. Il s'agit bien de rire d'un monde sens dessus dessous.

De cette façon, les artistes ont parodié, parfois férocement, toutes sortes de thèmes fréquemment figurés sur les murs des tombes aussi bien que sur ceux des temples [19].

Plus rarement, le niveau d'inversion est encore accentué par la présence d'humains en position d'infériorité par rapport aux animaux. C'est le cas de l'*ostracon* [20] représentant un enfant, reconnaissable à sa mèche, agenouillé, levant les bras et tournant la tête derrière lui, entre un chat et une souris portant des insignes de pouvoir. Il est clairement placé dans une attitude de soumission.

Il arrive que l'image soit beaucoup plus irrévérencieuse, le souverain lui-même n'était pas à l'abri des moqueries. En témoigne l'étonnante scène peinte sur un *ostracon* découvert dans la tombe de Ramsès VI, représentant un lion pourchassé par un canidé. La mention « roi de Haute et Basse Égypte » inscrite en hiéroglyphes au-dessus dudit lion, dont la tête est retournée en signe de défaite, qualifie visiblement l'animal. Il s'agit bien de faire rire aux dépens du pouvoir [21].

Il existe également des représentations à caractère satirique mettant en scène les humains en tant que tels. Par exemple, l'*ostracon* de Deir el-Médineh qui porte une copie du relief de

[8] *Ostracon* Deir el-Médineh, musée du Louvre ; B. Van de Walle, *L'humour dans la littérature et dans l'art de l'ancienne Égypte*, Leyde, 1969, pl. I, fig. 2. S. Curto, *op. cit.*, fig. 8.

[9] *Ostracon* Deir el-Médineh, Musée égyptien de Turin, nº suppl. 6299 ; S. Curto, *op. cit.*, fig. 5.

[10] Papyrus Musée égyptien de Turin, nº cat. 2031 ; S. Curto, *op. cit.*, fig. 10-11.

[11] Papyrus British Museum ; S. Curto, *op. cit.*, fig. 12.

[12] *Ostracon*, Boston Museum of Fine Arts, nº 1976.784 ; D. P. Silverman, *op. cit.*, p. 279-80.

[13] *Ostracon*, Boston Museum of Fine Arts, nº 1976.784 ; *idem*.

[14] Papyrus du musée du Caire ; S. Curto, *op. cit.*, fig. 4.

[15] *Ostracon* Deir el-Médineh, Musée égyptien de Turin, nº suppl. 8286 ; S. Curto, *op. cit.*, fig. 6.

[16] *Ostracon* Deir el-Médineh, Bruxelles, musées royaux d'Art et d'Histoire, nº E.6369 ; catalogue d'exposition *Les artistes de Pharaon*, Paris, 2002, 133, p. 189.

[17] Papyrus, British Museum, S. Curto, *op. cit.*, fig. 12.

[18] Papyrus Musée égyptien de Turin, nº cat. 2031 ; S. Curto, *op. cit.*, fig. 10-11.

[19] Y compris les scènes guerrières, voir le papyrus de Turin, nº cat. 2031 ; S. Curto, *op. cit.*, fig. 10-11.

[20] The Oriental Institute, University of Chicago, nº 13591 ; D.P. Silverman, *op. cit.*, p. 279 ; S. Curto, *op. cit.*, fig. 9.

[21] G. Daressy, *Ostraca*, CGC, 1901, nº 25084, p. 17 ; A. Minault-Gout, *Carnets de pierre. L'art des ostraca dans l'Égypte ancienne*, Paris, 2002, fig. 62 p. 87, 89.

Deir el-Bahari, beaucoup plus ancien, représentant la reine de Pount avec ses difformités, pourrait être humoristique[22]. Il est cependant impossible d'en avoir le cœur net, ni de savoir si l'image était amusante en soi ou si elle servait à caricaturer quelqu'un que les habitants du village connaissaient.

Un *ostracon*, provenant de la tombe de Ramsès V et Ramsès VI (KV 9), représente une scène qui nous semble cocasse, un duel à l'arc entre un roi et une reine affrontés sur des chars de guerre[23].

Bien que le genre grotesque à caractère sexuel fût connu – et même prisé semble-t-il – des Anciens Égyptiens[24], le graffito[25] dessiné dans une tombe près du temple d'Hatchepsout à Deîr el-Baharî, représentant un homme debout pénétrant une femme nue penchée en avant, n'appartient peut-être pas à cette catégorie. Il est souvent considéré comme une allusion parodique[26] à une soi-disant relation amoureuse entre la reine et Sénenmout qui n'a laissé aucune trace tangible. Il y a deux scènes érotiques sur la paroi, la seconde représente un petit homme en érection derrière un grand personnage masculin. Dans les deux cas, le personnage en érection serait Sénenmout. Le fait que l'objet de son désir soit tantôt un homme tantôt une femme serait un argument pour y voir Hatchepsout, en raison de la nature ambivalente de ses représentations officielles[27] masculines ou féminines en fonction des besoins. Quoi qu'il en soit, il me semble que l'absence de signe régalien[28] en relation avec la femme contredise cette interprétation. En effet, ce type de scène se retrouve ailleurs[29], alors pourquoi changer d'interprétation uniquement en fonction de sa situation géographique et de la proximité d'autres scènes qui n'ont en commun que leur caractère érotique ?

Bien entendu, la littérature montre des exemples de ressorts comparables. L'état malheureusement fragmentaire du conte du général Siséné ne permet pas d'avoir une idée assurée de la dose d'humour que l'on croit y percevoir par le biais de possibles relations homosexuelles entre le roi et ledit général[30]. En effet, il est possible que les deux hommes se retrouvent secrètement le soir pour d'autres raisons et la découverte de la fin du récit pourrait aussi bien nous dévoiler une issue très sérieuse, tout du moins absolument imprévisible.

22 Berlin, Ägyptisches Museum 21442. A. Minault-Gout, *op. cit.*, fig. 65, p. 90-91.

23 G. Daressy, *Ostraca*, Le Caire, 1901, n° CG 25125, p. 24-5, pl. XXIV ; A. Minault-Gout, *op. cit.*, fig. 63, p. 87-89.

24 L'exemple le plus célèbre est livré par le « papyrus érotique de Turin », J.A. Omlin, *Der Papyrus 55001 und seine satirisch-erotischen Zeichnungen und Inschriften, Catalogo del Museo Egizio di Torino* III, Turin, 1973.

25 L. Manniche, « Some Aspects of Ancient Egyptian Sexual Life », *Acta Orientalia* 38, 1977, p. 21-22 et fig. 4 ; L. Manniche, *Sexual Life in Ancient Egypt*, Londres, New York, 1997, p. 55, fig. 46.

26 L'idée selon laquelle il s'agirait de Sénenmout est proposée par J. Romer, *Romer's Egypt : A New Light on the Civilisation of Ancient Egypt*, Londres, 1982, p. 157-160. Elle a été critiquée et développée par E.F. Wente, « Some graffiti from the Reign of Hatshepsut », *JNES* 43, 1984, p. 47-48, 52-54.

27 E.F. Wente, *op. cit.*, p. 53, propose cette éventualité. Il pense qu'il peut s'agir d'une satire politique contre Hatchepsout, plus précisément contre la notion de pharaon femme, mais il ne croit pas que son partenaire soit Sénenmout plus qu'un autre.

28 Il a été proposé d'y voir une négation de la légitimité de la nature royale d'une femme.

29 Ainsi la gravure rupestre G. Goyon, *Nouvelles inscriptions rupestres du Wadi Hammamat*, Paris, 1957, n° 129, p. 132, pl. XXXVIII, et l'*ostracon* British Museum 50714, A. Minault-Gout, *op. cit.*, fig. 37, p. 53.

30 Sur cette question, voir R.B. Parkinson, « Homosexual Desire and Middle Kingdom Literature », *JEA* 81, 1995, p. 71-74.

En revanche, le récit copié sur le papyrus Westcar, rédigé probablement au Moyen Empire [31], plutôt qu'au début du Nouvel Empire [32], est indéniablement satirique. C'est particulièrement remarquable dans le conte des têtes coupées et recollées. Les protagonistes de cette farce sont : un roi, dont la naïveté rappelle celle du Bourgeois gentilhomme ; un savant irrévérencieux à l'appétit pantagruélique, qui pourrait être le cousin de Scapin ; et un prince, dans le rôle du jeune premier qui suscite les aventures des deux héros.

LES TÊTES COUPÉES PUIS RECOLLÉES OU LES FOURBERIES DE DJÉDI

ꜥḥꜥ pw jr(w)~n sꜣ-n(y)-sw.t Ḥr-dd=f r md.t (6,23) *ḏd=f*
« [...] n(y) sp[...] m rḫ(w).t~n nty.w swꜣ=w
n (6,24) *rḫ~n=tw mꜣꜥ.t r grg*
[jw wn(=w) ḫr] ḥm=k m hꜣw=k ḏs=k (6,25) *n rḫ[=k ...] »*

Alors le prince Hordedef [33] *se leva pour parler et dit :*
« [Tu as entendu jusque-là] des exemples [...] de ce qu'ont connu ceux qui sont trépassés. On ne peut (y) discerner la vérité du mensonge. [Il y en a sous] (le règne) de Ta Majesté, de ton propre temps, et [tu] ne [le] sais pas [...] [a] *».*

ḏd~jn ḥm=f
« jšs.t [pw] (6,26) *Ḥr-[ddf sꜣ=j] ? »*

Sa majesté dit :
« De quoi s'agit-il Hor[dedef mon fils] ? [b] *»*

[31] Le texte, à mon avis, ne peut être postérieur à la date à laquelle a été gravée la liste du Wadi Hammamat qui donne les noms des princes de ce recueil de contes et de leur père Khéops. E. Drioton, « Une liste de rois de la IVe dynastie dans l'Ouâdi Hammâmât », *BSFE* 16, 1954, p. 41-49. En effet, ce n'est pas un effet du hasard si ce sont ces princes et seulement ceux-là parmi les fils de Khéops qui sont inscrits dans l'ordre dans lequel ils apparaissent dans le papyrus Westcar. Ainsi, il me semble évident que l'auteur de cette inscription rupestre connaissait cette œuvre et qu'il a voulu graver les noms de personnages littéraires et non établir une liste historique, comme l'indiquent la mise en cartouche de tous les noms, y compris ceux des princes n'ayant jamais régné, ainsi que la solarisation du nom du prince (Rê)-Hordedef qui correspond au thème du conte où il entre en scène.

[32] Voir R.B. Parkinson, *Poetry and Culture in Middle Kingdom Egypt*, Londres, New York, 2002, p. 295. Il penche plutôt pour la fin du Moyen Empire ou le début de la Deuxième Période intermédiaire ; cependant, il ne semble pas avoir noté l'importance du graffito du Wadi Hammamat pour la datation de cette œuvre.

[33] Sur ce personnage, auteur d'un enseignement célèbre, voir M. Baud, *Famille royale et pouvoir sous l'Ancien Empire égyptien*, *BdE* 126/2, 1999, [158], p. 522-523 ; V. Ritter, « Hordedef ou le glorieux destin d'un prince oublié », *Egypte Afrique et Orient* 15, 1999, p. 41-50. Rien n'autorise à considérer ce fils de Khéops comme le père de la reine Khentykaous Ire, mère de deux des premiers rois de la Ve dynastie et d'en faire la raison de sa présence dans ce conte. Sur ce point, voir M. Baud, *op. cit.*, [186], p. 548 en particulier.

[ḏd~jn sꜣ-n(y)-sw.t Ḥr]-dd=f
« jw wn(=w) nḏs (7,1) *Ḏdj rn=f*
ḥms=f m Ḏd-Snfrw-mꜣʿ-ḫrw
jw=f m (7,2) *nḏs n(y) rnp.t 110*
jw=f ḥr wnm t 500 rmn n(y) jwꜣ 1 m (7,3) *jwf*
ḥnʿ swr ḥnq.t ds 100
r mn m hrw (7,4) *pn*
jw=f rḫ(=w) ṯs tp ḥsq(=w)
jw=f rḫ(=w) rd.t šm (7,5) *mꜣj ḥr-sꜣ=f sšd=f ḥr tꜣ*
jw=f rḫ(=w) tnw jp.wt (7,6) *n(y.w)t wn.t n(y).t Ḏḥwty »*

[Le prince, Hor]dedef [dit] :
« Il existe un petit, nommé Djédi, qui réside à Djedsnéfrou-J. V.[c]*, c'est un petit de 110 ans*[d]*, il est (tout le temps) en train de manger 500 pains et, comme viande, une épaule de bœuf, et boit continuellement 100 cruches de bière jusqu'à aujourd'hui*[e]*; il sait recoller une tête coupée, il sait faire qu'un lion marche à sa suite alors que sa laisse est à terre et il connaît le nombre des chambres (secrètes) du sanctuaire de Thot*[34] [f]*. »*

jst wrš ḥm n(y) n(y)-sw.t bjty Ḫw=f-wj mꜣʿ ḫrw
(7,7) *ḥr ḫḫ.y n=f nꜣ n(y) jp.wt n(y.w)t wn.t n(y).t Ḏḥwty*
r jr.t n=f mjt(y).t (7,8) *jr(y).y n ꜣḫ.t=f*

Or la majesté du roi de Haute et Basse Égypte Khéops J. V. passait son temps à chercher pour elle-même les dites chambres (secrètes) du sanctuaire de Thot afin de se faire la même chose pour son horizon[u]*.*

ḏd~jn ḥm=f
« ḏs=k jrf Ḥr-dd=f sꜣ=j jnt=k (7,9) *n=j sw ! »*

Sa Majesté dit :
« Toi-même, Hordedef, mon fils, tu vas aller me le chercher ! »

ʿḥʿ~n sspd(=w) ʿḥʿ.w n sꜣ-n(y)-sw.t Ḥr-dd=f
šꜣs (7,10) *pw jr(w)~n=f m ḫnty.t*[35] *r Ḏd-Snfrw mꜣʿ ḫrw*
(7,11) *ḥr m-ḫt nꜣ n(y) ʿḥʿ.w mnj(=w) r mry.t*

34 Il existe deux mots *ṯnw* en égyptien. L'un est un nom et signifie « nombre », l'autre est un pronom interrogatif qui signifie « où ? ». S'il était utilisé, il faudrait traduire « Il connaît : « Où sont les chambres secrètes du sanctuaire de Thot ? », ce qui est absurde. En revanche, « Il sait où se trouvent les chambres secrètes du sanctuaire de Thot » serait rendu par *jw=f rḫ=w bw nty jp.wt n(y.wt) wn.t n(y).t Ḏḥwty jm*. Donc, le scribe a utilisé le mot qui signifie « nombre », il s'agit bien du « nombre des chambres secrètes du sanctuaire de Thot » et non de leur emplacement.

35 Il est clair que la graphie *m ḫnt ḫty.t* doit être comprise *m ḫnt(y).t*.

šꜣs pw [(7,12)] *jr(w)~n=f m ḥry.t*
snḏm~n=f m [qn]jw n(y) hbny
nbꜣ.w [(7,13)] *m ssnḏm,*
gnẖ(=w) [36] *rf m nbw*

Alors on arma des bateaux pour le prince Hordedef et il se hâta de naviguer en amont vers Djedsnéfrou J. V. Puis, lorsque les bateaux furent amarrés sur la rive, il se hâta par voie de terre après s'être installé dans une chaise à porteurs d'ébène aux brancards de tamaris, plaquée, bien entendu, d'or [g].

ḫr m-ḫt spr=f r Ḏdj
[(7,14)] *ꜥḥꜥ~n wꜣḥ(=w) pꜣ qnjw*
ꜥḥꜥ pw jr(w)~n=f r wšd=f
gm~n=f [37] [(7,15)] *sw sḏr(=w) ḥr tmꜣ m sš n(y) pr=f*
ḥm ẖr tp=f [(7,16)] *ḥr ꜥmꜥm n=f*
ky ḥr sjn rd.wy=fy

Puis, lorsqu'il fut arrivé auprès de Djédi, la chaise à porteurs fut posée et il se leva pour s'adresser à lui. Il le trouva gisant sur une natte sur le seuil de sa maison, tandis qu'un esclave soutenant sa tête (la) lui frictionnait pendant qu'un autre lui massait les jambes [h].

ꜥḥꜥ~n ḏd~n sꜣ-n(y)-sw.t [(7,17)] *Ḥr-dd=f*
« jw ḫr.t=k mj ꜥnḫ(w) tp m tnj ḫr jꜣw.t [(7,18)] *s.t mnj.t s.t qrs s.t smꜣ tꜣ*
sḏr(w) r šsp [(7,19)] *šw(=w) m ḫꜣ.t*
nn kḥkḥ.t n(y).t sry.t
nḏ ḫr.t [(7,20)] *jmꜣḫy pw ! »*

Alors le prince Hordedef dit :
« Ta condition est comme celle de quelqu'un qui vit avant le grand âge ainsi que la vieillesse, le trépas, les funérailles et l'enterrement, quelqu'un qui dort jusqu'à l'aube sans douleur (maladie) ni quinte de toux. Voilà une salutation digne d'un bienheureux [i] *! »*

« jj~n=j ꜥꜣ r njs r=k m wpw.t [(7,21)] *n(y).t jt=j Ḫw=f-wj mꜣꜥ ḫrw*
wnm=k špss.w n(y.w) dd(w) n(y)-sw.t
ḏfꜣ.w [(7,22)] *n(y.w) jmy.w šmsw=f*
sb=f tw m ꜥḥꜥw nfr n jt.w=k [(7,23)] *jmy.w ẖr(y.t)-nṯr »*

[36] R. Faulkner, *CD* 290, traduit « mount poles (*m* in gold) » ; Meeks, *Année lexicographique*, 77.4657, *gnš*, « distinguer, choisir », déterminatif croix et bras armé ; *ibid.*, 79.3293, *gnḫ*, « recouvrir de, attacher à » ; P. Vernus, *Hommages Sauneron* I, p. 467, n. 2 ; R. Hannig, *Grosses Handwörterbuch*, p. 902, *gnḫ*, « beschlagen sein (*m* mit gold) » déterminatif du creuset. Ici, il faut traduire *gnḫ* par « recouvrir de, plaquer de, orner de ».

[37] Il s'agit certainement d'une forme perfective destinée à mettre en valeur les éléments circonstanciels à partir de *sḏr(=w)*.

« Si je suis venu ici, c'est pour te convoquer en mission de mon père Khéops J. V., tu mangeras les mets de choix que donne le roi et les provisions destinées à ceux qui sont dans sa suite[e] *et il t'enverra, au moment opportun (lors de la bonne durée de vie), chez tes ancêtres qui sont dans la nécropole*[j]. *»*

ḏd~jn Ḏdj pn
« m ḥtp sp-2 Ḥr-dd⸗f sȝ-n(y)-sw.t (7,24) *mry~n jt⸗f*
ḥs tw jt⸗k Ḫw⸗f-wj mȝʿ ḫrw
sḥnt⸗f (7,25) *s.t⸗k m jȝw.w*
šnt kȝ⸗k ḫ.t r ḫfty.w⸗k
rḫ bȝ⸗k (7,26) *wȝ.wt ʿfd(w.w)t r sbḫ.t n(y).t ḥbs(w) bȝg*
nḏ ḫr.t (8,1) *sȝ-n(y)-sw.t pw ! »*

Le Djédi en question dit : « Bienvenue, bienvenue, Hordedef, fils du roi, aimé de son père ! Veuille ton père Khéops J. V. te favoriser, qu'il promeuve ta position parmi les anciens ! Puisse ton ka *dresser des obstacles contre tes ennemis et ton* ba *connaître les chemins qui mènent au portail de celui qui couvre le(s) inerte(s) ! Voilà une salutation digne d'un fils de roi !*[k] *»*

ʿḥʿ~n ȝw~n n⸗f sȝ-n(y)-sw.t Ḥr-dd⸗f ʿ.wy⸗fy
ʿḥʿ~n (8,2) *sʿḥʿ~n⸗f sw*
wḏȝ pw jr(w)~n⸗f ḥnʿ⸗f r mry.t ḥr rd.t n⸗f ʿ⸗f

Alors, le prince Hordedef lui tendit les mains et le releva, puis il se rendit avec lui sur la berge tout en lui donnant la main[l].

(8,3) *ʿḥʿ~n ḏd~n Ḏdj*
« jm d⸗tw n⸗j wʿ n(y) qȝqȝw
jnt⸗f n⸗j ẖrd.w (8,4)*⸗j ḥr sš.w⸗j »*

Alors Djédi dit :
« Fais-moi donner un bateau-qaqaou, afin qu'il transporte pour moi mes enfants et mes livres. »

ʿḥʿ~n rd(⸗w) ʿḥʿ n⸗f qȝqȝw 2 ḥnʿ js.t⸗sn
jw.t pw jr(w)~n (8,5) *Ḏdj m ḫd m wsḫ nty sȝ-n(y)-sw.t Ḥr-dd⸗f jm⸗f*

Alors on lui donna deux bateaux-qaqaou avec leur équipage et Djédi vint en aval à bord de la barge dans laquelle se trouvait le prince Hordedef[m].

ḫr (8,6) *m-ḫt spr⸗f r ẖnw*
ʿq pw jr(w)~n sꜣ-n(y)-sw.t Ḥr-dd⸗f (8,7)
r smj.t n ḥm n(y) n(y)-sw.t bjty Ḫw⸗f-wj mꜣʿ ḫrw

Quand il fut arrivé à la Résidence, le prince Hordedef entra faire son rapport à la majesté du roi de Haute et Basse Égypte Khéops J. V.

ḏd~jn sꜣ-n(y)-sw.t (8,8) *Ḥr-dd⸗f*
« j jty ʿnḫ wḏꜣ snb nb⸗j
jw jn~n⸗j Ḏdj »

Le prince Hordedef dit :
« Ô souverain V. S. F., mon maître, j'ai amené Djédi. »

ḏd~jn (8,9) *ḥm⸗f*
« js jn n⸗j sw ! »

Sa Majesté dit :
« Va me le chercher [n] *! »*

wḏꜣ pw jr(w)~n ḥm⸗f r wꜣḫy n(y) (8,10) *pr-ʿꜣ ʿnḫ wḏꜣ snb*
stꜣ~jn⸗tw n⸗f Ḏdj

Sa Majesté se rendit à la salle à colonnes du palais V. S. F.
et on lui introduisit Djédi.

ḏd~jn ḥm⸗f
« pty s.t Ḏdj (8,11) *tm rd(w) mꜣn⸗j tw ? »*

Sa Majesté dit :
« Qu'est-ce que c'est Djédi, de ne pas me permettre de te voir ? »

ḏd~jn Ḏdj
« njsw pw jy(w) (8,12) *jty ʿnḫ wḏꜣ snb*
njs r⸗j mk wj jj⸗kw ! »

Djédi répondit :
« (Par définition), celui qui est venu est celui qui a été convoqué, ô souverain V. S. F., appelle-moi et vois, je suis venu [o] *! »*

ḏd~jn ḥm=f
« jn-(8,13)*jw mꜣʿ.t pw pꜣ ḏd*
jw=k rḫ=tj ṯs tp ḥsq(=w) ? »

Sa Majesté dit :
« Est-ce que c'est vrai ce qu'on dit, que tu sais recoller une tête coupée[p]*? »*

(8,14) *ḏd~jn Ḏdj*
« tjw jw=j rḫ=kw jty ʿnḫ wḏꜣ snb nb=j »

Djédi répondit :
« Oui, je sais (le faire) ô souverain V. S. F. mon maître. »

(8,15) *ḏd~jn ḥm=f*
« jm jnt=tw n=j ḫnrj nty m ḫnrt wd(=w) (8,16) *nkn=f ! »*

Sa Majesté dit :
« Qu'on m'amène le prisonnier qui est dans la prison lorsque son châtiment aura été infligé[38] *! »*

ḏd~jn Ḏdj
« n js n rmṯ jty ʿnḫ wḏꜣ snb nb=j !
(8,17) *mk n wḏ=tw jr.t mn.t jry(.t) n tꜣ ʿw.t šps.t ! »*

Djédi répondit :
« Sauf aux êtres humains, ô souverain V. S. F. mon maître ! Vois, il n'a jamais été ordonné de faire pareille chose au bétail précieux[q]*! »*

ʿḥʿ~n jn(=w) n=f smn
wḏʿ(=w) ḏꜣḏꜣ=f
ʿḥʿ~n rd(=w) pꜣ smn r gbꜣ (8,19) *jmnty n(y) wꜣḫy*
ḏꜣḏꜣ=f r gbꜣ (8,20) *jꜣbty n(y) wꜣḫy*

*Alors on lui apporta un jars-*semen[r] *et on lui trancha la tête, puis, le (corps du) jars-*semen *fut placé du côté droit de la salle à colonnes et sa tête du côté gauche de la salle à colonnes.*

[38] Il peut aussi s'agir d'un impératif : « infligez son châtiment. »

ꜥḥꜥ~n ḏd~n Ḏdj ḏd.wt=f m ḥkꜣ.w (8,21)
wn~jn pꜣ smn ꜥḥꜥ(=w) ḥr ḥbꜣbꜣ
ḏꜣ (8,22) *ḏꜣ=f m-mjt.t*
ḥr m-ḫt spr=f wꜥ r wꜥ
(8,23) *ꜥḥꜥ~n pꜣ smn ꜥḥꜥ(=w) ḥr gꜣgꜣ*

*Alors Djédi récita ses formules magiques et le (corps du) jars-*semen *se retrouva debout en train de se dandiner et sa tête de même. Lorsqu'ils se furent rejoints l'un l'autre, le jars-*semen *se tenait debout en jargonnant*[39].

ꜥḥꜥ~n rd~n=f jnt=tw (8,24) *n=f ḫtꜥꜣ*
jr~n=tw r=f m-mjt.t[40]

*Alors il fit qu'on lui apportât un oiseau-*khétaâ[41] *et il reçut le même traitement.*

ꜥḥꜥ~n rd~n ḥm=f jnt=tw n=f kꜣ
(8,25) *sḫr(=w) ḏꜣḏꜣ=f r tꜣ*

Alors Sa Majesté lui fit amener un taureau, et sa tête fut abattue à terre[s].

ꜥḥꜥ~n ḏd~n Ḏdj ḏd.wt=f m ḥkꜣ.w (8,26)
ꜥḥꜥ~n pꜣ kꜣ ꜥḥꜥ(=w) ḥr sꜣ=f
sšd=f ḫr(=w) r (9,1) *{r} tꜣ*

Alors Djédi récita ses formules magiques et le taureau se retrouva debout derrière lui, sa longe tombée à terre.

ꜥḥꜥ~n ḏd~n pꜣ[42] *n(y)-sw.t Ḫw=f-wj mꜣꜥ ḫrw*
« pꜣ[43] *jrf ḏd*
jw=k rḫ=tj (9,2) *tnw nꜣ n(y) jp.wt n(y.w)t wn.t n(y).t [Ḏḥwty] ? »*

[39] Ou « en cacardant ».

[40] Il s'agit, bien entendu, d'une tournure dirigée par une forme nominale perfective.

[41] *Wb* III, 342, 1. La race exacte de ce volatile n'est pas connue, on rencontre son nom dès l'Ancien Empire, voir R. Hannig, *Ägyptisches Wörterbuch* I, Mayence, 2003, p. 983 {24479}. Une chasse au filet d'oiseaux de cette sorte est représentée dans la chambre des saisons du temple solaire de Niouserrê (musée de Berlin n° d'inv. 20038 et musée du Caire JE 34193), voir E. Edel, S. Wenig, *Die Jahreszeitenreliefs aus dem Sonnenheiligtum des Königs Ne-user-re*, Berlin, 1974, p. 21-22, pl. 12. On y constate qu'il s'agit de palmipèdes. Les oiseaux représentés dans un établissement d'aviculture sur la paroi sud du portique du tombeau de Ti (L. Épron, Fr. Daumas, G. Goyon, P. Montet, *Le Tombeau de Ti*, *MIFAO* 65, I, 1939, pl. VII) ne semblent pas être des oies. P. Grandet, *Le Papyrus Harris I*, vol. 2, *BdE* 109, 1994, p. 97 n. 386, considère que « ce nom malgré son apparence n'est probablement pas un nom composé ». En dernier lieu : P. Vernus, J. Yoyotte, *Bestiaire des pharaons*, Paris, 2005, p. 81 (n. 94), 351, 398.

[42] La présence de l'article défini *pꜣ* est notable.

[43] Ce *pꜣ* pourrait être une graphie étrange du pronom interrogatif *pw*. « Qu'est-ce qu'on dit ? Tu connais le nombre... ? ».

Alors ce roi Khéops J. V. dit :
« Et ce qu'on dit, que tu connais le nombre des chambres secrètes du sanctuaire de Thot ? »

ḏd~jn Ḏdj
« ḥs (9,3)=tj n rḫ=j tnw jry jty ꜥnḫ wḏꜣ snb nb=j
jw=j swt rḫ=kw bw nty (9,4) s.t jm »

Djédi répondit :
« Loué sois-tu[t]*, je n'en connais pas le nombre, ô souverain V. S. F. mon maître, mais je connais le lieu où cela se trouve*[u]*. »*

ḏd~jn ḥm=f
« jw jrf tn ? »

Sa Majesté dit :
« Où est-ce donc ? »

ḏd~jn Ḏdj pn
« jw ꜥfd.t jm (9,5) n(y).t ds m ꜥ.t sjpty rn=s m Jwnw
m tꜣ ꜥfd.t ! »

Ledit Djédi répondit :
« Il y a là-bas un coffre en silex, dans la chambre nommée "inventaire", à Héliopolis. C'est dans le coffre ! »

ḏd~jn Ḏdj
(9,6) « jty ꜥnḫ wḏꜣ snb nb=j
mk nn jnk js jnn(w) n=k s.t ! »

Djédi poursuivit :
« Ô Souverain V. S. F. mon maître, vois, ce n'est pas moi qui peux te l'apporter ! »

ḏd~jn ḥm=f
« jn m(j) rf (9,7) jn(w)=f n=j s.t ? »

Sa Majesté dit :
« Qui donc me l'apportera ? »

ḏd jn Ḏdj
« jn smsw n(y) pꜣ ẖrd{.w} 3 nty m ẖ.t n(y.t) Rd (9,8)*ḏd.t jn(w)=f n=k s.t ! »*

Djédi répondit :
« C'est l'aîné des trois enfants qui sont dans le ventre de Rededjedet[v] *qui te l'apportera ! »*

ḏd~jn ḥm=f
« mr=j js s.t nꜣ ḏdy=k
pty (9,9) *s.y tꜣ Rdḏd.t ? »*

Sa Majesté dit :
« Ce que tu diras est ce que je désirerai[w]*, qui est-elle cette Rededjedet ? »*

ḏd~jn Ḏdj
« ḥm.t wꜥb pw n(y) Rꜥ nb Sꜣḫbw
(9,10) *jwr=tj m ẖrd{.w} 3 n(y) Rꜥ nb Sꜣḫbw*
jw ḏd~n=f r=s
jw (9,11)*=sn r jr.t jꜣ.t twy mnḫ.t m tꜣ pn r-ḏr=f*
jw smsw n=sn (9,12)*-jmy r jr.t wr-mꜣ.w m Jwnw »*

Djédi répondit :
« C'est l'épouse d'un prêtre ouâb *de Rê maître de Sakhébou, qui est enceinte de trois enfants de Rê maître de Sakhébou. Il a dit à leur sujet*[44] *qu'ils sont destinés à exercer cette fonction parfaite dans le pays tout entier, et que l'aîné d'entre eux est destiné à exercer la grande prêtrise d'Héliopolis. »*

wn~jn ḥm=f jb=f wꜣ(=w) r ḏw.t ḥr=s

Le cœur de Sa Majesté tomba dans la tristesse à cause de cela.

ḏd~jn (9,13) *Ḏdj*
« pty jrf pꜣ jb jty ꜥnḫ wḏꜣ snb nb=j ?
jn jr=tw ḥr pꜣ (9,14) *ẖrd{.w} 3 ḏd(w)~n=j ?*
kꜣ[45] *sꜣ=k kꜣ sꜣ=f kꜣ wꜥ jm=s ! »*

Djédi demanda :
« Quelle est donc cette humeur, ô souverain V. S. F. mon maître ? Est-ce à cause des trois enfants dont j'ai parlé ? Il y aura ton fils, puis son fils, et (seulement) ensuite l'un d'eux ! »

44 Dans ce cas, « il » renvoie à Rê. Il est possible de lire *jw ḏd(=w) n=f r=s* « il lui a été dit à leur sujet » ; *n=f* renvoie alors au prêtre père des enfants. Dans tous les cas, l'idée est la même.

45 Derrière l'auxiliaire *kꜣ*, on aurait attendu le prospectif de l'auxiliaire *wnn*, ici sous entendu : *kꜣ wnn sꜣ=k kꜣ wnn sꜣ=f kꜣ wnn wꜥ jm=s*.

ḏd~jn ḥm=f
(9,15) *« ms=s jrf sy nw Rdḏd.t ? »*

Sa Majesté dit :
« À quel moment doit-elle accoucher, Rededjedet ? »

« ms=s m ꜣbd 1 pr.t sw 15 »

« Elle accouchera le 15 du premier mois de la saison de la germination[46]. »

ḏd~jn (9,16) *ḥm=f*
« jw sṯs.w n(y).w Rm.wy ḫsq(=w)
bꜣk=j ꜣtw n s.t ḏs=j
kꜣ (9,17) *mꜣn=j tꜣ ḥw.t-nṯr n(y).t Rꜥ nb Sꜣḫbw »*

Sa Majesté dit :
« (Bien que) les levées du canal des Deux Poissons sont coupées, je voudrais aller voir cela par moi-même[47], alors je verrai le temple de Rê maître de Sakhébou. »

ḏd~jn Ḏdj
« kꜣ rd(w)=j (9,18) *ḫpr mw n(y).w mḥ 4 ḥr ṯs.w n(y).w Rm.wy ! »*

Djédi répondit :
« Alors je ferai en sorte qu'il y ait 4 coudées d'eau au-dessus des levées du canal des Deux Poissons ! »

wḏꜣ pw jr(w)~n ḥm=f r ꜥḥ=f
(9,19) *« ḏd~jn ḥm=f*
jm d=tw m ḥr n(y) Ḏdj r pr sꜣ-n(y)-sw.t Ḥr-dd=f
ḥms=f (9,20) *ḥnꜥ=f ! »*
jr ꜥqw=f m t 1000 ḥnq.t ds 100 jwꜣ 1 (9,21) *jꜣq.t ḫrš 100 !*

Puis Sa Majesté se rendit à son palais et Sa Majesté dit :
« Faites informer Djédi (d'aller) à la maison du prince Hordedef[x], qu'il habite avec lui ! Et que sa pension soit de 1000 pains, 100 cruches de bières, un bœuf et 100 bottes de légumes[y] ! »

jr~jn=tw mj wḏw.t nb.t ḥm=f

Et il fut fait conformément à tout ce que sa Majesté avait ordonné.

46 Inutile de rendre lourdement la mise en valeur du circonstant.

47 R.B. Parkinson, *Poetry and Culture in Middle Kingdom Egypt*, Londres, New York, 2002, p. 182, considère que cette navigation de Khéops est un écho à celles de Snéfrou dans le « conte des rameuses » qui précède.

a. (6,22-25) Chaque fils s'est levé de la même façon et a raconté au roi qui s'ennuyait une histoire de magicien arrivée dans le passé. Ici, Hordedef insiste sur le fait que son magicien existe dans le réel puisqu'il lui est contemporain [48]. Cela peut paraître surprenant dans un conte écrit plusieurs siècles plus tard [49]. Le magicien est dans le réel du prince, personnage littéraire, et non dans celui du lecteur. Ainsi, le ton du conte semble être donné par cette tirade. Cela ressemble à de l'humour décalé comparable à celui d'un film dans lequel un acteur raconte ce qu'il se passerait si c'était du cinéma. Ce serait alors le plus ancien exemple de ressort humoristique de ce type.

En outre, dans les contes précédents, chaque ancêtre de Khéops a connu un magicien ayant accompli pour lui un prodige. Il s'agit, bien sûr, de parodier les textes officiels relatant des prodiges apparus en faveur d'un roi du fait d'une divinité [50]. Comme on s'y attend, Khéops va vivre des aventures comparables. Cet enchaînement caricature un thème légitimiste des monuments égyptiens. Le roi régnant y renouvelle les actes de ses prédécesseurs reconnus. La preuve que ces actes sont l'œuvre caractéristique d'un roi légitime est donnée par le fait qu'ils ont été commis par des ancêtres à la légitimité indiscutable. Dans ces textes, la nature du roi régnant est donc affirmée par leur renouvellement. Or, les actes de ce conte ne sont pas commis par les souverains eux-mêmes, mais par leurs magiciens. En particulier, lorsque vient le tour de Khéops, le prodige qu'on accomplit pour lui consiste à lui apprendre que les rois qui lui succéderont ne seront pas ses descendants. C'est donc le résultat inverse de ce qu'on attendrait.

b. (6,25-26) Tout au long de l'histoire, le roi subit les événements, son rôle se réduit à poser des questions qui entraînent le déroulement du récit.

c. (7,1) Djédi habite à Djedsnéfrou, domaine funéraire de Snéfrou à Meidoum. Son nom dérive de celui du toponyme, ce qui n'est pas anodin [51].

d. (7,1-2) Qualifier un magicien de *nḏs* n'a rien d'amusant a priori. Le voyant Néferty, héros de la célèbre prophétie, est présenté de cette façon [52]. Le champ sémantique du nom *nḏs* « petit », quand il qualifie un être humain, correspond soit à « petit socialement », soit à « jeune ». Il peut être employé pour désigner quelqu'un qui n'appartient pas à la classe aristocratique. De plus, la jeunesse impliquant la santé et la force, le terme qualifie souvent les militaires. Ici, c'est en précisant que Djédi a cent dix ans que l'auteur marque une opposition amusante avec l'idée de jeunesse véhiculée par ce mot [53] qui détourne une image littéraire classique connue de ses lecteurs.

48 Cf. H.M. Hays, « The Historicity of Papyrus Westcar », *ZÄS* 129, 2002, p. 26.

49 R.B. Parkinson, « *Khakheperreseneb* and Traditional Belles Lettres », dans *Studies in Honor of William Kelly Simpson*, Boston, 1996, p. 650, avait déjà relevé l'aspect ironique du passage.

50 Cf. R.B. Parkinson, *Poetry and Culture in Middle Kingdom Egypt*, Londres, New York, 2002, p. 182-183.

51 R.B. Parkinson, *op. cit.*, p. 185, considère que Djédi est un survivant du règne de Snéfrou. Il me semble qu'il y a plus.

52 Sur ce point, voir H.M. Hays, « The Historicity of Papyrus Westcar », *ZÄS* 129, 2002, p. 26-27.

53 R.B. Parkinson, *op. cit.*, p. 185, a aussi relevé ce point.

e. (7,2-4) Djédi est un ogre, il dévore des quantités inimaginables de nourriture. Nous verrons plus loin (7,21-22) que le prince considère qu'il ne pense qu'à ça. L'utilisation du progressif au lieu de l'aoriste insiste sur le fait qu'il est continuellement occupé à manger, ce qui constitue un trait d'humour. La quantité de nourriture qu'il ingurgite est curieusement comparable à celle des offrandes présentées quotidiennement à un roi défunt dans son complexe funéraire, ici celui de Snéfrou à Meidoum dont il porte le nom. On transpose cette caractéristique du roi mort sur un personnage vivant. L'image est cocasse. On sait qu'à l'Ancien Empire, les nourritures étaient distribuées par le roi défunt à ses « *imakhou* », ses clients, dans l'au-delà. Dans ce monde, les offrandes nourrissaient les nombreux vivants attachés à sa tombe, dont certains portaient un nom formé sur celui du roi. L'auteur dessine ici une image ridicule en détournant une institution.

f. (7,2-6) Il y a une progression dans l'énumération des capacités du personnage par le prince: 1. Il dévore des quantités pharaoniques de nourriture ; 2. Il sait recoller une tête coupée ; 3. Il sait dompter les fauves ; 4. Il connaît le nombre des chambres secrètes de Thot. On verra que l'histoire suit cette progression.

D'autre part, il me semble que c'est là un détournement des capacités d'un défunt de l'Ancien Empire :

1. Les quantités énormes de nourriture qu'il ingurgite sont de l'ordre de celles des offrandes funéraires ;
2. La capacité à recoller une tête coupée rappelle les divers rites subis par celle du défunt – en rapport avec les péripéties du mythe osirien – dans les Textes des sarcophages [54], dans les rituels d'embaumement [55] et lors du rite d'ouverture de la bouche [56] ;
3. Les fauves sont utilisés par les défunts dans les appels aux passants de l'Ancien et du Moyen Empire [57];
4. Sa connaissance des lieux saints et secrets rappelle clairement ce qu'un défunt doit savoir pour évoluer librement dans l'autre monde.

Moralité : soit Djédi est un profiteur qui a des capacités lui permettant de détourner à son bénéfice les énormes quantités d'offrandes d'un mort, ici Snéfrou ; soit c'est un défunt qui parasite Snéfrou ; soit il est lui-même le spectre du roi Snéfrou, ce qui expliquerait son comportement tout au long du conte vis-à-vis de ses descendants.

[54] *CT* § 67, 229, 390, 532, 904.

[55] Rituel de l'embaumement § VII. J-Cl. Goyon, *Rituels funéraires de l'Ancienne Égypte*, LAPO 4, 1972, p. 54-58. Il y a peut-être aussi un lien à faire avec les têtes dites « de réserves » que l'on trouve dans certaines tombes de l'Ancien Empire. Voir R. Tefnin, *Art et magie au temps des pyramides. L'énigme des têtes dites « de remplacement »*, *MonÆg.* 5, 1991. En dernier lieu, concernant ce sujet délicat : S.P. Dougherty, « A Little More Off The Top», *Nekhen News*, vol. 16, Fall, 2004, p. 11-12, et N.S. Picardo, « Dealing with Decapitation Diachronically », *ibid*, p. 13-14.

[56] Ouverture de la bouche, scène II. J-Cl. Goyon, *op. cit.*, p. 109.

[57] Voir par exemple *Urk.* I 23 (16), *Mnj*, Gîza et *Urk.* I 226 (4) pour l'Ancien Empire, ou la stèle n° 9 du sanctuaire de Héqaib à Éléphantine, ligne x+25, pour le Moyen Empire. L. Habachi, *The Sanctuary of Heqaib, Elephantine* IV, *AVDAIK* 33, 1985, p. 36, pl. 24.

g. (7, 9-13) Il se hâte en remontant le courant à la rame, probablement moins vite qu'à pied. L'auteur détourne ici une expression littéraire utilisée normalement dans un contexte sérieux [58] ; en faisant se hâter le prince en chaise à porteur, le trait d'humour devient alors évident. De plus, l'ébène et l'or n'étant pas des matériaux très légers, on imagine la façon dont il devait pouvoir courir. L'absurde de la scène et le choix des matériaux impliquent un parallèle évident avec le passage du conte précédent où vingt jeunes matrones dénudées et déguisées en petites filles devaient manier de lourds avirons d'ébènes plaqués d'or pour naviguer afin de divertir Snéfrou.

h. (7,14-16) L'auteur détourne un tableau connu par ailleurs dans l'iconographie funéraire. Djédi est vautré et non assis dignement comme les nobles défunts représentés massés par leurs serviteurs sur les parois des tombes [59]. En présence d'un prince, un sujet se doit de se jeter à plat ventre à ses pieds. Ici, alors que le prince se lève, Djédi reste vautré en sa présence. L'attitude de soumission est renversée.

i. (7,17-20) La dernière phrase est la clef précisant que l'ensemble est une parodie des formules employées dans les lettres au mort pour saluer le défunt dont on désire s'attirer les bonnes grâces [60]. En saluant Djédi, le prince lui fait remarquer que son état ne rappelle en rien celui d'un mort momifié et enterré. Son sommeil sans faille fait pourtant penser à celui d'une momie, ce que suggère sa position à l'arrivée du prince.

j. (7,22-23) La phrase fait clairement allusion à la fin habituelle des contes égyptiens : un bel enterrement dans sa nécropole. Mais elle est ambiguë, elle est tournée de sorte qu'on peut penser que Khéops le tuera puisqu'il va « l'envoyer » chez ses ancêtres. Cependant, en raison de la nature de Djédi qui cumule les caractéristiques funéraires, on peut supposer que le roi va le « renvoyer » chez les morts.

k. (7,23-8,1) Il est évident qu'on ne s'adressait pas à un fils de roi de cette façon. Le prince avait salué le magicien en détournant une lettre au mort, Djédi lui parle à son tour en parodiant des formules funéraires. Djédi souhaite au prince, qui est vivant, des capacités utiles uniquement aux défunts alors qu'en saluant le magicien, Hordedef lui avait prêté des qualités antérieures au trépas. Les situations respectives des deux personnages sont inversées.

[58] Par exemple, dans la grande inscription de Néferhotep Ier à Abydos, l. 14, *šꜣs rf pw jr(w)~n sr pn m ḫnty.t ḫft wḏ(w).t~n n=f ḥm=f* « Ce magistrat se rendit donc diligemment vers le sud conformément à ce que lui avait ordonné Sa Majesté. » W. Helck, *Historisch-biographische Texte der 2. Zwischenzeit und neue Texte der 18. Dynastie*, *KÄT*, 1983, n° 32, p. 21-29.

[59] À ce sujet, voir H.G. Fischer, « Some Iconographic and Literary Comparisons », dans J. Assmann *et al.*, *Fragen an die altägyptische Literatur. Studien zum Gedenken an Eberhard Otto*, Wiesbaden, 1977, p. 160-161, fig. 5-7.

[60] A.M. Blackman, « Notes on Certain Passages in Various Middle Egyptian Texts », *JEA* 16, 1930, p. 66, note 10, avait déjà noté les similitudes du passage avec les lettres au mort, sans relever son caractère satirique.

l. (8,1-2) Djédi est resté vautré en présence du prince qui l'aide à se lever et le soutient d'une façon qui nous fait davantage penser à de vieux camarades qu'à un prince et un sujet de son père. Il existe une image comparable dans la Prophétie de Néferty [61], où le roi s'adresse au voyant en termes très amicaux, mais seulement après qu'il s'est prosterné devant lui. Encore une fois, nous retrouvons une situation inversée. D'autre part, si le prince relève Djédi, c'est peut-être qu'il s'agit bien d'un mort qui ne pourrait donc le faire par ses propres moyens.

m. (8,3-5) Contrairement aux usages de la cour, Djédi s'est exprimé à l'impératif. Sa demande ressemble plus à un ordre qu'à une requête. Le terme « enfants » peut désigner des esclaves. Puisqu'il est « bon vivant », il peut aussi bien s'agir d'une nombreuse progéniture. Ces (nombreux) enfants seraient-ils un pendant à la « bonne journée » passée par Snéfrou en compagnie des vingt jeunes femmes du conte précédent ? En effet, Djédi présente de nombreux points communs avec ce roi et nous avons vu qu'il y a des liens entre les effets comiques des deux contes. De plus, le prince voyage en barge, moyen de transport inadapté à son rang ; en conséquence, les bateaux-*qaqaou* qu'il accorde sont sûrement des bateaux de prestige. Si les enfants sont des esclaves, l'inversion des valeurs devient complète.

n. (8,7-8,9) Il est remarquable que rien ne soit conforme à l'étiquette dans l'ensemble des scènes qui se passent à la cour. Contrairement à la norme, les échanges entre le roi et ses vis-à-vis sont réduits au strict minimum.

o. (8,11-12) Dans ce passage, après son fils, le roi régnant lui-même fait les frais de l'impertinence de Djédi qui, décidément, ne se sent inférieur à personne.

p. (8,13) On constate que le roi est plus désireux d'assister au prodige consistant à recoller une tête tranchée que d'obtenir des renseignements concernant les chambres de Thot. Il est présenté désirant s'amuser, contrairement au roi des *Königsnovellen* qui passe son temps à chercher des informations en vue d'améliorer le culte.

q. (8,16-17) Ici, l'humour repose sur la façon dont Djédi coupe la parole au roi pour le contredire. Le caractère enjoué et farceur du magicien rappelle celui de Snéfrou dans le conte des rameuses. Mais le roi Snéfrou n'était pas plus maître de la situation que ne l'est Khéops. Il était tout aussi démuni devant la jeune fille qui refusait d'obéir à ses ordres que Khéops face à Djédi lui coupant la parole. Ce faisant, le magicien ne précise pas ce qui ne doit pas être fait aux gens. Il semble qu'il estime qu'on peut exécuter un condamné à mort, mais pas dans le dessein de le ressusciter [62]. Le fait qu'il considère que les exécutions doivent avoir lieu dans les règles n'est certainement pas humoristique. Il est remarquable qu'il utilise les termes *rmṯ* « êtres humains », et *ʿw.t šps.t* « bétail sacré », ce qui ne paraît pas très adapté pour qualifier des criminels,

[61] W. Helck, *Die Prophezeiung des Nfr.tj*, *KÄT*, 1970, IIh-i, p. 11.

[62] Ph. Derchain, « La clémence de Khéops déjouée », *BSEG* 20, 1996, p. 17, avait déjà relevé ce fait.

peut-être pour amuser le lecteur. Or, nous savons que, justement, recoller la tête d'un défunt fait partie intégrante des rites destinés à assurer sa vie *post mortem*. En revanche, un condamné est destiné à subir dans l'autre monde un sort en rapport avec les actes répréhensibles qui ont causé son châtiment[63].

r. (8,18) L'animal sacrifié appartient à la race *smn*[64]. Il existe un féminin *smn.t*, mais le masculin *smn* représente aussi l'espèce en général, ainsi la victime du tour de magie pourrait très bien être une oie. Quand on connaît la relation privilégiée entre cet animal et Amon, alors que le texte a été rédigé au plus tôt au Moyen Empire[65], on peut s'interroger au sujet d'un nouveau trait satirique dont le roi des dieux serait la victime[66]. Ses cris, après la réunification de son corps tranché en deux, rappellent peut-être ceux du « Grand Jargonneur » attribués au démiurge dans les recueils religieux.

s. (8,24-25) Djédi a essayé son art sur des anatidés, mais c'est le roi qui fait amener le taureau. Il en veut pour son argent : plus gros et plus dangereux. Il voulait lui faire ressusciter le condamné à mort, il a trouvé un remplaçant. Il est notable qu'on ne précise pas qui décapite les animaux. De plus, force est de constater que le taureau aussi peut représenter une divinité sur terre. Cependant, il pourrait n'y avoir qu'une allusion aux idéogrammes représentant les têtes tranchées de ces animaux pour exprimer les offrandes alimentaires fondamentales dans les formules funéraires.

t. (9,2-3) Il s'agit encore probablement d'une inversion, il n'est pas habituel qu'un sujet loue (*ḥs*) son roi ou lui souhaite d'être loué.

u. (9,2-15) Il y a peut-être ici un début d'effet comique. Le roi va devoir poser question sur question pour finir par apprendre qu'il ne peut être informé si facilement et qu'une nouvelle lignée de rois va remplacer la sienne. Molière n'aurait pas renié ce passage. Khéops passe son temps à chercher le nombre des chambres secrètes de Thot sans y parvenir. Dans le conte précédent, c'était un endroit frais que Snéfrou cherchait sans plus de succès[67]. Les auteurs de ce recueil savaient certainement que Snéfrou s'était fait construire trois pyramides à Meidoum et Dahchour. Ce nombre inhabituel de tombes ne serait-il pas à l'origine de l'image de roi indécis véhiculée

[63] Un exemple clair est fourni par le décret de Démedjibtaouy de Coptos, R. Weill, *Les décrets royaux de l'Ancien Empire égyptien trouvés à Coptos en 1910*, Paris, 1912, p. 59-67, pl. IV, 1 et pl. IX : *n gr(t) wḏ~n ḥm=j wnn=sn tp ꜣḫ.w m ẖr(y).t-nṯr wpw ḥr wnn=sn snḥ=y nṯṯ=y m ẖr(y).w mdw n(y).w n(y)-sw.t (ny.w) Wsjr n(y).w nṯr=sn njwty* « Et bien, Ma Majesté ne pourra ordonner qu'ils demeurent parmi les esprits dans la nécropole ; au contraire, ils seront attachés, ligotés, en état d'accusation du roi, d'Osiris, et de leur dieu local. » Les contrevenants sont donc accusés à la fois sur terre, dans le monde des morts et dans le monde des dieux.

[64] Il s'agit de l'oie du Nil, *Alopochen ægyptiacus*. Voir P. Vernus, J. Yoyotte, *Bestiaire des pharaons*, Paris, 2005, p. 29, 47, 48, 82, 89, 92, 354, 382, 383, 385, 396, 397-398, 401-403, 479, 520, 636, 645, 650.

[65] Cependant, nous ne connaissons pas la date à laquelle cet animal commence à représenter Amon.

[66] Voir aussi l'interprétation intéressante que P. Vernus donne du passage en le rapprochant de rites substituant une oie à l'ennemi prisonnier devant être décapité lors de cérémonies de triomphe. P. Vernus, J. Yoyotte, *op. cit.*, p. 401.

[67] Westcar, 4, 22-23 et 4, 24-5, 1.

par ce conte ? Dans ce cas, le fait que Khéops cherche à connaître le nombre des sanctuaires de Thot pour son horizon n'aurait-il pas son origine dans la pluralité des chambres funéraires et de l'orientation de leurs couloirs d'accès à l'intérieur de sa pyramide de Giza, dont le nom est précisément « l'Horizon de Khéops » ?

Il s'agit sans conteste de caricaturer un sujet privilégié par les *Königsnovellen*, tant par l'objet de la quête que par l'incapacité du roi à trouver lui-même la solution. Car dans les *Königsnovellen*, c'est toujours le roi en personne qui sait ce qu'il faut faire et où trouver les documents puisque c'est inhérent à sa fonction [68]. Ici, non seulement le roi est ignorant et c'est le magicien qui sait à qui s'adresser, mais celui qui connaît la réponse est l'aîné de trois enfants qui lui sont étrangers, appelés à monter sur le trône à la place de sa descendance. De plus, le fait que le fils aîné de Rededjedet sache où se trouvent ces documents prouve sa légitimité au lieu de celle du roi régnant.

v. (9,7-8) Il est notable que Rededjedet, mère de trois futurs rois [69], porte un nom qui, comme celui de Djédi, rappelle le complexe funéraire de Snéfrou à Meidoum. Ainsi, non seulement elle n'a rien à voir avec Khéops, mais comme Djédi, elle est liée à Snéfrou [70].

w. (9,8) Littéralement « Ce que tu diras est je veux désirer cela ». L'auteur détourne ici une tournure typique de la phraséologie royale [71] dans un but parodique évident.

x. (9,19-20) Le roi ordonne d'installer Djédi chez Hordedef, le prince qui l'a soutenu. À aucun moment le magicien n'a agi de ses mains, tous ses actes ont été des actes de paroles. Beaucoup d'éléments le font ressembler à une momie, comme s'il s'agissait du spectre de Snéfrou revenu sur terre faire des farces à son fils.

y. (9,20-21) À la fin de chaque conte, le roi a ordonné de verser une offrande considérable au roi défunt et une petite offrande au magicien défunt, héros du conte relaté par un de ses fils [72]. Il s'agit, bien entendu, encore une fois de pasticher la structure des textes monumentaux. La farce réside dans la disproportion entre les quantités versées à chacun des protagonistes et l'importance de leur intervention dans ces contes. C'est d'autant plus flagrant que Khéops

[68] C'est le cas par exemple de Neferhotep Ier dans l'inscription dédicatoire d'Abydos, l. 6-7. Voir W. Helck, *Historisch-biographische Texte der 2. Zwischenzeit und neue Texte der 18. Dynastie*, *KÄT*, 1983, no 32 p. 22 : *wḏꜣ pw jr(w)~n ḥm=f* (7) *r pr-mḏꜣ.t wn~jn ḥm=f ḥr pgꜣ sš.w ḥnꜥ nn (ny) smr.w ꜥḥꜥ~n gm~n ḥm=f sš.w n(y.w) pr Wsjr Ḫnty-jmnty.w nb ꜣbḏw*. « Sa Majesté se rendit alors à la bibliothèque et Sa Majesté ouvrit les écrits en compagnie des courtisans. Alors Sa Majesté trouva les écrits concernant la maison d'Osiris Khentyimentyou maître d'Abydos. »

[69] Il est bien sûr inutile de s'appuyer sur cette histoire pour étudier la fin de la IVe dynastie et le début de la Ve. Sur la question, M. Baud, *Famille royale et pouvoir sous l'Ancien Empire égyptien*, *BdE* 126/2, 1999, p. 548-551 ; H.M. Hays, « The Historicity of Papyrus Westcar », *ZÄS* 129, 2002, p. 20-30, en particulier p. 24.

[70] Sur ce point, voir R.B. Parkinson, *Poetry and Culture in Middle Kingdom Egypt*, Londres, New York, 2002, p. 187.

[71] Par exemple, stèle de Semna, an 16 de Sésostris III, l. 5-6 : *kꜣꜣ(w).t* (6) *jb=j pw ḫpr(w).t m-ꜥ=j* « ce qui m'arrive est ce que mon cœur projette ». Enseignement de Ptahhotep P 116 = L_2 116 : *wḏ(w).t nṯr pw ḫpr(w).t* « ce qui se produit est ce que le dieu (c'est-à-dire le roi) ordonne. »

[72] Westcar, 1, 12-17 ; 4, 12-17 ; 6, 17-22.

précise à chaque fois *jw mꜢ~n=j zp=f n(y) rḫ* « car j'ai vu un exemple de son savoir », ce qui d'une part n'est pas vrai, puisque, comme le fait remarquer le prince Hordedef, on ne peut vérifier la véracité des événements survenus dans ces récits [73], et d'autre part ne peut s'appliquer qu'au magicien. Ainsi, celui qui n'a rien fait est récompensé de façon démesurée alors que la rémunération de celui qui a agi est bien maigre. Il s'agit encore une fois d'une image inversée de l'idéal égyptien afin d'amuser l'auditoire. Dans un but autrement pessimiste, la « Prophétie de Néferty », inverse les mêmes valeurs : *tm(w) jr(w) mḥ(=w) n=f jr(w) [šw](=w)* « celui qui n'aura rien accompli (le fainéant) sera comblé, celui qui aura agi (le courageux) sera [démuni] [74] ». De plus, la rémunération, disproportionnée par rapport à celle des magiciens défunts [75] des autres chapitres, correspond à l'appétit de Djédi [76] ainsi qu'à une offrande pour un roi défunt, sauf les légumes qui remplacent l'encens et fournissent la chute comique.

En comparant ce conte avec des œuvres classiques telles que « Sinouhé » ou « le conte du naufragé », on est frappé a priori par son apparente pauvreté littéraire. S'agit-il pour autant d'un exemple de littérature populaire [77] ? D'abord, il nous est parvenu par le biais d'une copie sur papyrus. Dans l'Égypte ancienne, la mise par écrit n'est pas à proprement parler un art populaire, en particulier sur un support aussi coûteux [78]. Il pourrait s'agir d'un conte, à l'origine populaire, passé dans la littérature. Cependant, les ressorts humoristiques de ce récit ne sont compréhensibles que par un auditoire connaissant la composition de la famille royale de Khéops – décédée sept à dix siècles plus tôt – ainsi que l'étiquette de cour, l'épistémologie, les rites funéraires, les quantités d'offrandes d'une tombe royale de l'Ancien Empire, le nom de la tombe de Snéfrou à Meidoum, les ressorts des textes légitimistes – *Königsnovellen* et autres – etc. De plus, une lecture plus attentive de l'ensemble du recueil montre que cet ouvrage est beaucoup plus structuré qu'il n'y paraît de prime abord et qu'il est le fruit d'une réflexion étonnamment profonde. En effet, les événements et les personnages se répondent d'un conte à l'autre. Ce recueil fourmille d'idées, qui progressent au fil des récits, et d'éléments symétriques. On constate que ces clins d'œil ne sont pas placés au hasard : par exemple les allusions parallèles aux trois pyramides de Snéfrou, qui ne sait où trouver le repos et aux trois appartements funéraires de la pyramide de Khéops, qui ne connaît pas le nombre des sanctuaires de Thot qu'il cherche pour son horizon. Un exemple clair parmi tant d'autres de progression d'une idée de conte en conte est fourni par l'adultère sévèrement puni de l'épouse d'Oubainer dans le deuxième conte, les amusements érotiques de Snéfrou et des jeunes matrones qu'il fait ramer dans le troisième, puis la grossesse de Rededjedet annoncée dans le quatrième, suivie de la naissance des enfants dans le cinquième. En effet, elle aussi est adultère, puisque ses enfants

[73] Westcar, 6, 22-24. Voir sur ce point R.B. Parkinson, *Poetry and Culture in Middle Kingdom Egypt*, Londres, New York, 2002, p. 183.

[74] La traduction au futur est due uniquement à la concordance des temps en français. W. Helck, *Die Prophezeiung des Nfr.tj*, *KÄT*, 1970, Xg, p. 39.

[75] R.B. Parkinson, *op. cit.*, p. 183, fait remarquer l'effet humoristique produit par ces offrandes données à un magicien encore en vie pour clôturer le texte.

[76] 7, 2-4, voir note (e).

[77] C'était la vision de G. Lefebvre, *Romans et contes de l'époque pharaonique*, Paris, 1949, rééd. 1976, p. 72.

[78] Ce point a déjà été relevé, voir B. Mathieu, « Les contes du Papyrus Westcar. Une interprétation », *Égypte Afrique et Orient* 15, 1999, p. 29.

sont ceux de Rê et non de son prêtre d'époux [79]. Son état semble une conséquence logique des jeux nautiques de Snéfrou. En effet, les rameuses sont décrites en des termes rappelant Hathor accompagnant Rê dans sa barque [80] et l'aspect solaire du roi défunt n'est pas à démontrer. Ainsi, le défunt Snéfrou n'est peut-être pas innocent dans cette affaire. De plus, Khéops est clairement le pivot de l'ouvrage. Avant lui, trois anciens rois sont témoins de prodiges, de son temps, le prodige dont on peut dire qu'il est la victime lui apprend la naissance de trois futurs rois qui ne descendent pas de lui. Ainsi, il y a trois fois trois rois, dans l'ensemble du recueil : trois rois du passé Djéser, Nebka [81] et Snéfrou ; Khéops et ses deux successeurs directs annoncés par Djédi pour le présent ; enfin, trois rois futurs représentés par les fils de Rê et de Rededjedet [82]. Bref, il y a eu trois contes avant celui des têtes coupées. Ce dernier, qui se produit sous Khéops, répond clairement à celui des rameuses, le conte de la naissance des fils de Rededjedet répond clairement à celui de la femme d'Oubainer. Il semble logique qu'un dernier conte perdu se déroulant sous Khéops ait contrebalancé le premier du recueil dont nous savons seulement qu'il avait lieu sous Djéser [83]. Ainsi, la construction générale de l'ouvrage serait bipartite. De plus, nous ne serions pas déçus si la véritable nature de Djédi était dévoilée à l'issue du dernier conte. En effet, tout porte à croire qu'il s'agit d'un personnage fabuleux dont la personnalité est indéniablement liée à Snéfrou et Rê. Quoi qu'il en soit, les indices donnés dans la partie du conte qui nous est parvenue devaient être suffisants pour que les Anciens Égyptiens connaissent son identité.

Ce texte, qui est tout sauf populaire, s'adresse donc à des lettrés d'un certain rang. En fin de compte, il s'agit d'une forme d'autodérision de la part de gens de cour, autorisée par la distance temporelle et l'invraisemblance des faits ; il ne serait pas étonnant que le commanditaire de ce recueil fût un roi désireux de se délasser en son temps en compagnie de ses courtisans. C'est du Molière, mon cher François et j'espère que tu t'es diverti.

[79] Ph. Derchain, « Deux notules à propos du papyrus Westcar », *GM* 89, 1986, p. 20-21.

[80] Ph. Derchain, « Snéfrou et les rameuses », *RdE* 21, 1969, p. 19-25.

[81] Contrairement à une idée répandue – encore répétée par R. B. Parkinson, *op. cit.*, note 49 p. 182 –, l'ordre chronologique est respecté puisque Djéser est bien le premier roi de la IIIe dynastie et que Nebka (Sanakht) a régné après lui et son successeur direct Sékhemkhet. Comme le fait remarquer M. Baud, *Djéser et la IIIe dynastie*, Paris, 2002, p. 60 : « les listes ramessides, documents "clés en main" bien tentants pour l'historien, ne sauraient donc se substituer à un examen critique des sources d'époque ».

[82] B. Mathieu, « Les contes du Papyrus Westcar. Une interprétation », *Égypte Afrique et Orient* 15, 1999, p. 36.

[83] Il me semble absurde de supposer que le prince qui racontait ce premier conte ait pu être Mykérinos puisqu'il n'est pas un fils de Khéops. En revanche, comme le constate M. Baud, *Famille royale et pouvoir sous l'Ancien Empire égyptien*, *BdE* 126/2, 1999, p. 548, la candidature de Rêdjedef peut être sérieusement retenue. Un indice très fort est fourni par sa présence en première position dans la liste du graffito du Wadi Hammamat publié par É. Drioton, « Une liste de rois de la IVe dynastie dans l'Ouâdi Hammâmât », *BSFE* 16, 1954, p. 41-49, qui daterait de la XIIe dynastie. Comme nous l'avons déjà constaté note 31, la liste en question est évidemment celle des protagonistes des contes du papyrus Westcar. La date de la rédaction du recueil est obligatoirement contemporaine ou antérieure à celle de l'inscription rupestre.

Paul John Frandsen

Corruption and Grammar
Abbott 6, 1-2 and Some Sceptical Remarks on the Imperfect Participle

In the evening of III Akhet 19 of the year 16 of Ramesses IX, the mayor of Thebes, Paser, was humiliated by some members of the personnel of the Tomb. The incident was reported to his colleague and opponent, the mayor of the west of Thebes, Perweraa who, on the following day, presented a written account of the event to the vizier. Perweraa's version of the conflict began as follows:

Ex. 1: "I came upon the butler and scribe of Pharaoh Nesamun, while Paser, the mayor of the city, was with him standing and quarrelling with the people of the Tomb beside the Temple of Ptah, Lord of Waset. The mayor of the city said to the people of the Tomb: 'It is at the very door of my house that you gloat over me! How dare you, since I am  the Ruler l.p.h.'" (P. Abbott, 5,21-6,2).

All translators of this passage seem to have taken *ḏd smj* to be an imperfect participle and translated the passage much as Peet did it: "For I am the prince who reports to the Ruler".[1] To some grammarians this rendering may at first seem a bit odd, because according to the(ir) standard account of the relative constructions in Late Egyptian the "imperfect participle" is supposed to be virtually non-existent. By "Late Egyptian" I mean the "eigentlichen", allegedly close to the "'gesprochenen' Neuägyptischen", the study of which, in Junge's words, resulted in "einer beneidenswerten Klarheit und Eindeutigkeit der grammatischen Beschreibung".[2] I wholly concur with Junge in his exploration of the possibilities of writing a grammar of Neuägyptisch

I am grateful to Lana Troy for having revised my English text.

[1] T.E. Peet, *Tomb Robberies* I, p. 41. Cf. e.g. Vernus, *Affaires et scandales*, p. 33; A.J. Peden, *Egyptian Historical Inscriptions of the Twentieth Dynasty, Documenta Mundi: Ægyptiaca* 3, Jonsered, 1994, p. 237; A.G. McDowell, *Village Life in Ancient Egypt. Laundry Lists and Love Songs*, Oxford, New York, 1999, p. 196. For the chains of command in the Theban region during that period, see S. Häggman, *Directing Deir el-Medina. The External Administration of the Necropolis, Uppsala Studies in Egyptology* 4, 2002.

[2] Fr. Junge, *Neuägyptisch. Einführung in die Grammatik*, Wiesbaden, 1996, p. 15. Cf. also the earlier discussions on corpus by A. Shisha-Halevy, *Coptic Grammatical Categories: Structural Studies in the Syntax of Shenoutean Sahidic, Analecta Orientalia* 53, 1986, p. 2-3; J. Winand, "Une grammaire de l'égyptien de la 18e dynastie", *OLZ* 92, 1997, cols 294-296.

on the basis of a much wider corpus of texts than that used by myself many years ago, but in the present study I shall nevertheless confine myself to a more restricted corpus in order to discover to what extent the imperfect participle is actually used.

Most grammarians seem to have avoided the passage. It is, in fact, cited only in Černý/Groll, *A Late Egyptian Grammar*. On p. 469, we read that the "imperfective" participle is found as a survival from Middle Egyptian only "in composite titles and epithets, where the participle denotes an habitual activity". In order to illustrate the point two examples are adduced, the title of *ṯꜣy-ḫw* "fan-bearer" from *LRL*, 44, 3, and the example from Abbott which is rendered "Informer of the (Ruler), l.p.h." (§ 48.4). This, indeed, is a surprising translation, but it shows that Sarah Groll was aware of the problem presented by this passage. The "title" is attested nowhere else, however, and should be regarded as no more than an ad-hoc solution to the problem.

Other grammarians have taken a different stance on the question of the imperfect participle. Referring to the Černý/Groll grammar, Winand writes that "contrairement à ce que l'on prétend généralement, le participe imperfectif subsiste, lui, encore pour exprimer un présent général, d'abord comme forme simple (*sḏm*), puis dans une construction périphrastique (*j.jr sḏm*); mais il est concurrencé dans cet emploi par le présent I (*nty sw ḥr sḏm*) qui sert déjà à rendre le présent immédiat".[3] In his discussion of the use of the *participe imperfectif* he further explains that the form "continue à être utilisé en néo-égyptien pour rendre le présent général ou à valeur d'aoriste", and that, from the 18th Dynasty onwards, the periphrastic form, "rendant le participe imperfectif, s'oppose dès lors facilement à travers tout le néo-égyptien, d'une manière constante, au participe perfectif".[4]

This presentation of the data does not account for a rendering of the Abbott example in the present tense. The general present is said to be "d'abord" a "forme simple", but Abbott is too late for that characterization and according to the general "rule" the verb should have been periphrased by *jr*.

Junge also acknowledges the existence of an imperfect participle (and relative form), mainly in the form of the periphrastic forms. "Solche *j.jr*-Periphrasen sind bei Verben mit drei oder weniger Wurzelkonsonanten während des Neuen Reiches Formen der imperfektiven Bedeutungsklasse. Die Aspekte/Aktionsarten der Partizipien und Relativformen sind in der Regel reduziert worden auf die Kategorie aktivisch-imperfektiv (in der Form der *jrj*-Periphrasen) in aoristischer oder gegenwartsbezogener Bedeutung ('handelnd') und die Kategorie aktivisch-/passivisch-perfektiv für abgeschlossene Vorgänge und Handlungen der Vergangenheit ('gehandelt')".[5]

The colleague to whom this paper is dedicated, has a somewhat different view. "Les participes actifs des verbes *3-lit.* et moins ont une valeur temporelle **passée** quand ils sont à la forme simple – le point de repère étant, dans la narration, le moment des faits narrés et, hors narration, le moment de l'énonciation. Lorsqu'ils sont **périphrasés**, ces participes possèdent une valeur de **présent d'habitude** ou de **présent général**. Cette opposition est évidemment neutralisée

[3] J. Winand, *Études de néo-égyptien I*, p. 343.
[4] *Ibid.*, p. 360-361.
[5] Fr. Junge, *op. cit.*, p. 68-69.

pour les verbes où la périphrase est obligatoire", that is, "pour les verbes dont le radical contient plus de trois consonnes".[6]

A more extreme view, finally, has been put forward by Kruchten, who believes that "the *j.jr stp* participle of LE took the place of the old 'imperfective' (geminating) now missing participle of ME (type *mrr*), in order to express *present* time (…) And likewise, in the case of the relative verb forms, the *j.jr.f stp* of LE replaced the lost 'imperfective' (geminating) of ME (type *mrr.f*) with the same *present* value".[7]

THE RELATIVE FIRST PRESENT

My scepticism with regards to the validity of what seems to be the prevailing opinion is aroused by the existence of a number of examples where the relative First Present seems to have replaced the old imperfect participle or relative form. Since, however, my intention goes no further than to voice a certain doubt, I also refrain from trying to peruse the texts for the more extensive documentation required in order to "prove" the point. Let us therefore begin this short discussion of the problem by quoting a small number of examples like the following, all culled from documentary texts.

Antecedent identical with the subject of the relative clause

Ex. 2: The earliest example that I quote comes from the "Amarna letter", from the unguent preparator of Princess Meritaton to his sister: *[j]ḫ pw pꜣy=t tm hꜣ[b n]=i ḥr snb=t nbt m-ḏrt rmṯ nbt ḥr jy dy* "What is the meaning of your not writing to me about all your state of health through whoever comes here [from you]" (P. Mond II, 4-5).[8]

Ex. 3: *r rdjt rḫ.tw nꜣ ḫryw nty ḥr bꜣk n=f* "List of the stonemasons who (regularly) work for him" (P. Salt 124, 2, 9-10 =*KRI* IV, 411, 11).

Ex. 4: In the "list of persons ministering to the wants of the workmen" in the Turin Strike Papyrus (P. Turin 1880), the various categories of these *smdt* are headed by phrases such as
– *nty fꜣj mw* "Those who carry water" (vs. 1, 1 and 3, 5).
– *nty fꜣj sm* "Those who carry vegetables" (vs. 1, 8 and 3, 12).
– *nty jn rmw* "Those who deliver fish" (vs. 2, 1 and 3, 19).
– *nty šꜥd ḫt* "Those who cut wood" (vs. 1, 12 and 4, 2).
– *nty ḥr jrt qd* "Those who make gypsum" (vs. 4, 6 and 1, 17 [9]).

[6] Fr. Neveu, *La langue des Ramsès*, p. 141 and 140. Substituting "les formes relatives" and "elles" for "les participes actifs" and "ils", the statement is repeated *verbatim* on p. 146. Cf. also p. 244 ff. A more pragmatic view is voiced on p. 259 n. 1 where the author cites some examples with the comment that "Dans tous les cas, c'est le sens qui conduit à y voir un participe imperfectif non périphrasé".

[7] J.-M. Kruchten, "From Middle Egyptian to Late Egyptian", *LingAeg* 6, 1999, p. 2-3.

[8] T.E. Peet, "Two Letters from Akhetaten", *AAA* 17, 1930, p. 82-97, pls XXVII and XXIX.

[9] Without *ḥr*.

– *nty rḫt* "Those who launder" (vs. 1, 16).
– *nty qd* "Those who make pots" (vs. 1, 19).
– *nty wn pꜣ ḫtm* "Those who open the Gate-house" (vs. 2, 6).

In these examples the relative first present expresses habitual action, and the verbs attested represent the classes *2-lit.*, *2ae gem.*, *3ae inf.*, and *3-lit.* Each heading is followed by the title and/or name of the personnel, and here it is noticeable that the title of the water-carriers, the only one compounded with a participle, is invariably given as *jn mw*, in one case as *ḥry jn mw* "the chief water-carrier".[10] The text *per se*, if only in the form of a heading, thus follows the "expected" rules of grammar, and so do the titles, which are not likely to change over night.

Ex. 5: "I am all right today; tomorrow is in god's hand. Tell (*jḏd*) Amun, United with Eternity, and every god of my village to keep me safe with my lord", *mtw=k hꜣb m-dj nꜣ šmsw pꜣy=j nb nty jy ꜥꜣ ḥꜣty=j* "and write through the messengers of my lord who come so that my heart may be elated" (*LRL*, 34, 1-4).[11]

Ex. 6: "The workman Weserkhepesh… said: 'As for all the kings with their royal wives, royal mother and royal children' *nty ḥtp m pꜣ ḫr ꜥꜣ špsy ḥnꜥ nꜣ nty ḥtp m tꜣy st-nfrw swt wḏꜣ* 'who rest in the Great and Noble 'Tomb' together with those who rest in this Place of Beauty, they are intact'" (P.Abbott, 6, 5-6 =*KRI* VI, 477, 10-14).

Antecedent different from the subject of the relative clause

Ex. 7: "Year 17, II Peret 29, the day when the captains of the Tomb said to the scribe A" *r-ḏd tꜣ jpt nty twtw ḥr djt djw mjm.st šrj.tw* "the *oipe* with which one doles out rations is (too) small" (O.Leipzig 2, rt. 1-4 =Černý & Gardiner, *HO* I, pl. 34, 4 =*KRI* V, 467, 14-15).

Ex. 8: "I gave them an outfit consisting of everything" *nty twtw ḥr jr=f n nꜣ nty mj-qd=w* "that one usually makes for those in their position" (Naunakhte I, col. 2, 3-4 =*KRI* VI, 237, 14-15).

Ex. 9: "I went to the tombs… we removed the silver… and we removed the inner coffins… and set fire to them…" *mtw=n nw pꜣ nwb pꜣ ḥḏ nty tw=n* () *gmt=f jm=w* "and collected the gold and silver that one always finds in them" (P.BM. 10054, rt. 2, 8-12 =*KRI* VI, 492, 12-493, 4).

Ex. 10: "I every day tell… and every god and every goddess" *nty tw=j sn ḥr=w* "whom I pass by" (*LRL*, 33, 13-15).[12]

10 *RAD*, 45-47, 9. For these lists see J. Černý, *A Community of Workmen*, *BdE* 50, p. 185-186; S. Eichler, "Untersuchungen zu den Wasserträgern von Deir-el-Medineh I", *SAK* 17, 1990, p. 139-142.

11 Sim. 15, 10-11 to be discussed below; 25, 5.

12 Sim. 1, 5; 9, 5; 38, 2, 11; 39, 7, 16; 54, 7; 55, 6; *ptr* (14, 5; 26, 3; 66, 4), *ḏd* (33, 3).

Ex. 11: "He said to his butler: 'Take him away' *jmm ptr=f tꜣy=w ꜥḥꜥw nty st sḏr njm=st* 'let him see their tombs in which they rest'" (*Wen.*, 2, 52-2, 53 =*LES*, 72, 7-8).

Examples like these show that the relative First Present is quite capable of expressing a habitual or general action. They also substantiate the assumption that by the end of the New Kingdom a change in the use of the imperfect participle and relative forms had taken place or was in the process of taking place.

DIACHRONIC CONSIDERATIONS

Some measure of clarity may be gained through certain diachronic considerations and in what follows I shall therefore briefly trace the development of one of the principal features that resulted in the later limited distribution of what in Middle Egyptian appeared to be a fully developed system of adjectival verbal forms.

In this crude outline of the historical development I shall restrict myself to some aspects of the negative verbal system. The process of disintegration of the classical suffix conjugations[13] was a gradual one and did not, as is well known, affect the affirmative and the negative verbal system to the same extant. The two systems were never fully synchronized and it was therefore possible, e.g., to retain the negated classical Egyptian past (perfect) *sḏm=f* as the negative counterpart of several affirmative Middle Egyptian constructions long after the free, affirmative use of the form had ceased to exist.[14] This does not, moreover, mean that one and the same process would affect affirmative and negative forms in a similar manner. Thus the loss of the tempus marker *-n* from the various forms of *sḏm.n=f* did not take place in all forms to the same extent and at the same time. Indeed, not even all verb classes were equally affected by the same process of change, as has been shown by Kruchten's careful study of the phenomenon.[15] In short, in order to better appreciate the systemic standing of the few examples of the imperfect forms in Late Egyptian, we shall therefore take a brief look at the situation that preceded Late Egyptian, because, whether we are prepared to grant the imperfect forms in Late Egyptian full systemic recognition or not, the fact remains that in the corpus considered here the negative verbal system was in a much more advanced state of change that the affirmative one.

Judging from the evidence adduced in the principal grammars of Middle Egyptian, the process is believed to have taken place during the 2nd millennium, because in Middle Egyptian, as asserted by the same grammars, the negative verb *tm* is the negation of the nominal verbal forms. In that phase of the language we should thus expect to find negated examples of the entire range of negative nominal forms. This, however, is not the case, although Gardiner did not say so, and

[13] This is the process that is sometimes referred to as a transition from synthetic to analytical forms, or in a more recent study as a transition from VSO to SVO, cf. Th. Ritter, *Das Verbalsystem der königlichen und privaten Inschriften. XVIII. Dynastie bis einschliesslich Amenophis III*, GOF IV/4, 1995.

[14] H.J. Polotsky, *Les transpositions du verbe en égyptien classique*, *Israel Oriental Studies* 6, 1976, p. 44 (incl. §3.10.8)-46; Gardiner, *EG*, p. 366, beginning of §450.

[15] "From Middle Egyptian to Late Egyptian", *LingAeg* 6, 1999, p. 6-22.

Allen—probably for pedagogical reason—misrepresents the data.[16] In fact, the development that resulted in the disintegration of the system of adjectival nominal forms (participles and relative forms) is attested as early as the VIth Dyn. The basic facts were stated first by Edel[17] and subsequently by Polotsky, who, however, gave an account more consonant with his system:

> "Pour la forme adjective personnelle, les transpositions constatées par Gardiner ne valent qu'en partie. L'exception, assez surprenante, concerne *tm*. Tandis que la négation par *tm* est bien attestée pour la forme adjective personnelle du *sḏm.n.f*, aucun exemple n'en a été relevé pour celle du *sḏm.f*. En effet, la construction négative *n sḏm.n.f*, négation de *iw.f sḏm.f*, est tranposée en adjectif par la nominalisation du mot négatif: *jwtj sḏm.n.f*".[18]

Although Polotsky a few years earlier had published an important review of Edel's grammar, he seems to have overlooked the fact that the observation applies not only to the *forme adjective personnelle* (i.e. the relative form), but equally to the *forme adjective non personnelle* (i.e. the participles). Basic data are present in Gardiner's grammar, but were not presented in a systematic way with regard to the antecedent. In §203, Gardiner cited the example from an 11th Dynasty stela:

Ex. 12: "(10) I am a great one who bends his arm (*jnk ꜥꜣ hꜣm rmn=f*), who knows his position among the nobles (*rḫ st-rd=f mm wrw*), (11) I am a great one in his city, well-esteemed in his house, a great pillar of his household (*jnk ꜥꜣ m njwt=f špss m pr=f jwn ꜥꜣ n ꜣbwt=f*), I am one who loves good and hates evil (*jnk mr=f nfrt msḏ=f ḏwt*), one on account of whom no one spends the night disappointed (*jwty sḏr.n* (12) *rmṯ spt r=f*), there is nothing unjust which left my mouth (*nn jzft prt m rꜣ=j*), there is nothing evil which my hands did (*nn ḏwt jrt.n ꜥwy(=j)*" (St. BM. 159, 10-12 =*Hieroglyphic Texts from Egyptian Stelae,etc., in the British Museum*, vol. 1, 1911, pl. 47).[19]

Such examples are clearly what Polotsky had in mind. In a very different context, however, Gardiner also quoted this example:

Ex. 13: (382d) "Your hearts have spoken to me, you gods, before (anything)[20] had gone out from your mouths (*jw ḏd.n* (384a) *n=j ḥꜣtyw=ṯn nṯrw n prt m rꜣ=ṯn* (384b)), because it was through my creating to the limit that I came into existence (*ḥr ntt ḫpr.n=j js m-ꜥ jrt mj r-ḏr*) (384c) and

[16] GARDINER, *EG*, 1957, §397, 3 and J.P. ALLEN, *Middle Egyptian. An Introduction to the Language and Culture of Hieroglyphs*, Cambridge, 2000, p. 359, where the reader is introduced to a paradigm that is theoretically possible, yet unattested as a whole.

[17] EDEL, *Altäg. Gramm.*, 1955/1964, §678 ("Alt ist diese Negierung [by *tm*, in ME attested for *tmt.n=f*] der Relativform (zufällig) nicht belegt; man verwendet statt dessen Relativsätze, eingeleitet durch *jwtj* 'welcher nicht'") and §1066-1072.

[18] H.J. POLOTSKY, *op. cit.*, p. 14.

[19] GARDINER, *EG*, p. 153, 7. Cf. R.O. FAULKNER, "The Stela of Rudj'ahau", *JEA* 37, 1951, p. 47-52. Earlier cited in E. EDEL, *Untersuchungen zur Phraseologie der ägyptischen Inschriften des Alten Reiches, MDAIK* 13, 1944, p. 38-39; Edel also adduces an exact parallel from the VIth Dynasty tomb of Ka-kher-Ptah =*Urk.* I, 186, 17. Cf. also H. SATZINGER, *Die negativen Konstruktionen im Alt- und Mittelägyptischen*, *MÄS* 12, 1968, p. 60-61; M. GILULA, Review of Satzinger, *op. cit.*, *JEA* 56, 1970, p. 212-213.

[20] For the impersonal use of the *sḏmt=f* form see GARDINER, *EG*, 1957, p. 317, 7 and 8.

because of that which went out from the mouth of this august god who developed on his own and who does not go back on what he has said (*ḥr prt m rꜣ n nṯr pn šps* (385a) *ḫpr ḏs=f* (385b) *jwty wḏb.n=f sw ḥr ḏdt.n=f*) (385c), because I am the one who created to the limit, in accordance with what had been commanded to him (*ḥr ntt jnk js jr r-ḏr ḫft wḏt n=f*)" (*CT* I, 382d-385c =Spell 75).[21]

Here *jwty sḏm.n=f* is the negative counterpart of the imperfect participle. From the Old Egyptian material Edel was able to add several new examples, and his presentation, moreover, was based on the status of the subject of the relative clause *vis-à-vis* the antecedent. Although the Coffin Texts have furnished further instances of *jwty sḏm.n=f*, it is interesting to note that only about a fifth of a total of some forty occurrences of *jwty* plus a suffix conjugation[22] functions as the counterpart of the relative form. The many variant versions of many spells make it difficult to come up with precise figures. Within the framework of this paper I cannot go into the details of the distribution of the individual forms and I should like to point out that for the present argument it is also not terribly important. What matters is simply whether the subject of the verbal form in the relative construction is identical with the antecedent or not. And here there is no doubt. The vast majority of *jwty sḏm.n=f* functions as the negative counterpart of the imperfect participle. The impression furnished by the Coffin Texts is supported by evidence from other Middle Kingdom texts and the later material. In fact, instances of the syntagm *jwty* + suffix conjugation as the negative counterpart of a relative form turn out to be so rare as to be almost non-existent. The various grammars of Middle Egyptian do not furnish other true Middle Kingdom examples than those already referred to, and of the two additional references given in Gardiner's *Egyptian Grammar* p. 153 n. 7 (cf. also p. 356 n.10), one is wrong and the other is an example of the *jwty sḏm.n=f* "as a participle".[23]

The later material seems to demonstrate the same tendency. In this material, chiefly of New Kingdom date, one would expect the *sḏm.n=f* in the syntagm to be replaced by a *sḏm=f*.[24] This is also the case, but it changes nothing as far as the counterpart-function is concerned. In fact, all Gardiner's examples but one relate to the function as a negated participle. On a statue of Senmut, we find that he is:

[21] Gardiner, *EG*, p. 334, 2. For the different interpretations of this passage as such see e.g., J. Zandee, "Sargtexte, Spruch 75, Schluss (Coffin Texts I 372d-405c)", *ZÄS* 99, 1972, p. 53; R.O. Faulkner, *The Ancient Egyptian Coffin Texts*, Warminster, 1973, I, p. 73; P. Barguet, *Textes des sarcophages égyptiens du Moyen Empire*, *LAPO* 12, 1986, p. 465; J.P. Allen, *Genesis in Egypt. The Philosophy of Ancient Egyptian Creation Accounts*, *YES* 2, 1988, p. 16-17.

[22] I use this term to cover the variation *jwty sḏm.n=f/jwty sḏm=f* and the contrast between *jwty sḏm.n=f* and *jwty* + passiv *sḏm=f*.

[23] Louvre C 168, 3 for which see R.L.B. Moss, "Two Middle-Kingdom Stelae in the Louvre", in *Studies Presented to F.Ll. Griffith*, London, 1932, pl. 48. Cf. also J.M.A. Janssen, *De traditioneele egyptische autobiografie vóór het Nieuwe Rijk* I, Leyde, 1946, p. 152-153.

[24] For various other aspects of this development see E.F. Wente, "A Late Egyptian Emphatic Tense", *JNES* 28, 1969, p. 1-14; Fr. Junge, "Über die Entwicklung des ägyptischen Konjugationssystems", *SAK* 9, 1981, p. 201-211 + corrections in: *GM* 60, 1982, p. 93-96; Th. Ritter, "The Distribution of Past Tense Verbal Forms in 18th Dynasty Non-literary Texts from Kamose to Amenophis III", *LingAeg* 1, 1991, p. 285 ff; *id.*, *Das Verbalsystem der königlichen und privaten Inschriften. XVIII. Dynastie bis einschliesslich Amenophis III*, *GOF* IV/30, 1995, p. 76 ff; J.-M. Kruchten, "From Middle Egyptian to Late Egyptian", *LingAeg* 6, 1999, p. 6 ff, esp. p. 27.

Ex. 14: *sḫm-jb jwty bgg=f ḥr mnw n nb nṯrw* "determined and one who is not negligent concerning the monuments of the Lord of the Gods" (Cairo CG 579 =*Urk*. IV, 410, 5-6).

From an inscription in TT 84 belonging to Thutmosis III's herald Iamunedjeh, we learn that he was one:

Ex. 15: *tm bg ḥr rdyt m ḥr=f* "who is not negligent concerning that with which he had been charged" and *jwty qdd=f m grḥ* "who does not sleep at night" (*Urk*. IV, 959, 14-15).

The phrase *tm bg ḥr rdyt m ḥr=f* might further be compared with the characteristic *jwty thh=f rdyt m ḥr=f* "who does not violate that with which he has been charged" (Cairo CG 34007, 6 = *Urk*. IV, 97, 8). The parallelism between the syntagms with *tm* and *jwty* is also brought out in the next passages from the magnificent stela of another herald of Thutmosis III. Here Intef is characterized as one who:

Ex. 16: (7) *tm sfn n šm-rꜣ* "is not mild towards him who jabbers away"… (10) *tm ṯn ḫm.n=f r rḫ.n=f* "who does not distinguish him he does not know from him he knows" (14) *jwty nmꜥ=f n grgyt* "who is not partial to the benefit of the wicked" (St. Louvre C 26, 16-17 =*Urk*. IV, 971, 7-14).

Book of the Dead, Chapter 149 has several examples where the antecedent differs from the subject of the relative clause. From this text Gardiner took an example from the section dealing with the Eighth Mound where there is a water:

Ex. 17: *jwtt sḫm.tw m mw jmy=s* "over the water in which no one has power" (*BD* 149 =Tb (Naville), pl. CLXIX, 48).[25]

It will be seen that the verbs *ult. inf.* appear in the geminated form. One would expect the verb *rdi* to do the same, and this is also the case in the following example:

Ex. 18: (65) "Make the offering tables flourish, make the provisions great, add to the stipulations in the daily offering calendar, (66) it is a good thing for him who does it. Endow your monuments according to your power, a single day gives to eternity and an hour (67) benefits the future. God certainly knows him who works for him – even in the event that your statues be dispatched to  *ḫꜣst wꜣyt jwty dd=sn sḫwy jry* a distant country where they (the inhabitants) do not keep a record (68) of them" (i.e. your previously mentioned deeds towards god, recorded on the inscriptions of the statues) (*Merikare* 65-68 =P. Petersbourg 1116 A, rt. 65-68, temp. 18th Dyn.).[26]

[25] Sim. the Fifth Mound: *jꜣt twy nt ꜣḫw jwtt swꜣ.n.tw ḥr=s* "As for that Mound of the spirits by which one cannot pass", *BD* 149, Tb Naville, pl. CLXIX, 30-31.

[26] For Egyptian statues abroad cf. W. Helck, "Ägyptische Statuen im Ausland. Ein chronologisches Problem", *UF* 8, 1976, p. 101-115; G. Scandone Matthiae, "La statuaria regale egiziana del Medio Regno in Siria: motivi di una presenza", *UF* 16, 1984, p. 181-188, esp. p. 186.

This example with *jwty dd=sn* may serve to indicate that by the 18th Dynasty *dd=f* had replaced the earlier *sḏm.n=f,*[27] just as later *bw dd=sn* evolved from *n dj.n=sn*. A similar development would account also for the other examples of what looks as *jwty sḏm=f* forms.

At the end of the 18th Dynasty the evidence becomes more varied, depending on the type of texts and register.[28] The linguistic situation in texts from the Amarna period is complex. Letters from the beginning of the Amarna period clearly show features that place them in the class of early Late Egyptian texts.[29] In monumental inscriptions and other non-vernacular texts, however, the scribes still attempt to write some form of classical Egyptian. In the early 19th Dynasty this results in examples such as:

Ex. 19: *jḫ tr ḥr jb=k n3 ḥmw nty bw ḥḏ.n jb=j n ḥḥ jm=sn* "Why do you worry about these cowards at millions of whom my heart does not turn pale" (Kadesh, P218-219 = *KRI* II, 70).

Here the Karnak and Luxor versions have *ḥḏ.n jb=j*, whereas the papyrus version, which also in other respects displays more Late Egyptian features, has the later version without *-n*: *bw ḥḏ jb=j*.

It would go far beyond the framework of this tentative paper to try to present an outline of the many signs of "decomposition" in the positive synthetic system. They are visible, but the duration of the entire process by which the affirmative participles and relative forms were eventually replaced by *nty* plus a finite form was only fully completed in Coptic and needs not concern us here. Instances of the construction with *nty n* are much rarer than the alternative *iwty*, but one example should not go without note, because it is in my opinion very suggestive. In the very period where the transition between the classical Egyptian and Late Egyptian is almost visible in that some documents are classified as predominantly Late Egyptian—the Mond papyri[30]—while others have better be grouped with the earlier stages, the Theban Tomb of the butler Parrenefer furnishes this example:

Ex. 20: "He says: 'As for Pre, he knows the servant who gives his attention to the divine offerings' (*jr p3 Rʿ sw rḫw p3 ḥnwty nty ḥr rdjt ḥr=f n ḥtp-nṯr*). 'But as for the servant who does not give

[27] Cf. e.g. *sḫm jmyw kkw jwty rdj.n=f sḫm=ṯn jm=f* "power who is in the darkness and who does not permit that you have power over him", *CT* VII, 482, f-g (Spell 1137).

[28] For this concept as applied to Egyptology see O. Goldwasser, "On Dynamic Canonicity in Late-Egyptian: The Literary Letter and the Personal Prayer", *LingAeg* 1, 1991, p. 129-141; *id.*, "On the Choice of Registers – Studies on the Grammar of Papyrus Anastasi I", in S.I. Groll (ed.), *Studies in Egyptology presented to Miriam Lichtheim*, Jerusalem, 1990, p. 200-240.

[29] Cf. D.P. Silverman, "Texts from the Amarna period and their position in the development of Ancient Egyptian", *LingAeg* 1, 1991, p. 301-314.

[30] Contrast the two negative that-forms in the following examples: P.Louvre E 3230, II, 7-8, *ntk rdj jṯ.tw t3y=j šrjt jw=s ʿ3 ḥnʿ=k ḥr tm.n=j smjt n p3y=j nb jw=s m-dj=k m šrjt* "It was you who allowed my daughter to be taken away although she was there with you, and it was only because she was as a daughter to you that I did not complain to my lord" (= T.E. Peet, "Two Eighteenth Dynasty Letters. Papyrus Louvre 3230", *JEA* 12, 1926, p. 70-74). And P. Mond II, 25-26: (25) *ky ḏd* (26) *n* *ḥ3b n* "Another matter for Weri: That I have not written to you is because...".

his attention to the divine offerings of the Aten, he (i.e. Aten) shall deliver him into your hand'" (*ḫr jr pꜣ ḥnwty nty n sw ḥr rdjt ḥr=f n ḥtp-nṯr n pꜣ Jtn ḫr dj=f sw m ḏrt=k*) (TT 188).[31]

In this example the affirmative First Present is contrasted with *nty n sw ḥr rdjt* rather than a hypothetical *jwty sḏm.n=f* or *nty n sḏm.n=f*. In both sentences the relative First Present expresses a general, habitual present. We have neither the imperfect participle nor the usual negative counterpart. This, together with the other evidence, might suggest a pattern in the process of change.

– In real Late Egyptian the first present is *the* present. It encompasses all aspect of the present, expresses synchronous as well as general and habitual present.
– The negated First Present *nty bn sw ḥr sḏm*, however, is the negative synchronous present, while *bw jr=f sḏm* has become the counterpart of the affirmative pattern, when it comes to expressing a general or habitual action—just as *bwpw=f sḏm* is the past negative counterpart of the "past First Present".
– Yet, this development is not fully evolved. While *bw jr=f sḏm* may be connected with the converter *jw*, it is not attested with the relative converter. This means that *nty bn sw ḥr sḏm* also covers the general present.

Applied to the example from Kadesh (ex. 19) we may pose the following line of development:

**nty bw jr ḥr=j ḥḏ*

jwty ḥḏ.n ḥr=j > *nty n ḥḏ.n ḥr=j* > *nty bw ḥḏ.n ḥr=j* > *nty bw ḥḏ ḥr=j* >

nty bn ḥr=j ḥr ḥḏ

In other words, the system, as later known, was not fully developed in Late Egyptian. In the relative constructions, the negative general present functions as the negative counterpart of the negative imperfect participle and imperfect relative form. The imperfect participle and relative form cannot be negated. The observable decrease of the negative counterpart of the imperfect relative form *jwty sḏm.n=f/jwty sḏm=f* has been completed; the form has disappeared, and that, to all practical purposes,[32] goes for the relative form as well. Hence it is not surprising to find a substantially larger number of examples of the First Present where the subject of the relative clause differs from that of the antecedent by comparison with examples where the relative converter does duty for the subject.

THE IMPERFECT PARTICIPLE

There remains then the examination of the incontestable and the alleged cases of an imperfect participle in Late Egyptian. Let us examine the sparse evidence.

The first example is P. Turin 1978/208, a text that as a whole is available only in a transcription made by Černý and "published" by Allam. The consistent use of *ḥr* before the infinitives speaks for a date in the first part of the 20th Dynasty. The beginning is lost and between rt. 3 and 4

[31] N. de G. Davies, *JEA* 9, 1923, pl.XXV = M. Sandman, *Texts from the Time of Akhenaten*, *BAe* 8, 1938, p. 143, 4-6 = *Urk*. IV, 1996, 7-10.

[32] Cf. Winand, *Études de néo-égyptien I*, p. 387-388.

there is a superlinear addition. Vs. 1-2 is cited three times in Neveu's *La langue des Ramsès*,[33] and it is clear that he regards it as a most important piece of evidence.

Ex. 21: "(1) the grain there. See, I have given to you a hundred sacks of grain from my storage (*ʿt*). (2) Let your scribes and your people come to take them".

After a somewhat obscure reference in line 3 where the writer seems to invite the recipients to look/check/look after the places (?) where some old documents of the Tomb are (*mtw=tn ptr nꜣ wn sšw jsyw n pꜣ ḫr jm*), he goes on in line 4 to mention the issue of the "*ḥtrj*-dues of the Tomb which one is in the process of bringing northwards in the boats of the officials and (5) which one is in the process of loading into them in order to bring them to Upper Egypt" (*nꜣ ḥtrj n pꜣ ḫr nty twtw ḥr jnt=w n ḫd m nꜣ ʿḥʿw n* *nty twtw ḥr ꜣtp=w r=w r jnt=w r Šmʿw*). "Search for them (vs. 1) in the place where they are. 'Indeed, it is not we who transport them (vs. 2) regularly', so say the officials" (*wḫꜣ st m pꜣ nty st jm jjꜣ bn jnn jjr ḫn=w m-dwn jwnꜣ ḥr=w m nꜣ*) (P. Turin 1978/208).[34]

The presence of the adverbial phrase *m-dwn* is a strong argument in favour of taking *jjr ḫn* as a periphrastic imperfect participle. If my understanding of the passage is correct, the utterance of the officials is designed to put a stop to any idea of making a habit of the current form of transportation, expressed by the use of the relative First Present. One cannot help wondering, however, why the scribe would use this form since we also have the following example:

Ex. 22: "We found the pyramid of A this being not all like the pyramids"... *nty tw=n šm r ṯꜣw jm=w m-dwn zp-sn jwnꜣ* "that we usually go to rob" (P. Léopold-Amherst, 2, 5-7).

Three possible explanations come to mind. The first is that the Léopold-Amherst example is one where the First Present has the function of the old imperfect relative form. Then there is the possibility that the separation of no less than half a century between the dates of the two documents might have some bearing on the matter. And finally, it may not be without significance that the participle is used in the participial statement.

The ensuing examples are all from the end of the 20th Dynasty.

Ex. 23: "Now if you say: 'Push off' and I were a freeman,[35] Nesamun would ridicule me and I would have to put up with it". *n jw=j šsp=w n=f m tꜣy wnwt jw=j m sr bn m sr ʿꜣ* *šsp*

[33] P. 141, 245 and 259.

[34] Sch. Allam, *Hieratische Ostraca und Papyri aus der Ramessidenzeit* II, Tübingen, 1973, p. 97.

[35] For the term *nmḥw* which seems to be the designation of a farmer who is not adscript to the soil, see the references given in D. Sweeney, "Offence and Reconciliation in Ancient Egypt. A Study in Late Ramesside Letter No. 46", *GM* 158, 1997, p. 65 n. 17; G. Vittmann, in B. Porten (ed.), *The Elephantine Papyri in English. Three Millenia of Cross-Cultural Continuity and Change, Documenta et Monumenta Orientis Antiqui* 22, Leiden, London, Köln, 1996, p. 59, n. 20.

qbꜥ n wꜥ nb zp-sn "But should I put up with it from him now that I am an official? It is no high official who puts up with ridicule from just anybody" (*LRL*, 68, 2-5).[36]

Also this example is not entirely free of problems. Černý originally read *jn* instead of *bn*, and this made Wente, and myself, take what now is treated as a periphrastic participle as a that-form, viz., *jw=j m sr jn m sr ꜥꜣ jjr(=j) šsp qbꜥ n wꜥ nb zp-sn*, "Am I to put up with it now from him, when I am an official who has been nominated as a great official, (and if this is the case) is it from any- and everybody that I shall put up with jibes?"[37]

Ex. 24: "It is you who should write to us about your condition. Indeed, the messengers [are coming] from you daily, going back and forth". *ḥr nꜣ wpwty nty jy tꜣy rjt m njwt jw=j m tꜣy m kt-ḫw*  *šsp nꜣ šꜥt tꜣy rjt mtw=w djt jn.tw=w n=j* "But the messengers who (normally) come (to) this side are in Thebes – I being there (as well for the moment). It is others who receive the letters (on or for?) this side and have them sent to me" (*LRL*, 15, 9-12).

This passage is also open to several interpretations.[38] It is assumed that the initial phrases refer to the fact that there are daily lines of communication. It is further understood that the two correspondents, father and son, know all there is to know about the standard procedures of the going and coming of the messengers. The writer's remarks about the lines of communication may therefore be surmised to contain supplementary, or modifying, pieces of information.

It should be noted that the verb is the same in both examples 23 and 24. In the former Černý noted the slightly exaggerated writing of the *-t*, and one wonders if the intended writing was that of a prospective *sḏm=w*?[39]

Ex. 25: "As Amun and the Ruler endure, if I should be found to have ploughed (any) holding of *kha-en-ta* land in the gezirah of Ombi, it is from me that the grain shall be collected." *wꜥ ꜣḥt n nhꜣ nmḥw fꜣj nbw r pr-ḥḏ n Pr-ꜥꜣ pꜣ skꜣ nꜣ nmḥw jw=w ꜥḥꜥ swḏ pꜣy=f nbw r pr-ḥḏ n Pr-ꜥꜣ ꜥ w s jw bwpw=j ḫn ꜣḥt jm* "(However), it is rather a holding of some freemen liable to pay tax to (lit. who pay gold into) Pharaoh's treasury, that the very same freemen have cultivated, they regularly handing over its gold to Pharaoh's treasury, while I have not even approached a field there" (P. Valencay I, rt. 11-vs. 2-4 = *RAD*, 72, 11-73, 4).

[36] For this difficult passage see E.F. WENTE, *LRL*, 1969, p. 80-81; *id.*, *Letters from Ancient Egypt*, Atlanta, 1990, p. 173; S.GROLL, *RdE* 26, 1974, p. 172; NEVEU, *La langue des Ramsès*, 1996, p. 259; SWEENEY, *op. cit.*, p. 63-79.

[37] *An Outline of the Late Egyptian Verbal System*, Copenhague, 1974, p. 161.

[38] Cf. J. ČERNÝ, *Community of Workmen*, *BdE* 50, 1973, p. 87 with n. 6-7; WENTE, *LRL*, p. 34 with notes; *id.*, *Letters from Ancient Egypt*, *op. cit.*, p. 188; S. GROLL, *RdE* 26, 1974, p. 169; Č.-G., *LEG*, ex. 249; NEVEU, *Particule ḥr*, p. 18; WINAND, *Études de néo-égyptien* I, p. 361. My earlier translation in *An Outline of the Late Egyptian Verbal System*, p. 120-121 is untenable.

[39] Cf. now the photograph in Jac. J. JANSSEN, *HPBM* VI, pl. 83.

In spite of this rendering,[40] *fꜣj nbw* in this text is hardly a true imperfect participle. Gardiner implied earlier on that it was a term meaning simply tax-payer. He referred to a passage in P. Harris I, 45,8-46,1, where the king declares that he has made substantial endowments to a temple, its treasury being flooded with numerous things, fleets of boats, (teams) of honey-collectors, *fꜣj sntr fꜣj ḥḏ šwtyw nn rꜣ-ʿ=sn* "incense-carriers, silver-carriers, and temple-merchants, without limits". Whatever the exact meaning of the term *fꜣj nbw*,[41] I am inclined to exclude this example from the present discussion.

Ex. 26: "Indeed, what is the matter with you that you do not listen and remain idle [in] this commission of Pharaoh l.p.h., your good lord, on which you are?" *ḫr jr wʿ mʿ jjr mr ḫꜣ n ḫt ḫr ptr mntk jjr ntf=w* "Now, a single creeper can choke a thousand trees, but see it is you who can disentangle them" (*LRL*, 69, 1-4).[42]

Wente's translation hits the mark. We are undoubtedly dealing with an aphorism.

Ex. 27: "I said to him: 'As for the many things you have said to me, if I reach the place where the High Priest of Amun is and he sees your commission' *m pꜣy=k sḥn jjr jtḫ n=k nkt* 'it is your commission that will procure something for you'" (*Wen.*, 2, 60-62 =*LES*, 73, 6-9).

Referring to unambiguous examples of the construction *m* + noun + *sḏm=f*, Gardiner provided this passage with a note to the effect that "we should have expected *jjr=f*".[43]

Ex. 28: "He said to me: 'What is the matter with you?' I said to him" *nn bw jr=k ptr nꜣ gꜣšw jjr jr zp 2 n hꜣy r Kmt* "'Can't you see the migrating birds who are going a second time down to Egypt'" (*Wen.*, 2, 65 =*LES*, 73, 14-16).

Here there is no compelling reason for the "standard" translation in the present tense, and Wente, in fact, translated the passage: "Surely you can see the migratory birds who have already gone down twice to Egypt".[44]

Ex. 29: "Come to me that you mayest advise me and make me skilful in thy calling [*jꜣwt*]. Better is thy calling than all callings, it makes (men) great". (...) *mntk pꜣ jjr sḫrw mntk pꜣ jjr sḫrw n pꜣ jwty mwt=f* "It is thou that givest advise; it is thou that givest advise to him that has no mother. Fate and Fortune are with thee. Come to me that thou mayest advise me. I am the slave of thy house", etc. (P. Anastasi V, 9, 3-8 =*LEM*, 60, 5-11).[45]

40 For translations and comments on this text see A.H. Gardiner, "A Protest against Unjustified Tax-Demands", *RdE* 6, 1951, p. 115-134. For other translations and comments see; Helck, *Materialen*, p. 283; U. Kaplony-Heckel, *TUAT* I, 1982-1985, p. 224-225; E.F. Wente, *Letters from Ancient Egypt*, *op. cit.*, nº. 156 = p. 130-131; G. Vittmann, in B. Porten (ed.), *op. cit.*, p. 57-59; Fr. Junge, *Neuägyptisch*, *op. cit.*, p. 304-306.

41 Cf. P. Grandet, *Le Papyrus Harris I*, vol. I, *BdE*, 109 1994, p. 168-169.

42 Following E.F.Wente, *op. cit.*, no. 288 = p. 172.

43 Gardiner, *LES*, p. 73a.

44 In W. K. Simpson, *The Literature of Ancient Egypt*, New Haven, London, 1972, p. 153.

45 I can do no better than quote the translation by Caminos, *LEM*, p. 232.

This example is taken from one of the Late Egyptian Miscellanies. The text is a hymn to Thoth in which the writer asks for skill in writing. One of the characteristics of this genre is the so-called *Nominalstil* that implies the use of grammatical constructions often classified as timeless. In short, this is neither a non-literary text, i.e. belonging to the narrow corpus, nor is it purely Late Egyptian, witness e.g. the construction *jwty mwt=f*.[46]

FINAL REMARKS

The evidence for the existence of the imperfect participle in "true" Late Egyptian is poor. Yet, not all the examples cited above can be explained away.

- Ex. 25 (P. Valencay I, rt. 11-vs. 2-4) should probably be excluded from this discussion and grouped together with the countless instances of participles still being used in titles.
- In two cases, ex. 23 (*LRL*, 68, 2-5) and 27 (*Wen.*, 2, 60-62), one might consider taking the participle as a *sḏm(=f)* form.
- While the form in ex. 28 (*Wen.*, 2, 65) is certainly a participle, it may not necessarily be an imperfect participle.
- Together with ex. 26 (*LRL*, 69, 1-4), ex. 23 (*LRL*, 68, 2-5) may also be seen as an instance of imperfect participles in a specialized use, viz. in proverbial expressions and aphorisms. They are, however, still imperfect participles.
- Periphrasis is attested with verbs of three or less radicals, corresponding to the classes mentioned in the discussion of ex. 4 above.[47]

Summing up the meagre evidence, the conclusion presents itself that it is possible to ascertain the form's, albeit limited, existence in Late Egyptian. In the 1st millennium a few clear cases are known,[48] but later the form is abundantly attested in P. Insinger, as demonstrated by Miriam Lichtheim.[49] In this text the content is couched in one-sentence long maxims or proverbial phrases. Combining all the evidence, therefore, we may say that the form survived in Late Egyptian. Its function as a simple adjectival present tense construction was taken over by the relative First Present, while the participle was retained in a specialized use in gnomic or proverbial relative constructions.[50]

46 Cf. Erman, *NÄG*, 1933, § 799.

47 *2-lit.* (*mr*), 3ae inf. (*ḫnj*, *jrj*), *3-lit.* (*jtḥ* and *šsp*—if this still belongs to that class).

48 Cf. Winand, *Études de néo-égyptien I*, 1992, p. 362 with n. 55. For the example P. Vandier 1, 8 see also A. Shisha-Halevy, "Papyrus Vandier *Recto*: An Early Demotic Literary Text?", *JAOS* 109, 1989, p. 428, where the form is described as a having "a generic present role (…) observable in Demotic (…) as a suppletive aorist participle".

49 "On the Participle *jjr* in Demotic", in D.W. Young (ed.), *Studies presented to Hans Jakob Polotsky*, Beacon Hill, 1981, p. 463-471.

50 In P. Insinger it competes with the First Present in a passage cited by M. Lichtheim, *op. cit.*, p. 464. Here Insinger 28/10 has *pꜣ sbꜣ jjr ḫꜣꜥ pꜣ myt n pꜣy=f tmy* "The impious man who abandons the way of his town", whereas P. Carlsberg II, 10, 17 has *pꜣ sbꜣ nty ḫꜣꜥ pꜣy=f tmy*.

Returning to the part of departure, finally, I would conclude that, in the passage from Abbott, *ḏd* should not to be taken as an imperfect participle The question may also be of some interest to scholars interested in the history of the period of the tomb robberies, because if we render the passage in question as "since I am the mayor who wrote a complaint to the ruler", we get a rather different picture of the general situation during that phase of the reign of Ramesses IX. Paser then had, in fact, sent a specific report to the king, and it is most likely that which triggered off the entire process. Moreover, if Paser had reported the crimes to the king, we should no longer suspect the vizier and the other high officials of complicity in the robberies and other irregularities. They, and the "Tomb", must be regarded as corrupt criminals. Translating *ḏd* as a past participle, however, requires the additional reconsideration of several *jw=f sḏm* forms in columns 5 and 6, and this, unfortunately, cannot be done within the framework of the present paper

Pierre Grandet

Cinq ostraca hiératiques documentaires du musée du Louvre E 27676, 27677, 27678, 27679, 27682

Tous ceux qui ont, comme moi, le privilège de connaître François Neveu depuis de longues années peuvent témoigner de sa prédilection d'historien et de philologue pour l'étude directe des sources ; en particulier pour celle de sources jusqu'alors inédites et dont la publication vient enrichir, aussi modestement que ce soit, nos connaissances relatives au petit monde de Deîr el-Médînéh. C'est pourquoi j'ose espérer qu'il agréera l'hommage de la publication de ces cinq ostraca hiératiques du musée du Louvre, qui viennent compléter la série publiée en 1991 par M. Yvan Koenig sous le titre « Les ostraca hiératiques du musée du Louvre », *RdE* 42, 1991, p. 95-116 :

I. O. Louvre E 27676. Reçu de paiement.
II. O. Louvre E 27677. Notes pour le journal de la Tombe.
III. O. Louvre E 27678. Reçu de paiement.
IV. O. Louvre E 27679. Lettre au dessinateur Khây.
V. O. Louvre E 27682. Question à un oracle.

Tous ces ostraca ont fait partie de la collection d'Alexandre Varille, aux héritiers duquel ils ont été achetés par le Louvre en 1994. À l'exception de notre n° III, qui a fait l'objet d'une transcription par J. Černý, reprise par K.A. Kitchen dans ses *Ramesside Inscriptions*, tous sont à ma connaissance inédits – si l'on en excepte les courtes notices descriptives que j'ai rédigées pour le catalogue de l'exposition sur Deîr el-Médînéh présentée au musée du Louvre en été 2002 : *Les artistes de Pharaon. Deir el-Médineh et la Vallée des Rois*, sous la direction de Guillemette Andreu, Paris, 2002 [1]. Les clichés accompagnant ces descriptions, et qu'on retrouvera ici sous une taille plus lisible, sont dus au talent de M. Christian Larrieu, photographe du musée du Louvre.

Tous les documents étudiés ici sont réputés provenir de Deîr el-Médînéh, ce qui semble à peu près certain pour les n°s II-IV – encore que la preuve objective de cette provenance fasse défaut, comme il en va toujours dans le cas des documents qui ne proviennent pas de fouilles

[1] Depuis que ces lignes ont été écrites, une traduction du recto de l'O. Louvre E 27676 a été publiée par Chr. Barbotin, *La voix des hiéroglyphes*, Paris, 2005, p. 41, n° 9*.

régulières. Quant à notre n° I, sans exclure complètement Deîr el-Médînéh, sa provenance pourrait être plutôt Médînet Habou, du fait de son contenu et de son onomastique particulière.

Je tiens à présenter ici tous mes remerciements à Mme Christiane Ziegler, conservateur général en charge du Département des antiquités égyptiennes du musée du Louvre, pour m'avoir généreusement autorisé à publier ces ostraca et leurs photographies, sans oublier M. Marc Étienne, conservateur au même département, pour son amitié et ses conseils éclairés.

I. O. Louvre E 27676 – Reçu de paiement [2]

Fin du règne de Ramsès III (?)

Description : Éclat de calcaire – 29 × 10,8 cm.
Provenance : Collection A. Varille. Achat par le Louvre en 1994.
Bibliographie : *Les artistes de Pharaon*, n° 169, p. 219.

Le document enregistre les biens donnés par un prêtre du temple funéraire de Ramsès III à Médînet Habou, nommé Ounounékh(ou), à un certain To, substitut du chef d'équipe de Deir el-Médinéh, pour rétribuer la fabrication d'un lit et la vente d'un âne, ainsi que la décoration d'un meuble. Dans ce dernier cas, To sert d'intermédiaire pour le compte du dessinateur, véritable auteur de la prestation ainsi rétribuée. Nous apprenons que les biens furent délivrés à To par divers prêtres du temple, soit dans le bâtiment même, soit, dans un cas, dans la maison de l'un d'eux.

Recto

1. *[r] rdj.t rḫ=<t>w pꜣ ḥḏ*
2. *[j]dj wꜥb Wnw-nḫ(w) n*
3. *jdnw Tꜣ.*
4. *jt-m-jt : ẖꜣr 2, (jp.t) 2, m-ḏr.t Nfrtyj.*
5. *wḥm, m tꜣ ḥw.t, m-ḏr.t wꜥb Kꜣry :*
6. *bty, ẖꜣr 1.*
7. *[w]ḥm, m-ḏr.t ḥm-nṯr Wnw-nḫ(w) :*
8. *[jt-m]-jt (?) : ẖꜣr 1, bty : ẖꜣr 1.*
9. *[sn]t{r}j : mn.t 1, jr(=w) n dbn 20.*
10. *ꜥš : šꜥd 2, jr(=w) n dbn 10.*
11. *nhꜣ : ḫt 1, jr(=w) n dbn 1.*
12. *šmꜥ thm=w : ẖn<k>w (?) 1, jr(=w) n (jp.t) 1.*
13. *d=j n=f ḫt ḥꜥtj 1 r-ḏbꜣw=f*

[2] Dans le catalogue *Les artistes de Pharaon*, n° 169, p. 219, nous avons qualifié à tort ce document de « reconnaissance de dette ».

Verso

1. *[wḫm, m-ḏr.t] wꜥb Ḥꜥpy-wr(=w)*
2. *[ḫ]mty : dbn 27, r-ḏbꜣw wꜥ ꜥꜣ (?).*
3. *ḫḏ : qd.t 2, r dj.t=w (n) sš Bꜣkj-n(y)-mw.t.*
4. *[wḫ]m, šsp(=w) m-ḏr.t wꜥb Ḥꜥpy-wr(=w),*
5. *[j]w=tw m tꜣ ḥw.t (Wsr-Mꜣꜥ.t-Rꜥ Mry-Jmn) ꜥ. w. s. :*
6. *[jt]-m-jt : ḫꜣr 2, bty : ḫꜣr 3.*
7. *[wḫm] m-ḏr.t=f, m tꜣ ḥw.t : bty : ḫꜣr 2.*
8. *wḫm, m-ḏr.t Jmn-ḥtp=w m tꜣ[y=f (?)]*
9. *ꜥ.t : bty : 1 ḫꜣr. wḫm m tꜣ ḥw.t :*
10. *wꜣḏt{m} : ḥrš 12 ; sḏwy j[s (?)…]*

Mémoire de l'argent que le prêtre ouâb *Ounounékh(ou) a donné au substitut To.*
2 khar *et* 2 oipé *d'orge, (livrés) par Néfertyi.*
Idem, *au château (= Médînet Habou), (livrés) par le prêtre* ouâb *Kary (?) :*
1 khar *de blé amidonnier.*
Idem, *(livrés) par le prêtre Ounounékh(ou) :*
1 khar *d'[orge].*
1 khar *de blé amidonnier.*
1 jarre d'[en]cens, valant 20 dében.
2 pièces de pin, valant 10 dében.
1 pièce de bois de sycomore, valant 1 dében.
1 vêtement khénou *de tissu fin percé, valant 1* oipé.
Je lui ai donné un lit de bois en échange.

[Idem, *(livré) par (?)] le prêtre* ouâb *Hâpyouré :*
27 dében *de cuivre, en échange d'un âne (?).*
2 qité *d'argent, pour les donner (au) scribe Bakenmout.*
Idem, *reçu du prêtre* ouâb *Hâpyouré, [alors] qu'on se trouvait au château d'Ousermaâtrê Méryimen VSF :*
2 khar *d'orge.*
3 khar *de blé amidonnier.*
[Idem] *(livré) par lui au Château :*
2 khar *de blé amidonnier.*
Idem, *(livré) par Amenhotpé dans [sa (?)] maison :*
1 khar *de blé amidonnier.*
Idem, *au Château :*
12 bottes de légumes.
[…] *vieilles (?) bandes culottes.*

Rº 1-2 : Pour la formule *r rdj.t rḫ=tw pꜣ ḥḏ [j]dj X n Y*, cf. Jac. J. Janssen, *JEA* 80, 1994, p. 133, n. 18-19. Le scribe a oublié d'écrire le *t* de *rḫ=tw* par confusion entre ce signe et le déterminatif de *rḫ*.

Rº 2 : À l'exception de l'*jdnw Tꜣ* (rº 3) et peut-être du scribe *Bꜣkj-n(y)-Mw.t* (vº 3), tous les personnages cités dans le document semblent être des prêtres (et une prêtresse) de Médînet Habou (ce qui est peut-être une indication relative au lieu de trouvaille de l'objet). Il n'existe pourtant aucun recoupement entre ces noms et ceux du personnel de ce temple dont la liste a été dressée par Haring, *Divine Households*, p. 449-455. Le *Ḥꜥpy-wr(=w)* qui y figure (p. 453) n'est pas un prêtre, comme ici en vº 1 et 4, mais un maçon. Seul recoupement apparent, celui entre un *wꜥb* et *kꜣmy* du nom de *Kꜣrj* (p. 454), attesté dans P. BM 10053, vº 3, 6, et le *wꜥb Kꜣry* de notre document, rº 5. Pourtant, la date tardive du premier laisse douter de ce recoupement. Ni le *Wnw-nḫ(w)* cité ici, ni celui cité en rº 7 (et qui ne porte pas le même titre que le premier), ne sont évidemment l'ouvrier de Deîr el-Médînéh de ce nom, qui vécut sous Ramsès II (Davies, *WWDM*, p. 218-219), puisqu'il faut probablement dater notre texte de Ramsès III (cf. commentaire à la ligne suivante). Aucun autre personnage de ce nom ne m'est connu par la documentation de Deîr el-Médînéh.

Rº 3 : Ce document ajoute une attestation supplémentaire de l'existence de l'*jdnw Tꜣ*, connu jusqu'ici par deux graffiti thébains et un poids de Deîr el-Médînéh :
1. Gr. 481 (= *KRI* V, 640, 4), où il est titré *jdnw n(y) tꜣ js.t m S.t-Mꜣꜥ.t*, et où son nom est accompagné de celui de son fils, le scribe *Jmn-nḫt=w*.
2. Gr. 1973 (= *KRI* V, 640, 2), où il est titré *jdnw <n(y) tꜣ> js.t m S.t-<Mꜣꜥ.t>*, et où son nom est accompagné de celui du *sš Wnn-nfr n(y) S.t-Mꜣꜥ.t*.
3. Poids de Deîr el-Médînéh nº 5271, où il est titré *jdnw tꜣ js.t* (Valbelle, *Poids DM*, *sub num.*).

L'exercice du mandat de ce personnage a été placé non sans hésitation par Černý, *Community*, p. 141 et 145, entre Ramsès V et Ramsès IX, sans autre argument que l'hypothèse selon laquelle notre personnage serait l'ancien ouvrier To du P. Ashmolean Museum 1945.95 (Naunakhté), I, 12.

Cependant, parmi diverses autres hypothèses relatives à l'identité de ce personnage envisagées par B.G. Davies, la meilleure nous semble de l'identifier à l'ouvrier *Ṯꜣy* [Tjay (i)], dit aussi *Tꜣ* ou *Tꜣ šrj*, fils du fameux scribe Amennakhté fils d'Ipouy, et père lui-même d'un autre scribe Amennakhté [Amennakhte (xiv)] (Davies, *WWDM*, p. 107). Ce *Tꜣy*/*Tꜣ* est attesté comme ouvrier en l'an 29 de Ramsès III, en l'an 4 de Ramsès IV et en l'an 7 de Ramsès VI, d'où l'on peut conclure qu'il occupa la fonction d'*jdnw* soit temporairement à l'époque de Ramsès III, ou après Ramsès VI (*ibid.*, p. 106-108 et 280). La clé de la datation de son mandat réside en fait dans l'identité du scribe *Wn-nfr(=w)* avec lequel il est nommé dans Gr. 1973 : le scribe de ce nom, attesté entre l'an 11 et l'an 24 de Ramsès III [Wennefer (v)] (*ibid.*, p. 99) ou son homonyme, datant de Mérenptah [Wennefer (vii)] (*ibid.*, p. 99-100). La seconde hypothèse est exclue par la mention du temple funéraire de Ramsès III dans notre document (vº 5). Celle consistant à y voir un des scribes *Wn-nfr(=w)* de la fin de la XXe dynastie (*ibid.*, p. 101-102, 108 et 281) s'exclut par les titres spécifiques de ces personnages. La fin du règne de Ramsès III me paraît donc être la meilleure hypothèse de datation pour notre texte.

R° 4 : Aucune des « Néfertari » connues par la documentation de Deîr el-Médînéh ne me paraît susceptible d'être identifiée à la *Nfrtyj* citée à cette ligne.

R° 5 : *Tꜣ ḥw.t* est pour *tꜣ ḥw.t (Wsr-Mꜣʿ.t-Rʿ Mry-Jmn)| ʿ. w. s.* (v° 5) ; cf. J. Černý, *JEA* 26, 1941, p. 126-127. Je ne connais pas de mentions de l'existence d'un *wʿb Kꜣry* dans la documentation provenant de Deîr el-Médînéh.

R° 7 : Pour le *ḥm-nṯr Wnw-nḫ(w)*, cf. ci-dessus, commentaire à r° 2.

R° 9 : Les signes me paraissent autoriser la restitution de *snṯr*. Pour le *snṯr* mesuré en jarres *mn.t*, cf. ODM 946, v° 3.

R° 12 : Étant donné que, dans la documentation de Deîr el-Médînéh, le terme *ḫnw* désigne une peau d'animal ou un sac réalisé en ce matériau (Janssen, *Prices*, p. 400-401), et que le nom est de surcroît toujours doté du déterminatif de la peau, je ne vois pas d'autre solution que de comprendre le présent *ḫnw* comme une graphie fautive du nom du vêtement *ḫnk*, *Wb* III, 385, 1 ; ODM 86-88, 210-212, etc. ; Janssen, *op. cit.*, p. 255-259.

R° 13 : Cette ligne semble impliquer que tous les biens énumérés au recto, ou seulement certains d'entre eux, sont destinés à la rémunération de la fabrication d'un lit *ḥʿtj* (Janssen, *Prices*, p. 180-184). Lorsqu'on combine toutes les informations du recto, on obtient 5 *khar*, 3 *oipé* de grain et 31 *dében*. En comptant le *dében* à 1/2 *khar* de grain (Janssen, *op. cit.*, p. 109-111), on obtient au total 21 *khar*, 1 *oipé*, ou 42 *dében* 1/2, soit approximativement le double des prix connus pour les meubles de ce type ! Le scribe a-t-il oublié un lit dans ses calculs ?

V° 1 : Je ne connais pas de mentions de l'existence d'un *wʿb Ḥʿpy-wr(=w)* dans la documentation provenant de Deîr el-Médînéh.

V° 2 : L'identification des signes en fin de ligne comme formant le début du mot *ꜥꜣ*, « âne » me paraît assez certaine. Parmi les prix connus pour les ânes, qui vont de 20 à 40 *dében* de cuivre, avec une majorité autour de 30 *dében* (Janssen, *Prices*, p. 167-172), on connaît un exemple ou un tel animal vaut précisément, comme ici, 27 *dében* de cuivre, O. Petrie 14, r° 6 (Černý et Gardiner, *HO* I, pl. 45, 1 = *KRI* V, 524, 6-7) ; cf. Janssen, *op. cit.*, p. 168, Table XIV, et p. 169, n° 5.

V° 3 : Je ne connais pas de mentions de l'existence d'un scribe (ou dessinateur ?) *Bꜣkj-n(y)-mw.t* dans la documentation provenant de Deîr el-Médînéh. Si l'on comprend bien, l'*jdnw Tꜣ* avait reçu une somme de *Ḥʿpy-wr(=w)* pour la remettre audit scribe. Pour rétribuer un travail de décoration ?

V° 4 : Pour le *wꜥb Ḥꜥpy-wr(=w)*, cf. ci-dessus, commentaire à v° 1.

V° 10 : Pour la graphie curieuse mais bien connue *wꜣḏt{m}* du nom des légumes *wꜣḏ.t*, cf. par exemple Grandet, *Papyrus Harris I*, vol. II, n. 124. Pour la « bande culotte » (*loincloth*) *sḏw/sḏy*, cf. Janssen, *Prices*, p. 272-277. Ce vêtement, de forme triangulaire, était porté sous un pagne. Le signe qui suit le terme ne peut guère être transcrit autrement que  (cf., en début de ligne, la graphie du même signe comme déterminatif de *wꜣḏ.t*). Je ne vois pas quelle autre valeur lui assigner que celle d'une abréviation pour *js*, « vieux », quoiqu'en contexte similaire, l'abréviation utilisée soit normalement . Cf. par ex. ODM 90, 6 (corrigé par Janssen, *Prices*, p. 257) et ODM 210, III, 7. Il devait y avoir un chiffre en fin de ligne.

11. O. Louvre E 27677 – Notes pour le journal de la Tombe

An 16-17 de Ramsès III

Description : Éclat de calcaire – 12,5 × 18,5 cm.
Provenance : Collection A. Varille. Achat par le Louvre en 1994.
Bibliographie : *Les artistes de Pharaon*, n° 156, p. 205.

Le document contient deux courtes notes destinées à être ultérieurement intégrées à un journal administratif ou à un rapport officiel. La première évoque comment, en l'an 16 de Ramsès III, le scribe du vizir, Âkhpet, craignant de voir dénoncé au vizir To son maître, de passage à Thèbes, un acte répréhensible qu'il avait commis, crut bon d'acheter – hélas pour lui devant témoin – le silence de l'ouvrier Amenemopé, en le tenant quitte d'une somme qu'il lui devait. Une note datée du début de l'année suivante se borne à enregistrer la livraison, devant témoins, de blé au village.

1. *rnp.t sp 16, ꜣbd 3 ꜣḫ.t, sw 11 – hrw pn, ḏd jr(w)~n sš ꜥḫ-p.t n(y) [ṯꜣty (?) n]*
2. *Jmn-m-jp.t m ḏd : « m jr(w) smjtw=j n ṯꜣty Tꜣ ḫr pꜣ ḫtm n(y) pꜣ ḫr :*
3. *Jw=j r dj.t n=k pꜣ jdn n(y) pꜣ ḥḏ nty wnw=k : sw ḫr=j, m-bꜣḥ [rmṯ js.t] ꜥꜣ-nḫt=w »,*
4. *ḏd~n=f : « wꜣḥ Jmn, wꜣḥ pꜣ ḥqꜣ, ꜥ. w. s., j-jr=j dj.t ḥḏ ṯꜣty Tꜣ jw ḏbꜣ~n=k (sw) ! »*

5. *rnp.t sp 17, ꜣbd 4 šmw, sw 22 – hrw n(y) swḏ jr(w)~n jn(w)-mw P(ꜣ)-n(y)-tꜣ-Wr.t*
6. *bt.y ḫꜣr 4, (jp.t) 2 m-bꜣḥ rmṯ js.t ꜥꜣ-nḫt=w, m-bꜣḥ rmṯ js.t*
7. *P(ꜣ)-n(y)-tꜣ-Wr.t.*

An 16, troisième mois d'akhet, le 11.
Ce jour, le scribe [du vizir (?)] Âkhpet a dit [à] Amenemopé :
« Ne me dénonce pas au vizir To au poste de contrôle de la Tombe. Je te donnerai la contre-valeur de l'argent dont tu avais (dit) : "Il est à ma charge", en présence de [l'homme] d'équipe Âanakhté. »

Il a répondu :
« Par Amon et le souverain, je ne laisserai le vizir To descendre le courant que tu ne (l') aies remboursé ! »
An 17, quatrième mois de chémou, le 22.
Ce jour, le porteur d'eau Pentaouré a apporté 4 khar et 2 oipé de blé amidonnier en présence de l'homme d'équipe Âanakhté et de l'homme d'équipe Pentaouré.

l. 1 : Le texte ajoute un exemple à la liste de documents de Deîr el-Médînéh faisant état de visites locales du vizir sous le règne de Ramsès III, telle qu'elle a été dressée par Janssen, *Village Varia*, p. 156-161. Qui plus est, cette visite se situe dans ce qui paraissait jusque-là un hiatus : « Not a single visit to the Necropolis under Sethnakht is known, nor from the first twenty years of his son », la première jusque-là connue étant une visite du vizir To en l'an 22 de Ramsès III, O. Turin N. 57047, 1-2 [3]. La première partie du texte est si exactement contemporaine de la nomination, par le vizir To, d'Amennakhté, fils d'Ipouy, comme scribe de la Tombe en l'« An 16 [de Ramsès III], troisième mois d'akhet » (Gr. 1143 = *KRI* V, 379, 8-9) [4], qu'il est possible que cette nomination ait eu lieu au cours du séjour évoqué ici. Pour le vizir To en général, cf. Grandet, *Ramsès III*, p. 90-91, 147, 320-321, 328-329 ; A.J. Peden, « Carter Graffito n° 1450 and the Last Known Attestation of the Vizier To in Year 32 of Ramesses III », *GM* 175, 2000, p. 13-15.

Vers les trois-quarts de la ligne, le groupe  semble résulter de la correction d'un  original, qui a laissé quelques traces. On peut imaginer que le scribe, oubliant qu'il avait opté pour le participe moyen-égyptien *jr(w)~n*, avait, avant de se raviser, commencé à écrire *jr(w)* sous la forme qu'adopte généralement cet élément dans le participe néo-égyptien *j-jrw*.

Pour Âkhpet, qui était un scribe du vizir, d'où peut-être l'inquiétude qu'il exprime ici de se voir dénoncé à son maître, cf. Davies, *WWDM*, p. 118-119, et ci-dessous.

En fin de ligne, les dimensions de la lacune interdisent de restituer *n [rm]ṯ [js.t]*, auquel on peut penser dans un premier temps comme titre d'*Jmn-m-jp.t* (« le scribe Âkhpet a dit à [l'homme d'équipe] | Amenemopé »). Cf. les graphies de ce groupe aux **l.** 3 et 6. On peut aussi songer à *[rm]ṯ* comme forme abrégée du même titre, mais le signe lacunaire qui subsiste ne correspond guère à la graphie du *ṯ* dans ce mot. Le plus simple paraît en réalité de considérer ce signe comme l'avant de la partie inférieure du signe de l'oisillon *ṯꜣ* dans *ṯꜣ[ty]* de telle sorte que nous aurions à cette ligne la mention du *sš ꜥḫ-p.t n(y) ṯꜣty*, « le scribe du vizir, Âkhpet (cf. ci-dessus), suivie du *n* du datif, appelé par le contexte.

l. 2 : Pour l'ouvrier *Jmn-m-jp.t* cité ici, cf. Davies, *WWDM*, p. 232-233 [Amenemope (x)].

l. 3: En milieu de ligne, une construction remarquable, à première vue étrange, *pꜣ ḥḏ nty wnw=k : sw ḥr=j*, qui me semble contenir une citation *sw ḥr=j*, litt. « il est sur moi » et l'ellipse

[3] Se fondant sur des critères onomastiques convaincants, Janssen, *op.cit.*, p. 151 – *contra* Kitchen, qui le date de Ramsès III – date de Mérenptah l'O. Gardiner 115 (*KRI* V, 283, 4-9), qui évoque la visite à Deîr el-Médînéh d'un vizir anonyme, en l'an 9 d'un roi qui n'est pas nommé.

[4] Gr. 1111 = *KRI* V, 379, 2, se contente de dater l'événement de l'an 16.

d'un verbe qui l'introduirait (*nty wnw=k [ḥr ḏd] : sw ḥr=j*), rendue inutile par le fait que *sw* ne peut évidemment dépendre de *wnn*, verbe intransitif. Pour autant qu'on puisse en juger, *m-bꜣḥ* est écrit ici sans le déterminatif de l'abstraction, tandis qu'il l'est avec ce déterminatif dans ses deux occurrences de la l. 6. Pour l'ouvrier *ꜤꜢ-nḫt=w*, qui apparaît encore l. 6 comme témoin d'une autre déclaration sous serment, cf. Davies, *WWDM*, p. 40 [Anakhtu (vi)].

l. 4 : Noter, dans la protase du serment, la superbe construction argumentative : forme nominale périphrasée sujet, construction moyen-égyptienne *jw ḏbꜣ~n=k* prédicat. Le complément d'objet *sw* est soit sous-entendu, soit en lacune à l'extrémité de la ligne.

l. 5 : Noter la graphie du chiffre « 7 » dans *rnp.t sp 17*.

l. 6 : Pour la graphie des deux occurrences de *m-bꜣḥ*, cf. ci-dessus, commentaire à la **l. 3**.

III. O. Louvre E 27678 – Reçu de paiement

An 3 de Mérenptah, Amenmessé ou Séthi II

Description : Éclat de calcaire – 10,2 × 10,8 cm ; incomplet, la partie gauche et la partie inférieure de l'ostracon manquent.
Provenance : Collection A. Varille (O. Varille 13). Achat par le Louvre en 1994.
Transcription : Černý MSS 17.43, f° 25 = *KRI* VII, 238, 1-10.
Bibliographie : *Les artistes de Pharaon*, n° 155, p. 205.

Cet objet n'est qu'un fragment d'un document connu depuis longtemps, sous sa forme complète, par une transcription de Černý. On ignore les raisons pour lesquelles seule une partie en est parvenue au musée du Louvre. Nous le traduirons et le commenterons en combinant la transcription de cette partie et celle que donne Černý de la partie manquante (le signe || matérialise la limite entre les deux fragments). Il enregistre le paiement de divers travaux artisanaux par le tristement célèbre Paneb, avant qu'il ne fût promu chef d'équipe et pût faire travailler pour lui, sans bourse délier, les ouvriers de Deîr el-Médîneh. Le document démontre que le personnage jouissait déjà, à cette époque, d'une certaine aisance. Celle qui lui servit plus tard, si l'on en croit le P. Salt 124, r° 1, 3-4, à corrompre le vizir pour se faire nommer chef d'équipe ?

1. *rnp.t sp 3, ꜣbd 3 šmw, sw 16. Rd~n rmṯ || js.t Pꜣ-nb n sš-qd [...]*
2. *r tꜣ mtnw.y n pꜣ ḥꜤtj || s.t : kbs ꜤꜢ 1, tmꜣ [1 (?), mn-]*
3. *-nḏm 1, nqr 1. Rdy.t n=f r || tꜣ mtnw.y n(y) pꜣ wt : mḥ*
4. *m jn.t 1, jr(=w) n snjw 1. Rd||y.t n=f r tꜣ ḫry-mrḥ.t : štb 1,*
5. *ḫꜣr 1, (jp.t) 3. Rdy.t r tꜣ || mtnw.y n(y) pꜣ ḥtpw, kḫ.t 1*
6. *n(y) šnd.t ḥr || Ꜥ.t=f, jr(=w) n snjw gs. nꜣ n(y) qd jr(w)~n n=f m pꜣy=j*
7. *pr : šnꜤy||.t 1, ky jnbw, jr(=w) n ḫꜣr 1, (jp.t) 2, wḥm tmꜣ 1*
8. *rdy(.t) n=f : šqw n(y) ḥsy(.t) 1, jr(=w) n jp.t 1.*

An 3, troisième mois de chémou, le 16.
L'homme || d'équipe Paneb ||
a donné || au dessinateur [...] || en paiement d'un lit || de femme :
1 grande corbeille kébès.
[1] natte.
1 corbeille mén//édjem.
1 tamis néqerou.

Ce qu'il lui a donné pour || le paiement du sarcophage extérieur :
1 || garniture || de fil (?), valant 1 séniou. ||

Ce qu'il lui || a don||né pour le récipient à calfat :
1 bâton, valant || 1 khar *et* 3 oipé.

Ce qu'il lui a donné pour le || paiement de la corbeille hétep, *au corps || orné ||*
d'une poignée (?) || d'acacia || :
1 séniou et demi. *Les constructions qu'il a effectuées dans ma || maison :*
1 || magasin, || et un autre mur, valant 1 khar, 2 oipé.
De plus, 1 natte. ||

Ce qu'il lui a donné :
1 boîte chéq(er) *de chanteuse (?), valant 1* oipé.

l. 1 : Pour Paneb, cf. en dernier lieu Vernus, *Affaires et scandales*, p. 101-121 ; M.L. Bierbrier, « Paneb rehabilitated ? » [la réponse est non], dans *Deir el-Medina in the Third Millenium AD*, p. 51-54 ; Davies, *WWDM*, p. 34-39. Sa promotion au rang de chef d'équipe prit place entre les années 1 à 4 du règne de Séthi II (an 1 à 5 selon Davies, *WWDM*, p. 36 et n. 446, mais l'intervalle est réduit d'un an d'après le contenu de l'ODM 889 (= O. IFAO 1989). L'an 3, dont est daté le présent ostracon, peut donc se référer, compte tenu des dates d'attestation de Paneb, aux règnes de Mérenptah, Amenmessé ou Séthi II, comme cela a été montré par Janssen, *Prices*, p. 92, repris par Gutgesell, *Dat.* II, p. 45, n° 32.

l. 2 : Pour le terme *mtnw.y* (féminin), en général et dans ce passage en particulier – où il désigne une rétribution pour la fabrication d'un objet, non le prix de vente ou d'achat de l'objet lui-même – cf. Janssen, *Prices*, p. 183.

l. 3 : Noter le genre masculin de *wt*. Il n'y a probablement pas de lacune en fin de **l.** 3.

l. 3-4 : Janssen, *Prices*, p. 230, traduit *pꜣ wt mḥ m jn.t 1*, *jn.t*, dans notre ostracon, par « the *wt*, filled with 1 *ỉnt* », comprenant *mḥ* comme un accompli de 3e pers., *mḥ(=w)*, et expliquant, quelque peu contradictoirement avec sa traduction, que *jn.t* est une graphie probable de *nw.t*, « fil » (*ibid.*, n. 119). Je crois qu'on peut accepter sans réserve la seconde suggestion, mais qu'il faut comprendre *mḥ m jn.t*, sous peine de priver notre texte de toute mention d'un objet mis en équivalence avec le prix de 1 *séniou*, comme la forme substantivée de l'expression *mḥ m nw.t*, litt. « remplir de fil », qui désignait l'acte de garnir les lits, en guise de cannage, d'un treillis de cordelettes tendu entre les éléments de leurs cadres ; cf. *ibid.*, p. 181.

l. 4 : Pour l'objet *ḫry-mrḫ.t*, cf. Janssen, *Prices*, p. 244-245. *štb* est évidemment pour *šbt*, « bâton », *ibid.*, p. 382-384.

l. 5 : Dans sa transcription, Černý signale que le signe , en début de ligne, surcharge un ancien groupe *snjw*.

l. 5-6 : Pour la désignation *pꜣ ḥtpw, kḫ.t 1 n(y) šnd.t ḥr ꜥ.t=f*, cf. le commentaire de Janssen, *Prices*, p. 160, avouant son ignorance quant au sens de *kḫ.t*. Je n'ai rien de mieux à offrir. Dans sa transcription, Černý signale que le groupe surcharge un ancien .

l. 6-7 : Discussion détaillée du passage commençant à *nꜣ n(y) qd* dans Janssen, *Prices*, p. 394-396.

l. 8 : Dans sa transcription, Černý signale que le groupe *rdy.t n=f* a été écrit au-dessus de la ligne. Cette ligne me paraît un complément de ce qui précède. Pour *šqw n(y) ḥsy(.t)* et *šqw*, variante du nom de la boîte *šqr*, Janssen, *Prices*, p. 200-203.

IV. O. Louvre E 27679 – Lettre au dessinateur Khây

Ramsès II

Description : Éclat de calcaire – 8,8 × 9,1 cm. R°-V°. ↑↑.
Provenance : Collection A. Varille. Achat par le Louvre en 1994.
Bibliographie : *Les artistes de Pharaon*, n° 173, p. 222.

Recto

1. *n sš Ḫꜥy : « jḫ dj=k ḥr=k, mtw=k*
2. *wḫꜣḫ wꜥt jp.t jwry.*
3. *Gm sw n pꜣ wꜣḥ-mw n(y) tꜣy=j mw.t, rwḏ 2 sp.*
4. *Jw=j r dj.t swnw=s.t*
5. *m šs, 2 [sp] ».*

Verso

Traces d'une ligne de texte.

Au scribe (dessinateur) Khây :
« Prête-moi attention. Recherche-moi une mesure de fèves. Trouve-la sans faute pour (payer) la libation funéraire de ma mère. J'ai l'intention d'en donner le prix, assurément. »

R° 1 *sš*, « scribe », est pour *sš-qd*, « dessinateur », comme le cas en est très fréquent dans la documentation de Deîr el-Médînéh. Le dessinateur Khây est un personnage connu, qui vécut sous Ramsès II, sans qu'on puisse affiner cette datation ; cf. Davies, *WWDM*, p. 154-155 [Khay (i)] ; Gutgesell, *Dat.* II, p. 8, n° 42.

R° 3 : Une nouvelle attestation de l'expression *wꜣḥ-mw*, à ajouter à celles recensées par K. Donker Van Heel, « Use and Meaning of the Egyptian Term *wꜣḥ mw* », dans *Village Voices*, p. 19-30. Exemples supplémentaires : ODM 898, r° 1-2 (où le bénéficiaire est, comme ici, la mère de l'intéressé) et ODM 951, r° 2 (= O. IFAO 174), cité par Donker Van Heel, *op. cit*, p. 24, n° 10.

V. O. Louvre E 27682 – Question à un oracle

XIXe - XXe dynastie

Description : Éclat de calcaire – 4,8 × 5,4 cm.
Provenance : Collection A. Varille. Achat par le Louvre en 1994.
Bibliographie : *Les artistes de Pharaon*, n° 59c, p. 118.

1. *pꜣy=j nb nfr : jr*
2. *pꜣ qḏ, (nꜣ) nꜣ.w*
3. *pꜣ ḫr, jṯꜣ(w)*
4. *sw ?*

« Mon bon maître ! Le pic qa(r)zi(n), sont-ce ceux de la Tombe qui l'ont volé ? ».

l. 1 : Pour ce genre de textes, cf. J. Černý, « Questions adressées aux oracles », *BIFAO* 35, 1935, p. 41-58 et pl. I-IV ; « Nouvelle série de questions adressées aux oracles », *BIFAO* 41, 1942, p. 13-24 et pl. I-III ; « Troisième série de questions adressées aux oracles », *BIFAO* 72, 1972, p. 49-69 et pl. XV ; ODM 572-576, 600 ; ODM 794-825 (Grandet, *OHNL* VIII) ; D. Valbelle, G. Husson, « Les questions oraculaires d'Égypte : histoire de la recherche, nouveautés et perspectives », dans *Studies Quaegebeur* II, p. 1055-1063.

l. 2 : Pour *qḏ*, graphie défective du nom du pic *qrḏn*, « *qarzin* », cf. ODM 347, 1. Pour l'objet, cf. Janssen, *Prices*, p. 318-321 ; Hoch, *Semitic Words*, p. 303-304, n° 348. L'omission du *nꜣ* interrogatif s'explique probablement par son contact avec *nꜣ.w*.

l. 2-3 : L'emploi de *nꜣ(y).w pꜣ ḫr*, « ceux de la Tombe », pour désigner l'équipe de Deîr el-Médînéh, m'est connu par P. Turin 1880, v° 1, 1 (*RAD*, 53,10) et O. IFAO 1239, 1 (Černý MSS 17.61, f° 25).

l. 3 : *jṯꜣw* n'a pas de déterminatif.

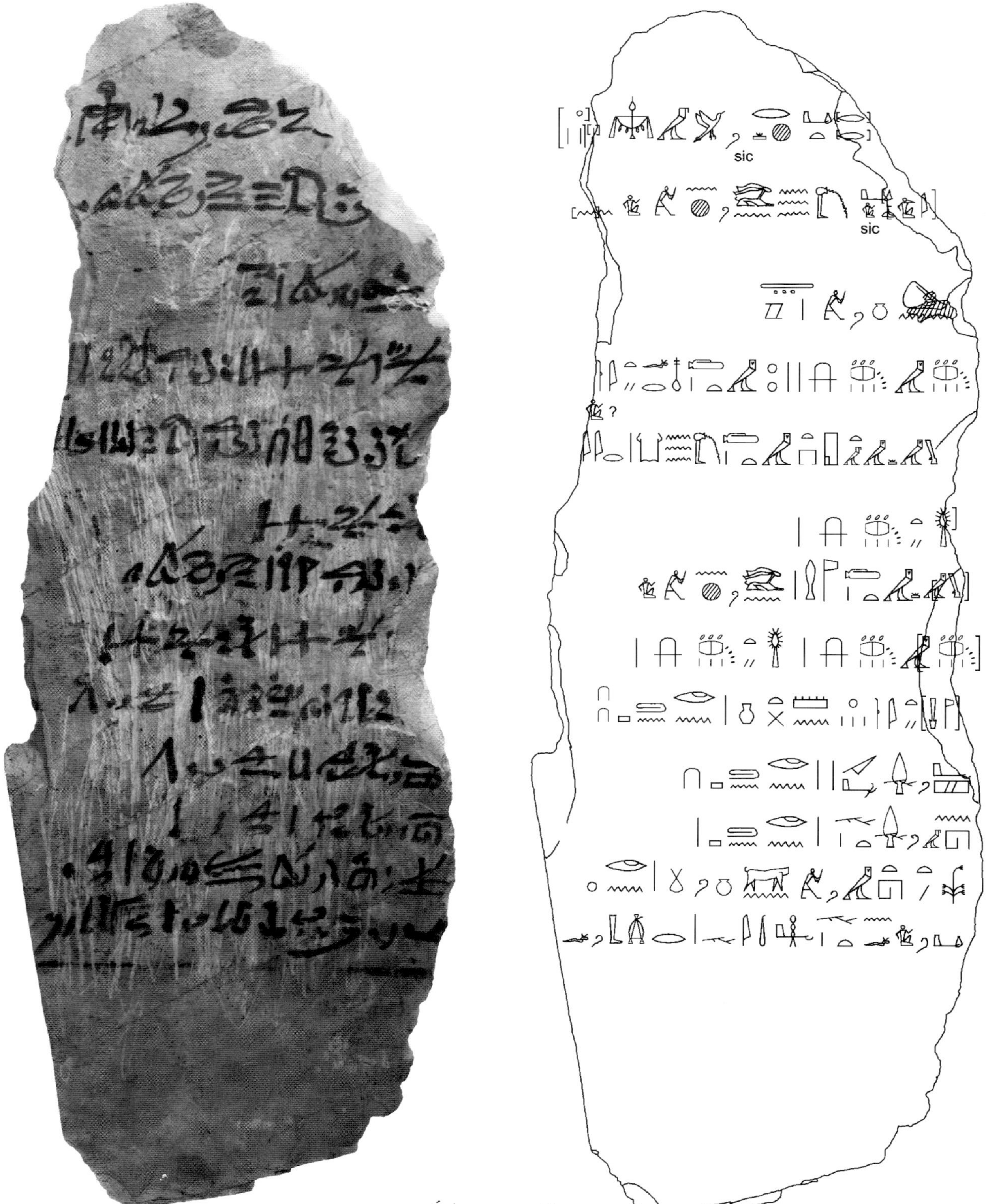

Éch. : env. 70 %

Fig. 1a. – O. Louvre E 27676. Recto.

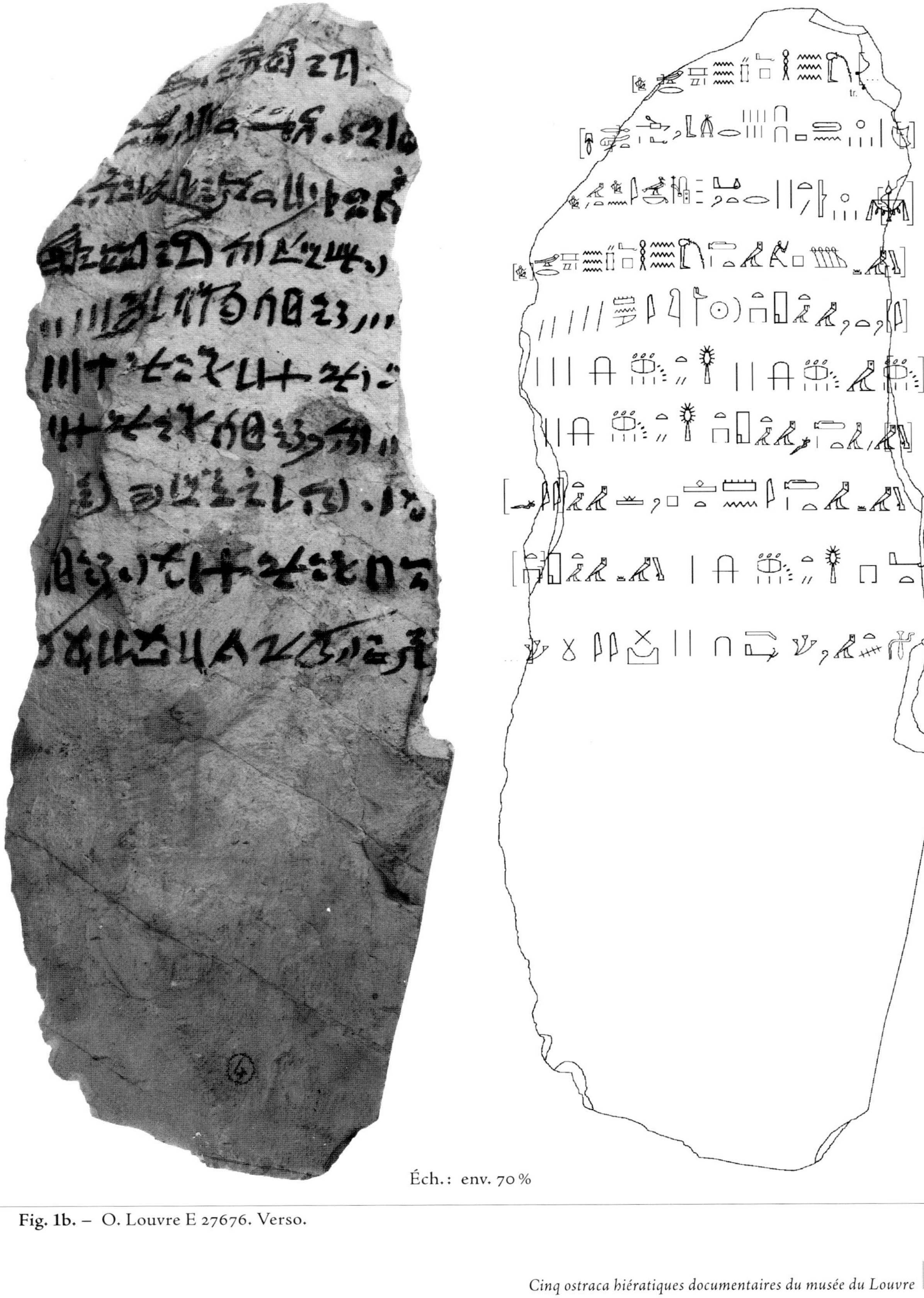

Éch. : env. 70 %

Fig. 1b. – O. Louvre E 27676. Verso.

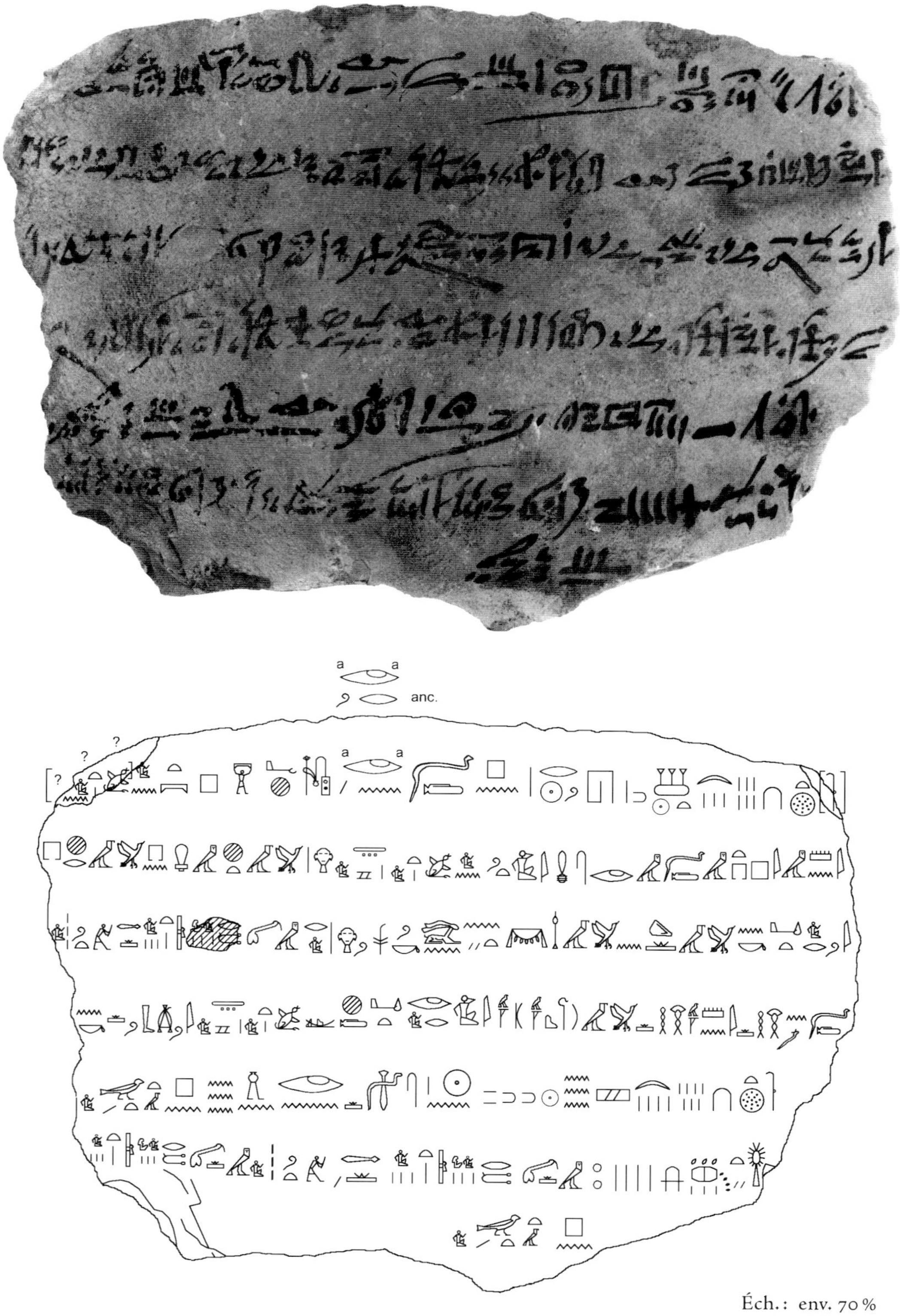

Éch. : env. 70 %

Fig. 2. – O. Louvre E 27677.

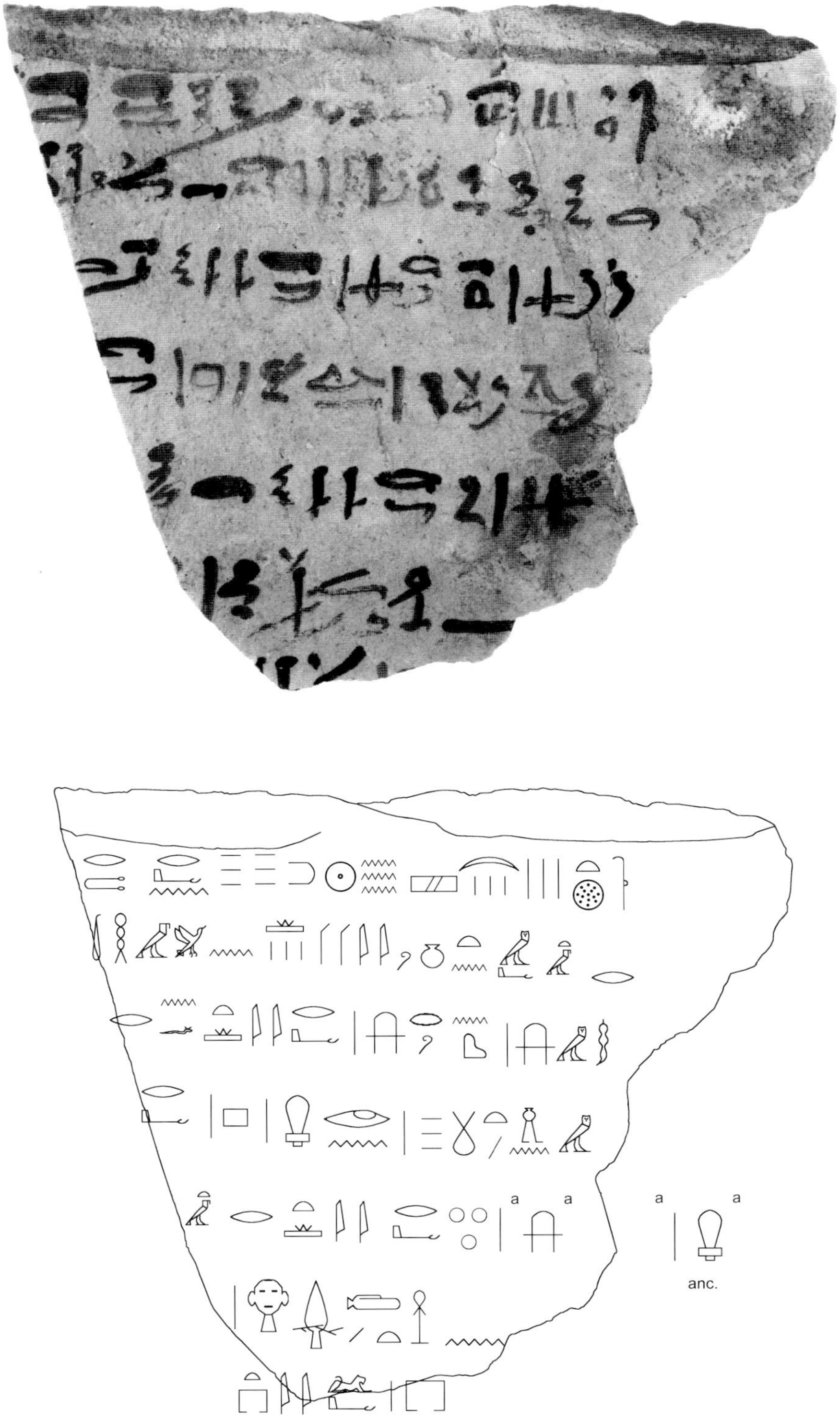

Fig. 3. – O. Louvre E 27678. Recto.

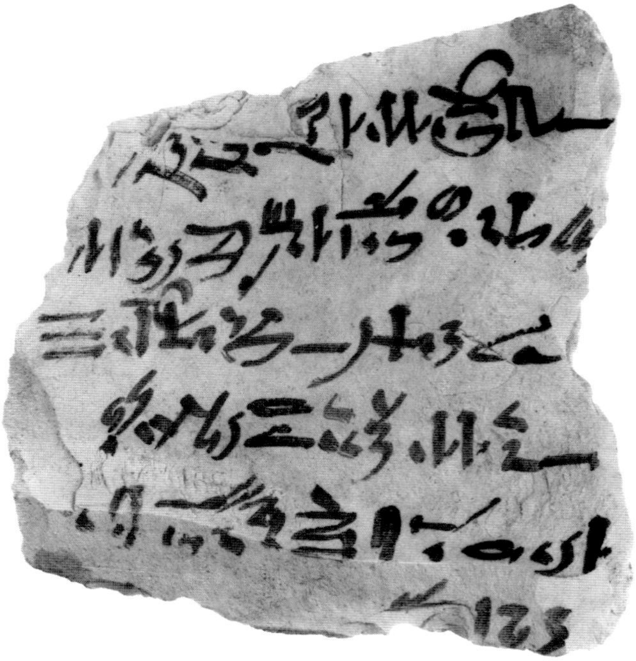

Recto

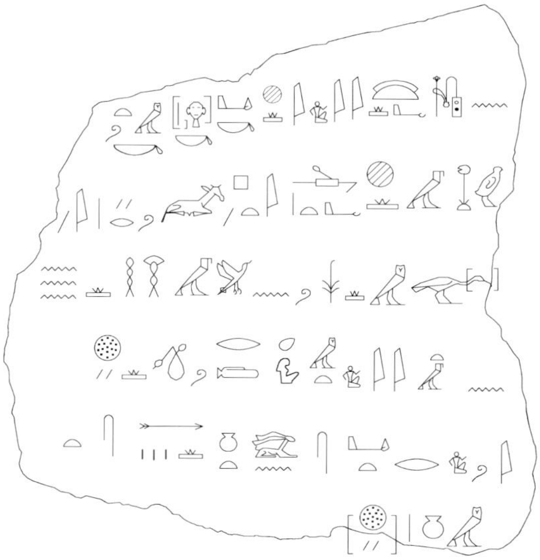

Verso

Fig. 4. – O. Louvre E 27679.

Fig. 5. – O. Louvre E 27682. Recto.

Rainer Hannig

Sprachgeographie in HL4

Dieser kleine Aufsatz zeigt einige Möglichkeiten auf, wie das neu erschienene *Hannig-Lexica 4. Ägyptisches Wörterbuch 1 (Altes Reich und Erste Zwischenzeit)*, hier durch HL4 abgekürzt zitiert, heuristisch genutzt werden kann. Das Wörterbuch enthält knapp über 100 000 Belege aus dem Alten Reich und der Ersten Zwischenzeit. Bei der Anlage des Wörterbuches war beabsichtigt, möglichst alle relevanten Belege (Quellenangaben) aufzulisten und nicht nur einige Alibi-Belege, die als sogenannte Existenzbelege [1] nur die Existenz des Wortes nachweisen. Aus verschiedenen, hauptsächlich arbeitstechnischen Gründen konnte zum jetzigen Zeitpunkt eine dem Verfasser genügende Vollständigkeit der relevanten Belege nicht angestrebt werden [2].

Durch die umfassende Belegsammlung wird die Erforschung der Sprache in verschiedenster Hinsicht ermöglicht, zumindest wird die Sprachgeschichte präziser als früher dargestellt.

Der Lemmaeintrag zu *wꜢḥ-ꜥḫ* als Beispiel aus HL4:

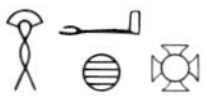 *wꜢḥ-ꜥḫ* Aufstellen des Feuerbeckens (*e. Fest, im AR typisch für Giza*) {6620}

6620 **Belege des AR:** 1▲ ◆ BM 718 ◆ HT I:2, P. 28-31, T. 28; PM 3:2, P. 699 [5] 1▲ ◆ Nianchchnum F. 4, P. 58; PM 3:2, P. 641-4 [5.6-8] 1▲ ◆ PT (Sp 690) 2118b ◆ AEPT P. 300; PM 3:2, P. 430 [6.5] 2▬ ◆ mCairo JE 48078 ◆ ASAE 30, 1930 P. 178-9 mit T.; PM 3:2, P. 205 [*5] 2▮ ◆ BM 1272 ◆ HT I:2, P. 9, T. 9; PM 3:2, P. 306 [4-5] 2▬ ◆ mCairo CG 1790 ◆ CG 1295-1808 II, P. 210, T. 112; PM 3:2, P. 216 [4-5] 2▲ ◆ Hassan, Giza VI.3, F. 36; PM 3:2, P. 244 [4- 5] 2▲ ◆ mBerlin-Ost 1107 ◆ ÄIB 1 S.88-100; Priese, Merib; PM 3:2, S. 71 [4-5] 2▲ ◆ LD 2 T. 86.b; PM 3:2, P. 136 [5] 2▲ ◆ Hassan, Giza IX, T. 8; PM 3:2, P. 214-5 [5] 2▲ ◆ Hassan, Giza VII, F. 20; PM 3:2, P. 240 [5] 2▲ ◆ Hassan, Giza III, F. 127; PM 3:2, P. 257 [5] 2▲ ◆ Weeks, Cem G6000 F.12; PM 3:2, P. 169-70 [5] 2▲ ◆ Junker, Giza II, F.7 oben; PM 3:2, S. 72 [5] 2Ɪ ◆ mPhil E 13540 ◆ Fisher, GizaMinor P. 153 [anders]; PM 3:2, P. 96 [5-6] 2▲ ◆ Hassan, Giza VI.3, F. 192; PM 3:2, P. 243 [5-6] 2▲ ◆ Hassan, Giza VI.3, F. 70; PM 3:2, P. 245 [5-6] 2▲ ◆ Hassan, Giza V, F. 141; PM 3:2, P. 253 [5-6] 2▲ ◆ Hassan, Giza I, F. 173; PM 3:2, P. 285 [5-6] 2▲ ◆ Hassan, Giza I, F. 136; PM 3:2,

[1] Die meisten hochfrequenten Wörter sind dagegen nur durch einige signifikante Belege als „Platzhalter", eben jene Existenzbelege, repräsentiert.

[2] Circa 70-80% aller Texte, die aus dem Alten Reich und der Ersten Zwischenzeit stammen, wurden bis dato ausgewertet. HL4 ist erst der Beginn einer umfassenden Belegsammlung, die nach Planung sich zunächst über ein Jahrzehnt erstreckt. Fehlende bedeutsame Belege werden deshalb später nachgeliefert.

P. 284 [5-6] • Simpson, WestCem I F. 34; PM 3:2, P. 82 [5-6] • mHildesheim 3050 • Junker, Giza VII, F. 46; CAA Hildesh 7 P. 45-51; PM 3:2, P. 153 [5-6] • Junker, Giza VI, F. 8; PM 3:2, S. 138 [5-6] • Junker, Giza VII, F. 95; PM 3:2, P. 161 [5.3f] • Hassan, Giza VI.3, F. 79, T. 38A, 39B; PM 3:2, P. 244-5 [5.6-8] • Hassan, Giza II, F. 195; PM 3:2, P. 261 [6] • Hassan, Giza II, F. 50; PM 3:2, P. 271 [6] • Junker, Giza VII, F. 47b; PM 3:2, P. 153 [6] • Junker, Giza VI, F. 97; PM 3:2, S. 140 [6] **Belege der 1. Zzt:** • mMünchGlyp 108 • Quibell, Exc Saqq II, T. 10.1; PM 3:2, P. 563 [10]

Beschreibung des Lemmaeintrags [3]:

Vor die Belegliste werden Hieroglyphenschreibung, Transkription, Übersetzung und Erläuterungen gestellt. Dazu gehört auch die Nummerierung, die vor der Belegliste noch einmal wiederholt wird. Der Grund für die Wiederholung liegt darin, dass später nach dem Sigel K/ L (=Kommentar und Literatur) ausführliche Angaben zur Sekundärliteratur aufgeführt werden.

Durch die Grundteilung der Belege in die Epochen des Alten Reiches und der Ersten Zwischenzeit werden sie voneinander grob zeitlich abgegrenzt. An den Belegen des Lemmas *wꜣḥ-ʿḫ* „Aufstellen des Feuerbeckens" soll die Struktur des Belegeintrags demonstriert werden. Hierbei signalisiert das „topographische Quadrat" den Beleganfang; dieses auffällige Quadrat erleichtert die Belegzählung. Für *wꜣḥ-ʿḫ* sind nur zwei Herkunftszeichen belegt: (1. unterägyptischer Gau: hauptsächlich Saqqara und Abusir) und (2. unterägyptischer Gau: hauptsächlich Giza [4]). Zum Beispiel besteht der folgende Belegeintrag • BM 718 • HT I:2, P. 28-31, T. 28; PM 3:2, P. 699 [5] aus folgenden Einzelinformationen:

	Herkunft: 1. uäg. Gau (Saqqara oder Umgebung)
	Textträger: Grab (oder Pyramide)
• BM 718 •	Primärbeleg (zwischen 2 Punkten): hier Objekt im Britischen Museum, Inventarnummer 718
HT I:2, P. 28-31, T. 28	Publikation: Hieroglyphic Texts des Britischen Museums, Band 1, 2. Auflage (Auflagenzahl nach Doppelpunkt) [5]
PM 3:2, P. 699	Topographische Bibliographie nach Porter-Moss, Band 3 (2. Auflage), Seite (= pagina) 699
[5]	genauere zeitliche Einteilung innerhalb der Epochen (zwischen eckigen Klammern)

3 In HL4 wird eine Anleitung zur Benutzung des Buches angeboten, die von den Benutzern durchgearbeitet werden sollte. Die Anleitung ist in den Sprachen Deutsch, Englisch, Französisch, Spanisch, Italienisch und Russisch abgefaßt. Da die Belegsammlung an sich sprachunabhängig ist, sind auch die Abkürzungen nicht die im Deutschen üblichen sondern latinisierte (z.B. Seite = pagina; Abkürzung: P.)

4 Giza wird in *LÄ* 2 Spalte 394 s.v. „Gaue" zum 2. unterägyptischen Gau gerechnet, während anderenorts Giza zum 1. uäg. Gau als Friedhof von Memphis gezählt wird. Aus Gründen der Nützlichkeit, weil auf diese Art die Unterscheidung von den beiden Hauptfriedhöfen erleichtert wird, habe ich mich für die Ansicht des *LÄ* entschieden. HL4 sollte nicht als geographisches Werk mißverstanden werden.

5 Bis zu drei Publikationen werden zur Auswahl gestellt. Die Auswahl der Publikationen hängt davon ab, ob gute Photographien, Facsimiles oder Übersetzungen vorhanden sind.

Beim folgenden Beleg  • Nianchchnum F. 4, P. 58; PM 3:2, P. 641-4 [5.6-8] ist der Primärbeleg (hauptsächlich der gegenwärtige Aufenthaltsort) identisch mit der Publikation (deshalb nur ein Punkt). F. 4 ist Abbildung Nr. 4 (= figura). Die zeitliche Einteilung [5.6-8] weist auf die 5. Dynastie mit den Königen Niusserre bis Djedkare [6].

TEXTKUNDE

Wer sich mit Belegen beschäftigt, die aus verschiedenen Texten stammen, wird schnell feststellen, dass die Qualität der Belege sehr unterschiedlich beschaffen ist. Im allgemeinen sind Belege, die aus hieratisch geschriebenen Texten stammen, für semantische Untersuchungen höher einzuschätzen als die hieroglyphisch geschriebenen. Für diatopische Untersuchungen sind dagegen hieratische Texte im allgemeinen weniger gut geeignet, da bei den meisten Texten die Herkunft des Textes nicht bekannt oder gar unwesentlich ist. Deshalb sind Textsorten für diatopische Analysen prädestiniert, die einen heimatlichen Bezug haben können wie z.B. Grabinschriften.

Wer sich also der Uneinheitlichkeit und Ungleichwertigkeit der Belege bewußt ist, wird versuchen, den Wert jedes einzelnen Beleges zu ermitteln. Dazu muß der Weg vom Beleg wieder zurück zum Text gehen, dessen Besonderheiten ermittelt werden müssen; denn der Beleg ist nur als Bestandteil eines Textes genauer zu bewerten.

Die heuristische Disziplin, die Erkenntnisse über die Belege über ihre Bewertung in den Texten und über die Texte selbst gewinnen will, nenne ich *Textkunde*. An dieser Stelle kann nur ein kleiner Überblick über den Nutzen dieser neuen Disziplin gegeben werden, was stichwortartig durch einige Fragestellungen geschieht.

a. allgemeine Bewertung des Textes

1. Handelt es sich um einen einmaligen Text oder um ein Formular?
2. Gehört der Text zu einer Komposition [7] oder ist er in sich abgeschlossen?
3. Zu welcher Textsorte/Gattung gehört der Text?
4. Welchen Problemkreis behandelt der Text?

b. Herkunft des Textes

1. Woher stammt der Text?
2. Ist der Textverfasser aus dem gleichen Ort?
3. Wer bestimmt den Inhalt und die Wortwahl?
4. Wirkung und Verfügbarkeit des Textes für andere Textverfasser?

[6] Reihenfolge der Könige nach HL1, Seite 1258.

[7] Komposition im Sinne der Textkunde ist eine Sammlung von zwei oder mehr zusammengehörenden Texten, die auch gemeinsam mittels Redaktion oder Revision bearbeitet und weitertradiert werden können. Eine typische Komposition sind die Pyramidentexte, die aus verschiedenen Quellen zusammengesetzt sind und auch weitertradiert wurden. pEbers als Sammelhandschrift ist ebenfalls eine Komposition, die vermutlich aus mehreren Quellen gespeist wurde. Eine typische Komposition im Alten Reich ist die Gesamtheit der Wandinschriften innerhalb eines Grabes. Bei Kompositionen muß für jeden einzelnen Text ermittelt werden, wie er textkundlich aufzufassen ist.

c. Verschriftung des Textes

1. Wann wurde der vorliegende Text (Textzeuge) geschrieben?
2. Wann wurde der Originaltext verschriftet?
3. Welche Zeitspanne liegt zwischen Originaltext und vorliegendem Text?
4. Aus welchen Quellen wird der Text gespeist (Quellenkunde)?

d. Vokabularscheidung [8]

e. Belegbewertung

SPRACHGEOGRAPHIE: DIALEKT UND WORTGEOGRAPHIE

Seit einigen Jahren liegt eines meiner Forschungsschwerpunkte in der Sprachgeographie, das Diatopie [9], Wortgeographie und Dialektforschung mit einschließt. An dieser Stelle können nur einige allgemeine Beobachtungen zu dieser Problematik angeführt werden. Von allen Teildisziplinen ist die Suche nach Dialektäußerungen in der ägyptischen Sprache am schwersten durchzuführen, da Anhaltspunkte aus dem Koptischen für die frühen Sprachstufen bis zum Neuägyptischen kaum jemals anwendbar sind. Dialekte sind zunächst gegen Hochsprache und Umgangssprache abzugrenzen, was bisher für die Zeit vom Altägyptischen bis zum Neuägyptischen nur ansatzweise gelungen ist. Sie lassen sich auch nur über den Konsonantismus und dem Vokalismus nachweisen, denn diese prägen das, was wir Dialekte nennen, eindeutiger als einzelne Wörter oder grammatikalische Erscheinungen. Durch die hieroglyphische und die hieratische Schrift werden aber Konsonantismus und Vokalismus nur begrenzt wiedergegeben. Wer sich nicht mit Sprachgeographie auseinandersetzt, wird den Wörtern zur Identifikation eines Dialekts eine größere Rolle zugestehen, als man ihr in Wirklichkeit zugestehen sollte. Jedes Wort - auch jede grammatische Erscheinung - hat aber seine eigene Geographie, die unabhängig von den Mundarten zu erforschen ist [10].

Bei der sprachgeographischen Forschung bediene ich mich sprachlicher Dubletten, um Leitwörter aufzufinden [11]. Sprachliche Dubletten [12] sind Ansatzpunkte für die Wortgeographie, aber sie lassen sich nicht per se als dialektale Varianten beschreiben. Auch die Hochsprache kann Dubletten aufweisen, wenn die Sprecher einer Region nicht wissen, dass ihr benutztes Wort eine diatopische Bindung aufweist. Zum Beispiel benutzen die Sprecher im Süden Deutschlands das Wort „heuer", ohne zu wissen, dass dies strenggenommen eine südsprachliche Dublette

[8] Die Methode der Vokabularscheidung wurde in „Amenemope — 5. Kapitel", in: *Gedenkschrift Barta*, S. 179-198 exemplifiziert.

[9] Diatopie behandelt Spracherscheinungen im lokalen Umfeld.

[10] Zum Vergleich sind die deutschen Dialekte heranzuziehen. Leicht zugänglich sind die Wortschatzkarten in W. König, *dtv-Atlas zur deutschen Sprache*, 11. Auflage, 1996, München, ab S. 138.

[11] Leitwörter dienen zur Einordnung von (anderen) Texten in ihr sprachliches Umfeld.

[12] Dubletten sind Wörter ähnlicher Bedeutung in der Gesamtsprache diachron und synchron, die einem Sprachbenutzer nicht unbedingt zur Auswahl stehen. Im Gegensatz dazu sind Synonyme Wörter ähnlicher Bedeutung, die einem Benutzer zur Auswahl stehen.

zum hochdeutschen „in diesem Jahr" ist [13]. Aus den Erfahrungen mit deutschen Dialekten lässt sich schließen, dass synchrone Dubletten, die auf eine sprachgeographische Variation hindeuten, meist auf die geographische Distanz hin wirksam sind. Man kann sagen, dass ein Wort einer Dublette, das in Flensburg oder Berlin üblich ist, mit großer Wahrscheinlichkeit in München nicht gebraucht wird. Je weiter die Orte oder Gegenden voneinander entfernt sind, um so größer wird die Wahrscheinlichkeit, dass unterschiedliche Ausdrücke verwendet wurden. Sprachgeographische Studien werden behindert durch die unterschiedliche geographische Belegverteilung: Im Alten Reich dominieren die Zentren Saqqara-Giza, im Mittleren Reich in vergleichbarem Maße Abydos. Dagegen stammen relativ wenig Belege aus dem Delta, wodurch deren Spracheigentümlichkeiten weniger bekannt werden.

Zur Erklärung der Karte wꜣḥ-ꜥḫ:

Das Fest *wꜣḥ-ꜥḫ* „Aufstellen des Feuerbeckens" [14] ist mit 30 Belegen (bei einer Gesamtzahl von ca. 100 000 Belegen) seltener belegbar als die bekannteren Feste, z.B. das Wag-Fest. Durch das Belegstellenwörterbuch HL4 wird deutlich, womit die Seltenheit erklärt werden kann. Auffällig ist der Herkunftsort Giza bei 26 Belegen (ca. 87%), während der Herkunftsort Saqqara nur bei 4 Belegen insgesamt bezeugt ist. Zudem sind diese 4 Belege nicht einfach statistisch zu bewerten: ein Beleg stammt aus den Pyramidentexten, die sicher nicht als lokale Spracheigenart des 1. uäg. Gaues zu bewerten sind. Die Pyramidentexte sind ein Sonderfall, der erst dann richtig zu bewerten ist, wenn Forschungen zur Überlieferungsgeschichte und Quellenkunde nachweisen können, wie einzelne Sprüche einzuordnen sind. Zum jetzigen Zeitpunkt ist eine klare Bewertung des PT-Beleges somit nicht möglich. Ein anderer Beleg stammt zeitlich aus der 1. Zwischenzeit, der ebenfalls mit Vorsicht zu bewerten ist. Somit bleiben für das Alte Reich 26 Giza-Belege (93%) vs 2 Saqqara-Belege (7%). Zu berücksichtigen ist fernerhin der Faktor, dass im Alten Reich die Gesamtzahl der Belege aus Saqqara deutlich häufiger sind als jene aus Giza (vermutlich im Verhältnis von 2/3 zu 1/3 in HL4). Dadurch weist die Belegsituation noch deutlicher auf Giza. Das kann nur eines bedeuten: *wꜣḥ-ꜥḫ* ist im Alten Reich ein *gizanisches Fest*, und die beide Saqqara-Belege sind nur Streubelege, die nicht überbewertet werden dürfen. Ohne die statistische Unterstützung durch die Gesamtbeleglage würden die beiden Saqqara-Beispiele als Gegenbelege gewertet worden, wodurch die Theorie als falsifiziert gelten müßte. Bei der neuen Bewertung als Streubeleg würde man jetzt mit Hilfe der Textkunde nach den Gründen fragen, wie die beiden Belege in Saqqara aufzufassen sind; ob die Grabbesitzer oder die Dekorateure aus Giza stammen oder ob gizanische Vorlagen für die Texte benutzt wurden.

13 Vgl. auch W. König, *op. cit.*, S. 181.

14 Die Belege sind oben angeführt.

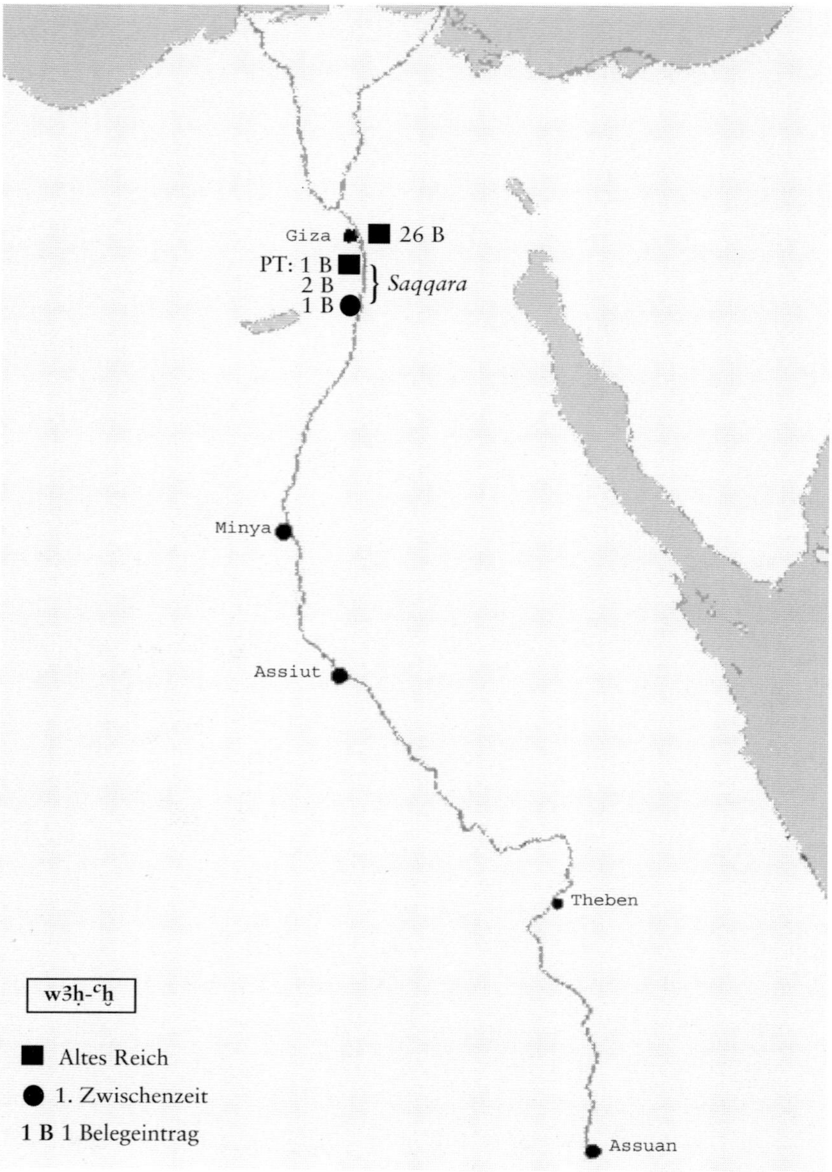

Zur Erklärung der Karte „Wortfeld eilen/schnell“ [15]

Das Wortfeld „eilen/schnell“ ist schwieriger zu interpretieren als das Vorkommen von dem Fest „Aufstellen des Feuerbeckens“. Zum Wortfeld wurde die Beleglage von fünf Wörtern in HL4 herangezogen, hinzu kam das Wort *ꜣs* „antreiben“, welches im Mittleren Reich als das übliche Wort für „eilen“ gelten kann und welches (vermutlich) am häufigsten als Adverb mit der Bedeutung „schnell“ genutzt wird. Der einzige frühe Beleg der Ersten Zwischenzeit (Anchtifi) lädt - mit aller Vorsicht - zur Hypothese ein, dass im Süden Ägyptens ein Wort *ꜣs* existierte,

[15] Die Belege sind in HL4 nachzuprüfen.

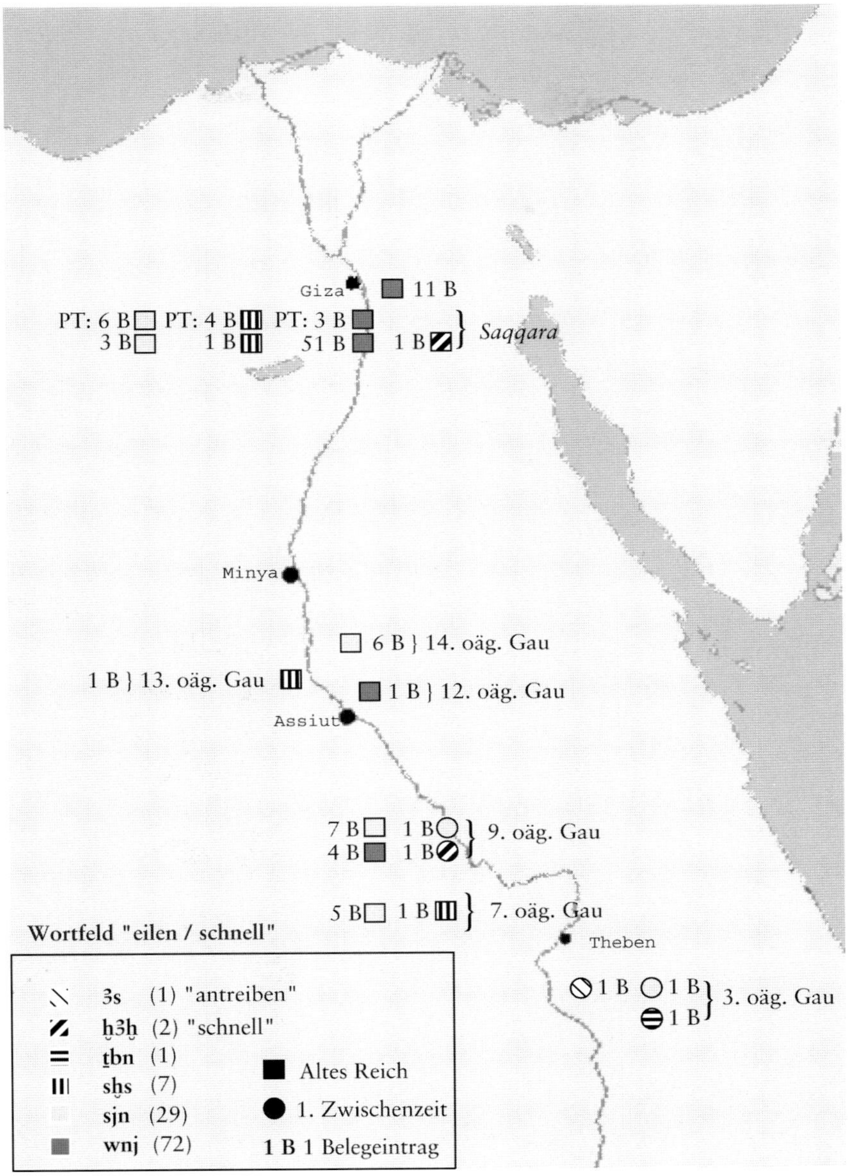

welches diatopisch zunächst „antreiben" bedeutete und später seine Bedeutung „eilen/schnell" erlangte, wobei es mit Aufkommen der thebanischen Herrschaft zu dem hochägyptischen Standardwort avancierte.

Die Belege für *ḫꜣḫ* und *ṯbn* sind wenige und ohne textkundliche Erörterungen nicht weiter deutbar. Interessant sind hingegen die drei häufiger anzutreffenden Wörter *wnj, sjn* und *sḫs*, die auch in den Pyramidentexten vorkommen. Die Belege zu den Pyramidentexten, im Schaubild durch PT abgekürzt, sind beiseite zu lassen, solange textkundliche Erwägungen hierfür nicht zu machen sind.

Berücksichtigt man die Pyramidentexte nicht, dann können auch ohne textkundliche Analysen einige interessante Erstergebnisse vorgestellt werden. Die Beleglage wäre dann wie folgt:

wnj: 62 Belege in Saqqara-Giza (nur im Alten Reich)
5 Belege in Oberägypten (nur AR)
sjn: 3 Belege in Saqqara (AR)
18 Belege in Oberägypten (AR)
2 Belege in Oberägypten (Erste Zwischenzeit)
sḫs: 1 Beleg in Saqqara (AR)
2 Belege in Oberägypten (AR)

wnj dominiert im nördlichen Gebiet um Saqqara-Giza; ob *wnj* auch das gewöhnliche Wort im Delta ist, läßt sich aus Mangel an Belegen leider nicht beweisen. Die 5 Belege für Oberägypten weisen daraufhin, dass wir es nicht mit Streubelegen zu tun haben, sondern mit einem Konkurrenzwort zu dem im Süden üblichen Wort *sjn*. Das Verhältnis von *wnj* zu *sjn* in Oberägypten ist 1:4 (oder anders ausgedrückt: 5 zu 20 Belegen, allerdings unter Einschluss der beiden Belege aus der Ersten Zwischenzeit). Der 20-prozentige Anteil von *wnj* in Oberägypten lässt vermuten, dass es auch dort ein übliches Wort war; vielleicht wurde es in Oberägypten als hochsprachliches Wort anerkannt.

Das Wort *sjn* beherrscht eindeutig den südägyptischen Raum, allein die hohe Zahl von 18 Belegen weist dies aus [16]. Proportional sind vermutlich die 62 Belege für *wnj* im Raum Saqqara-Giza mit den 18 Belegen für *sjn* im oberägyptischen Raum vergleichbar. Die 3 Belege für *sjn* im Raum für Saqqara-Giza können dagegen nur als Streubelege verstanden werden (unter 5% aller Belege aus diesem lokalen Bereiches im Alten Reich), denn im Vergleich zu den 62 Belegen für *wnj* ist die Zahl zu vernachlässigen.

Obwohl die genaue geographische Verteilung der Wörter unsicher ist, lässt sich doch als vorläufiges Resultat die Hypothesen formulieren: *wnj* kann als hochsprachlich im Alten Reich gelten, sein Zentrum liegt aber im Saqqara-Giza Raum. *sjn* ist ein dominantes Wort im südsprachlichen Bereich mit unklarer Ausdehnung. Die Details können erst durch eine Textkunde und das Belegwörterbuch zum Mittleren Reich ermittelt werden.

[16] Die meisten Belege des Alten Reiches stammen aus den Nekropolen Saqqara und Giza. Deutlich seltener sind die Belege, die aus den Nekropolen Oberägyptens stammen und ganz wenige Tausend stammen aus dem Delta.

Florence Maruéjol

Obélisques et légitimité

En l'an 16 de son règne[1], à l'occasion de sa fête *sed*[2], la reine Hatchepsout fait dresser deux obélisques dans le temple d'Amon-Rê, au centre de la *ouadjyt*, la salle hypostyle aménagée par Thoutmosis Ier entre le IVe et le Ve pylônes[3]. Pourquoi la souveraine entreprend-elle une opération aussi complexe[4] ?

[1] Les dates qui fixent le début et la fin des travaux accomplis sur les obélisques sont indiquées sur la face nord de la base de l'obélisque nord, l.24 : *šꜣ(w).t~n ḥm=j kꜣ.t r=s m rnp.t-sp 15 ꜣbd 2 pr.t sw 1 nfry.t r rnp.t-sp 16 ꜣbd 4 šmw ꜥrqy, jr n ꜣbd 7 m šꜣ.t m ḏw*, « Ma Majesté en a décidé les travaux en l'an 15, le second mois de *péret*, jour 1, ils furent achevés le dernier jour du quatrième mois de *chémou* de l'an 16, ce qui fait sept mois au lieu assigné dans la montagne » (*Urk.* IV, 367, 3-5). L'érection dut suivre de très près l'achèvement des monolithes taillés en un temps record.

[2] Cette précision figure dans la dédicace gravée sur la face nord du fût de l'obélisque nord : *Ḥr Wsr.t-kꜣ.w nb.ty Wꜣḏ-rnp.wt Ḥr nbw Nṯr(w).t-ḫꜥ.w n(y)-sw.t bjty nb Tꜣ.wy Mꜣꜥ.t-kꜣ-Rꜥ smn(w)~n jt=s Jmn rn=s wr Mꜣꜥ.t-kꜣ-Rꜥ ḥr jšd gn.wt=s m ḥḥ.w n(y).w rnp.wt smꜣ(w.wt) m ꜥnḫ ḏd wꜣs sꜣ Rꜥ Ḥꜣ.t-šps.wt-ḫnm.t-Jmn mry Jmn-Rꜥ n(y)-sw.t nṯr.w m [jsw mnw pn nfr rwd mnḫ] jr(w)~n=s n=f sp tpy sd jr=s d ꜥnḫ ḏ.t*, « L'Horus Ouseretkaou, Nebty Ouadjrenpout, Horus d'or Netjeretkhâou, le roi de Haute et Basse-Égypte, maître des Deux-Terres Maâtkarê, dont le père, Amon, a établi la titulature, Maâtkarê, sur l'arbre *iched*, et les annales consistant en millions d'années, unies en vie, stabilité, pouvoir, le fils de Rê Hatchepsout-Khenemetamon, aimé d'Amon-Rê roi des dieux, en [échange de ce monument parfait, solide, efficient], qu'elle a fait pour lui. Première fête *sed*. Elle agira étant doté(e) de vie éternellement » (LD III, 22 = *Urk.* IV, 358, 12-359-2). Hatchepsout est le seul pharaon pour lequel la célébration de la fête *sed* soit attestée avant l'accomplissement d'un cycle de trente années de règne. Pour atteindre ces trente années, Hatchepsout aurait fait commencer fictivement son règne du début de celui de son époux, si l'on admet un règne de treize ans pour ce dernier (J. von Beckerath, « Zum Jubiläum der Hatshepsut », dans *Essays in Honour of Prof. Dr Jadwiga Lipinska, Warsaw Egyptological Studies* 1, 1997, p. 15-20), ou du début de celui de Thoutmosis Ier si l'on considère que Thoutmosis II n'a régné que trois ans (L. Gabolde, « La chronologie du règne de Thoutmosis II », *SAK* 14, 1987, p. 61-81, pl. 2-3).

[3] Sur la face ouest de la base de l'obélisque nord, la reine dit avoir reçu d'Amon l'ordre d'élever les obélisques en ce lieu, l.14-16 : (...) *jnk pw snḏm~n=j m ꜥḥ sḫꜣ~n=j qmꜣ(w) wj jb=j ḥr ḫrp=j r jr.t n=f tḫn.wy m ḏꜥm bnbn.t=sn ꜣbḫ=w m ḥr.t m jwny.t šps.t r jmytw bḫn.ty wr.ty n(y.ty)- n(y)-sw.t kꜣ nḫt n(y)-sw.t bjty ꜥꜣ-ḫpr-kꜣ-Rꜥ mꜣꜥ ḫrw*, « (...) quant à moi, comme je pris place dans le palais, je me souvins de mon créateur, mon cœur m'enjoignant de faire pour lui deux obélisques d'électrum dont les pyramidions auraient touché le firmament, dans l'auguste salle hypostyle entre les deux grands pylônes du roi, le taureau puissant, roi de Haute et Basse-Égypte Âakheperkarê, juste de voix » (*Urk.* IV, 364, 16-365, 5). Sur les étapes de la construction de la salle hypostyle comprise entre les IVe et Ve pylônes et sa transformation de *iounyt* en *ouadjyt*, voir L. Gabolde, J.-Fr. Carlotti, « Nouvelles données sur la Ouadjyt », *Cahiers de Karnak* XI, 1, 2003, p. 255-319, pl. I-XIX.

[4] L'érection des obélisques nécessite la construction d'énormes rampes, échafaudages et silos, ainsi que des manœuvres très délicates pour mettre en place les monuments sur leur socle, J.-Cl. Golvin, « Hatchepsout et les obélisques de Karnak », *Les dossiers d'archéologie* 187, 1993, p. 38-40, fig. p. 34-35 et 39.

Avec la fête *sed*, la reine célèbre aussi le renouvellement du couronnement [5]. En l'an 7 [6] de Thoutmosis III, Hatchepsout qui exerçait la régence depuis la mort de Thoutmosis II, s'est proclamée pharaon et a compté ses années de règne à partir de l'accession au trône de son neveu et beau-fils, à savoir du début de la régence. En l'an 16, la fête *sed* pose à nouveau la question d'une légitimité que la reine n'a cessé d'affirmer et de réaffirmer dans le temple de Deir el-Bahari [7] et sur d'autres monuments [8]. La souveraine y répond cette fois par une réalisation extrêmement audacieuse : l'érection d'une paire d'obélisques dans la salle hypostyle de Thoutmosis Ier. La *ouadjyt* n'a pas été choisie au hasard. Elle jouait un rôle fondamental dans le rituel du couronnement célébré dans le sanctuaire d'Amon à Karnak, le temple dynastique. Ainsi que l'a montré P. Barguet [9], le cheminement suivi par le roi au cours de cette cérémonie s'établissait de la façon suivante : le souverain était purifié à l'entrée du monument, c'est-à-dire devant le IVe pylône ; puis, il se voyait imposer les couronnes par les dieux Horus et Seth [10] dans la *ouadjyt* ; enfin, au cours de la montée royale, il était conduit par Atoum et Montou vers un naos, situé au sud du Ve pylône, où siégeait Amon-Rê pour le rite final de l'intronisation [11].

5 E. Hornung, E. Staehlin, *Studien zum Sedfest*, *AegHelv* 1, 1974.

6 La date de l'an 7 a été établie grâce aux découvertes réalisées dans la tombe des parents de Senenmout, intendant d'Amon et favori de la reine. Après avoir été scellée, la sépulture disparaît sous les gravats de la tombe que Senenmout commence à aménager au-dessus de celle de ses géniteurs à partir du 2e jour du 4e mois de *péret* de l'an 7 de Thoutmosis III, ainsi que l'atteste un ostracon exhumé dans la cour de cette tombe. Dans la tombe des parents de Senenmout, les archéologues ont découvert des jarres qui mentionnent d'une part Hatchepsout, épouse du dieu, c'est-à-dire encore régente, et d'autre part le nom de couronnement d'Hatchepsout. Ces inscriptions datées de l'an 7 montrent que c'est bien cette année-là que la reine a changé de statut : W.C. Hayes, «Varia from the Times of Hatshepsut», *MDAIK* 15, 1957, p. 78-90, pl. X-XIII ; P.F. Dorman, *The Monuments of Senenmut. Problems in Historical Methodology*, London, New York, 1988, p. 34.

7 À Deir el-Bahari, Hatchepsout relate son couronnement sur le portique de la cour supérieure dans un texte regravé par Thoutmosis III (É. Naville, *Deir el Bahari* VI, *EEF Memoir* 29, 1908, pl. CLXVI-CLXVII) et reproduit sur la chapelle rouge de Karnak (P. Lacau, H. Chevrier, *Une chapelle d'Hatshepsout à Karnak* I, Le Caire, 1977, p. 92-153). La reine a en outre consacré l'ensemble du portique nord de la terrasse intermédiaire au rituel de la naissance démontrant sa filiation divine (H. Brunner, *Die Geburt des Gottkönigs*, *ÄA* 10, 1964, et É. Naville, *op. cit.* II, *EEF Memoir* 14, 1896, pl. XLVII-LV) et au rituel du couronnement, figuré au-dessus (É. Naville, *op. cit.* III, *EEF Memoir* 16, 1898, pl. LVI-LXIV). Hatchepsout invoque trois sources de légitimité. Fille du dieu Amon, elle a été mise au monde, avec l'assentiment de l'ensemble du panthéon égyptien, pour exercer la fonction royale. Fille de Thoutmosis Ier, elle reçoit la royauté en héritage de son père. Enfin, elle est reconnue par les hommes représentés par les dignitaires qui assistent à la transmission de la royauté par Thoutmosis Ier.

8 Le couronnement d'Hatchepsout était aussi figuré dans son temple de la vallée (W.C. Hayes, *The Scepter of Egypt* II, New York, 1990, p. 89), sur la chapelle rouge de Karnak (P. Lacau, H. Chevrier, *op. cit.*, p. 61-64, 92-153 et 234-256), sur le pyramidion des deux obélisques érigés par Hatchepsout à l'est de Karnak (réf. PM II, p. 218 [32]-[33] et L. Gabolde, « Les obélisques d'Hatchepsout à Karnak », *Égypte. Afrique & Orient* 17, 2000, p. 46, fig. 6-8), sur la face sud du môle ouest du VIIIe pylône de Karnak (PM II, p. 174-175 [519]) ou encore au Spéos Artémidos (PM IV, p. 164, (3)-(4)) et à Bouhen (R. A. Caminos, *The New-Kingdom Temples of Buhen* II, Londres, 1974, p. 44-50, pl. 46).

9 P. Barguet, « La structure du temple Ipet-Sout d'Amon à Karnak du Moyen Empire à Aménophis II », *BIFAO* 52, 1953, p. 145-151 ; *id.*, *Le temple d'Amon-Rê à Karnak*, *RAPH* 21, 1962, p. 313-314.

10 Sous la XVIIIe dynastie, l'imposition des couronnes est toujours confiée aux divinités tutélaires du Nord et du Sud, Horus, Seth, Ouadjet et Nekhbet. À ces dieux se joignent aussi autour d'Aménophis III, dans la salle XIV du temple de Louqsor, les dieux Ha et Soped, associés à l'ouest et à l'est ; cf. PM II, p. 328 (158, III), qui omet Soped. Voir aussi par exemple *Urk.* IV, 251, 11-13, qui reproduit le discours d'Horus et Seth qui imposent la couronne à Hatchepsout dans une scène en grande partie détruite du rituel de Deir el-Bahari.

11 Purification, imposition des couronnes, montée royale et intronisation constituent les grandes étapes du

Lorsqu'elle élève ses obélisques dans la *ouadjyt*, Hatchepsout affirme obéir à Thoutmosis Ier comme le souligne le dieu Amon dans la dédicace gravée sur l'obélisque nord : *ḏd pw jn nb nṯr.w jn jt=ṯ n(y)-sw.t bjty Ꜥꜣ-ḫpr-kꜣ-Rꜥ d tp rd smn.t tḫn.w.* « Voici ce qui a été dit par le maître des dieux : "C'est ton père, le roi de Haute et Basse-Égypte Âakheperkarê qui a donné la directive d'établir des obélisques"[12]. » En donnant cet ordre, Thoutmosis Ier se proclame le garant du couronnement de sa fille, célébré dans la *ouadjyt* et rappelé au sommet des obélisques par la scène de l'intronisation[13]. Cette décision est loin d'être gratuite.

En effet, l'érection des obélisques dans la *ouadjyt* signifie le report de l'entrée du temple du IVe au Ve pylône. Ce changement modifie à son tour le déroulement du rituel du couronnement[14]. La purification rejoint l'imposition des couronnes dans la salle édifiée par Thoutmosis Ier. En dressant les obélisques dans la *ouadjyt* et en désacralisant[15] cet espace à l'occasion de la fête *sed*, Hatchepsout n'a pas d'autre but que de convier les dignitaires à assister à l'imposition des couronnes, sous la protection de son père Thoutmosis Ier. Les grands du royaume deviennent les témoins d'un rite fondamental du couronnement[16]. C'est un rôle qu'ils jouent réellement dans le temple dynastique après l'avoir tenu de façon fictive dans le rituel du couronnement figuré à Deir el-Bahari[17].

La transformation de l'espace sacré du temple pour rendre accessible aux grands dignitaires un lieu étroitement lié au couronnement invite à ne pas réduire la quête de légitimité de la reine uniquement au désir de préserver l'ordre du monde, incarné par Maât, et perturbé par la présence d'une femme sur le trône ou au besoin d'affirmer son existence en tant que pharaon aux côtés du jeune Thoutmosis III.

couronnement. À ces rites s'en ajoutent bien d'autres comme l'acclamation des Âmes de Pe et de Nékhen, l'inscription des noms et la rédaction des annales par Thot et Séchat, la présentation des couronnes et l'allaitement, soit comme rappel du rituel de la naissance (beaucoup plus rarement représenté que celui du couronnement), soit comme rite de passage de l'état d'homme à celui de roi ; cf. Fl. Maruéjol, *Le couronnement du roi à la XVIIIe dynastie*, thèse de 3e cycle, Paris IV-Sorbonne, 1983 (inédite).

12 *Urk.* IV, 358, 7-8.

13 *LD* III, pl. 22-23, 24 a-c. R. Vergnieux, « L'organisation de l'espace (I) : du sacré au profane », *BSEG* 13, 1989, p. 165-171.

14 P. Barguet, *Le temple d'Amon-Rê, op. cit.*, p. 313.

15 Lorsque Thoutmosis III élève les très hauts murs du chemisage qui masque les obélisques de la *ouadjyt*, il rend au temple son état initial. La salle hypostyle redevient un espace sacré d'où sont exclus les dignitaires ; cf. P. Barguet, *loc. cit.*, et L. Gabolde et J.-Fr. Carlotti, *op. cit.*

16 Avant l'introduction de l'intronisation sous la XVIIIe dynastie, l'imposition des couronnes, attestée depuis la XIe dynastie, était la seule scène montrant le roi recevant les couronnes des dieux. Ainsi, à Tôd, Montouhotep II est couronné par Montou et Tanent : F. Bisson de La Roque, *Tôd (1934 à 1936)*, *FIFAO* 17, 1937, p. 72-74, fig. 26, pl. XVIII. L'imposition des couronnes est aussi la seule scène, avec l'intronisation, que les Égyptiens de la XVIIIe dynastie figurent pour abréger l'ensemble du rituel du couronnement. Voir par exemple H. El-Achiéry, M. Dewachter, *Le spéos d'El-Lessiya* II, Le Caire, 1968, pl. XIII, XXVI. Dans ce temple, Ouadjet et Nekhbet imposent la couronne blanche à Thoutmosis III.

17 É. Naville, *Deir el-Bahari*, III, pl. LX-LXII. À Deir el-Bahari, les *šps.w n(y)-sw.t*, les nobles royaux, les *sꜥḥ.w*, dignitaires, et les *smr.w*, les amis, sont représentés devant Thoutmosis Ier qui transmet la fonction royale à Hatchepsout, tandis que les *šnw.t n(y).t ḫnw*, les gens de la Cour, les *ḥꜣt rḫy.t*, les premiers des sujets, et les *mnfꜣ.t*, les soldats, sont mentionnés dans le texte (É. Naville, *loc. cit.*, et *Urk.* IV, 256, 9-13, 258, 8-10, 259, 1-2, 15). Lorsque Thoutmosis Ier transmet la royauté à sa fille, il convoque les dignitaires et prononce le discours suivant, l. 12-14 : « Cette fille Hatchepsout, je la place sur mon trône ; c'est elle qui occupera ce trône qui est le mien ; en vérité, c'est elle qui s'assiéra sur ce trône merveilleux qui est le mien. » Le roi intime aussi l'ordre aux grands du royaume d'obéir à Hatchepsout (É. Naville, *loc. cit.*, et *Urk.* IV, 254-262).

Lorsque Thoutmosis II meurt, après un règne bref qui n'excède sans doute pas trois ans[18], il laisse pour héritier un garçon qui est encore en bas âge[19] et une femme, son épouse et demi-sœur, qui s'apprête à exercer la régence pour de longues années. Or, le dynamique Thoutmosis Ier, en inaugurant une ambitieuse politique de conquête en Nubie et en Syrie-Palestine, n'a pas manqué d'insuffler un nouvel élan à l'Égypte et de susciter l'émergence d'une nouvelle génération d'hommes énergiques et avides d'action et de puissance. Est-ce parce qu'elle est confrontée à de turbulents dignitaires menaçant à la fois son pouvoir et le trône du jeune monarque que la reine se proclame pharaon ? En tout état de cause, son but n'a jamais été de s'emparer de la royauté en éliminant Thoutmosis III. Jamais elle n'a mis en doute la légitimité du souverain qui figure à ses côtés sur tous ses monuments, sans exception, même si c'est en seconde position[20]. En revanche, en s'élevant au rang de pharaon d'ascendance divine, investi de tous les attributs de la royauté, Hatchepsout peut, beaucoup mieux qu'une simple régente, contrecarrer les menées des dignitaires et prévenir les velléités de coup d'État[21].

Quelles que soient les raisons de la reine et aussi honorables soient-elles, Thoutmosis III déploie autant d'efforts pour annihiler l'existence d'Hatchepsout pharaon que la souveraine en a consentis pour établir sa légitimité. Parmi les principales cibles de Thoutmosis III se rangent les obélisques de la *ouadjyt* qu'il fait entourer d'un très haut mur afin de restaurer l'espace sacré tel qu'il était avant leur érection. Les dépôts de fondation surtout au nom de la reine, exhumés dans la *ouadjyt* par les archéologues du Centre franco-égyptien d'étude des temples de Karnak[22] sont en rapport avec les obélisques et non avec ce mur. Les obélisques ne sont pas simplement visés en tant que réalisation de la reine. En effet, les obélisques qu'elle a érigés à l'est de Karnak n'ont pas fait l'objet de pareille mesure. Le roi se contente d'y faire effacer les noms et les images de la reine, laissant aux deux monolithes la fonction que leur avait attribuée la reine. Il complète même le dispositif de ce côté de Karnak en élevant un petit sanctuaire périptère entre les deux obélisques[23]. À Deir el-Bahari, Thoutmosis III s'acharne particulièrement contre le texte évoquant le couronnement de la reine sur le portique de la troisième terrasse[24], qu'il remplace par une inscription concernant le couronnement de Thoutmosis Ier et sur le rituel du couronnement représenté sur la moitié nord du portique de la terrasse intermédiaire. Quant à la Chapelle rouge décorée de scènes montrant l'intronisation d'Hatchepsout avec les diverses couronnes d'Égypte et d'une copie du texte du couronnement de Deir el-Bahari, elle est purement et simplement démontée. Pourquoi cet acharnement à effacer les traces du pharaon

[18] L. Gabolde, « La chronologie du règne de Thoutmosis II », *SAK* 14, 1987, p. 61-81, pl. 2-3.

[19] Dans le *Texte de la Jeunesse*, sculpté à Karnak au sud du Palais de Maât, Thoutmosis III est qualifié de *jmy sš*, « dans le nid », de *jnpw*, « enfant », mot qui désigne notamment le roi avant son accession au trône, et de *wḏḥ*, très jeune enfant qui vient d'être sevré, *Urk.* IV, 157, 3, 7, 8. Ces termes insistent sur la grande jeunesse du souverain au moment de son couronnement.

[20] Thoutmosis III occupe notamment le deuxième et le septième des huit registres de représentations ornant les fûts des obélisques de la *ouadjyt*, *LD* III, pl. 22-23 et 24 a-c.

[21] B. Mathieu, « L'énigmatique Hatchepsout », *Égypte. Afrique & Orient* 17, 2000, p. 6-7.

[22] Fr. Larché, « Nouvelles observations sur les monuments du Moyen et du Nouvel Empire dans la zone centrale du temple d'Amon à Karnak », *CahKarn* XII/2, 2007, p. 407-499, pl. I-XCII.

[23] P. Barguet, *Le temple d'Amon-Rê*, p. 219-222.

[24] PM II, p. 356 (77, 2).

Hatchepsout ? C'est parce qu'elle s'est assise sur un trône déjà occupé par un roi légitime et que le pouvoir royal ne se partage pas. C'est contraire à la conception de la royauté pharaonique [25]. Pour Thoutmosis III, cette question ne revêt pas un caractère d'urgence. Il ne s'en préoccupe qu'à partir de l'an 42, date à laquelle on situe le début de la proscription [26]. Alors qu'il met un terme à ses campagnes militaires en Syrie-Palestine commencées vingt ans plus tôt, il dresse le bilan de son règne. Il rétablit alors l'ordre normal de la succession au trône : Thoutmosis Ier, son grand-père, Thoutmosis II, son père, et lui-même. C'est pourquoi, dans les temples, il remplace souvent l'image d'Hatchepsout par celle de Thoutmosis II. Cette vindicte dictée par la raison d'État n'a rien de personnel ainsi qu'en témoignent les vestiges de l'équipement funéraire d'Hatchepsout pharaon. La reine est enterrée avec tous les honneurs et respectée lorsque la tombe est ouverte pour reprendre la momie de Thoutmosis Ier qu'Hatchepsout avait confisquée. Sur tous les objets subsistants qui portent le nom de la souveraine, les cartouches sont intacts [27].

[25] Cl. Obsomer, *Sésostris Ier. Étude chronologique et historique du règne*, *Connaissance de l'Égypte ancienne, Étude* 5, Bruxelles, 1995, p. 35-36 examine la question de la corégence.

[26] C.F. Nims, « The Date of the Dishonouring of Hatshepsut », *ZÄS* 93, 1966, p. 97-100 ; P. Dorman, *op. cit.*, p. 46-65 et D. Laboury, *La statuaire de Thoutmosis III*, *AegLeod* 5, 1998, p. 42-50.

[27] Fl. Maruéjol, « Un chaouabti de la reine Hatchepsout au musée d'Aquitaine à Bordeaux », dans L. Gabolde (éd.), *Hommages à J.-Cl. Goyon*, *BdE* 143, 2008, p. 285-293.

Bernard Mathieu, Vanessa Ritter

Les sections finales du manuel scolaire *Kémyt* (§ XV-XVII)

À François Neveu,
l'égyptologue talentueux, le pédagogue accompli,
l'ami fidèle, cette contribution scolaire,
hommage affectueux de deux générations réunies.

1. Introduction

La *Kémyt*, ainsi que la désignaient les Égyptiens, était une composition littéraire très largement répandue dans le milieu scribal du Nouvel Empire, comme le démontre l'abondante documentation sur ostraca provenant du village des artisans de Deir al-Médîna[1]. Outre les ostraca, la composition figure aussi sur des tablettes en bois[2], une palette de scribe[3], et des papyrus[4]. On peut recenser à ce jour plus de 410 sources[5] et il est prévisible que ce chiffre s'accroîtra encore au gré des publications et des découvertes archéologiques futures.

La bibliographie consacrée à cette œuvre pourtant relativement brève est à la mesure de sa diffusion antique[6], bien qu'on soit en droit de déplorer l'absence d'une traduction française intégrale, dotée d'un commentaire.

[1] Les études pionnières sont celles de G. Posener, « Deux ostraca littéraires d'un type particulier et le livre *KMJ.T* », dans B. Van de Walle, *La transmission des textes littéraires égyptiens*, Bruxelles, 1948, p. 41-50 ; *id.*, *Catalogue des ostraca hiératiques de Deir el Médineh*, *DFIFAO* XVIII/2, 1951, p. VI-VII, 1-19 et pl. 1-25.

[2] O. Caire CG 25367, O. Louvre AF 497, T. Carnarvon III, T. Puyemrê.

[3] Palette du musée Guimet (XIXe dyn.) : cf. É. Drioton, *ASAE* 44, 1944, p. 18-22 et pl. I, A.

[4] P. UCL, provenant d'Illahoun (fin du ME) : cf. St.G. Quirke, dans A. Loprieno (éd.), *Ancient Egyptian Literature. History & Forms*, *PdÄ* 10, 1996, p. 381.

[5] G. Posener, *op. cit.*, p. VI, signalait plus de 330 ostraca conservés à l'Ifao, dont 68 ont été publiés en transcription hiéroglyphique. Il faut ajouter à tous les inédits restants au moins 80 ostraca et tablettes publiés ou recensés ailleurs.

[6] Parmi les publications les plus récentes : Chr. Barbotin, « Une nouvelle attestation de *Kémit* », *RdE* 48, 1997, p. 247-250 ; M. Borla, dans *La Scuola nell'antico Egitto*, Turin, 1997, p. 67-75 ; H. Brunner, *Die Weisheitsbücher der Ägypter. Lehren für das Leben*, Düsseldorf, 1998, p. 368-369 ; Chr.J. Eyre, dans H. D. Schneider *et al.*, *The Memphite Tomb of Horemheb*, II. *A Catalogue of the Finds*, Londres, 1996, p. 13 et pl. 1 ; A. Grimm, « *Kmjt* –Texte. Zwei Ostraca littéraires d'un type particulier der Staatlichen Sammlung Ägyptischer Kunst München », *Münchner Ägyptologische Untersuchungen* 4, 1995, p. 165-177 et 2 pl. ; Y. Koenig, *Les ostraca hiératiques inédits de la Bibliothèque nationale et universitaire de Strasbourg*, *DFIFAO* 33, 1997, H. 137, mais aussi H. 101 et H. 150 : cf. B. Mathieu, *OLZ* 95, 2000, col. 249-254 ; A. Naylor Dakin, « Kemit : A Revised Translation with Material for a Commentary », dans *Sesto congresso internazionale di egittologia, Atti*, vol. I, Turin, 1992, p. 465-471 ; J. Osing, « School and Literature in the Ramesside Period », dans *L'Imperio ramesside*, p. 133 et n. 11 ; *Zeme Pyramid a Faraonu (The Land of Pyramids and Pharaohs)*, Národní muzeum – Náprstovo muzeum, Brezen – Srpen, Praha, 1997, p. 19 (kat. č. 6).

La principale originalité formelle de la *Kémyt*, composée entre le règne de Montouhotep II (env. 2060-2010) et celui d'Amenemhat Ier (env. 1987-1958)[7], est que le texte hiératique en est presque toujours copié en colonnes[8], ce qui permet au scribe de tracer les signes individuellement, sans ligature, en respectant une paléographie archaïsante. On en a déduit, fort légitimement, que la *Kémyt* constituait surtout, au Nouvel Empire, un exercice de calligraphie[9] et qu'elle valait plus alors pour cette fonction d'apprentissage graphique que pour son contenu. Un contenu lui aussi original, puisqu'il s'agit, rappelons-le, d'un assemblage de quatre « microtextes » relevant chacun d'un genre littéraire spécifique : genre épistolaire (sections I-VIII), narratif (sections IX-XI), autobiographique (sections XII-XIV) et didactique (sections XV-XVII), le tout s'achevant par un colophon et, le cas échéant, par une souscription précisant le nom et les titres du copiste. La *Kémyt* aurait ainsi changé de statut pédagogique au fil des siècles.

S'il est probable que le contenu soit passé au second plan dans l'usage qui était fait de la *Kémyt* au Nouvel Empire, et spécifiquement à l'époque ramesside, il demeure que la partie didactique, à la différence des parties précédentes, conservait toute sa portée morale et sa force idéologique, dans un contexte culturel où le genre sapiential était florissant[10]. Nous proposons ici une relecture de ces dernières sections, à partir de la documentation accessible.

2. Sections XV-XVII de la *Kémyt* : liste et description des sources

Presque toutes les sources portant la *Kémyt*, on l'a dit, sont des ostraca ; il s'agit de fragments de calcaire, pour la grande majorité d'entre eux (plus de 80 %), le reste étant constitué de tessons. Les 32 sources connues actuellement pour les sections finales XV-XVII illustrent bien cette disparité des supports, puisque deux seulement sont en céramique (O. Caire JE 54949 et O. DeM 1170) et les trente autres en calcaire.

Le pourcentage relativement faible d'ostraca portant les sections finales de la *Kémyt* par rapport à l'ensemble des sources recensées pour cette œuvre (7,8 %) illustre le fait, attendu et bien attesté pour d'autres compositions, que le début du texte était beaucoup plus souvent copié que la fin. Tous ces ostraca sont « ponctués » – par la présence de traits horizontaux séparant les stiches, l'équivalent des points dans un texte écrit horizontalement –, à l'exception de l'O. MMA 36112, v°. Le Tableau I donne la liste des sources ; les planches 1 à 22 présentent, avec leur transcription hiéroglyphique, les fac-similés jusqu'ici inédits.

7 B. Van De Walle suggère comme date de rédaction le règne de Montouhotep II, *CdE* XXVII/54, 1952, p. 382 ; G. Posener n'exclut pas le règne d'Amenemhat Ier, *Littérature et politique*, p. 5 et n. 10.

8 Deux exceptions sont l'O. BM 5641 r° et l'O. DeM 1129, où le texte est écrit horizontalement.

9 Cf. J.-L. Chappaz, « Remarques sur un exercice scolaire », *BSEG* 13, 1989, p. 34.

10 Les *Enseignements* élaborés sous les dynasties ramessides sont nombreux : *Enseignement d'Amenémopé*, *Enseignement d'Any*, *Enseignement d'Amennakht fils d'Ipouy*, *Enseignement de Hori*, *Enseignement d'Ameneminet*, *Enseignement de Nebmaâtrênakht*, *Enseignement d'Ounendiamon*, *Enseignement de Pyay*, *Enseignement de Menna*, *Préceptes sous forme négative*, *Lettre satirique de Hori*, pour ne citer que les principaux et les mieux conservés.

Ostraca	Bibliographie	Planches
O. Brux. E. 3208 + O. DeM 1171 A-B	G. Posener, *DFIFAO* XVIII/2, p. 17-18, pl. 1-18 et 22	
O. Brux. E. 7627 r°	G. Posener, dans B. Van de Walle, *La transmission des textes littéraires égyptiens*, 1948, p. 48, pl. IV	
O. Caire JE 54949	G. Posener, *DFIFAO* XVIII/2, pl. 16-21 (transcription seule)	pl. 1-2
O. Caire JE 56842 + O. DeM 1172	*Ibid.*, p. 18, pl. 4-21 et 23	
O. DeM 1137 v°	*Ibid.*, p. 8, pl. 8-10 (transcription seule)	
O. DeM 1145 I v°	*Ibid.*, p. 11, pl. 12-19 (transcription seule)	pl. 3
O. DeM 1153 r°	*Ibid.*, p. 13, pl. 15-21 (transcription seule)	
O. DeM 1156 v°	*Ibid.*, p. 14 (pas de transcription)	
O. DeM 1157	*Ibid.*, p. 14, pl. 16-21 (transcription seule)	pl. 4
O. DeM 1158	*Ibid.*, p. 14, pl. 16-17 (transcription seule)	pl. 5
O. DeM 1159	*Ibid.*, p. 15, pl. 16-18 (transcription seule)	pl. 6
O. DeM 1161 v°	*Ibid.*, p. 15, pl. 16-18 et 24	
O. DeM 1162	*Ibid.*, p. 15, pl. 17-18 (transcription seule)	pl. 7
O. DeM 1163	*Ibid.*, p. 16, pl. 18-20 (transcription seule)	pl. 8
O. DeM 1164	*Ibid.*, p. 16, pl. 18-21 (transcription seule)	pl. 9-10
O. DeM 1165	*Ibid.*, p. 16, pl. 18-20 et 25	
O. DeM 1166	*Ibid.*, p. 16, pl. 19 (transcription seule)	pl. 11
O. DeM 1167	*Ibid.*, p. 16, pl. 19-20 (transcription seule)	pl. 12
O. DeM 1168	*Ibid.*, p. 17, pl. 20-21 (transcription seule)	pl. 13-14
O. DeM 1169	*Ibid.*, p. 17, pl. 20-21 (transcription seule)	pl. 15-16
O. DeM 1170	*Ibid.*, p. 17, pl. 21 (transcription seule)	
O. DeM 1171 A-B	Voir *supra*, O. Brux. E. 3208	
O. DeM 1172	Voir *supra*, O. Caire JE 56842	
O. DeM inv. 2573	Inédit	pl. 17
O. DeM inv. 2576	Inédit	pl. 18
O. DeM C[11] 277	Inédit	pl. 19
O. DeM C 1577	Inédit	pl. 20
O. DeM C 2640	Inédit	pl. 21
O. DeM C 6139	Inédit	pl. 22
O. Michael. 78	H. Goedicke, E.F. Wente, *Ostraka Michaelides*, p. 13 et pl. XIV	
O. MMA 36112 v°	W.C. Hayes, *JNES* VII/1, 1948, pl. III	
O. Munich ÄS 1638 r°	Photographie : A. Grimm, *MÄU* 4, 1995, pl. II ; fac-similé : H. Brunner, *AegForsch* 13, 1944, p. 82	
O. Turin CG 57448	J. López, *Ostraca ieratici*, III/3, 1982, pl. 150	
O. Turin CG 57554	J. López, *Ostraca ieratici*, III/4, 1984, pl. 178	

Tableau I. Liste des sources connues pour les sections XV-XVII de la *Kémyt*.

11 C = « cave » ; voir note suivante.

Description des sources inédites

O. Caire JE 54949. Tesson de poterie. 15 cm de hauteur sur 8,7 cm de largeur. Complet à gauche. Six colonnes de texte écrit à l'encre noire et rouge avec les traits de séparation et la ponctuation en rouge. (pl. 1-2)
O. DeM inv. 2573. Calcaire. 3,4 cm de hauteur sur 3,8 cm de largeur. Provenance Deir al-Médîna. Incomplet de toute part. Quatre colonnes de texte écrit à l'encre noire avec les traits de séparation et la ponctuation en rouge. (pl. 17)
O. DeM inv. 2576. Calcaire. 4,8 cm de hauteur sur 4,6 cm de largeur. Provenance Deir al-Médîna. Complet en haut et peut-être à droite. Trois colonnes de texte écrit à l'encre noire avec les traits de séparation en rouge. (pl. 18)
O. DeM C[12] 277. Calcaire. 8,2 cm de hauteur sur 6,9 cm de largeur. Provenance Deir al-Médîna. Incomplet en bas (≈ 5cm). Trois colonnes de texte écrit à l'encre rouge. (pl. 19)
O. DeM C 1577. Calcaire. 5,2 cm de hauteur sur 5 cm de largeur. Provenance Deir al-Médîna (marqué « K n° 5 5.12.31 »). Complet à gauche. Deux colonnes de texte écrit à l'encre noire avec les traits de séparation en rouge. (pl. 20)
O. DeM C 2640. Calcaire. 10,6 cm de hauteur sur 6,3 cm de largeur. Provenance Deir al-Médîna. Complet en haut et à gauche. Trois colonnes de texte écrit à l'encre noire. (pl. 21)
O. DeM C 6139. Calcaire. 3 cm de hauteur sur 7,7 cm de largeur. Provenance Deir al-Médîna. Peut-être complet à gauche. Sept colonnes de texte écrit à l'encre noire et rouge avec les traits de séparation en rouge. (pl. 22)

3. **Sections XV-XVII de la *Kémyt* : répartition des sources**

	§ XV	§ XVI	§ XVII	Colophon Souscriptions
O. Brux. E 3208	(§ I) ------------ 3			
O. Caire JE 56842	(§ IV) ----------------	----------------------	----------------------	1 + souscription
O. MMA 36112 v°	(§ VII) ------------ 4			
O. DeM 1145 v°	(§ XI) ----------------	----------------------	----- 2	
O. Brux. E 7627 r°-v°	(§ XIII) ------------ 1	(v°) 2 --------------	----------------------	1 + souscription
O. DeM 1153 r°	(§ XIII) --------------	----------------------	----------------------	1 + souscription
O. DeM 1158	(§ XIII) - 1			
O. DeM 1159	(§ XIII) --------------	1		
O. Turin CG 57554	(§ XIII) --------------	----------------------	----------------------	[1 + souscription ?]
O. DeM inv. 2573	(§ XIII)--------------	------ 2		
O. DeM C 6139	(§ XIII) --------------	----------------------	----------------------	1 + souscription
O. Caire JE 54949	(§ XIV) --------------	----------------------	----------------------	1
O. DeM 1157	(§ XIV) --------------	----------------------	----------------------	[1] + souscription

[12] Numéro attribué par M.-A. Matelly dans l'inventaire qu'elle a effectué en 1995-1996 des objets conservés dans les sous-sols de l'Ifao ; une nouvelle base de données des ostraca conservés dans les sous-sols, avec identification et description systématiques, est en cours de réalisation par V. Ritter.

	§ XV	§ XVI	§ XVII	Colophon Souscriptions
O. DeM 1161 v°	(§ XIV) --------------	1		
O. DeM C 277	1 --------------- 3			
O. DeM 1162	1 -------------------4			
O. DeM C 1577	3 --------	1		
O. DeM 1163	4	------------------------	----- 2	
O. DeM 1164		1 --------------------	----------------------	[1] + souscription ?
O. DeM 1165		1 --------------------	----- 2	
O. Michael. 78		1 --------------------	----------------------	1
O. DeM 1166		2 ----------------	1	
O. DeM 1167		3 --------	1	
O. DeM 1137 v°		4	-------------- 3	
O. DeM C 2640		4	----- 2	
O. Munich ÄS 1638 r°			1 --------------------	1 + souscription
O. DeM 1168			1 --------------------	1 + souscription
O. DeM 1169			1 --------------------	1 + [souscription ?]
O. DeM inv. 2576			1 --- 2	
O. Turin CG 57448			3 ---------	1
O. DeM 1170			4	

Tableau II. Répartition des sources connues pour les sections XV-XVII de la *Kémyt*.

4. Commentaire philologique (édition synoptique : pl. 23-29)

Comme on pourra l'observer dans les remarques qui suivent, les meilleures versions de ces sections finales de la *Kémyt* sont sans conteste celles données par l'O. MMA 36112 v° (daté de la XVIIIe dyn.), l'O. Caire JE 56842 et l'O. Caire JE 54949.

• XV, 1-2

ḥw sn sš.w=k jr=k sꜣ sbꜣ(=w) r sš.w Ø ꜣḫ(=w) n=k m-ḥꜣ.t=j

C'est ma volonté : ouvre tes écrits ! Tu deviendras un fils instruit dans les écrits : ce te sera utile face à moi.

Plus précise que *sn sš.w, ouvre les écrits* (7 versions), la leçon *sn sš.w=k* (2 versions : O. Brux. E 3208 et O. MMA 36112 v°), *ouvre tes écrits,* semble plus satisfaisante. La graphie du prospectif *jr=k* donnée par les mêmes O. Brux. E 3208 et O. MMA 36112 v°, sans complément phonétique (signe de la bouche), est la plus correcte, la forme *jr{r}=k* résultant d'une modernisation néo-égyptienne. L'O. Turin CG 57554 donne la variante *jr n=k sꜣ, deviens donc un fils...* Les sources hésitent entre *r sš.w* et *n sš.w* ; le *sbꜣ=w n=j* de l'O. Caire JE 54949 est à l'évidence fautif. L'analyse métrique (voir *infra,* 5.) permet de privilégier encore une fois la leçon fournie par l'O. MMA 36112 v° : *ꜣḫ(=w)*

Ø *n=k m-ḥꜣ.t=j*. Le signe de la bouche dans le *m-ḥꜣ.t=j* de l'O. Brux. E 3208 est une graphie phonétique du pronom suffixe. *Ce te sera utile face à moi* : sans doute au moment où, à l'issue de la confrontation du père défunt et du fils dans l'au-delà, ce dernier lui succédera[13].

- **XV, 3-4**

sbꜣ~n wj jt=j r sš.w Ø ꜣḫ(=w) n tp-ꜥ.wy=fy

Si mon père m'a instruit dans les écrits, c'est que c'était déjà utile avant lui.

Seul l'O. DeM 1161 v° présente une version fautive, *sbꜣ~n <w>j jt=j r sš[.w]*, qui pourrait se comprendre *sbꜣ~n=j jt=j r sš[.w]*, *j'ai instruit mon père dans les écrits* (!). À la différence de toutes les autres sources (*m tp-ꜥ.wy=fy*), l'O. MMA 36112 v° donne *n tp-ꜥ.wy=fy*, qui pourrait être la version originale.

- **XVI, 1-2**

nḏr=f ꜥ=f ḥr ḫꜥḏꜣw=j gm~n=j ḥsyw jm=j

Tandis qu'il pointait du doigt ma faute, j'ai compris que j'étais un privilégié.

Litt. *tandis qu'il portait son bras sur ma faute*. Le signe de l'homme assis donné par le seul O. Caire JE 54949, après *ḫꜥḏꜣw*, est certainement pertinent (pronom suffixe). *Gm~n=j ḥsyw jm=j*, litt. *j'ai trouvé un privilégié en moi*. O. DeM 1164 et O. DeM 1166 donnent fautivement *jm=f* : *j'ai trouvé un privilégié en lui*.

- **XVI, 3-4**

ḥw~n ḥr=f m-ḫt sꜣr.wt=j m-ḫt wbꜣ n(y) ḥr=j

Son attention s'est portée sur mes capacités intellectuelles et sur mon discernement.

L'expression *ḥw~n ḥr=f m-ḫt* rappelle *rdj ḥr n* ou *rdj jb m-sꜣ*, *se préoccuper de*. La forme exacte *ḥw~n*, donnée par l'O. Caire JE 56842, est remplacée par la forme modernisée *ḥw* (perfectif néo-égyptien) dans O. DeM 1153 r°, O. DeM 1157 (avec un *r* notant une voyelle, comme dans l'O. Brux. E 3208 [cf. *supra*, XV, 1-2] ?), O. DeM 1164 (?) et O. DeM 1165. La variante *ḥw(~n) ḥr=j m-ḫt sꜣr.wt*, *mon attention s'est portée sur les capacités intellectuelles* (O. DeM 1165 et O. DeM 1166) est certainement secondaire ; pour le dernier mot du premier stiche, O. Caire JE 56842, O. Brux. 7627 v° et O. Caire JE 54949 portent la bonne version (*sꜣr.wt=j*). La notion véhiculée par *wbꜣ-n(y)-ḥr*

[13] Sur cette confrontation, voir S. Donnat, *La peur du mort. Nature et structure des relations entre les vivants et les morts dans l'Égypte pharaonique*, thèse de doctorat inédite, univ. Paul-Valéry, Montpellier, 2003, en part. p. 55-144 (II. Les funérailles comme mise en place du système relationnel).

suppose ouverture d'esprit, discernement, perspicacité[14], et, partant, déférence et humilité ; voir par exemple *Enseignement pour Mérykarê*, 4, 4 (= E 39) : *tr=tw ʿnḫ n(y) wbꜣ-(ny)-ḥr jw mḥ-jb r ꜣhw, si l'on respecte la vie de celui qui a du discernement, l'arrogant, lui, est voué au malheur*[15].

• **XVII, 1-2**

šmsw pw ḥnʿ nḏ(w).t jr=k sꜣ sbꜣ(=w)

Ce (i.e. l'instruction) sera un compagnon ainsi qu'une meunière si tu deviens un fils instruit.

La leçon *šmsw pn* donnée par 6 versions (O. Mich. 78, O. DeM 1164, O. DeM 1165 et O. DeM 1137 v°, O. DeM C 2640 et O. DeM 1169) paraît fautive. Le sens semble le suivant : la pratique des écrits et l'instruction qui en découle constitueront pour le jeune scribe à la fois un soutien moral (*šmsw, un compagnon*) et une source d'avantages matériels (*nḏw.t, une meunière*). Pour la structure A *pw ḥnʿ* B, où A *ḥnʿ* B constitue le prédicat nominal, comparer par exemple : *Ḥw pw ḥnʿ Sjꜣ, Ce sont Hou et Sia* (*CT* IV, 231a) ; *qʿḥ pw ḥnʿ wʿr.t, ce sont une épaule et une cuisse* (*CT* V, 103c). L'O. Caire JE 56842 est la seule source explicite à ne pas ajouter *r sš.w, dans les écrits*, à la fin du stiche XVII, 2 ; c'est la bonne version, comme le confirme l'analyse métrique (voir *infra*, 5.). Par modernisation graphique néo-égyptienne encore, O. Brux. 7627 v° omet la préposition *r* devant *sš.w*.

• **XVII, 3-4**

jr sš m s.t=f nb.t n(y).t Ḫnw n ḥwrw~n=f jm=s

Car le scribe, quelle que soit sa fonction à la Résidence, il ne peut y être malheureux.

Ce distique était le plus célèbre de la *Kémyt*, car il est cité, comme on sait, par la *Satire des Métiers*, autre œuvre largement répandue[16], dans un passage qui nous fournit le titre de la composition[17]. O. Caire JE 54949 donne sans doute, ici encore, la meilleure version : *n ḥwrw~n=f jm=s, il ne peut en être malheureux*, le suffixe *=s* se référant à *s.t, fonction*[18], préférable à *n ḥwrw~n=f jm=f, il ne peut y être malheureux.*

• **Colophon et souscriptions.**

jw=s pw nfr m ḥtpw

C'est ainsi qu'il doit venir parfaitement en paix…

14 D. Meeks, *Année lexicographique*, 77.0876, 79.0639.

15 Cf. W. Helck, *Die Lehre für König Merikare*, *KÄT*, 1988, p. 21-22 ; J.Fr. Quack, *Studien zur Lehre für Merikare*, GOF IV/23, 1992, p. 27 et 170 ; P. Vernus, *Sagesses de l'Égypte pharaonique*, Paris, 2001, p. 141, traduit : « On respecte la vie de celui qui est clairvoyant. (Mais) qui est trop sûr de lui est voué à être malheureux. »

16 On recense aujourd'hui environ 270 sources.

17 P. Sallier II, 4, 2-4 ; W. Helck, *Die Lehre des Dwꜣ-Htjj*, *KÄT*, I, p. 22-23.

18 La leçon *jm=s* a été également retenue, dans la citation faite par la *Satire des Métiers*, par l'O. Petrie 27 r° : Černý et Gardiner, *HO* I, pl. X, 1.

Sur une interprétation grammaticale du colophon, cf. P. Grandet, B. Mathieu, *Cours d'égyptien hiéroglyphique*, nouvelle édition revue et augmentée, Paris, 2003, § 27.4 [19].

Trois souscriptions sont conservées : l'O. Caire JE 56842 + O. DeM 1172 est rédigé par *Panakht fils de Nebnétjérou, assistant du dessinateur Prêhotep* [20], l'O. DeM 1153 r° est rédigé par *l'assistant du dessinateur Nebrê* [21], et l'O. Munich ÄS 1638 r° est rédigé par *l'assistant du dessinateur Maanakhtef* [22], les trois copistes étant contemporains de la seconde moitié du règne de Ramsès II. Il n'est pas inutile de rappeler que la qualité d'assistant (*ẖry-ʿ*) des rédacteurs est l'un des arguments apportés par A. McDowell pour caractériser les ostraca dits « scolaires » de Deir al-Médîna comme relevant non pas d'un cursus élémentaire, mais d'une formation avancée [23].

5. Analyse métrique

Les sections finales XV-XVII de la *Kémyt*, introduites par l'expression *ḥw sn sš.w=k, c'est ma volonté : ouvre tes écrits !*, totalisent 12 stiches, bien individualisés par les séparations formelles que constituent les traits horizontaux (équivalents d'une ponctuation), stiches groupés deux par deux, les distiques ainsi constitués étant eux-mêmes groupés par deux pour former trois stances [24]. La structure métrique est clairement celle du distique heptamétrique (« stiche A », comptant quatre unités accentuelles, suivi d'un « stiche B », comptant trois unités) [25] dont on observe ici, dans l'histoire de la littérature égyptienne, les premières manifestations conscientes et systématiques.

L'analyse métrique permet ainsi de confirmer la qualité de la copie, paradoxalement non ponctuée, fournie par l'O. MMA 36112 v°, seule source donnant, pour le stiche XV, 2 : *ꜣ Ø ꜣḫ(=w) n=k m-ḥꜣ.t(=j), ce te sera utile face à moi*, qui doit être le texte original. Le distique XVI, 3-4 (*ḥw~n ḥr=f m-ḫt sꜣr.wt=j m-ḫt wbꜣ n(y) ḥr=j, son attention s'est portée sur mes capacités intellectuelles et sur mon discernement*) donne un exemple intéressant de cheville métrique, qui explique la répétition, syntaxiquement inutile et sémantiquement superflue, de la préposition composée *m-ḫt*. Pour le distique XVII, 1-2, l'O. MMA 36112 v° est à nouveau la seule source correcte, en n'ajoutant pas *r sš.w*, comme le font les autres ostraca, certainement influencés par les stiches précédents XV, 2 et XV, 3. On notera enfin que la citation de *Kémyt* dans la *Satire des Métiers*, elle-même composée en distiques heptamétriques, correspond très exactement au dernier distique de l'œuvre et, surtout, que cette citation est désignée par la *Satire* comme un *ṯs*, terme technique pour nommer le distique :

19 Sur les colophons en général, voir également R.B. Parkinson, « Teachings, Discourses and Tales from the Middle Kingdom », dans St. Quirke (éd.), *Middle Kingdom Studies*, New Malden, 1991, p. 94-96 ; P. Vernus, dans H. Willems (éd.), *The World of the Coffin Texts*, *EgUit* 9, 1996, p. 145 et n. 11 ; *id.*, « Observations sur la prédication de classe », *LingAeg* 4, 1994, p. 338-339 ; A. McDowell, « Teachers and Students at Deir el-Medina », dans *Deir el-Medîna in the Third Millennium AD*, p. 223-229 ; G. Lenzo, « Les colophons dans la littérature égyptienne », *BIFAO* 104, 2004, p. 359-376.

20 A. McDowell, *op. cit.*, p. 224-225.

21 *Ibid.*, p. 225.

22 *Ibid.*, p. 226.

23 *Ibid.*, p. 217-233.

24 L'analyse de W. Barta, « Das Schulbuch Kemit », *ZÄS* 105, 1978, p. 6-14, qui repose sur les principes de G. Fecht, ne respecte pas la ponctuation égyptienne.

25 Voir B. Mathieu, *RdE* 39, 1988, p. 63-82 ; *id.*, *RdE* 41, 1990, p. 127-141 ; *id.*, *RdE* 45, 1994, p. 139-154 ; *id.*, *La Poésie amoureuse de l'Égypte ancienne*, *BiEtud* 115, 1996, p. 201-207 ; *id.*, *RdE* 48, 1997, p. 109-163 et 6 pl. ; *id.*, « Introduction à la métrique égyptienne », dans P. Grandet, B. Mathieu, *Cours d'égyptien hiéroglyphique*, nouvelle édition revue et augmentée, Paris, 2003, p. 655-665.

šd	*jr=k*	*m pḥ.wy*	*Kmy.t*
	gmy=k	*ṯs pn*	*jm=s (m-ḏd.t)*
jr sš	*m s.t=f*	*nb.t*	*m H̱nw*
	n	*ḥwrw~n=f*	*jm=s*

Lis donc la fin de la Kémyt
et tu y trouveras ce distique :
« Le scribe, quelle que soit sa fonction à la Résidence,
il ne peut en être malheureux [26]. »

6. Translittération et traduction suivies

N.B. Le texte retenu ici est celui que nous considérons comme le plus proche de la version originale ; il suit les leçons données par l'O. MMA 36112 v°, l'O. Caire JE 56842 et l'O. Caire JE 54949. La disposition adoptée reflète la structure métrique (voir *supra*).

- **XV**

1.	*ḥw sn sš.w=k*			
	jr=k	*sꜣ*	*sbꜣ(=w)*	*r sš.w*
2.		*Ø ꜣḫ(=w)*	*n=k*	*m-ḥꜣ.t=j*
3.	*sbꜣ~n*	*wj*	*jt=j*	*r sš.w*
4.		*Ø ꜣḫ(=w)*	*n tp*	*ʿ.wy=fy*

- **XVI**

1.	*nḏr=f*	*ʿ=f*	*ḥr*	*ḥʿḏꜣw=j*
2.		*gm~n=j*	*ḥsyw*	*jm=j*
3.	*ḥw~n*	*ḥr=f*	*m-ḫt*	*sꜣr.wt=j*
4.		*m-ḫt*	*wbꜣ*	*n(y) ḥr=j*

- **XVII**

1.	*šmsw*	*pw*	*ḥnʿ*	*nḏ(w).t*
2.		*jr=k*	*sꜣ*	*sbꜣ(=w)*
3.	*jr sš*	*m s.t=f*	*nb.t*	*n(y).t H̱nw*
4.		*n*	*ḥwrw~n=f*	*jm=s*

- **Colophon** *jw=s pw nfr m ḥtpw*

[26] Voir *supra*, n. 17-18.

● **XV**

1. *C'est ma volonté : ouvre tes écrits !*
Tu deviendras un fils instruit dans les écrits :
2. *ce te sera utile face à moi.*
3. *Si mon père m'a instruit dans les écrits,*
4. *c'est que c'était déjà utile avant lui.*

● **XVI**

1. *Tandis qu'il pointait du doigt ma faute,*
2. *j'ai compris que j'étais un privilégié.*
3. *Son attention s'est portée sur mes capacités intellectuelles*
4. *et sur mon discernement.*

● **XVII**

1. *L'instruction sera un compagnon ainsi qu'une meunière*
2. *si tu deviens un fils instruit.*
3. *Car le scribe, quelle que soit sa fonction à la Résidence,*
4. *il ne peut en être malheureux.*

● **Colophon** *C'est ainsi qu'il doit venir parfaitement en paix…*

7. Conclusion

La *Kémyt*, compilation à usage scolaire, n'est pas vide de contenu idéologique, comme cela a été très justement souligné[27]. La partie didactique, sur laquelle l'œuvre s'achève, insiste en effet sur deux thèmes majeurs des *Enseignements* pharaoniques, dont on trouve ici l'une des premières expressions littéraires. D'abord, la solidarité sociale, synchronique et diachronique (intergénérationnelle), située au cœur du concept de *maât*[28] : le père s'adresse à son fils, pour lui transmettre son savoir, mais il invoque aussi son propre père (*si mon père m'a instruit dans les écrits*) et les générations qui ont précédé son père (*c'est que c'était déjà utile avant lui*). Ensuite, l'aspect très « matérialiste » de l'argumentation destinée à convaincre le jeune scribe, qui fait essentiellement appel à son sens de l'intérêt : l'instruction acquise lui sera utile (*ꜣḫ*) ici-bas en lui procurant bien-être et prospérité.

[27] J.-L. Chappaz, « Remarques sur un exercice scolaire », *BSEG* 13, 1989, p. 43.

[28] Voir notamment J. Assmann, *Maât. L'Égypte pharaonique et l'idée de justice sociale*, Paris, 1989.

L'expression la plus imagée du passage, *l'instruction sera un compagnon ainsi qu'une meunière si tu deviens un fils instruit*, pourrait bien être chargée d'allusions relativement explicites pour l'Égyptien ancien. Il est probable en effet que le terme *nḏ(w).t*, *meunière*[29], a été choisi pour faire jeu de mots avec *nḏw.t*, *protection*[30], ou *nḏty*, *protecteur*[31]. Ainsi le métier de scribe est-il un protecteur pour qui l'exerce, comme le fils l'est pour son père, comme Horus l'est pour Osiris. On voit poindre, déjà, le *topos* qui conduira à l'affirmation de la supériorité de l'écrit sur l'apparat funéraire, si magnifiquement illustrée par l'« éloge de l'écriture » du P. Chester Beatty IV (v° 2, 5 – 3, 11)[32] : *un livre est plus utile que de bâtir une maison, qu'une demeure à l'Occident, il vaut mieux que de fonder une résidence, qu'une stèle dans la Demeure divine.*

[29] *Wb* II, 370, 14.
[30] *Wb* II, 375, 9-10.
[31] *Wb* II, 375, 14-376, 11.
[32] P. British Museum 10684 ; Gardiner, *HPBM* III, I, p. 78-79 et II, pl. 18-19.

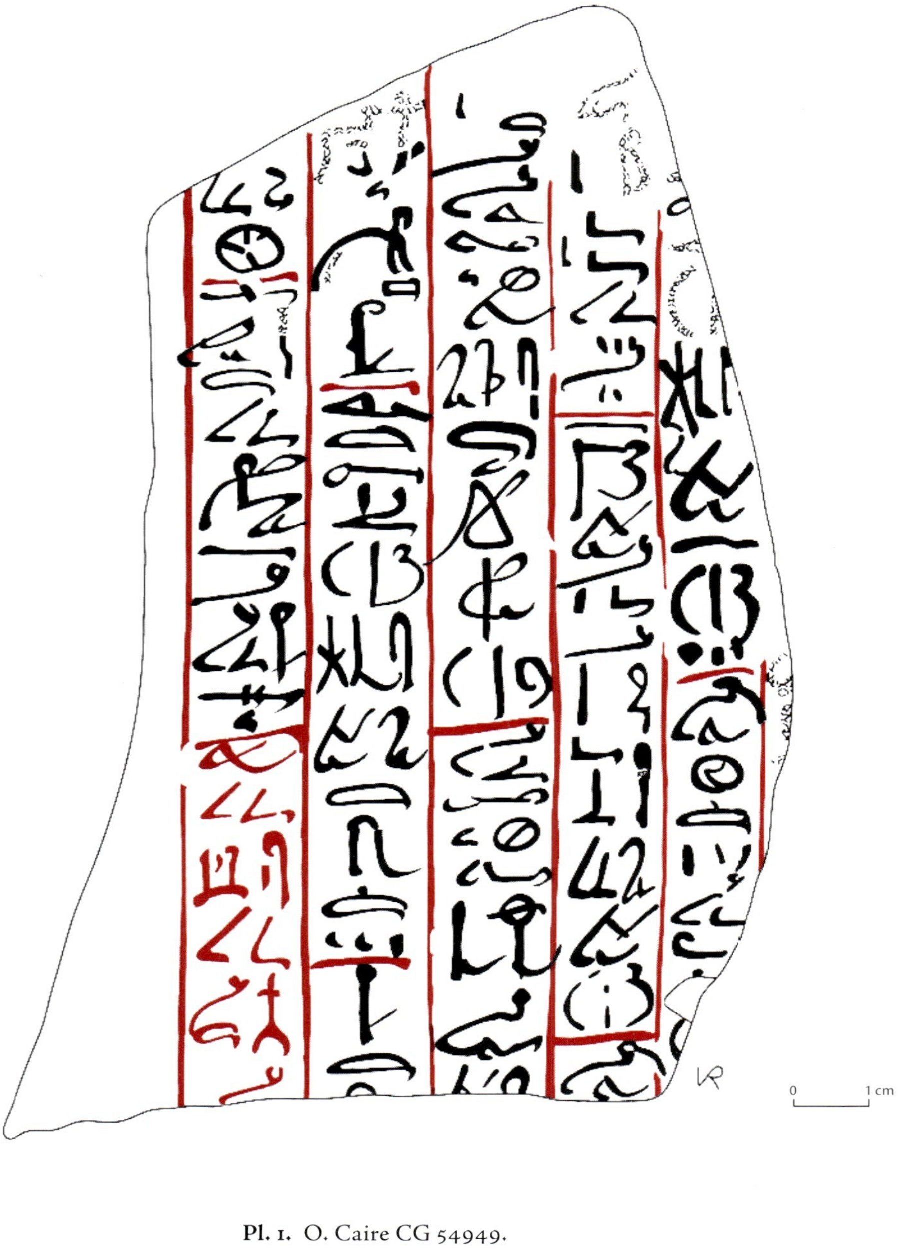

Pl. 1. O. Caire CG 54949.

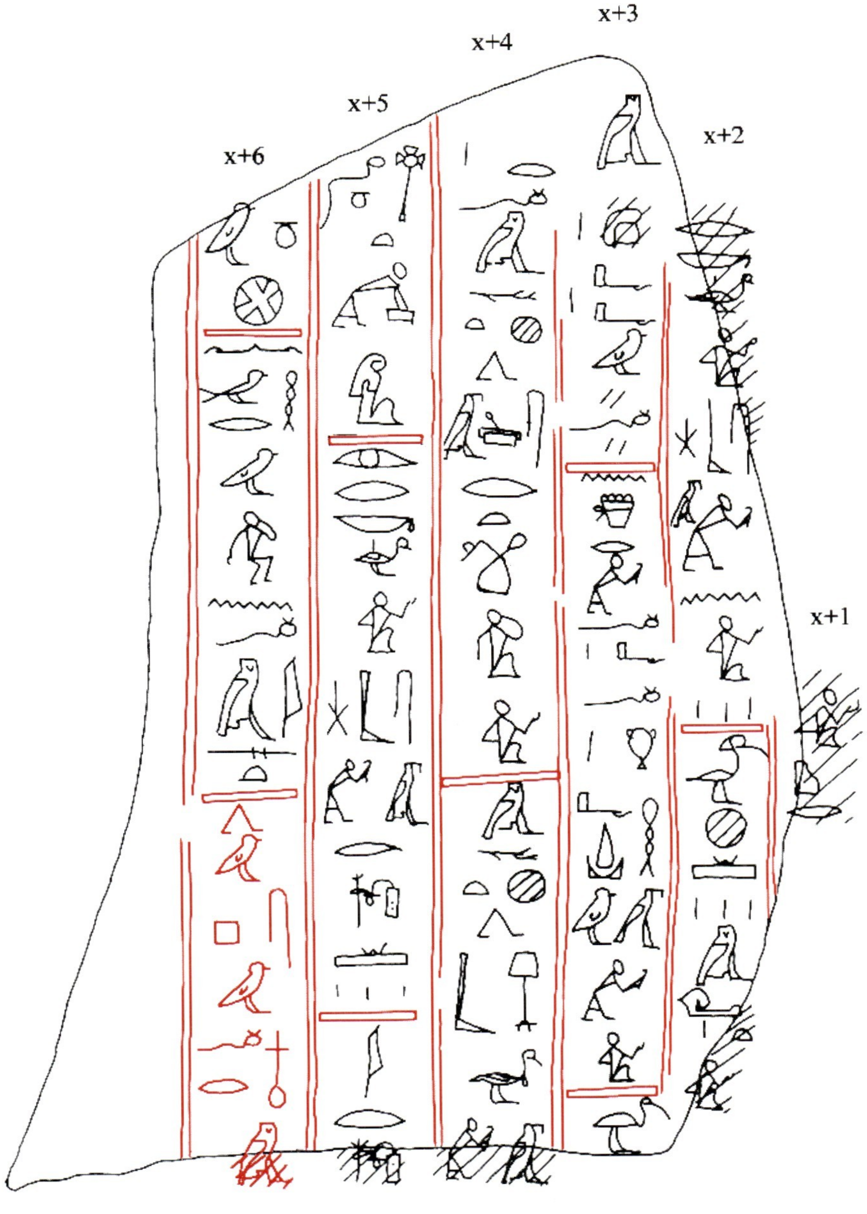

Pl. 2. O. Caire JE 54949.

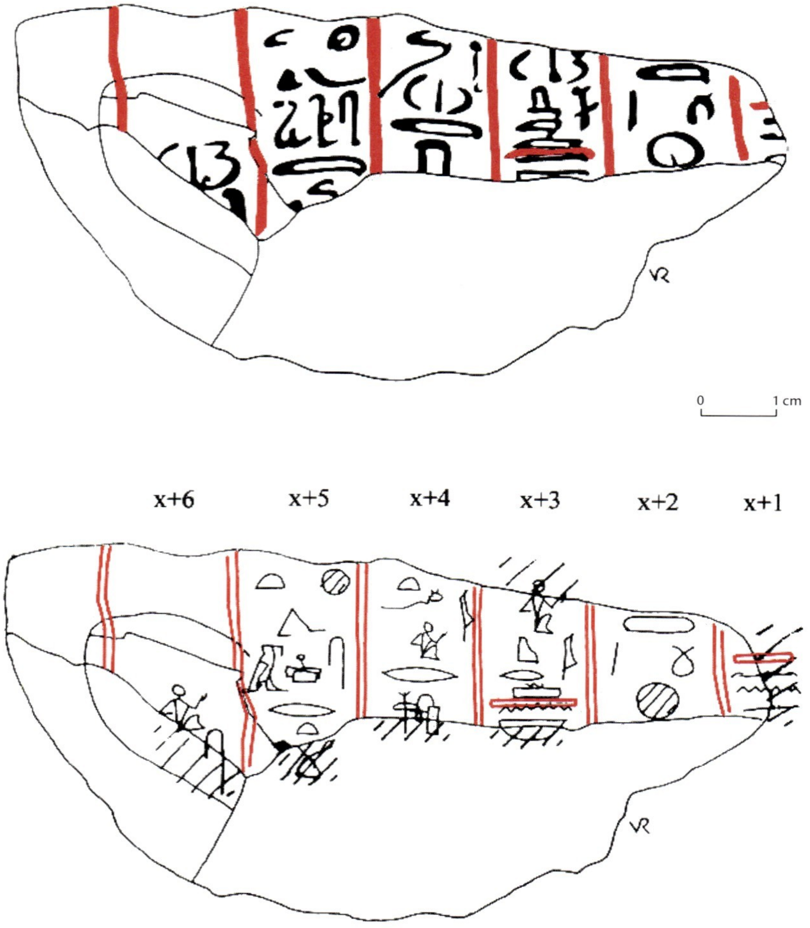

Pl. 3. O. DeM 1145 I, v°.

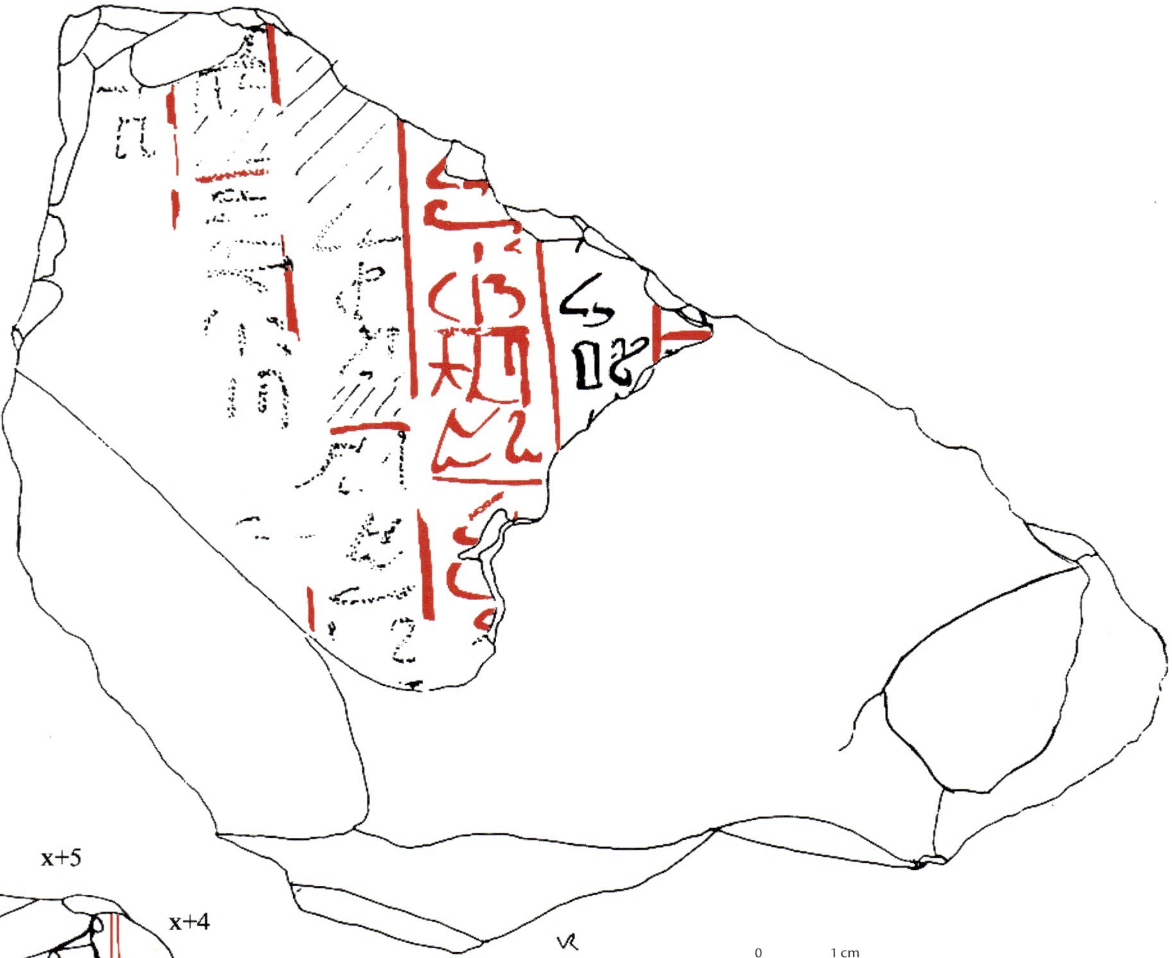

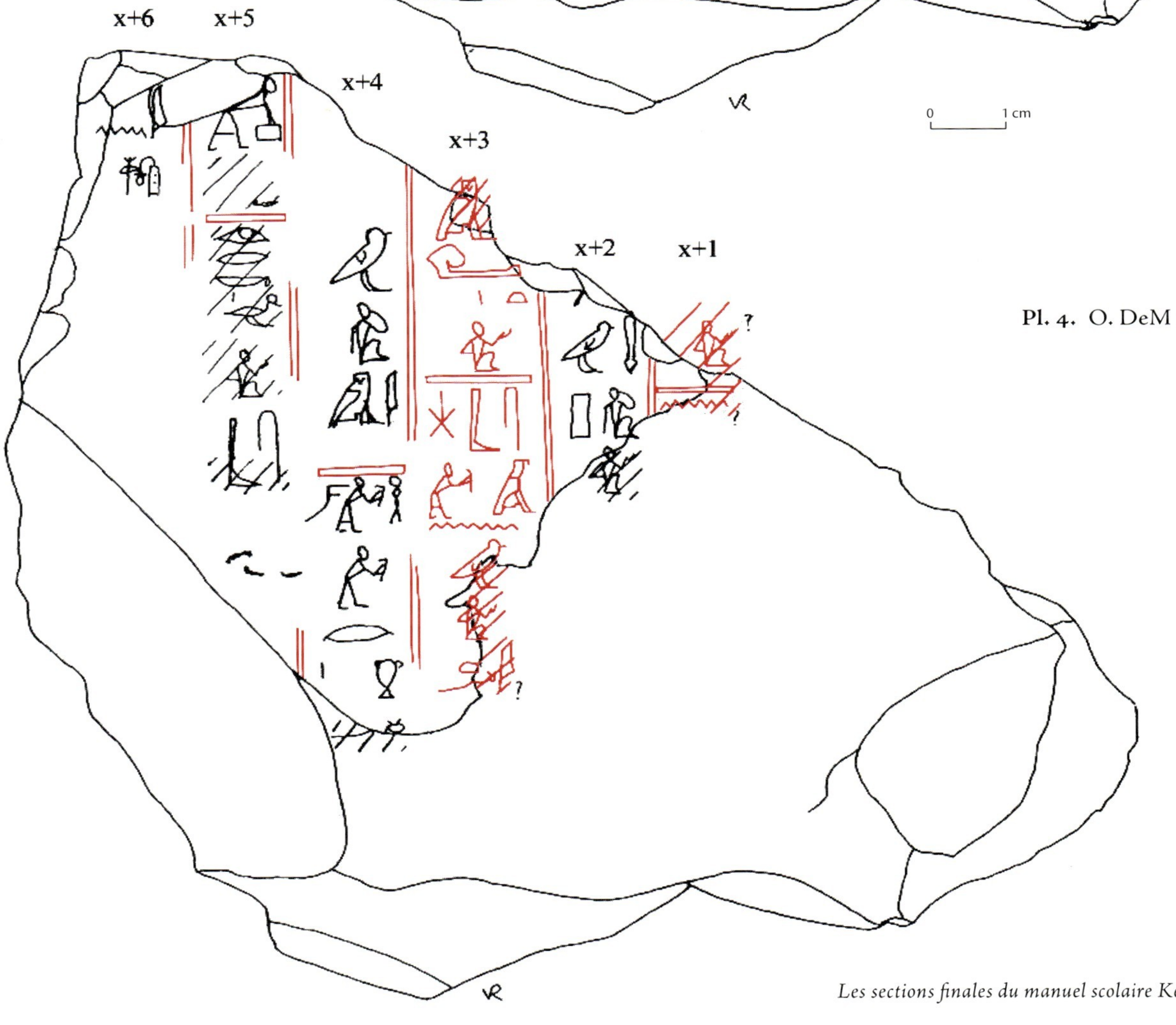

Pl. 4. O. DeM 1157.

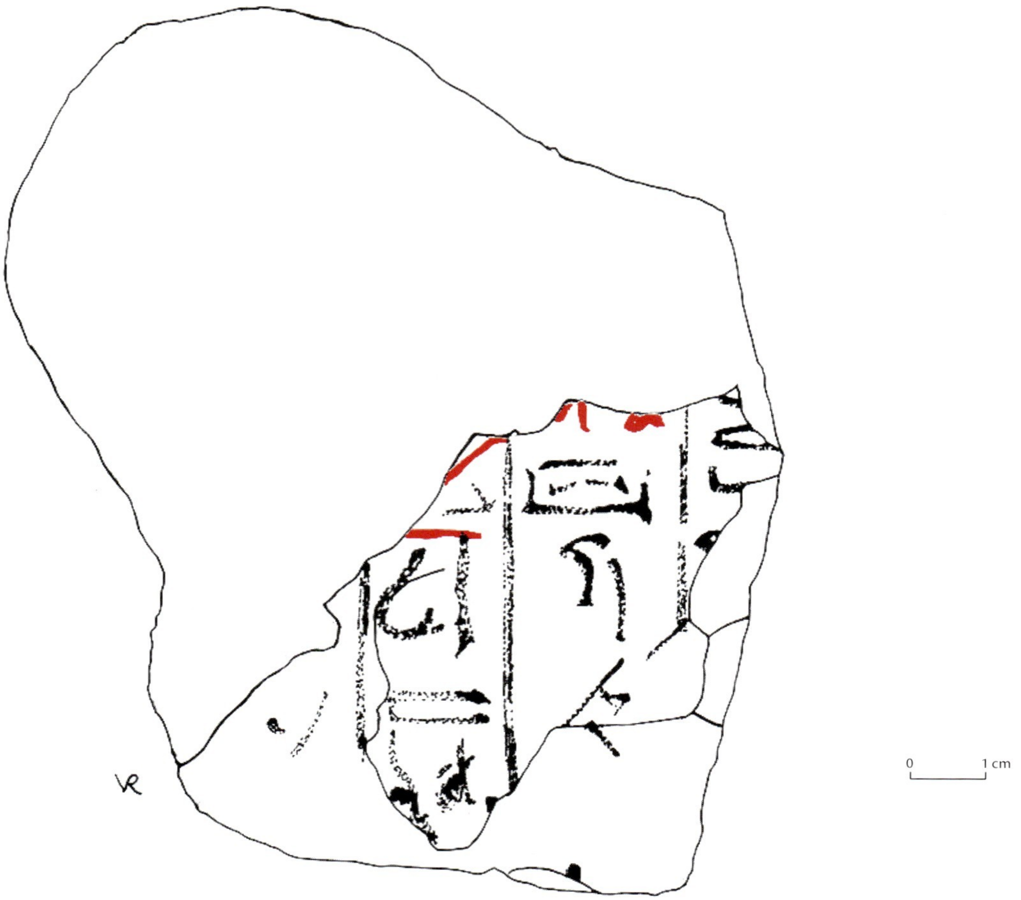

Pl. 5. O. DeM 1158.

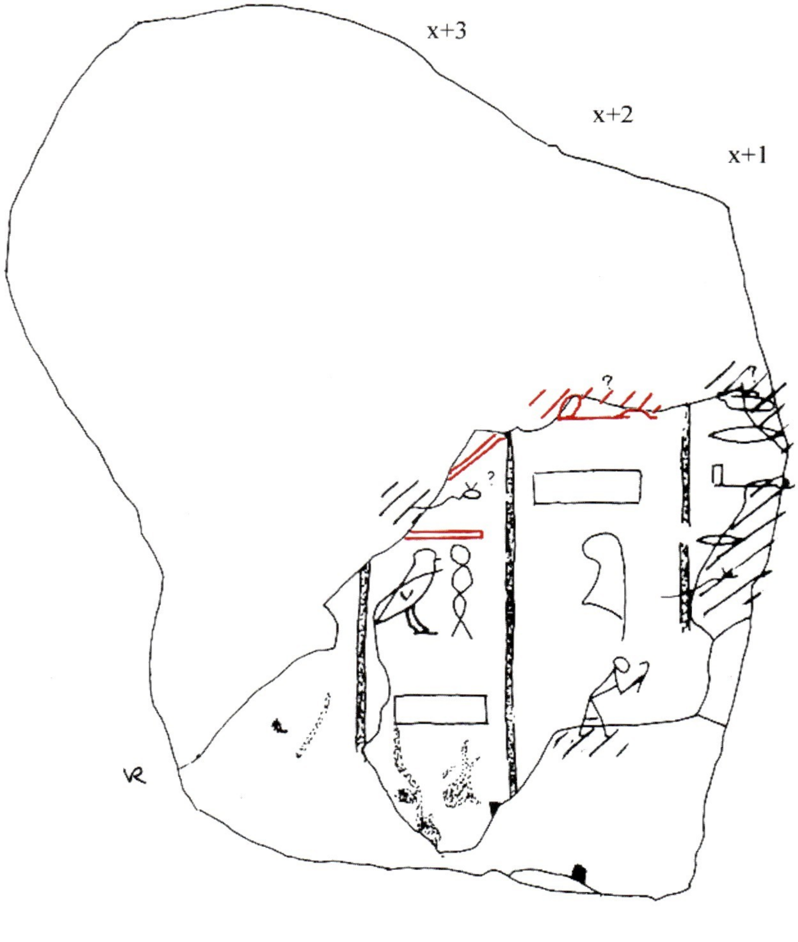

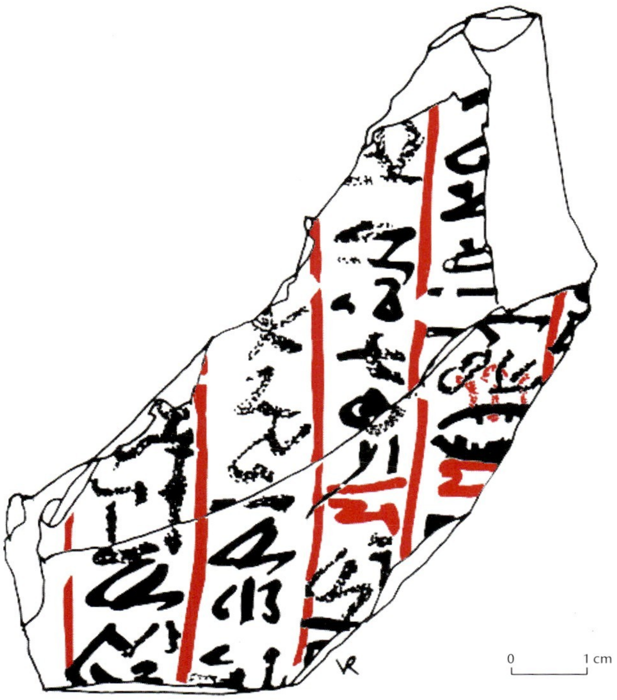

Pl. 6. O. DeM 1159.

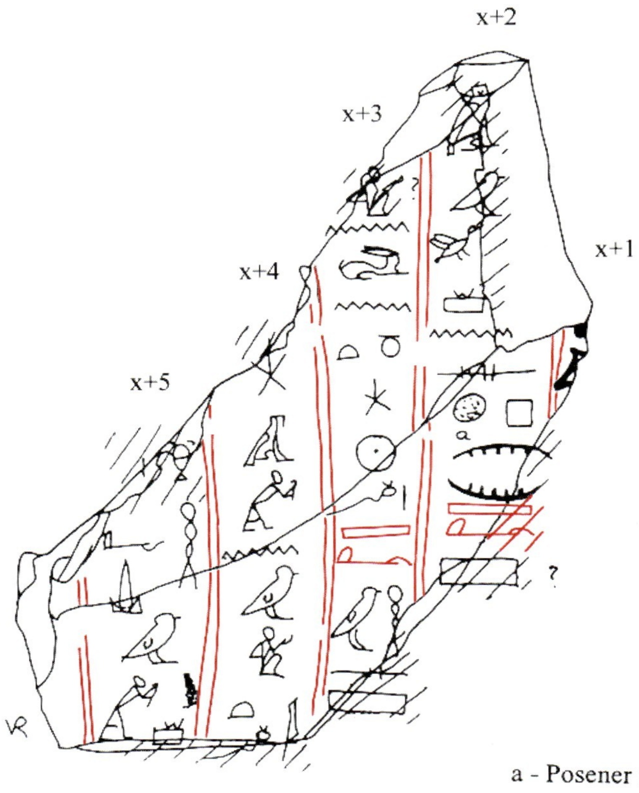

a - Posener : "correction indistincte en rouge".

Pl. 7. O. DeM 1162.

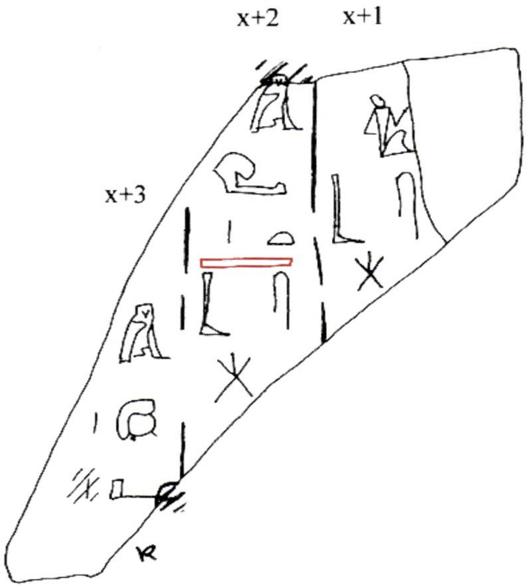

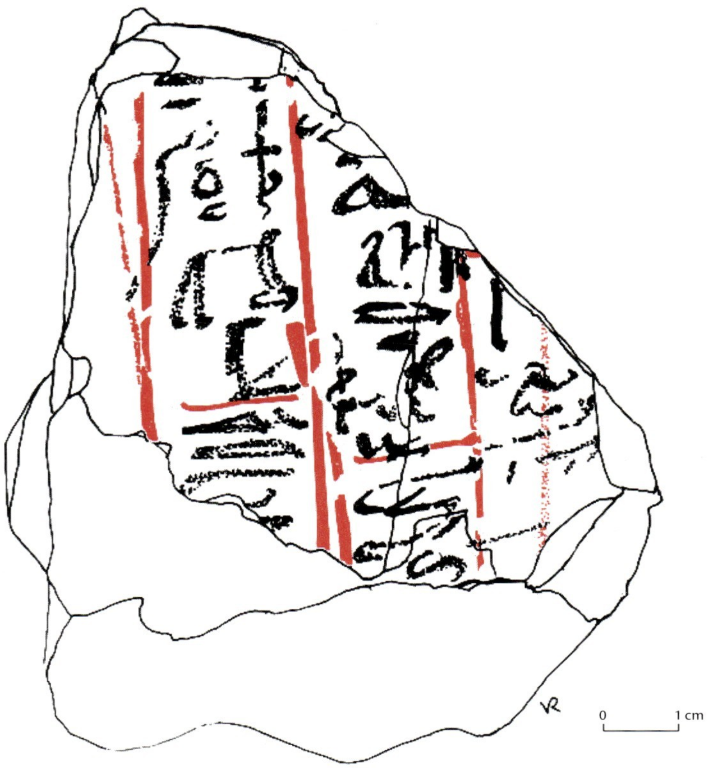

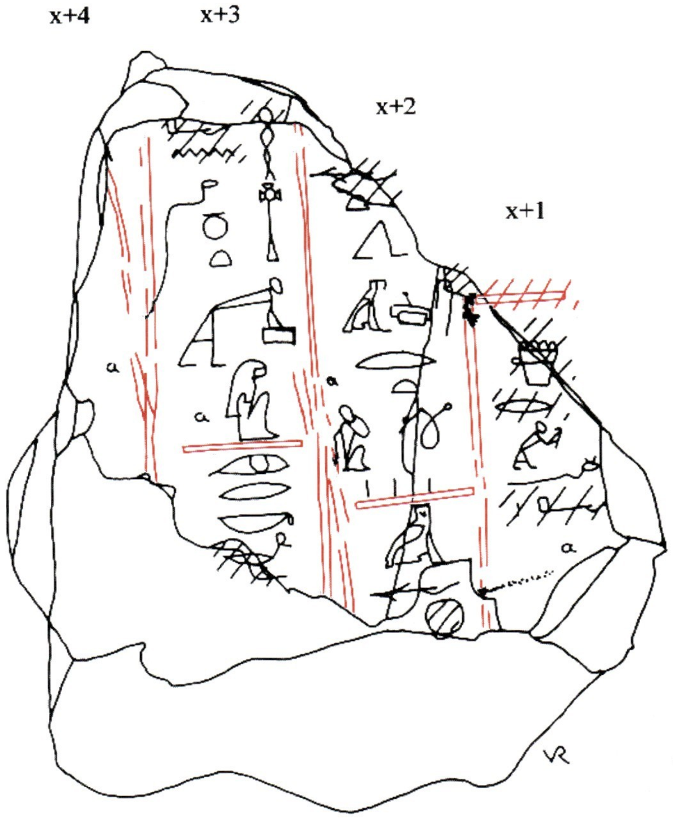

Pl. 8. O. DeM 1163.

a - Traces palimpsestes

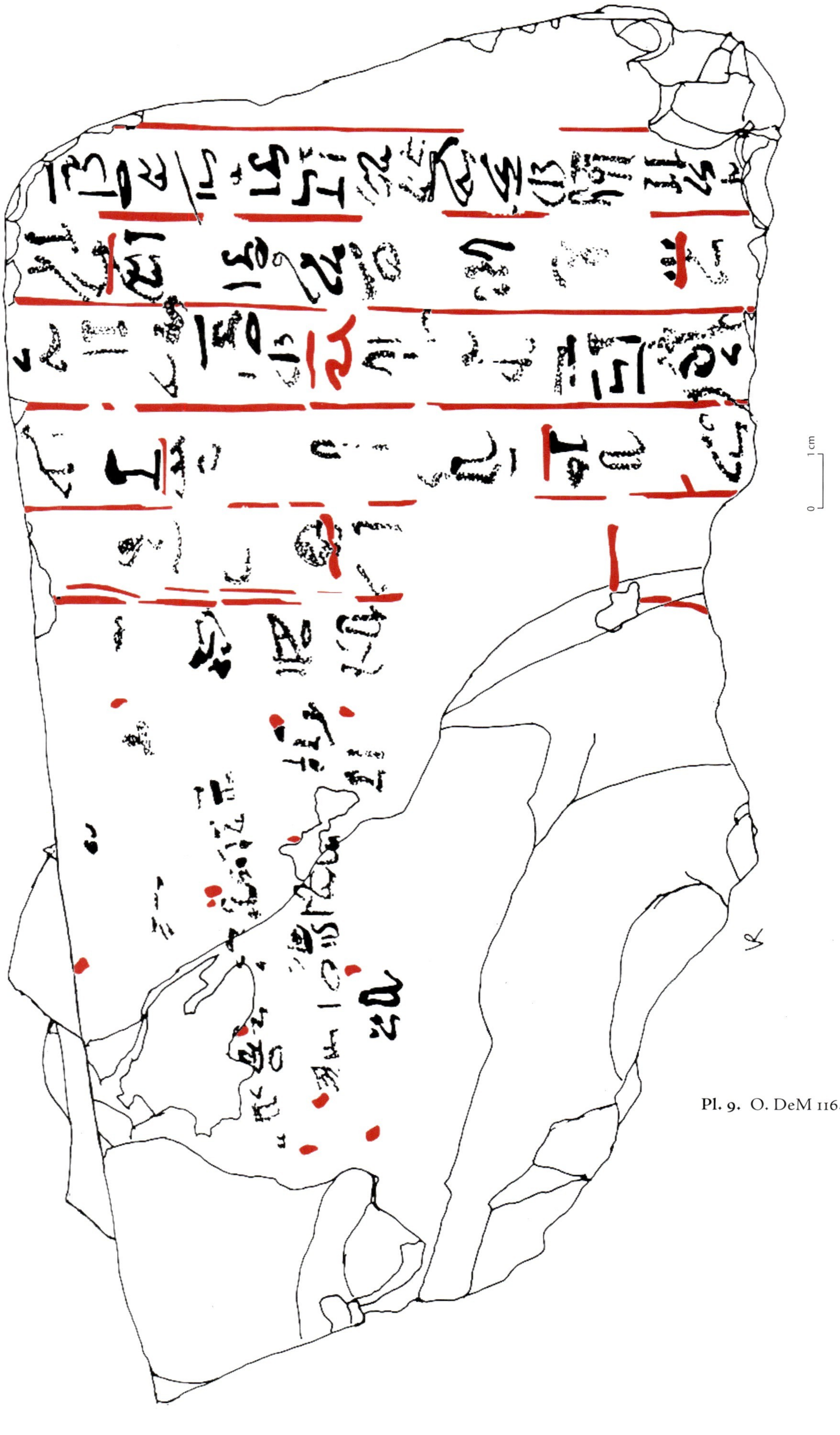

Pl. 9. O. DeM 1164.

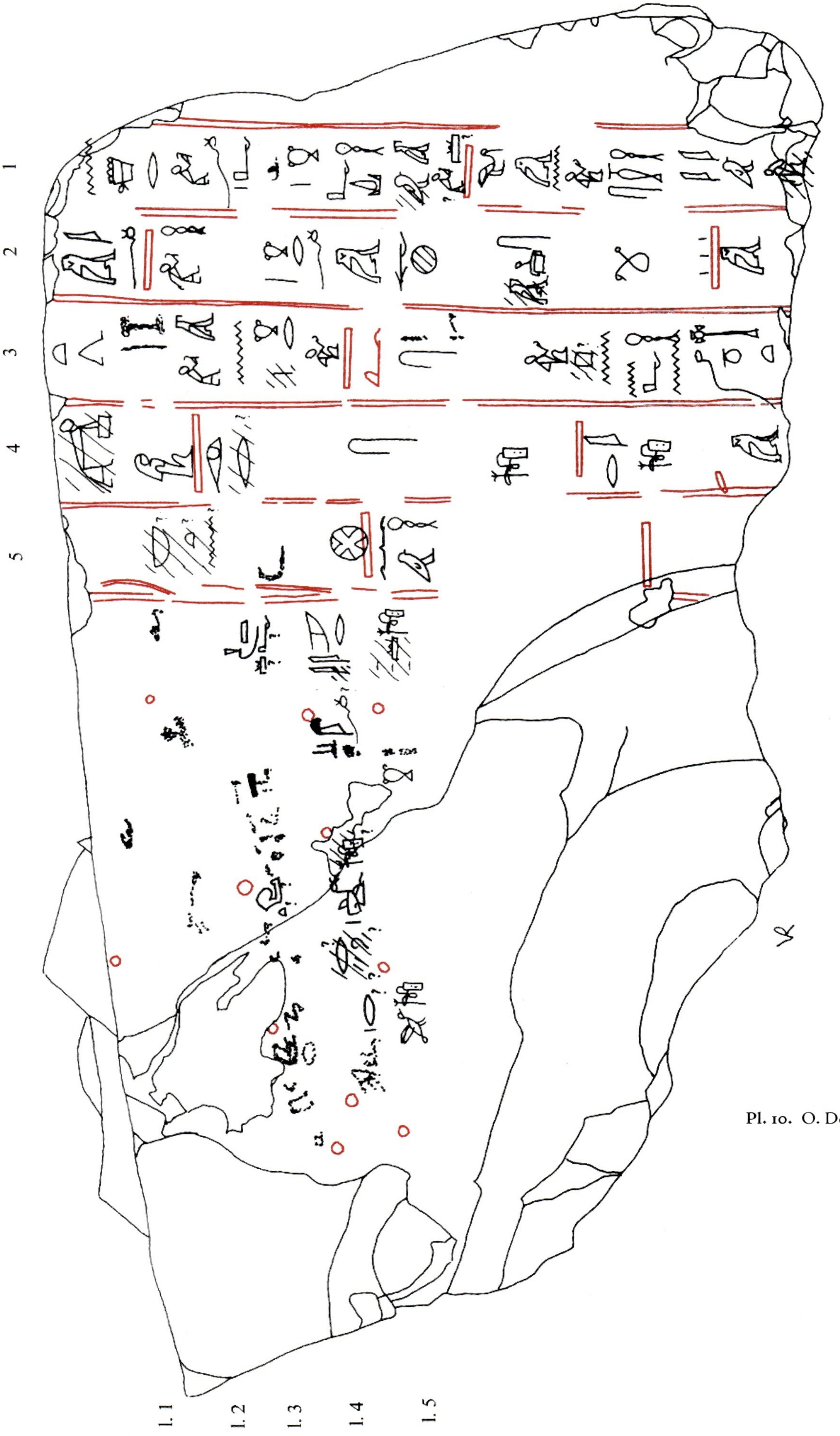

Pl. 10. O. DeM 1164.

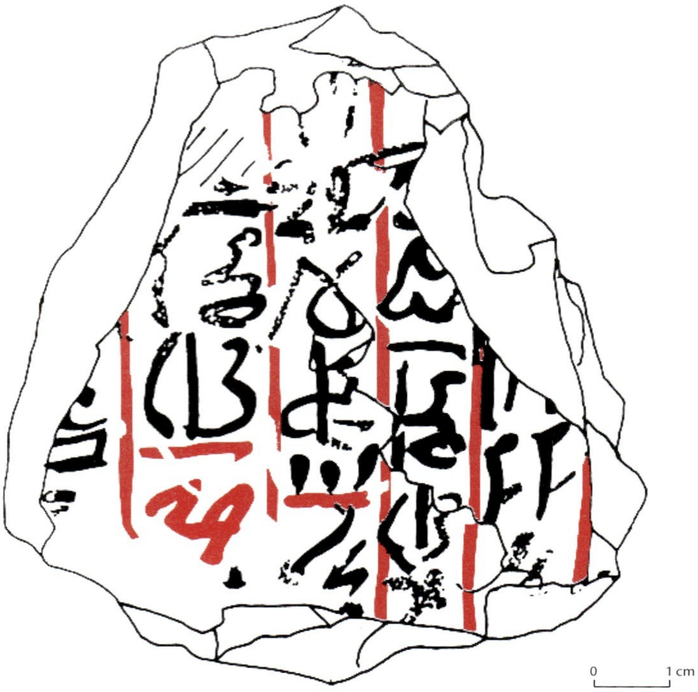

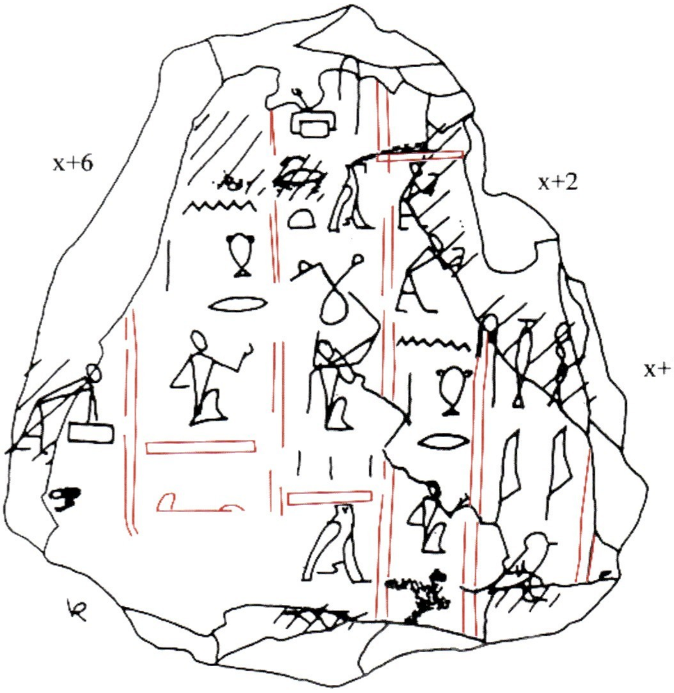

Pl. 11. O. DeM 1166.

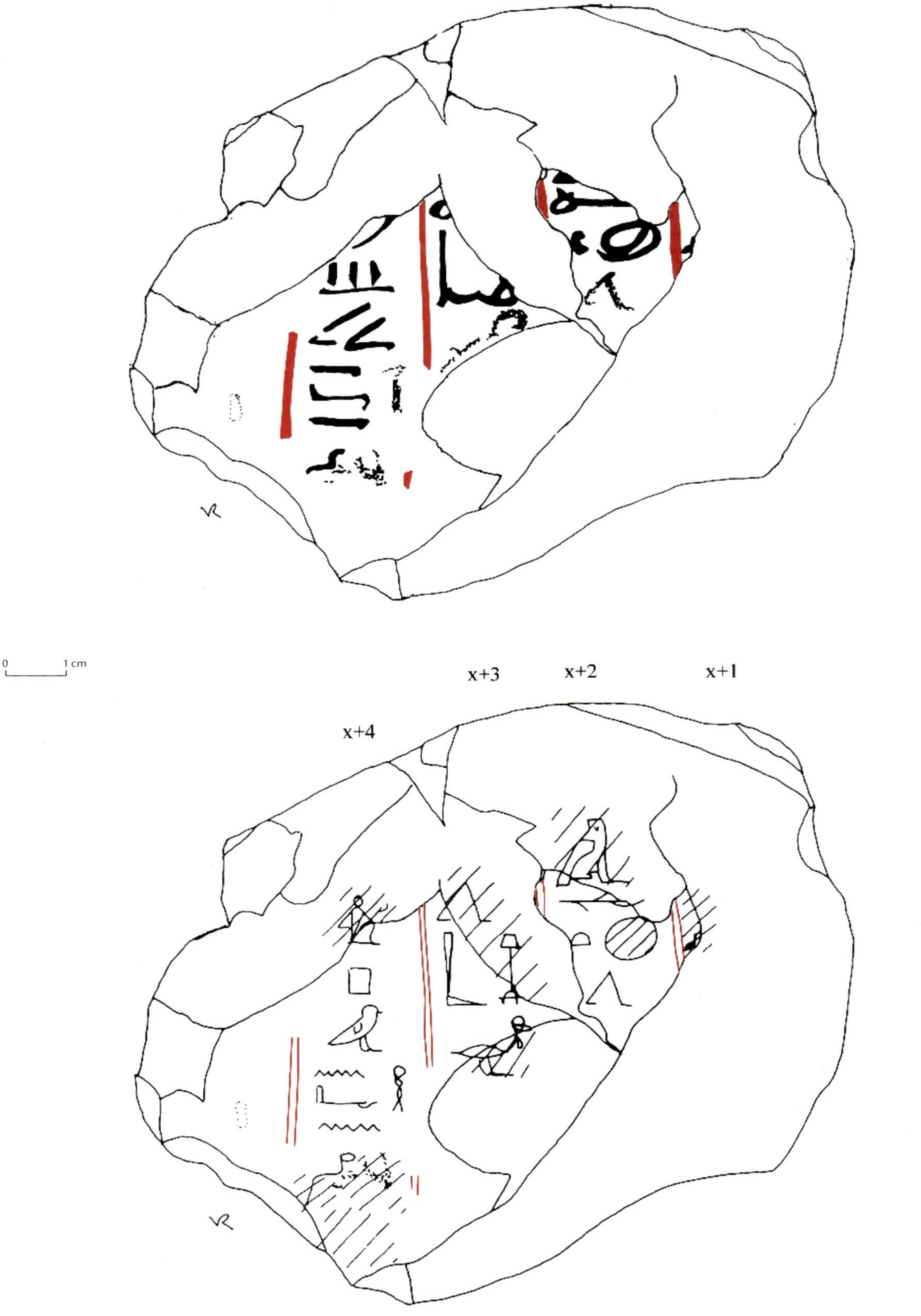

Pl. 12. O. DeM 1167.

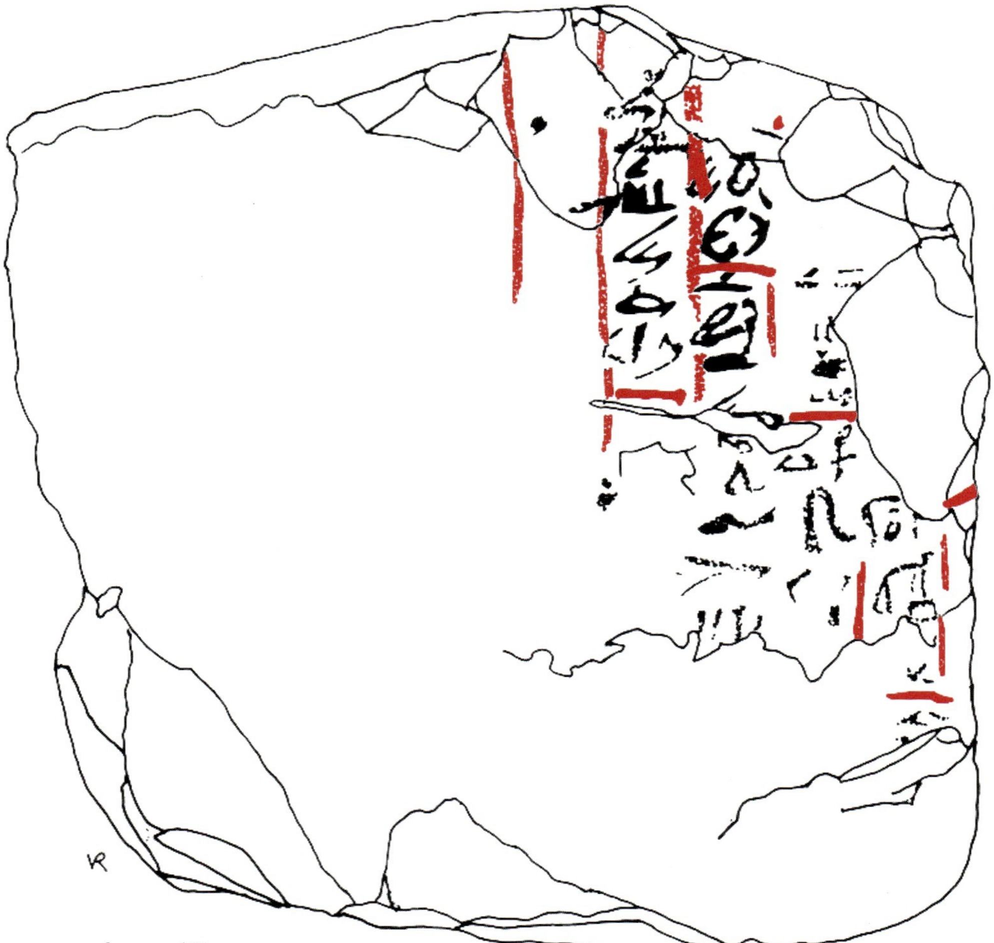

Pl. 13. O. DeM 1168.

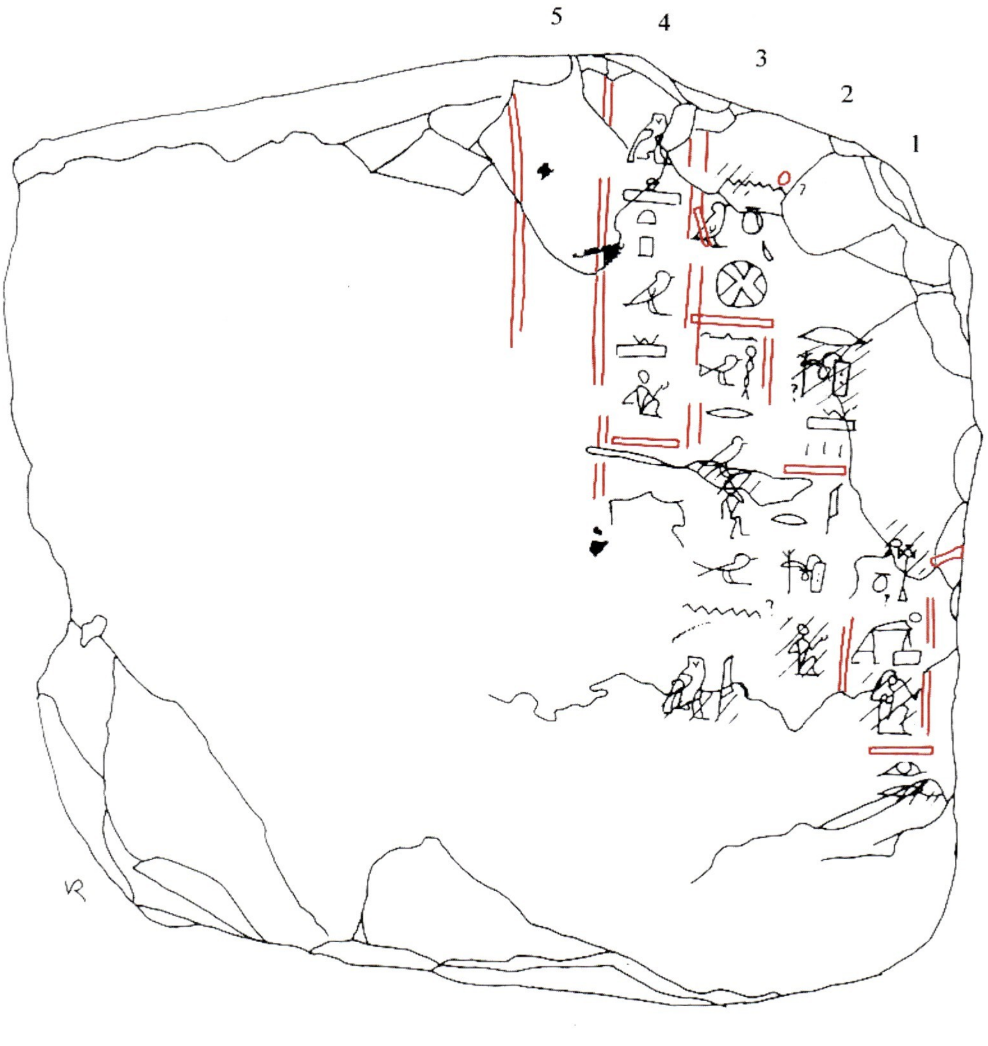

Pl. 14. O. DeM 1168.

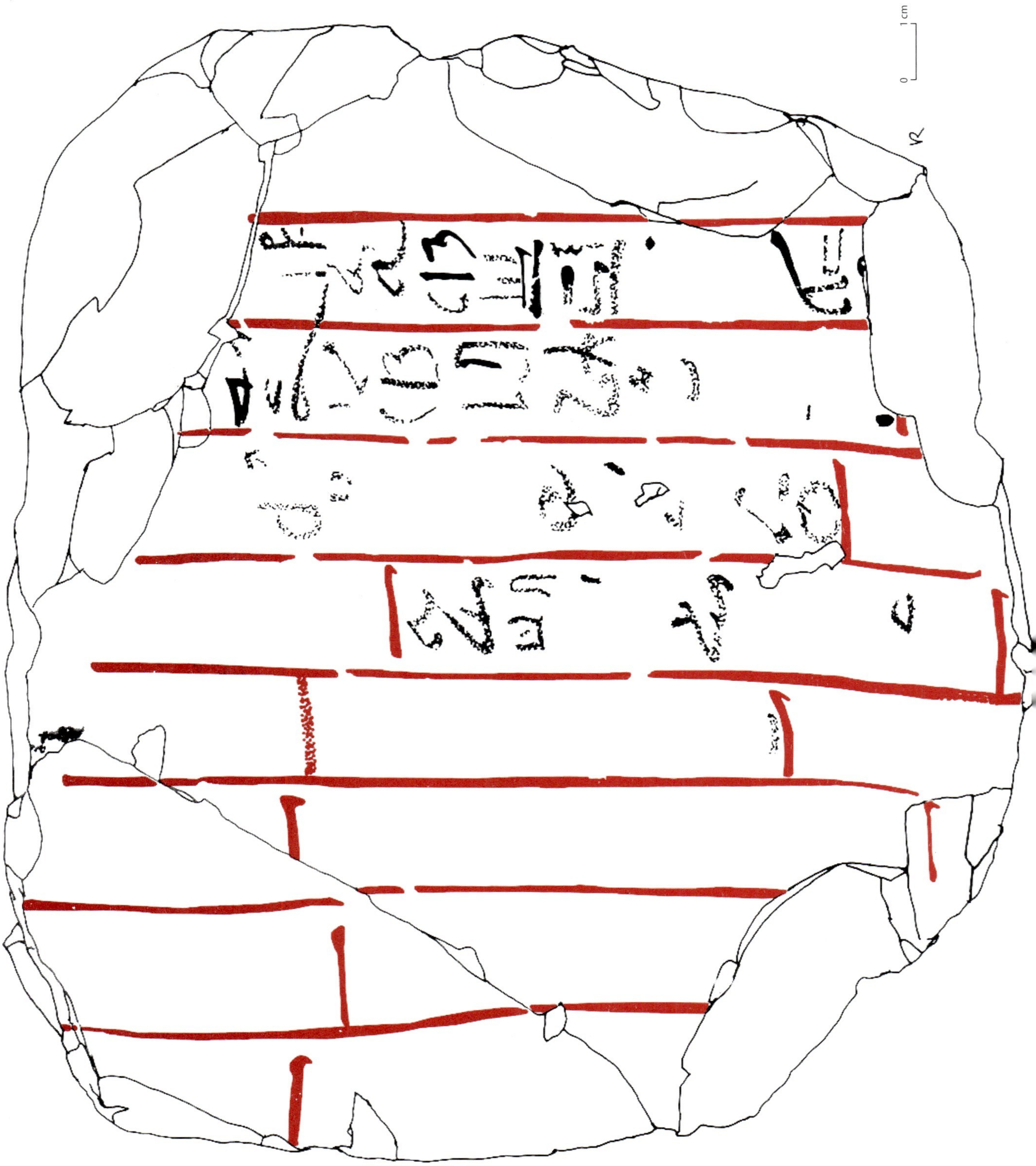

Pl. 15. O. DeM 1 169.

Pl. 16. O. DeM 1 169.

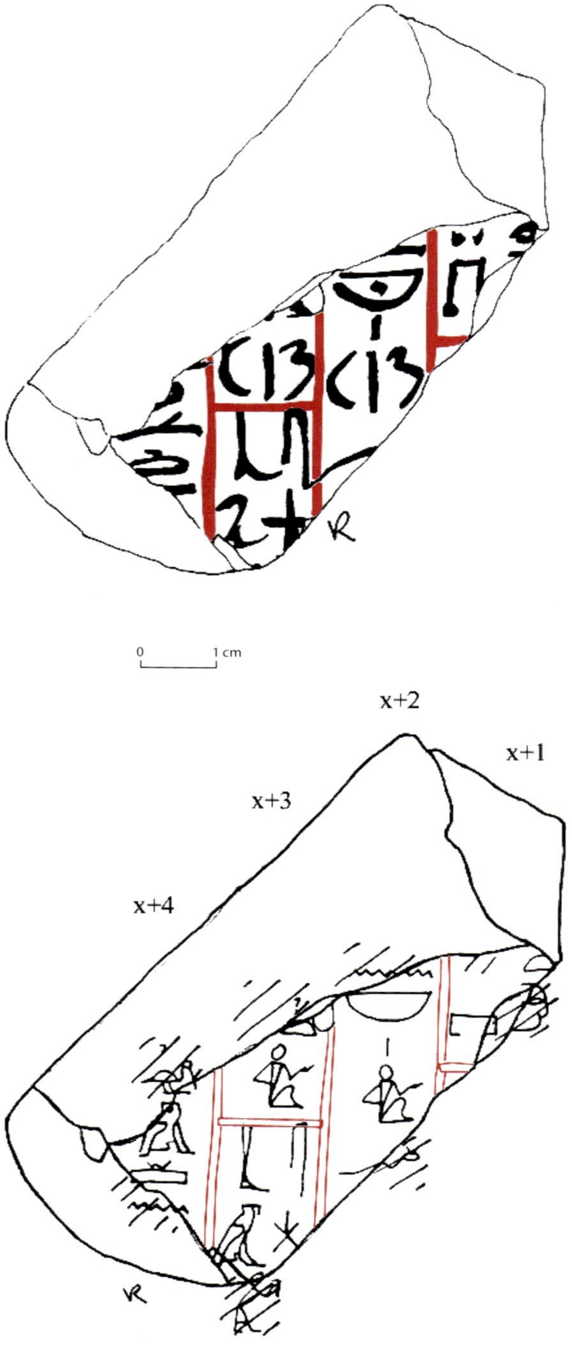

Pl. 17. O. DeM inv. 2573.

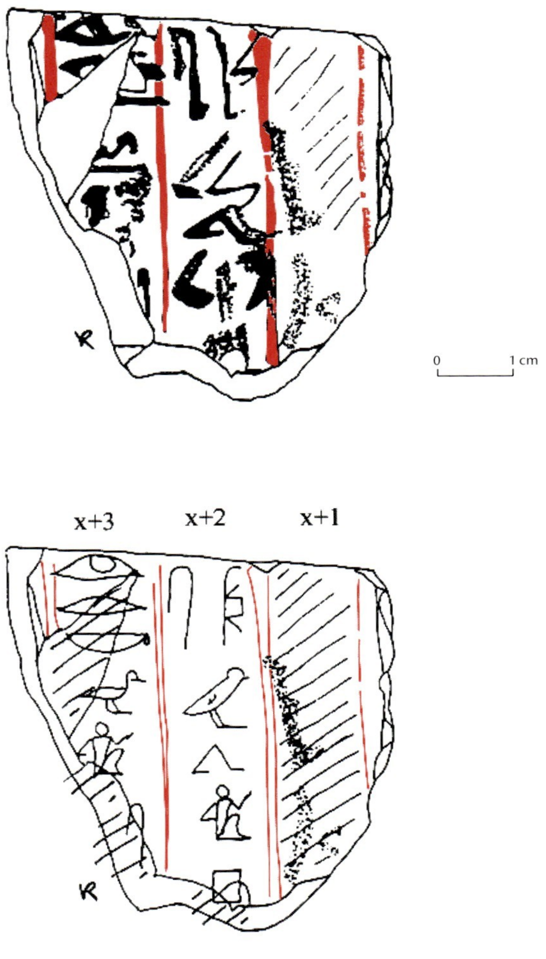

Pl. 18. O. DeM inv. 2576.

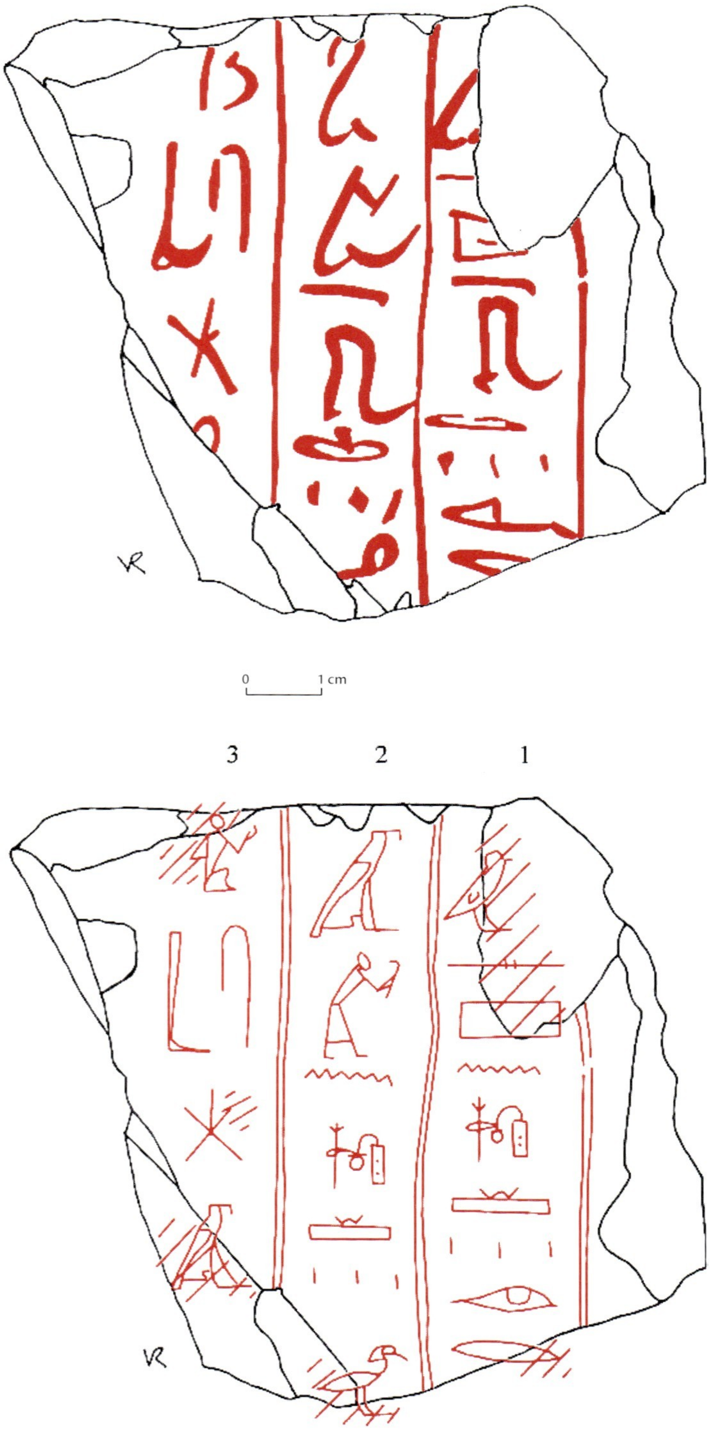

Pl. 19. O. DeM C 277.

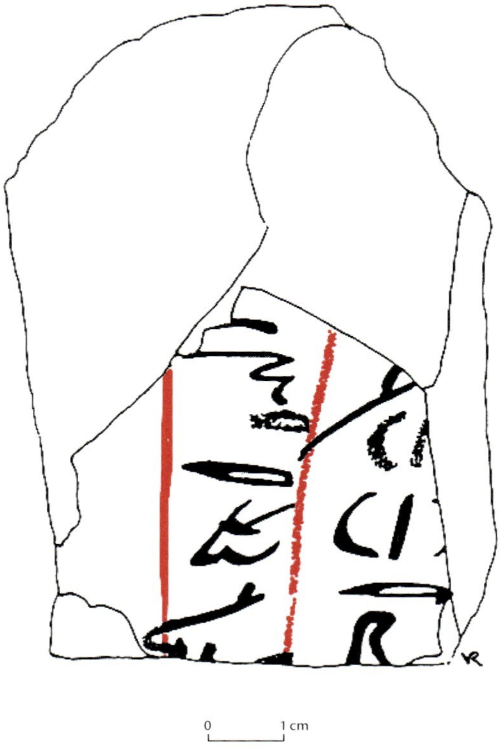

x+2

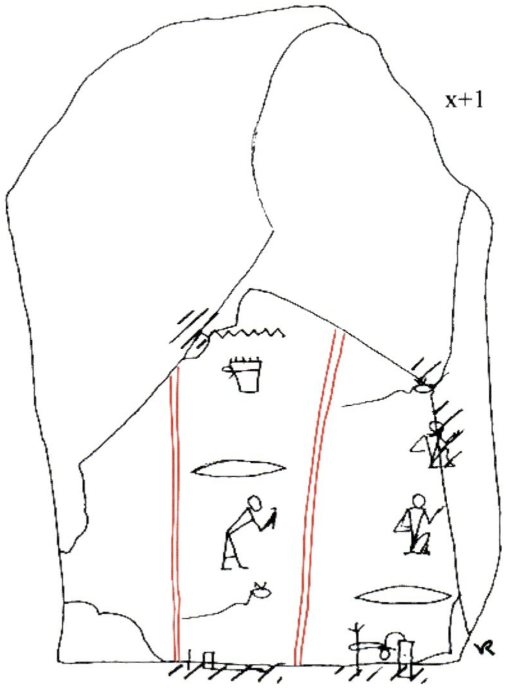

Pl. 20. O. DeM C 1577.

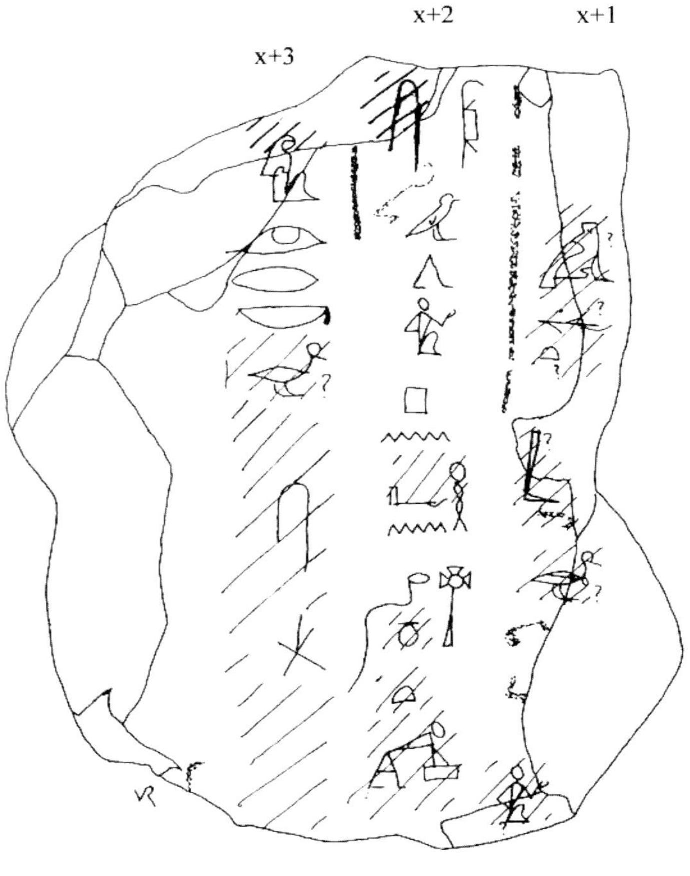

Pl. 21. O. DeM C 2640.

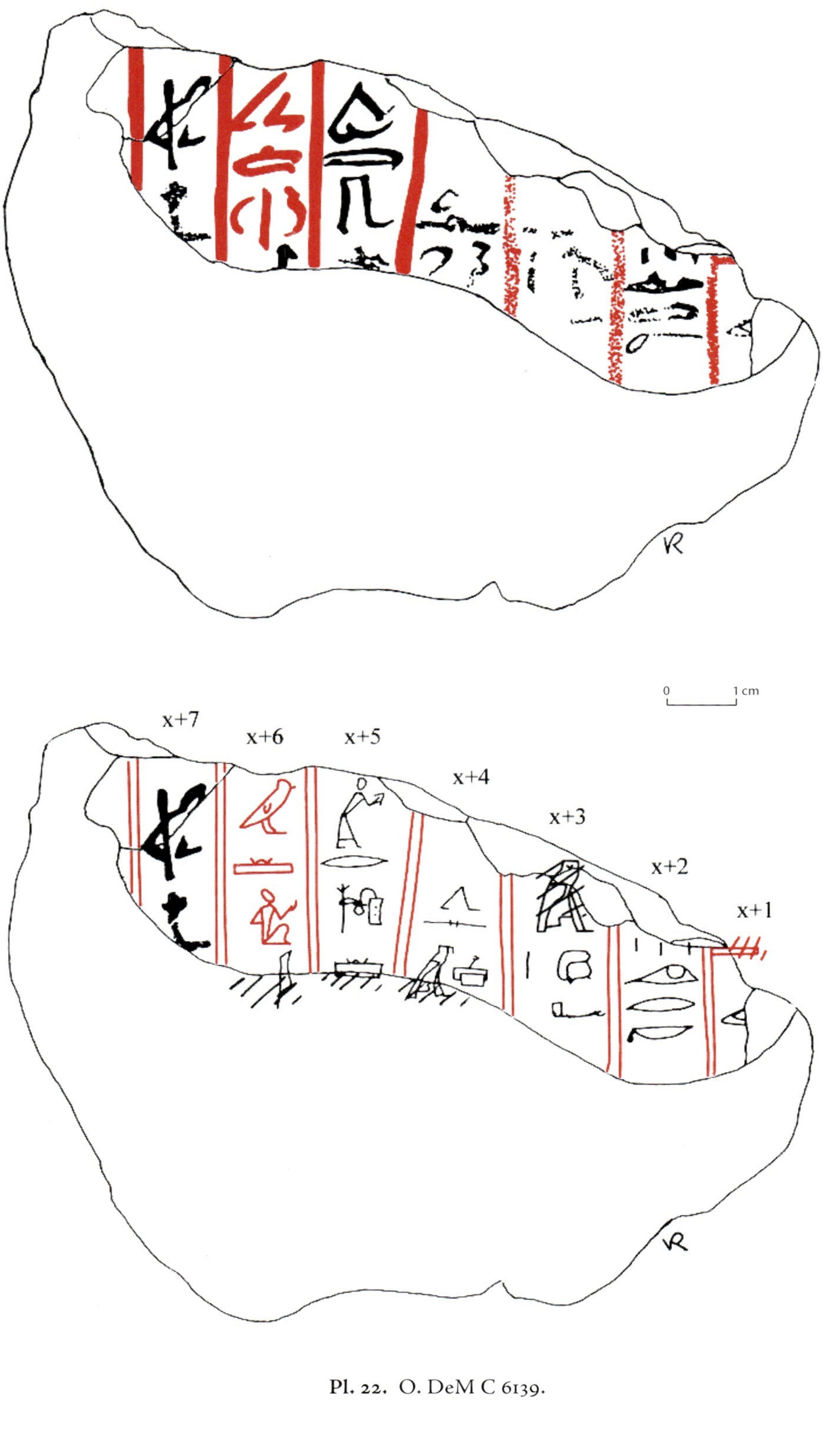

Pl. 22. O. DeM C 6139.

§ XV

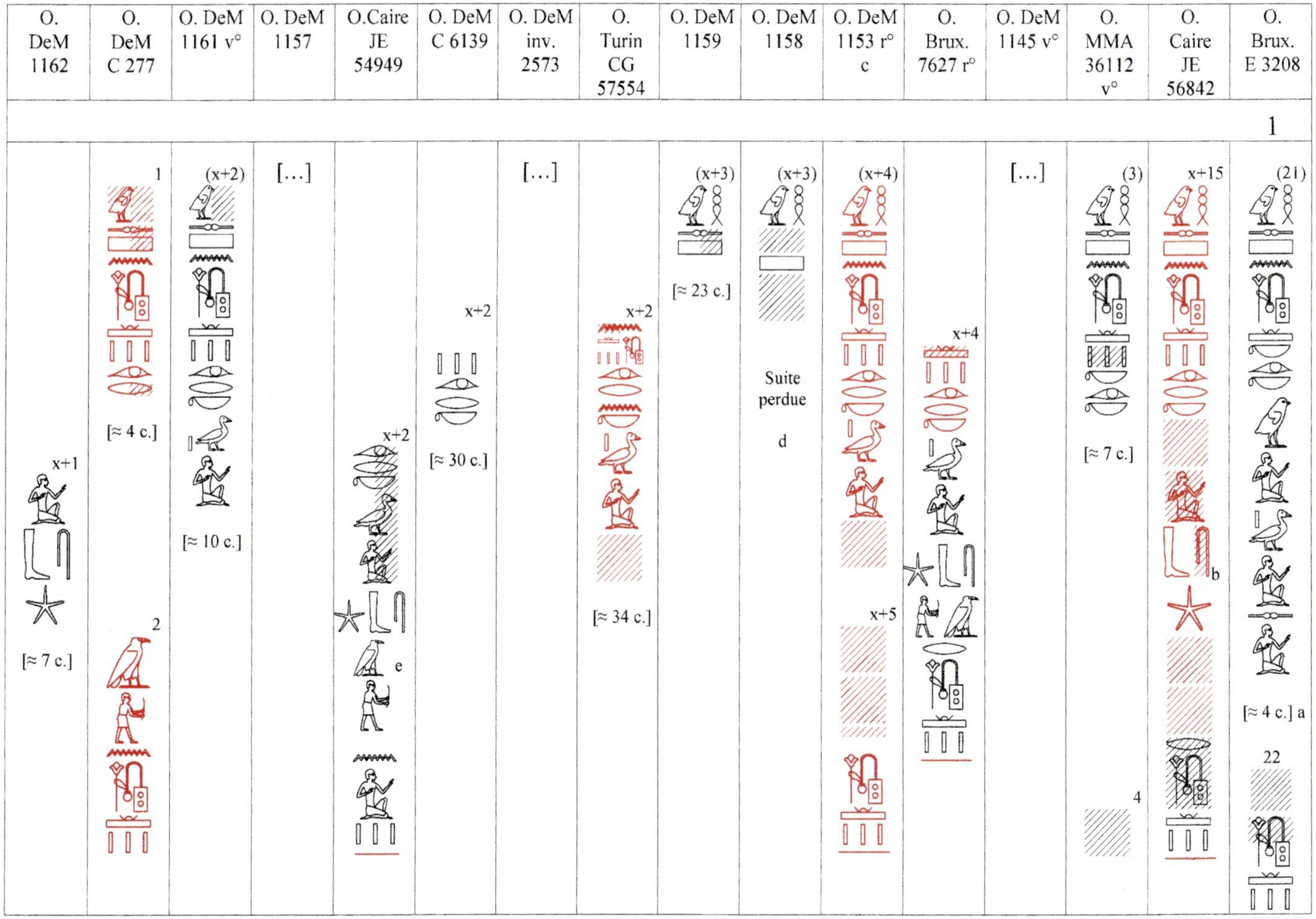

a – Posener n'évalue pas la lacune entre les col. 21 et 22. b – Pas noté par Posener. c – Transcription de Posener. d – Il reste quelques traces illisibles dans la col. x+4. e – Ajouté par le scribe.

Pl. 23.

§ XV

O. DeM 1162	O. DeM C 277	O. DeM 1161 v°	O. DeM 1157	O.Caire JE 54949	O. DeM C 6139	O. DeM inv. 2573	O. Turin CG 57554	O. DeM 1159	O. DeM 1158	O. DeM 1153 r° c	O. Brux. 7627 r°	O. DeM 1145 v°	O. MMA 36112 v°	O. Caire JE 56842	O. Brux. E 3208
															2
x+2 a	[≈ 5 c.] 3	x+3	x+3	[≈ 12 c.]	[...]	x+3	[...]	[...]			[≈ 14 c.]	[...]			

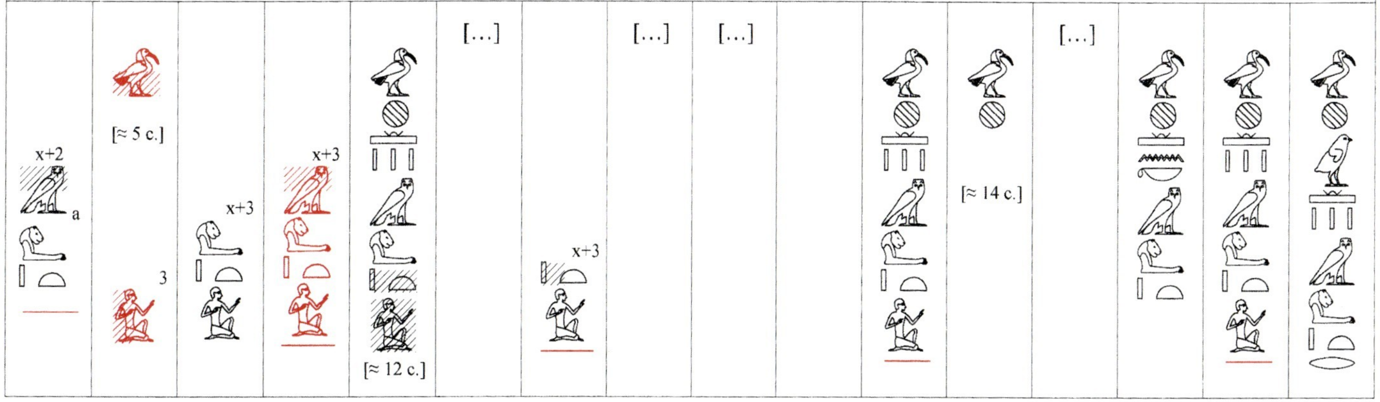

a – Pas transcrit par Posener.

Pl. 24.

§ XV
O. Brux. E 3208
O. Caire JE 56842
O. MMA 36112 v°
O. DeM 1145 v°
O. Brux. 7627 r°
O. DeM 1153 r°
O. DeM 1159
O. Turin CG 57554
O. DeM inv. 2573
O. DeM C 6139
O.Caire JE 54949
O. DeM 1157
O. DeM 1161 v°
O. DeM C 277
O. DeM 1162
O. DeM séq. 6020
O. DeM C 1577
3
23
Fin
x+16
5
x+4
[≈ 34 c.]
[...]
x+6
[≈ 5 c.]
x+4
[≈ 17 c.]
[...]
[≈ 23 c.]
[...]
[...]
[≈ 24 c.]
[≈ 8 c.]
Suite perdue
[≈ 12 c.]
x+3
x+1
[≈ 9 c.]

Pl. 25.

§ XV

O. DeM 1163	O. DeM C 1577	O. DeM séq. 6020	O. DeM 1162	O. DeM C 277	O. DeM 1161 v°	O. DeM 1157	O.Caire JE 54949	O. DeM C 6139	O. DeM inv. 2573	O. Turin CG 57554	O. DeM 1159	O. DeM 1153 r°	O. Brux. 7627 r°	O. DeM 1145 v°	O. MMA 36112 v°	O. Caire JE 56842	O. Brux. E 3208
																	4
x+1  a	[…]	 Suite perdue	x+3  Suite perdue		x+4 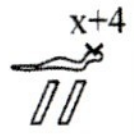	[…]	x+3 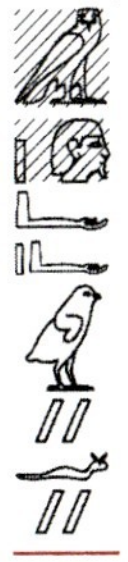	x+3 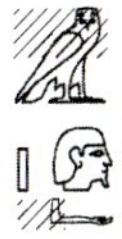 ? [≈ 26 c.]	[…]	[…]	[…]		x+5 	[…]	 Fin		

a – Non noté par Posener.

Pl. 26.

§ XVI

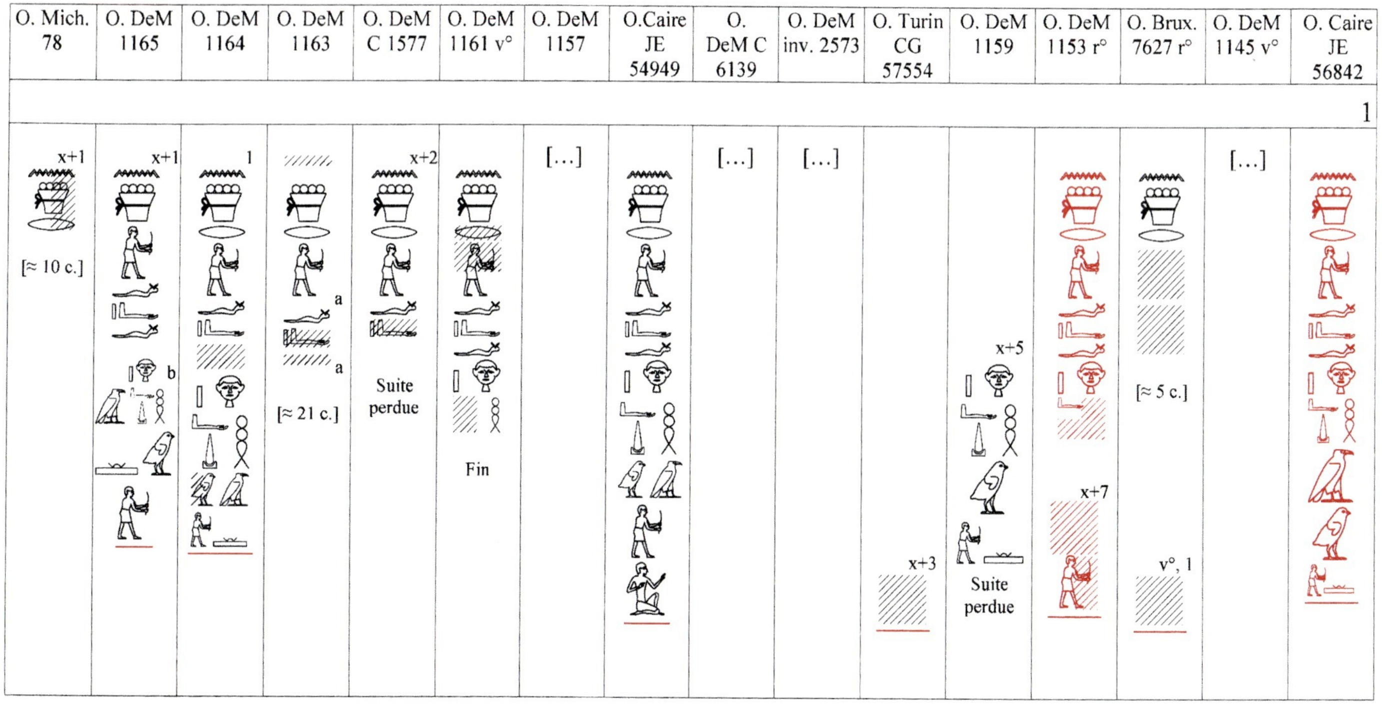

a-a – Non noté par Posener. b – Signe omis puis ajouté par le scribe.

Pl. 27.

§ XVI

O. DeM 1166	O. Mich. 78	O. DeM 1165	O. DeM 1164	O. DeM 1163	O. DeM C 1577	O. DeM 1161 v°	O. DeM 1157	O.Caire JE 54949	O. DeM C 6139	O. DeM inv. 2573	O. Turin CG 57554	O. DeM 1159	O. DeM 1153 r°	O. Brux. 7627 r°	O. DeM 1145 v°	O. Caire JE 56842
																2
d x+2 [≈ 3 c.] x+3 e	x+2	x+2	c 2	[...]			x+4 b b	[≈ 10 c.]	[...]	x+4 Suite perdue	? a [≈ 31 c.]				[...]	x+17

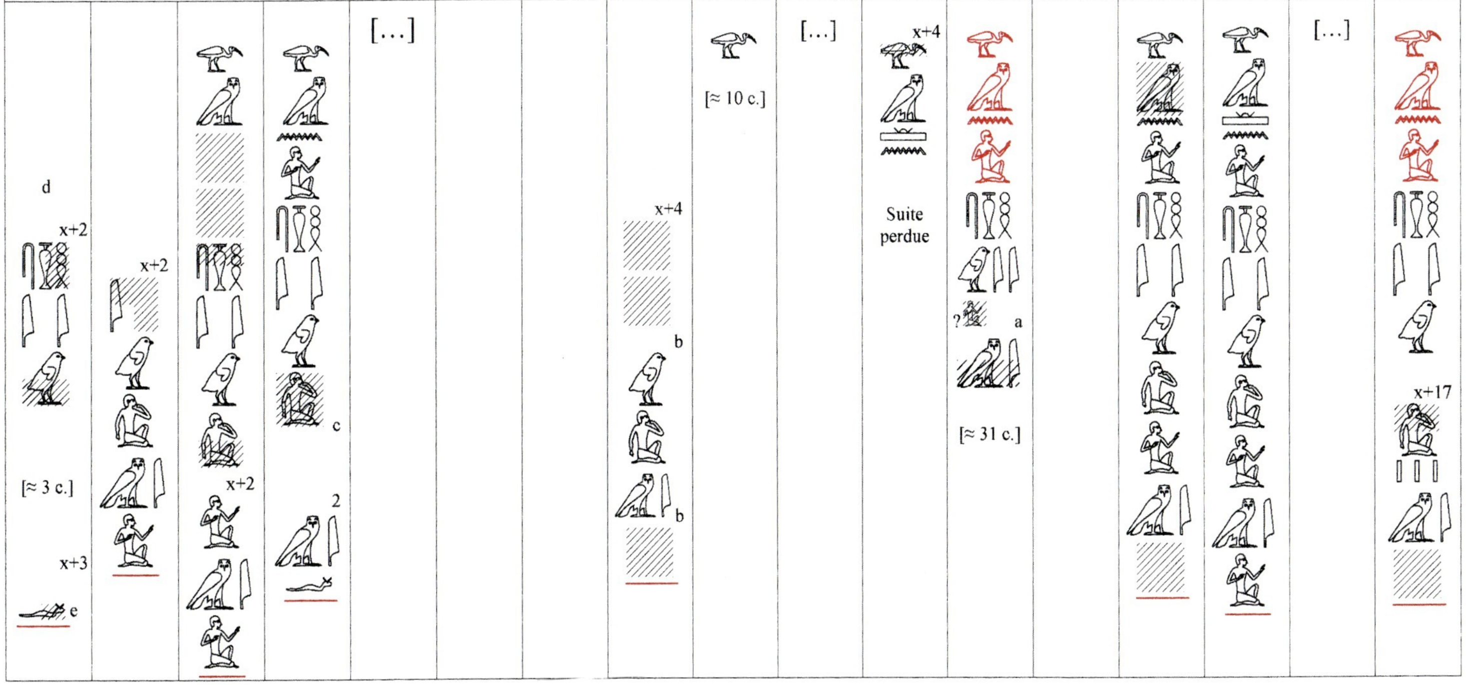

a – Signe omis puis ajouté par le scribe. b-b – Non transcrit par Posener. c – Posener :  « sauté au changement de col. ? ». d – Traces illisibles de la col. x+1. e – Non noté par Posener.

Pl. 28.

§ XVI

O. DeM 1167	O. DeM 1166	O. Mich. 78	O. DeM 1165	O. DeM 1164	O. DeM 1163.	O. DeM 1157	O.Caire JE 54949	O. DeM C 6139	O. Turin CG 57554	O. DeM 1153 r°	O. Brux. 7627 v°	O. DeM 1145 v°	O. Caire JE 56842
													3

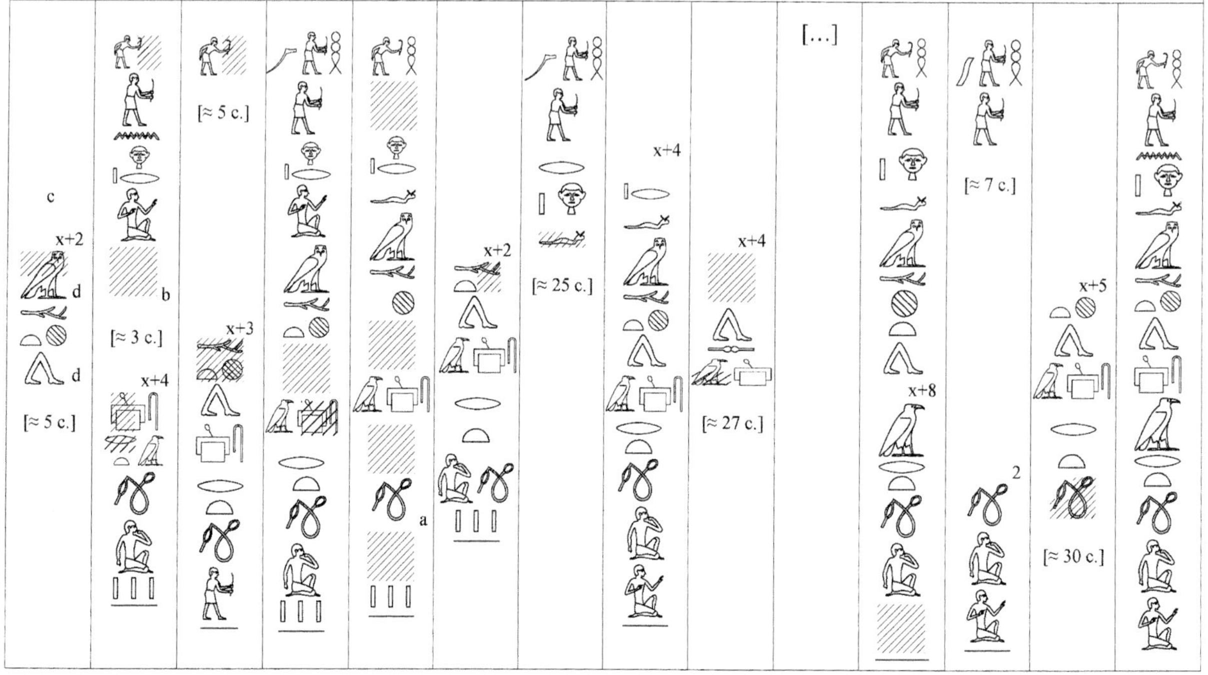

a – Non lu par Posener. b – Posener : « Traces d'un signe corrigé ». c – Traces d'une première col. d-d – Pas transcrit par Posener.

Pl. 29.

§ XVI

O. DeM C 2640	O. DeM 1167	O. DeM 1166	O. Mich. 78	O. DeM 1165	O. DeM 1164	O. DeM 1163.	O. DeM 1157	O.Caire JE 54949	O. DeM C 6139	O. Turin CG 57554	O. DeM 1153 r°	O. Brux. 7627 v°	O. DeM 1145 v°	O. Caire JE 56842
														4

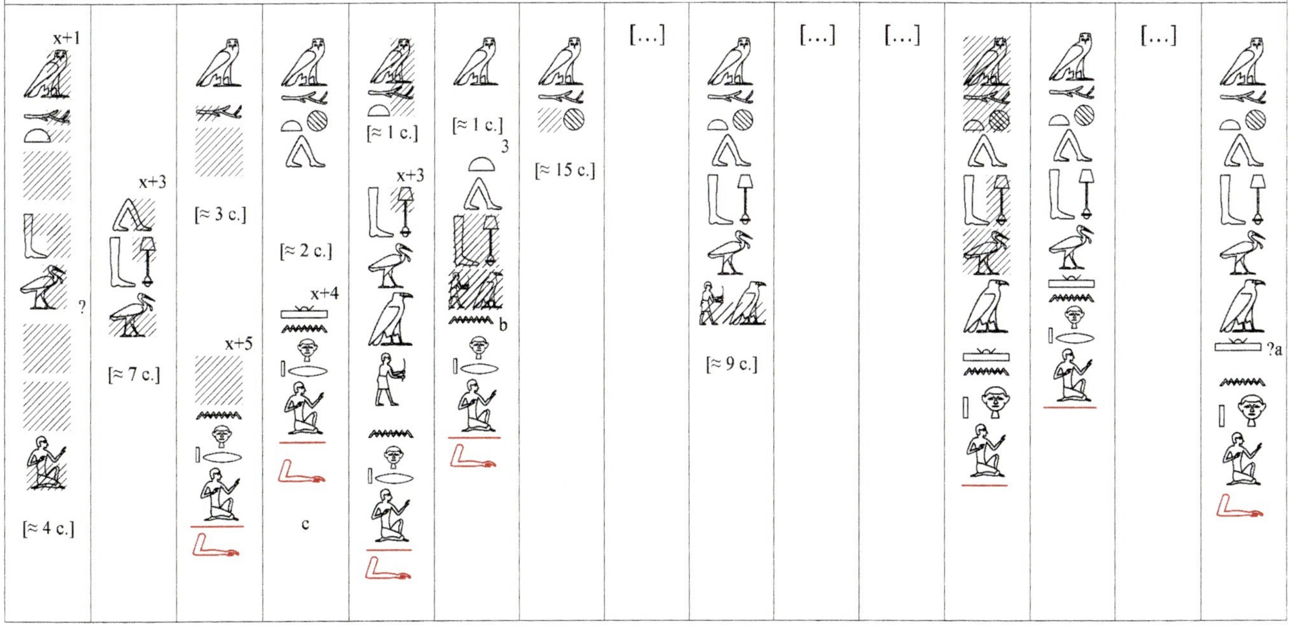

a – Posener reproduit le signe hiératique. b – Non transcrit par Posener. c – Blanc laissé par le scribe.

Pl. 30.

§ XVII

O. DeM inv. 2576	O. DeM 1169	O. DeM 1168	O. Mun. ÄS 1638	O. DeM 1137 v°	O. DeM C 2640	O. DeM 1167	O. DeM 1166	O. Mich. 78	O. DeM 1165	O. DeM 1164	O. DeM 1163.	O. DeM 1157	O.Caire JE 54949	O. DeM C 6139	O. Turin CG 57554	O. DeM 1153 r°	O. Brux. 7627 v°	O. DeM 1145 v°	O. Caire JE 56842
																			1
a x+2 [≈ 5 c.]	1 [≈ 1 c.]	1 b b	x+1 [≈ 13 c.]	k x+2 [≈ 6 c.]	x+2 f x+3	x+4 ? Suite perdue e	[≈ 6 c.] x+6 ? d Suite perdue	[≈ 1 c.] x+4		b b 4 c	x+3 a	x+5	x+5	[…]	[…]	x+9 ? ?	[≈ 5 c.]	[…]	x+18

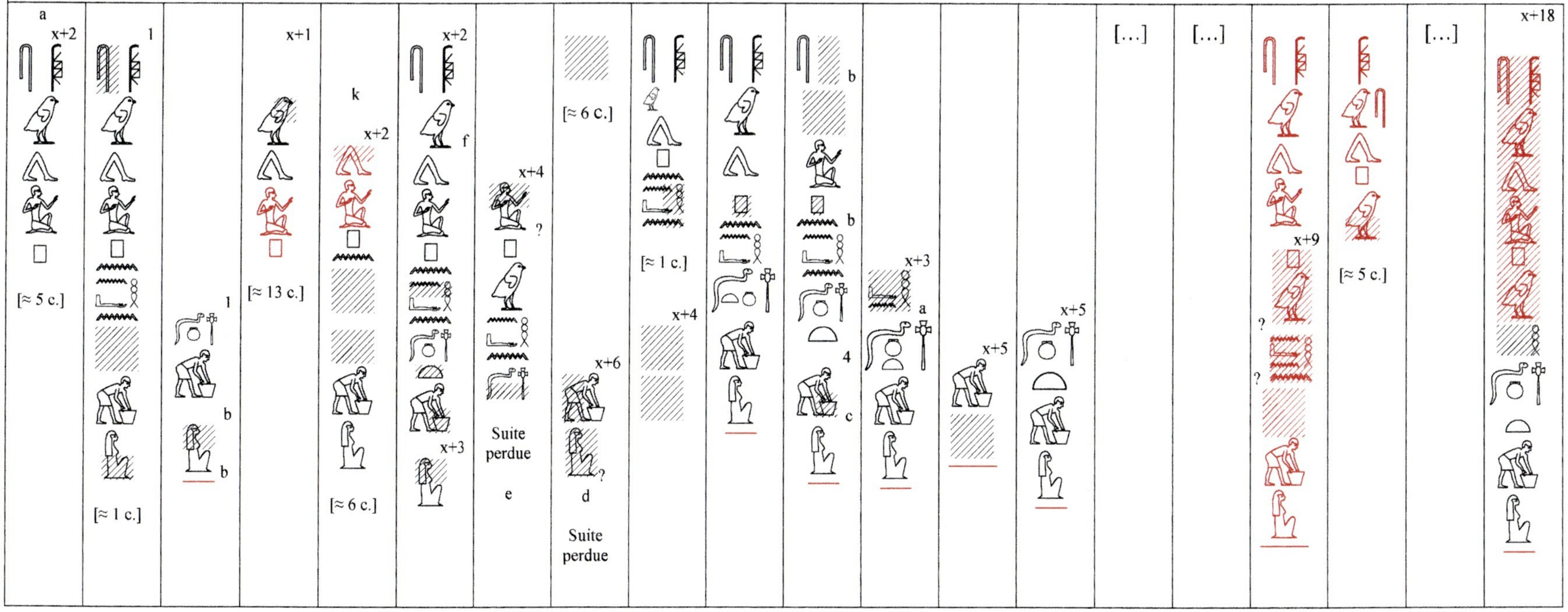

a – Posener : « traces ». b-b – Pas transcrit par Posener. c – Pas noté par Posener. d – Cette col. n'est pas transcrite par Posener. e – Dans la dernière col. il reste des traces d'encre rouge. f – Traces. g – Traces infimes de la col. x+1.

Pl. 31.

§ XVII

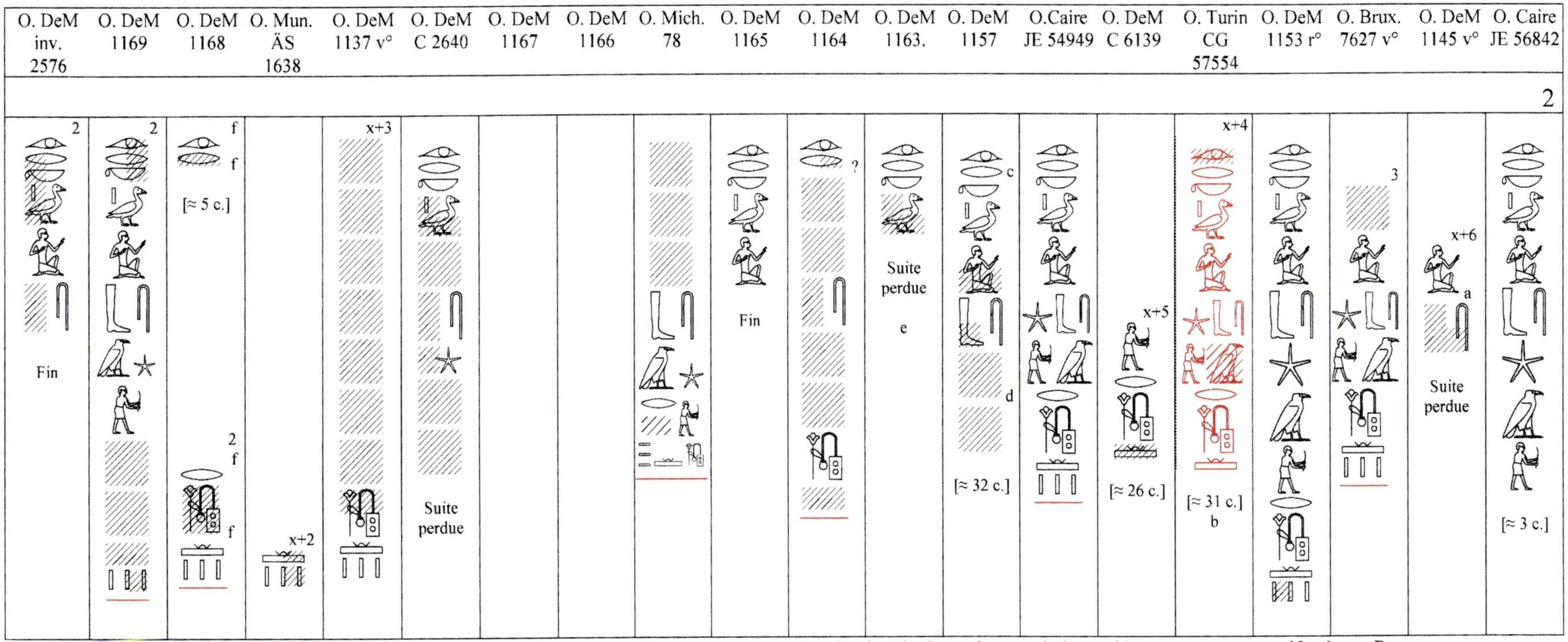

a – Posener place le signe plus bas dans le texte. b – Il reste 3 col., peut-être palimpsestes, qui pourraient être le colophon et la souscription ou bien un autre texte. c – Non lu par Posener.

d – Posener voit [hieroglyph] dans les traces. e – La dernière col., palimpseste, est effacée. f-f – Pas transcrit par Posener.

Pl. 32.

§ XVII

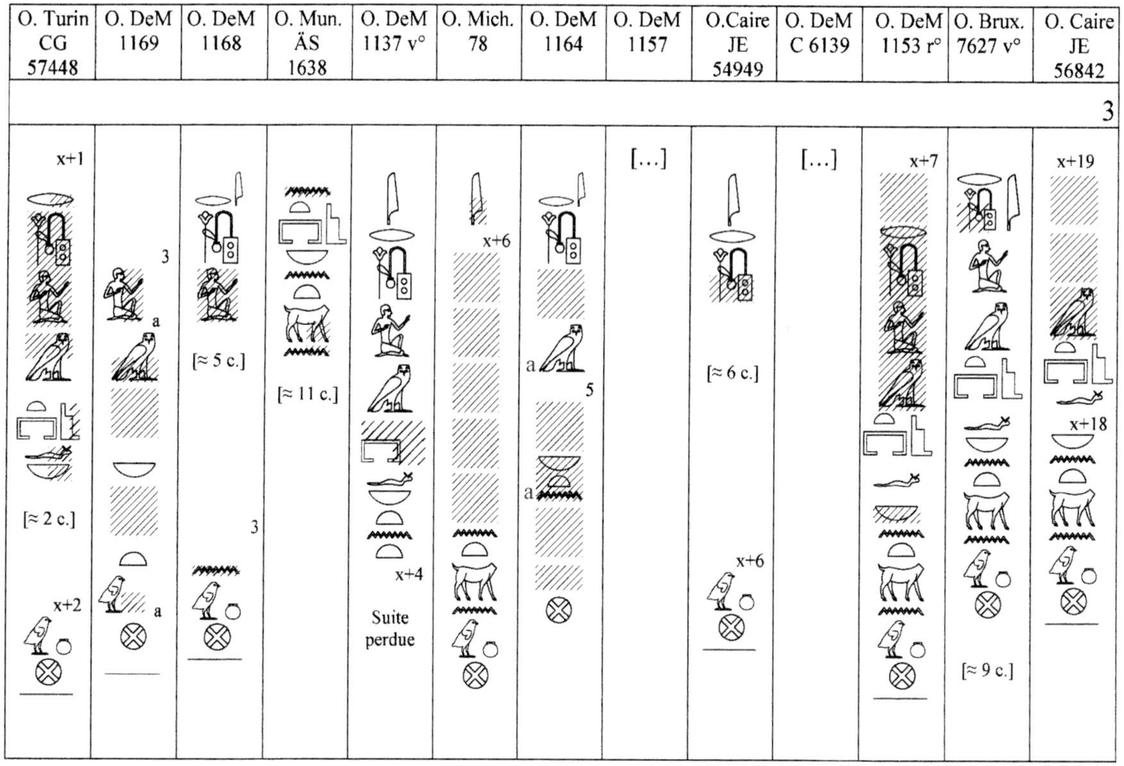

a-a — Pas transcrit par Posener.

§ XVII

O. DeM 1170	O. Turin CG 57448	O. DeM 1169	O. DeM 1168	O. Mun. ÄS 1638	O. DeM 1137 v°	O. Mich. 78	O. DeM 1164	O. DeM 1157	O.Caire JE 54949	O. DeM C 6139	O. DeM 1153 r°	O. Brux. 7627 v°	O. Caire JE 56842
													4
x+1 Suite perdue b	[≈ 2 c.]	4	[≈ 5 c.]	[...]		x+7	Fin a	[...]		[...]		[...]	x+20

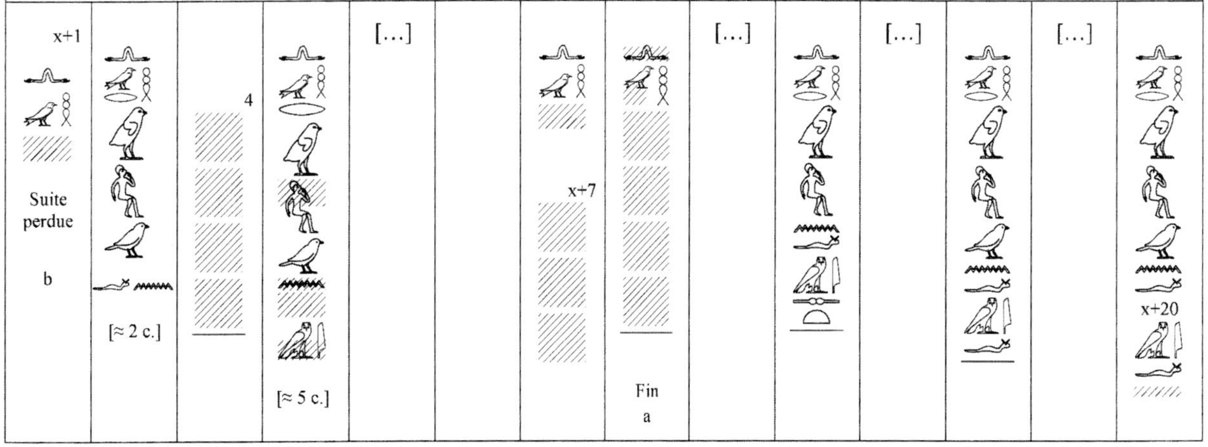

a — Suit la signature, très effacée, du scribe sur au moins 5 lignes. (Posener, p. 16). b — Traces de la col. x+2.

Pl. 34.

Colophon

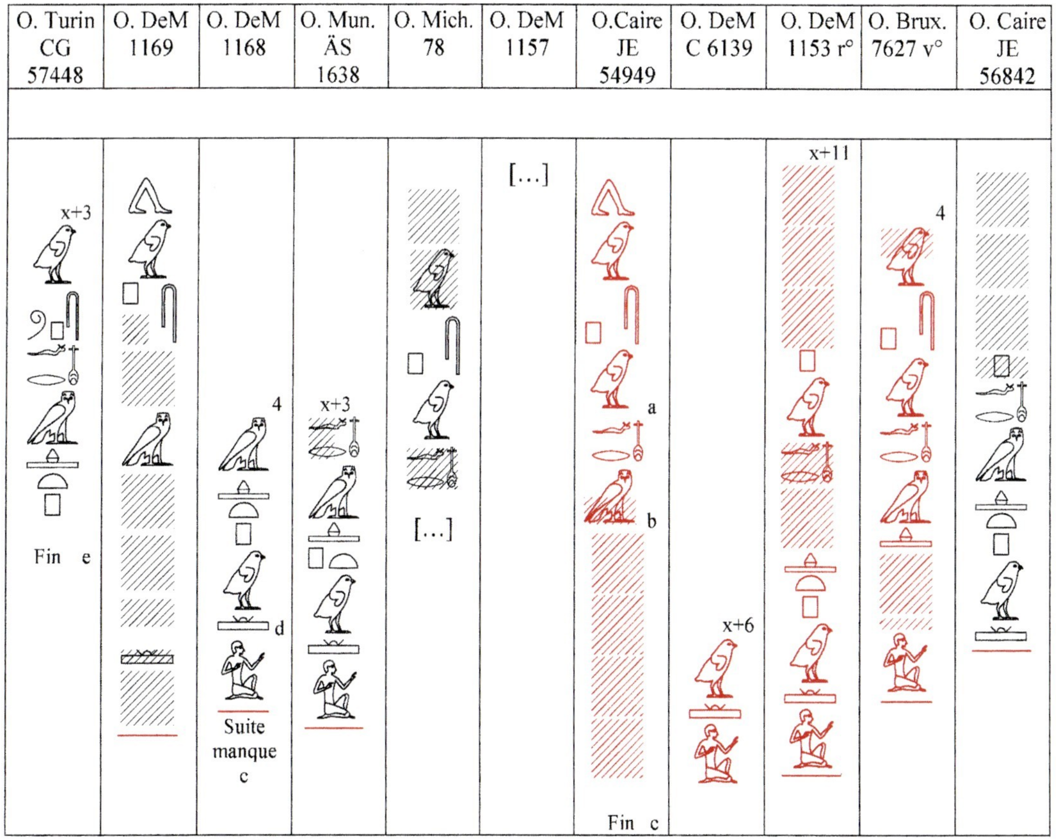
O. Turin CG 57448
O. DeM 1169
O. DeM 1168
O. Mun. ÄS 1638
O. Mich. 78
O. DeM 1157
O.Caire JE 54949
O. DeM C 6139
O. DeM 1153 r°
O. Brux. 7627 v°
O. Caire JE 56842
x+3
Fin e
4
Suite manque c
x+3
[…]
[…]
a
b
Fin c
x+6
x+11
4

a – Posener ajoute un . b – Posener : . c – Posener : « Suite manque. Seulement la fin de la col. ».
d – Signe omis par Posener. e – Restent 2 col. vides.

Pl. 35.

Laure Pantalacci

Nouvelles récentes des archives anciennes trouvées dans la ville d'Éléphantine

Une publication collective a récemment attiré l'attention sur les considérables *corpus* des textes de toutes époques livrés par les fouilles, officielles ou clandestines, de l'île d'Éléphantine [1]. Cette présentation fait la part congrue aux documents du IIIe millénaire avant notre ère (*op. cit.*, A1, p. 32-34). Face aux riches collections araméennes, démotiques ou grecques, la documentation hiératique de l'Ancien Empire est en effet clairsemée. La plupart des égyptologues en connaissent l'histoire, dans ses grandes lignes [2], et les croient publiés. M'intéressant aux corpus documentaires anciens à mettre en parallèle avec les archives du site urbain de Balat, j'ai été amenée à constater que ces archives sont plus abondantes et moins bien connues qu'on ne le croit généralement. C'est le résultat de cette enquête que je souhaiterais présenter à François Neveu, en lointain écho de « première phase » à son intérêt pour les corpus documentaires ramessides, et à sa sympathie diachronique pour les hommes de l'antique Égypte.

Découverts par les fouilleurs clandestins, à la fin du XIXe siècle, ces documents de la fin de l'Ancien Empire avaient dû être conservés ensemble jusqu'à leur invention [3]. D'après une tradition transmise oralement (H. Goedicke, *loc. cit.*), les heureux fouilleurs auraient d'abord pensé avoir trouvé des objets précieux emballés dans les rouleaux de papyrus. Une fois la plupart des rouleaux mis en pièces [4], il leur apparut enfin que la seule valeur de leur trouvaille était épigraphique.

[1] B. Porten (éd.), *The Elephantine Papyri in English. Three Millenia of Cross-cultural Continuity and Change*, *Documenta et Monumenta Orientis Antiqui* XXII, Leyde, New York, Cologne, 1996.

[2] A. Erman, F. Krebs, *Aus den Papyrus der Königlichen Museen*, Berlin, 1899, p. 91 ; G. Möller, *Hieratische Papyrus aus den Königlichen Museen zu Berlin* III, Leipzig, 1911, p. 10 ; P. Posener-Kriéger, dans *Textes et langages de l'Égypte pharaonique (Mélanges Champollion)* II, *BdE* 64/2, 1972, p. 31-32 ; A. Roccati, *La littérature historique sous l'Ancien Empire égyptien*, *LAPO* 11, Paris, 1982, p. 288 ; H. Goedicke, *Old Hieratic Palaeography*, Baltimore, 1988, p. XIX.

[3] Peut-être dans des contenants céramiques, selon une pratique bien attestée à Éléphantine à toutes les époques : W. Müller, « Die Papyrusgrabung auf Elephantine 1906-1908. Das Grabungstagebuch der 1. und 2. Kampagne », *FuB* 20/21, 1980, p. 78 ; *id.*, « Die Papyrusgrabung auf Elephantine 1906-1908. Das Grabungstagebuch der 3. Kampagne », *FuB* 22, 1982, p. 8. Une copie des articles de Müller qui transcrivent le journal de fouille de Rubensohn m'a été transmise par Andreas Dorn, à qui j'adresse mes remerciements.

[4] Contrairement à ce que rapportait Junker, les rouleaux n'ont pas été « émiettés » avec les doigts, étant donné le sens et l'aspect des brisures ; les sections sont très nettes et certaines fibres peuvent plutôt avoir été tranchées avec une lame.

Cette version des faits laisse entendre que leur état de conservation, au moment de leur découverte, était bien meilleur qu'aujourd'hui. Rien n'est moins sûr ; plusieurs données infirment partiellement cette légende. D'une part, la présence sur le site de papyrus hiératiques anciens déjà réduits à l'état de fragments avant les fouilles est confirmée, au moins à partir de 1890, par la correspondance de Charles Wilbour [5]. Du reste, même les documents trouvés en fouilles raisonnées, et protégés à l'intérieur d'un contenant, n'étaient pas intacts (*supra*, n. 3). Il ne convient pas d'ajouter foi à l'anecdote relayée par le Révérend Junker.

Quoi qu'il en ait été de l'état des papyrus de l'Ancien Empire, les fouilleurs clandestins proposèrent leur récolte à plusieurs archéologues, hormis Wilbour ; une partie fut expertisée et acquise par Spiegelberg en 1896. Ce lot important devait enrichir la collection de l'université de Strasbourg, que Spiegelberg tenait à développer. Concernant l'ensemble de la collection, dans le livre d'inventaire des manuscrits strasbourgeois [6] sont portées les indications suivantes :

> *N°s 52-58. Bruchstücke einer Korrespondenz des 'Alten Reiches' aus Elephantine. 52-58 sind grossenteils in den „Hieratischen Papyrus der kgl. Museen zu Berlin" zusammen mit den zugehörigen Stücken jener Sammlung von Georg Möller veröffentlicht worden. Die Stücke sind von mir im Febr. 1896 gleichzeitig mit den nach Berlin gelangten (Kauf Berl. Mus.) und solchen, die damals Herr H.A. Sayce erwarb, auf der Insel Elephantine gekauft worden.*

Il s'agirait donc d'un seul et même lot, dispersé entre l'acheteur du musée de Berlin, Spiegelberg pour Strasbourg, et Sayce. Dans cette notice, on peut déjà faire observer deux inexactitudes. D'une part, il ne s'agit pas exclusivement de correspondance, comme on le voit à certains fragments déjà publiés par Möller (par ex. pl. V, Str Df. : comptabilité énumérant des toponymes) [7]. Le réexamen des fragments confirme qu'il s'agit d'archives comportant, comme les autres collections connues de l'Ancien Empire, à la fois des lettres, des comptes et des listes (inventaires, listes d'anthroponymes).

D'autre part, les n°s 52-58 de Strasbourg n'ont pas été publiés « en grande partie » par Möller. Effectivement, le savant paléographe fit connaître 17 fragments de la collection alsacienne, mais des dizaines d'autres restent inédits. La présentation qu'il adopte pour ces archives, mêlant les

5 Ch. Wilbour, *Travels in Egypt (December 1880 to May 1891). Letters of Charles Edwin Wilbour Edited by Jean Capart*, New York, 1936, p. 552, 554 : *Afternoon we were shown a place on this island of Elephantine where bits of papyri were found, not enough to get any words, but the style is of the Twelfth Dynasty. The ruins of a temple, apparently of the Eighteenth Dynasty, form a layer above the brick-wall in which they are embedded.* Malgré la datation proposée, étant donné la proximité paléographique entre les deux époques et la rareté des documents du Moyen Empire sur l'île, il n'est pas exclu qu'il s'agisse plutôt là de nos archives.

6 Pour avoir facilité mon accès à ces papyrus, je remercie MM. Claude Traunecker, professeur d'égyptologie à l'université Marc-Bloch-Strasbourg II, Gérard Littler, administrateur de la bibliothèque nationale et universitaire de Strasbourg et Daniel Bornemann, conservateur de la section papyrologique, ainsi que Mme Brigitte Wrangler, du service photographique de la Bnus.

7 Il est vrai que l'aspect épistolaire est le plus sensible au premier contact ; voir l'étude d'E. Edel, « Unpublizierte althieratische Elephantine-Papyri aus Strassburg », dans I. Gamer-Wallert, W. Helck, *Gegengabe. Festschrift für Emma Brunner-Traut*, Tübingen, 1992, p. 73-81.

deux fonds de Berlin et Strasbourg, donne à penser qu'il put travailler à loisir sur les deux lots et peut-être les examiner ensemble, en réalisant quelques raccords. En effet, les sous-verre 59 à 66 de Strasbourg sont accompagnés, dans le catalogue de la collection, de la mention *aus den Berl. Mus. überlassen*, toujours de la main de Spiegelberg. Plus précisément encore, les n°s 62 à 65, tous petits sous-verre regroupant chacun 2 à 4 fragments de papyrus, portent une double étiquette « Strasbourg/Berlin » ou une seule, « Berlin ». Möller et Spiegelberg semblent donc avoir travaillé sur du matériel circulant assez libéralement entre les deux institutions. On peut d'ailleurs remarquer que les fragments de Strasbourg sont de taille supérieure à ceux de Berlin ; avant ou après l'achat, la constitution de lots a dû se faire en bonne intelligence, et Spiegelberg n'a dû être aucunement empêché par ses collègues berlinois de retenir pour sa collection les fragments les plus importants.

De son côté, le musée de Berlin reçut à ce moment un lot d'environ 200 fragments inscrits, qui portent le n° d'inventaire 10523. Le système de classement et de numérotation provisoire des fragments mis sous verre, vraisemblablement établi par Möller et encore existant en 1958, d'après le registre d'inventaire, n'est plus que partiellement repérable aujourd'hui. La part de la collection berlinoise conservée actuellement sur l'île des Musées a dû subir entre-temps diverses manipulations [8].

La tradition allemande [9] dit qu'un troisième lot fut emporté en même temps par Sayce, vraisemblablement en Angleterre. Bien qu'aucune mention explicite ne le précise dans la notice de Strasbourg, la date de cet achat ne doit pas être très éloignée dans le temps de celle de Spiegelberg : février 1896. La destinée de ce lot anglais est moins claire ; selon Mme Posener-Kriéger, ils seraient « dans une collection particulière en Angleterre [10] ». Ce sont probablement les mêmes fragments dont Goedicke pense qu'ils sont au British Museum [11]. Mais à l'enquête, la conservation de la collection britannique dément formellement l'existence de fragments d'Éléphantine dans son fonds de papyrus [12]. Le lot acheté par Sayce doit donc être conservé ailleurs.

On sait que les fouilleurs clandestins n'écoulèrent pas toute leur trouvaille d'un coup et ne la présentèrent pas tout entière aux trois savants mentionnés, puisque d'autres papyrus issus des mêmes archives connurent une autre destinée. Mieux préservés, ils furent écoulés dans le circuit du commerce d'antiquités. Ainsi deux autres pièces d'archives d'Éléphantine, acquises en cette même année 1896 pour la collection berlinoise, furent-elles achetées à Louxor [13]. Celles-ci sont

[8] G. Burkard, H.W. Fischer-Elfert, *Ägyptische Handschriften* IV, n° 96, p. 70. Pour m'avoir si aimablement accueillie à plusieurs reprises à Berlin, aussi bien à Charlottenburg que dans l'île des Musées, il m'est agréable de remercier le Pr Dr Dietrich Wildung, directeur du musée égyptien et de la collection des papyrus, le Dr Ingeborg Müller, conservatrice, et Mme Myriam Krutzsch, restauratrice.

[9] Sur le départ d'un lot de fragments en Angleterre, la notation de Spiegelberg dans l'inventaire de Strasbourg est confirmée par G. Möller, *Paläographie* I, p. 10 : *Einige Bruchstücke sind durch Sayce nach England gekommen.* Il est possible que ce renseignement ait été donné aux deux savants allemands par leurs vendeurs de l'île, mais Sayce ne les cite pas dans ses mémoires ; s'il les a rencontrés, il n'en fait pas état, ni ne parle de cet achat de papyrus.

[10] P. Posener-Kriéger, dans *Textes et langages* II, p. 32.

[11] *Old Hieratic Palaeography*, p. xix.

[12] Mes remerciements vont au Dr Richard Parkinson, conservateur au British Museum, qui a mené pour moi cette enquête dans ses collections, avec une obligeance et une célérité dont je lui suis reconnaissante.

[13] G. Burkard, H.W. Fischer-Elfert, *Ägyptische Handschriften* IV, p. 54-55.

bien connues des égyptologues. L'une (P. Berlin 8869) fut traduite et commentée pour la première fois par Paul Smither sous le titre dramatique « Les crimes du Comte Sabni[14] ». L'autre est un texte à teneur juridique (P. Berlin 9010), que Sethe étudia dans un article dédié à Adolf Erman, quelque temps après sa publication[15]. Une autre lettre, pratiquement complète, qui trouva peu après à entrer dans la collection de Turin, proviendrait également d'Éléphantine[16].

D'autre part, une série de fragments a fait partie, pendant un temps indéterminé, de la collection Wilbour, avant d'entrer au Brooklyn Museum de New York en 1947[17]. À l'heure actuelle, on en connaît seulement un *incipit* de lettre administrative (Brooklyn 47.218.157), une « formule memphite » qui ne l'est guère : ce sont Khnoum et Satis, maîtres d'Éléphantine, qui y sont invoqués après le roi Pépy II et Ptah[18]. Il y aurait encore à Brooklyn des dizaines de fragments « de la taille de timbres-poste », dans des boîtes d'archives. À propos de ce lot Wilbour, deux questions restent en suspens :

1. Les boîtes du musée de Brooklyn renfermant des papyrus documentaires de l'Ancien Empire appartiennent-elles toutes au même fonds que cette lettre ? Dans les registres du musée, les fragments sont identifiés comme provenant d'« archives royales memphites[19] ». Peut-être le fonds n'est-il pas homogène ; pour s'en assurer, un examen approfondi de l'ensemble sera indispensable ;

2. Le lot de Wilbour est-il identique à celui acheté par Sayce, ou est-ce une quatrième collection, à ajouter aux trois précédentes ? Le fait est que Wilbour et Sayce étaient fort liés et passaient ensemble beaucoup de leurs séjours en Égypte. Wilbour rapporte dès 1890 un premier achat de fragments à Éléphantine, effectué en compagnie de Sayce (*supra*, n. 5). Tous les hivers, entre 1889 et 1896, Sayce et Wilbour voyageaient de conserve sur le Nil et semblent être devenus des intimes[20]. Il n'est donc pas impossible que les fragments dits « de Sayce » par Spiegelberg et Möller aient à voir, d'une façon ou d'une autre, avec la collection Wilbour.

[14] Voir la bibliographie rassemblée par G. Vittmann, dans B. Porten (éd.), *The Elephantine Papyri in English*, p. 32 ; noter que G. Burkard et H. W. Fischer-Elfert donnent une excellente photographie de cette lettre en frontispice de leurs *Ägyptische Handschriften* IV.

[15] Fac-similé et transcription hiéroglyphique : G. Möller, *Hieratische Papyrus aus den königlichen Museen zu Berlin* III, pl. II ; photographie : *id.*, *Paläographie* I, pl. II ; K. Sethe, « Ein Prozessurteil aus dem alten Reich », *ZÄS* 61, 1926, p. 67-79 ; G. Burkard, H.W. Fischer-Elfert, *Ägyptische Handschriften* IV, n° 77, p. 55-56.

[16] Elle y est arrivée au plus tard en 1900 selon son éditeur, A. Roccati, « Una lettera inedita dell'Antico Regno », *JEA* 54, 1968, p.15. Le toponyme *jw-m-jtrw*, désignant un bourg proche de Gebelein, qui est cité dans cette lettre, n'indique pas nécessairement sa provenance (*pace* P. Posener-Kriéger, *RdE* 27, 1975, p. 216 n. 15 et tableau p. 217). La mention du même bourg sur l'un des fragments de Berlin confirme seulement les liens territoriaux du premier nome avec ses voisins.

[17] Que M. Paul F. O'Rourke, chercheur associé au Department of Egyptian, Classical and Ancient Middle Eastern Art du Brooklyn Museum, trouve ici l'expression de mes remerciements pour sa collaboration aimable et attentive. Cette indication provient de sa lettre en date du 12 septembre 2000.

[18] P. Posener-Kriéger, dans *Textes et langages* II, p. 32 ; *id.*, *Archives d'Abousir*, *BdE* LXV/2, 1976, p. 454, n. 4, où le document est cité partiellement, sans mention des dieux d'Éléphantine ; cf. H. De Meulenaere, dans *LÄ* IV, col. 694, *s. v.* Papyrus Brooklyn. Les trois références désignent le papyrus sous le n° d'inventaire erroné 47.218.18, au lieu du n° correct, 47.218.157. Cette rectification m'est signalée par P. F. O'Rourke, dans une lettre du 7 mars 2001.

[19] P.F. O'Rourke, lettre du 12 septembre 2000.

[20] C'est le Dr Parkinson qui a attiré mon attention sur cette amitié ; dès 1890, dans les lettres de Wilbour, Sayce est simplement désigné comme « le Professeur » ; voir également A.H. Sayce, *Reminiscences*, Londres, 1923, p. 268-292, *passim*.

Dans le cas contraire, ils ont dû faire partie du déménagement de Sayce, qui vendit sa *dahabiya* et quitta définitivement l'Égypte en 1908 [21]. Il restera alors à les localiser, peut-être quelque part en Écosse.

Plus récemment, un dernier lot comprenant une centaine de fragments a été signalé à Berlin, au musée de Charlottenburg, enregistré sous le n° d'inventaire P. 23211. Ceux-ci ont été trouvés ensemble dans une jarre, apparemment *in situ*, durant les fouilles de Rubensohn pour le compte du musée de Berlin, en 1906-1907 ; ils ont fait naguère l'objet d'une notice plus que succincte dans le catalogue général des papyrus de la collection [22]. Leur découverte est précieuse, car ils sont, par leur paléographie et leur contenu, tout proches des autres documents cités. Ils témoignent d'autre part de l'existence, dans les couches archéologiques largement exploitées par les autochtones avant de l'être par les fouilleurs officiels, de collections d'archives d'Ancien Empire conservées entières et pillées de façon également homogène.

Or, la zone archéologique effleurée par Rubensohn en 1906-1907 a été de nouveau abordée par le Daik à partir de 1995-1996 [23]. Ces travaux récents ont clairement identifié le bâtiment fouillé comme la résidence des gouverneurs de la VIe dynastie et de la PPI. Il n'est d'ailleurs pas exclu que l'ensemble des documents actuellement repérés proviennent de ce même quartier [24].

Le contexte archéologique, très clair, rend définitivement obsolète la dénomination habituelle de ces archives comme archives familiales des nomarques d'Éléphantine [25]. Il s'agit bel et bien des *archives d'état de la province*, déposées au gouvernorat pour y être conservées, et non de pièces familiales. On comprend mieux, dans ces conditions, qu'elles comportent non seulement des actes juridiques, mais aussi des dossiers de correspondances entre fonctionnaires et des comptabilités, mettant en scène la société des administrateurs d'Éléphantine – certes souvent liés par les liens du sang, mais étant ici considérés d'abord comme des personnages publics dans leurs fonctions officielles. Si les lettres ont été repérées facilement, grâce à leur mise en page et à leur calligraphie particulières, les autres catégories de documents ne sont pas moins présentes dans les collections, déjà étudiées, de Strasbourg et Berlin ; elles méritent un traitement plus attentif. Leur teneur rappelle, à plus vaste échelle, celle des archives que les fouilles de l'Ifao mettent au jour dans le palais des gouverneurs de l'oasis, à Balat, depuis 1986 [26].

21 A.H. Sayce, *op.cit.*, p. 339 : *The larger and more valuable antiquities which had accumulated in it (scil.* la dahabiya), *I gave to the Cairo Museum, the rest, along with part of my library, I sent to Scotland.*

22 G. Burkard, H.W. Fischer-Elfert, *Ägyptische Handschriften* IV, n° 143, p. 98-99.

23 Fouilles du Daik dirigées par C. von Pilgrim : voir W. Kaiser *et al.*, « Stadt und Tempel von Elephantine. 25./26./27. Grabungsbericht », *MDAIK* 55, 1999, p. 85-90 ; G. Dreyer *et al.*, « Stadt und Tempel von Elephantine. 28./29./30. Grabungsbericht », *MDAIK* 58, 2002, p. 162-170.

24 La rareté des documents d'archives provinciaux pour l'Ancien Empire s'explique justement par cette concentration dans les centres régionaux de pouvoir, très sensible à Balat : les gouvernorats exercent une sorte de monopole du texte. Même trouvées isolément en contexte funéraire (Gebelein, Charouna), les archives sur papyrus ne sauraient se comprendre sans la présence d'un centre administratif important sur ces sites.

25 G. Möller, *Hieratische Papyrus aus den königlichen Museen zu Berlin* III, p. 10 (« Familienarchiv der Gaufürste von Elephantine ») ; P. Posener-Kriéger, dans *Textes et langages* II, p. 31 (« un ensemble de documents, en majorité des lettres, qui concernent la famille des nomarques d'Éléphantine à la fin de l'Ancien Empire ») ; H. Goedicke, *Old Hieratic Palaeography*, p. xix (« personal documents for principally single use ») ; G. Burkard, H.W. Fischer-Elfert, *Ägyptische Handschriften* IV, p. 70 (« Fragmente eines zu einem Familienarchiv gehörenden Papyrus »).

26 Voir les indications sur ces collections d'archives dans les rapports d'activité du directeur de l'Ifao, chaque année dans le *BIFAO* depuis 1986.

Les récents acquis de l'archéologie, aussi bien à Éléphantine qu'ailleurs, rendent souhaitable une nouvelle étude des archives de l'île, à la fois pour elles-mêmes et dans le cadre d'une compréhension plus vaste des provinces égyptiennes à la fin du IIIe millénaire. Plusieurs séjours d'étude, aussi bien à Strasbourg qu'à Berlin, nous ont convaincue que la plupart des fragments délaissés par les premiers éditeurs offrent, même en l'état, des informations non négligeables sur l'onomastique, la lexicographie et la paléographie de l'époque. D'ailleurs, même les textes anciennement édités par Möller n'ont suscité, à notre connaissance, aucune étude, bien que certains passages suivis s'y prêtent volontiers. Le temps semble venu de s'atteler à la publication d'ensemble de ce corpus morcelé ; conjuguée aux récentes avancées archéologiques sur le site urbain et dans les cimetières d'Éléphantine, l'entreprise apportera des pièces utiles au puzzle évoquant la société du premier nome entre la VIe dynastie et le Moyen Empire.

Olivier Perdu

L'avantage d'accomplir des choses utiles d'après la statue de Nakhtefmout Caire CG 42208

Depuis sa découverte dans la fameuse cachette de Karnak, la statue stéléphore du quatrième prophète d'Amon Nakhtefmout (Caire JE 36697 = CG 42208), contemporain d'Osorkon II, n'a pas cessé de susciter l'attention [1]. Son principal objet d'intérêt réside dans le texte de la stèle, dont l'originalité est à la mesure de la diversité des thèmes abordés, leur éventail allant du droit à la piété personnelle [2]. Malheureusement, sa compréhension se heurte à de multiples difficultés pour lesquelles les solutions adoptées laissent parfois à désirer. Parmi les questions encore en suspens, il en est une dont l'enjeu n'est pas négligeable car elle concerne le point de vue des Égyptiens sur l'intérêt [3] d'accomplir des choses utiles (*ỉr(t) ꜣḫw*), un sujet essentiel pour la connaissance des mentalités. Comme elle met surtout en cause des points de grammaire, son examen paraît tout désigné pour figurer dans un volume destiné notamment à saluer la clairvoyance avec laquelle François Neveu s'est aventuré dans l'analyse du néo-égyptien.

Le problème apparaît dans la seconde partie du texte (l. 19-25), laquelle fait suite à une longue supplique où le propriétaire exhorte Amon à veiller au respect des dispositions testamentaires qu'il a prises en faveur de sa fille Tashéretenmout. Ce qui correspond aux sept dernières lignes de la stèle se décompose lui-même en deux sous-parties, la première se résumant à un éloge que Nakhtefmout fait de sa personne et de sa conduite devant Amon, l'autre à une énumération des bienfaits que le personnage attend du dieu.

[1] En témoigne son abondante bibliographie telle qu'elle vient d'être établie dans sa dernière édition : K. Jansen-Winkeln, *Ägyptische Biographien der 22. und 23. Dynastie* I, *ÄAT* 8/1, 1985, p. 44-62 ; *ibid.* II, *ÄAT* 8/2, p. 453-461 et pl. 12-14, texte A 4, voir spécialement p. 44-46. Depuis, celle-ci s'est encore enrichie de plusieurs contributions : l'article d'A. Théodoridès, « L'acte de disposition de la statue stéléphore Caire CG 42.208 et son exécution », *CdE* 60, 1985, p. 322-346, et l'étude que lui a consacrée R. el-Sayed, à propos d'une enquête sur son propriétaire, dans *ASAE* 70, 1985, p. 323-336 et pl. I, doc. 3.

[2] Dans l'édition de K. Jansen-Winkeln, cette inscription correspond au texte c, reproduit p. 454-456 de son ouvrage.

[3] Cette notion est traduite dans le texte par *prw*, mot signifiant « surplus », éventuellement « dépense », mais aussi « récompense, gratification » ; cf. O. Perdu, *RdE* 51, 2000, p. 181, n. k. À ce terme est souvent associée l'idée de supplément, d'où son emploi pour évoquer le concept d'avantage ; cf. *di.i rḫ.tn šdt is pw nn prw.f*, « je veux que vous appreniez que c'est juste une affaire de lecture, sans rien de plus », dans *Urk.* IV, 122, 10-12 et 510, 8-10, en considérant d'autre part J.-M. Kruchten, *Le décret d'Horemheb*, 1981, p. 219.

L'éloge du personnage (l. 19-21) :

«Je suis ton serviteur vraiment juste, conformément à ce que ma conscience me dicte,
le peson de la balance au milieu de la domesticité
et un prêtre-pur dépourvu de faute parmi tes serviteurs.
Quand je te présente la Maât,
mon abomination est le désordre
et je m'abstiens d'entacher ton service[4] *ou d'agir*[5] *à tort.*
Je ne dénigre personne auprès du capitaine du pays
et j'interviens au palais pour résoudre un problème,
tandis que[6] *je suis une autorité dans sa ville et un chef pour les siens*
se mettant (néanmoins) au même niveau[7] *avec les plus petits que lui.»*

L'évocation des bienfaits espérés (l. 22-25) :

« Tu m'en donneras la contrepartie sous la forme d'une vieillesse longue et accomplie
(passée) à voir Amon quotidiennement autant que mon cœur le désire,
alors que je sers les rois, étant protégé de leur courroux,
de telle manière que j'atteigne la vieillesse avec un grand âge dans ta vénérable maison,
*en demeurant pareil à un prêtre-*iounmoutef *inégalé*
et en restant le meilleur d'entre eux pour diriger le rituel.
Fais donc en sorte que ceux qui viendront plus tard puissent dire
«Que c'est bénéfique[8] *de marcher droit sur la route du dieu*[9]*!»*
ensuite[10]*, quand (je) repose dans ma sépulture,*
alors que ton œil est pour ton serviteur
et que celui qui est issu de moi devra sans cesse vénérer mon ka *dans ta maison.»*

[4] Ce qui est écrit *wꜥb* vaut pour le mot *wꜥbt*, « service (sacerdotal) » ; cf. O. Perdu, *RdE* 52, 2001, p. 201-202.

[5] Traduction volontairement vague s'expliquant par la difficulté de préciser le sens du verbe *kn* ; cf. P.J. Frandsen, dans W. Clarysse *et alii* (éd.), *Egyptian Religion – The Last Thousand Years. Studies Dedicated to the Memory of Jan Quaegebeur*, II, *OLA* 85, 1998, p. 989-993.

[6] Cf. M. Malaise, J. Winand, *Grammaire raisonnée de l'égyptien classique*, *AegLeod* 6, 1999, p. 276, § 458.

[7] Littéralement « s'abaissant à son égal ».

[8] Ce qui importe, en effet, ce n'est pas tant la conduite elle-même que ce qu'elle rapporte à celui qui l'adopte ; cf. K. Jansen-Winkeln, *Sentenzen und Maximen in den Privatinschriften der ägyptischen Spätzeit*, *ACHET* B 1, 1999, p. 100-101, en confrontant B.6.b.3 et B.6.b.5 à B.6.b.4, d'où il ressort que dans un tel contexte, cet adjectif est synonyme de *ꜣḫ*, « profitable ». Sur cette acception de *nfr*, voir notamment O. Perdu, *RdE* 51, 2000, p. 187-188, à propos d'un comportement tourné vers l'action en faveur d'autrui.

[9] À cela se limite la déclaration ; cf. G. Vittmann, *Altägyptische Wegmetaphorik*, *BzÄ* 15, 1999, p. 55-56, 5.20.

[10] L'ensemble (*ḥr-*)*sꜣ iry*, « après cela », dépend en fait de *ḏd*, *iry* se rapportant à tout ce qui concerne la vieillesse. Ce syntagme prépositionnel est rejeté après la déclaration pour se retrouver avec toutes les autres précisions touchant le moment où les générations futures peuvent se prononcer sur l'utilité d'une conduite irréprochable.

C'est précisément avant cette dernière sous-partie, juste à la fin de la précédente, que vient s'insérer le passage litigieux (l. 21-22) :

ỉw.ỉ rḫ.kwỉ prw ỉr(t) ꜣḫw wḏꜣt gm s(y) msw ḫr-sꜣ dwꜣ(w) [11]

Plusieurs traductions en ont été données qui, au-delà de quelques divergences, révèlent un certain consensus sur le sens général [12] :

> « *Wan ik wist dat het resultaat van het goed doen een voorraadschuur is, die (nog) de kinderen in de toekomst vinden* [13]. »

> « *Je savais que le fruit de la bienfaisance est un grenier que les enfants retrouvent dans l'avenir* [14]. »

> « *Denn ich wusste : Der Überfluss an guten Taten ist ein Schatzhaus, das die Nachkommen später finden werden* [15]. »

> « *Ich wußte : Der Überschuß an guten Taten ist ein Vorratshaus, das die Kinder später finden werden* [16]. »

> « *[...] sachant qu'une abondance de bonnes actions est un trésor que les enfants retrouvent plus tard* [17]. »

> « *I know the profit of doing what is helpful : A storehouse for the children who come after* [18]. »

> « *[Ich wußte, daß :] der Überschuß an guten Taten ein Vorratshaus ist, das die Kinder später finden werden* [19]. »

De l'une à l'autre, on retrouve en effet la même interprétation suivant laquelle le texte considérerait le fait d'accomplir des choses utiles comme une source d'avantages pour les générations futures. Cette idée en soi peut parfaitement se comprendre, mais il reste néanmoins surprenant de la rencontrer dans un contexte où il n'est absolument pas question de cela. Au contraire, si la conduite exemplaire de Nakhtefmout évoquée dans la première sous-partie doit se solder par des bénéfices, ils profitent tous à sa propre personne et à nulle autre. Quand, dans la seconde sous-partie, on en vient à signaler ce qu'il peut attendre en contrepartie de son attitude, tous ses espoirs concernent en effet la fin de son existence. Si les générations futures sont mentionnées dans ce contexte, c'est de façon très marginale, quand le personnage exhorte Amon à le récompenser de manière à permettre à celles-ci de constater l'intérêt d'un

11 Voir K. Jansen-Winkeln, *Ägyptische Biographien der 22. und 23. Dynastie*, II, p. 456.

12 Seule la traduction de R. el-Sayed, *op. cit.*, p. 329, s'écarte de celles qui ont été proposées, mais elle s'avère trop éloignée du texte pour être prise en considération : « Je suis informé de (ses) revenus (et de) celui qui fait les choses utiles (pour son) stock, qu'elle trouve les enfants par la suite ! ».

13 A. De Buck, *JEOL* 7, 1940, p. 297.

14 J. Capart, *CdE* 20, 1945, p. 66.

15 E. Otto, *Die biographischen Inschriften der ägyptischen Spätzeit*, *PdÄ* 2, 1954, p. 142, avec un commentaire p. 85.

16 K. Jansen-Winkeln, *op. cit.*, I, p. 49 ; *id.*, *Sentenzen und Maximen*, p. 117, B.9.d.8.

17 A. Théodoridès, *op. cit.*, p. 337.

18 M. Lichtheim, *Maat in Egyptian Autobiographies and Related Studies*, *OBO* 120, 1992, p. 82.

19 G. Vittmann, *op. cit.*, p. 56.

comportement comme le sien. D'un point de vue plus général, on peut d'ailleurs observer que les différents commentaires sur l'avantage de bien agir ne conçoivent le profit d'une bonne action que du point de vue de celui qui en est l'auteur [20]. L'un des meilleurs arguments dont on use pour inciter une personne à passer à l'action consiste même à lui assurer qu'en retour, on agira pour elle [21]. Ainsi, il devient évident que notre approche du passage n'est pas satisfaisante, et qu'une autre doit être recherchée, ce qui impose de le réexaminer dans son ensemble.

La construction du passage

La plupart des traducteurs reconnaissent à la suite de *iw.i rḫ.kwi* une proposition à prédicat substantival constituée de deux éléments, le premier étant *prw ir(t) ꜣḫw*, et le second *wḏꜣt gm s(y) msw ḫr-sꜣ dwꜣ(w)*. Cependant, si on imagine une construction du type A = B, il faut bien admettre que la nature même de ces deux éléments se concilie mal avec une telle éventualité [22]. Celle-ci ne peut se concevoir que dans l'hypothèse d'un schéma A (sujet thématisé par anaphore), B (prédicat) *pw*, où l'omission de la copule paraît bien attestée [23], notamment aux périodes les plus récentes [24], comme dans une construction où la thématisation du sujet est marquée en le faisant précéder de la particule *ir* [25].

Néanmoins, même si une telle éventualité peut être envisagée, il reste une alternative plus simple et sans doute moins problématique qui est celle retenue dans la seule traduction à se démarquer du point de vue communément admis [26]. Cette autre approche consiste à voir dans *prw ir(t) ꜣḫw* le complément d'objet de *iw.i rḫ.kwi* [27], *wḏꜣt* et ce qui en dépend devenant alors le prédicat dans une proposition à prédicat substantival sans *pw*. Une phrase nominale réduite au seul prédicat est en effet concevable [28], surtout aux époques tardives. À l'époque saïte, parmi d'autres exemples, on peut notamment citer celui apporté par deux textes parallèles concernant également l'utilité d'agir où, quand le plus ancien donne *isw pw*, « c'est (l'assurance d')une rétribution », le plus récent se contente du seul *isw*, « rétribution ! » [29]. Dans ce genre

[20] Considérer notamment K. Jansen-Winkeln, *Sentenzen und Maximen*, p. 66-68, A.2.f, et 72, A.2.h.14-21.

[21] *Ibid.*, p. 54-61, A.2.a.

[22] Cela n'est en effet envisageable qu'avec un même substantif dans les deux membres ou en présence d'un « nom inaliénable » dans l'un deux ; cf. M. Malaise, J. Winand, *op. cit.*, p. 277-278, § 460-461.

[23] Cf. P. Vernus, dans J. Perrot (éd.), *Les langues dans le monde ancien et moderne*, 1988, p. 169, § 4.1.2 ; P. Grandet, B. Mathieu, *Cours d'égyptien hiéroglyphique*, 1997, p. 301-302, § 27.3.

[24] Voir notamment W. Wreszinski, *Aegyptische Inschriften aus dem K. K. Hofmuseum in Wien*, 1906, p. 160, III.2.21 (*ib n s nṯr.f ḏs.f*, « le cœur d'un homme, (c'est) son propre dieu »), en considérant d'autre part R. Jasnow, *A Late Period Hieratic Wisdom Text*, *SAOC* 52, 1992, p. 13 et n. 9.

[25] Cf. P. Vernus, *loc. cit.* ; *id.*, *Les parties du discours en moyen égyptien*, *CSE* 5, 1997, p. 53, n. 156. Un exemple tardif dans J. Leclant, *Montouemhat*, *BdE* 35, 1961, p. 19, I.2 (*ir nṯr pn ir(r) nfr n ir s(w)*, « quant à ce dieu, (c'en est) un qui rend le bien à celui qui le fait »).

[26] Voir M. Lichtheim, *op. cit.*, p. 82.

[27] Cf. G. Posener, *La première domination perse en Égypte*, *BdE* 11, 1936, p. 21, E.45 (*rḫ.f ꜣḫt n ḥm(w)t tn*).

[28] Cf. A. Gardiner, *Egyptian Grammar*, p. 103, § 128 ; M. Malaise, J. Winand, *op. cit.*, p. 249, ex. 473, et 284, § 470.

[29] Voir O. Perdu, *RdE* 51, 2000, p. 187. Cette preuve n'est certes pas isolée, comme en témoignent, dépendant de *iw.i rḫ.kwi*, des exemples de *mri* à la forme relative de l'inaccompli + sujet nominal suivis ou non de *pw* : R. el-Sayed, *Documents relatifs à Saïs et ses divinités*, *BdE* 69, 1975, p. 81, B.18 ; H. De Meulenaere, P. MacKay, *Mendes II*, 1976, pl. 19, fig. c, col. 2 du dos (avec *pw*) ; O. Perdu, *RdE* 47, 1996, p. 45, fig. 3, col. 3 (sans *pw*).

de construction, la présence ou non de la copule pourrait d'ailleurs refléter une différence de stratégie et son absence correspondre à une affirmation plus péremptoire où l'énonciateur s'investirait davantage [30]. Devant un énoncé avec *pw*, parfois assorti d'une nuance tendant à en restreindre la portée [31], un autre qui en serait dépourvu pourrait aussi concourir à présenter l'information comme pleinement avérée, telle une évidence absolue.

La métaphore du « magasin » (*wḏꜣ* [32])

Cette image surprend par sa rareté, mais elle n'est pas limitée à notre seule inscription. Un autre exemple peut être relevé au début de la Sagesse d'Aménémopé (IV, 1-2), quand on veut convaincre de l'avantage d'être attentif à l'enseignement :

gm.k mdw.ỉ m wḏꜣ n ꜥnḫ
wḏꜣ ḥꜥw.k tp tꜣ [33]

> « *Tu constateras que mes paroles sont un magasin pour la vie ;*
> *ta personne s'en trouvera bien sur terre* [34]. »

Ici, le choix du terme *wḏꜣ* apparaît d'autant plus opportun qu'il permet un jeu de mots avec le verbe *wḏꜣ*, « être en bonne santé », utilisé pour décrire l'état de celui qui prêtera attention au message [35].

Dans chacun des deux textes, le sens de la métaphore est à peu près le même. Le mot « magasin » devient synonyme d'abondance, d'avantages ou de choses utiles et, au-delà, il représente l'assurance de ne jamais manquer de rien. C'est la réserve dans laquelle on peut puiser à volonté tout ce dont on a besoin. Dans l'inscription de Nakhtefmout, le terme fait allusion au capital de récompenses généré par les bonnes actions, d'où l'idée de profit à laquelle il est associé. Du local ainsi dénommé, connu pour servir à stocker du blé, du vin ou tant d'autres choses [36], on retient en fait l'image d'un endroit où peuvent être conservés quantité de produits nécessaires à l'existence.

30 À l'instar de ce qui est signalé dans P. Vernus, *Les parties du discours en moyen égyptien*, p. 52-53, n. 156. D'autre part, commentant l'omission de *pw* dans une proposition du type *ỉr* A, B *pw*, M. Malaise, J. Winand, *op. cit.*, p. 283, ex. 568, se demandent si cela ne confère pas à l'énoncé « un caractère plus expressif ».

31 Cf. O. Perdu, *RdE* 51, 2000, p. 184, n. 23.

32 Écrit le plus souvent *wḏꜣt* à partir du Nouvel Empire ; voir *Wb* I, 402.

33 Voir H.O. Lange, *Das Weisheitsbuch des Amenemope*, Copenhague, 1925, p. 33 ; I. Grumach, *Untersuchungen zur Lebenslehre des Amenope*, *MÄS* 23, 1972, p. 25.

34 P. Vernus, *Sagesses de l'Égypte pharaonique*, Paris, 2001, p. 310.

35 Cf. L. Coulon, *Le discours en Égypte ancienne. Éloquence et rhétorique à travers les textes de l'Ancien au Nouvel Empire* (thèse inédite soutenue à l'université de Paris IV-Sorbonne en 1998), II, p. 335, ex. 258.

36 Cf. *Wb* I, 402, 10-11, en joignant une attestation récente et particulièrement suggestive dans O.D. Berlev, S.I. Hodjash, *Sculpture of Ancient Egypt in the Collection of the Pushkin State Museum of Fine Arts*, 2004, p. 135.

Nature d'une relative du type *sḏm.f* (ou sujet nominal) + *sw/sy*

En égyptien classique, on relève des exemples de relative se résumant à une construction paratactique combinant un verbe à une forme de la conjugaison suffixale (*sḏm.f* ou *sḏm.n.f*) et un pronom dépendant complément d'objet se rapportant à l'antécédent[37]. Le plus représentatif est ce passage du conte du Naufragé évoquant « un pays lointain, que les hommes ne connaissent pas » : *tꜣ wꜣ n rḫ sw rmṯ* (*Naufr.* 148). Comme on l'indique dans les traductions en les isolant derrière une virgule, de telles relatives s'apparentent aux explicatives[38] ; dans la mesure où elles n'apportent qu'un détail dont l'omission ne compromettrait pas le sens de l'énoncé, leur présence peut en effet être jugée secondaire, ce qui les rend superflues et pourrait d'ailleurs expliquer qu'on ne les trouve qu'en nombre limité. De ce point de vue, elles se distinguent des formes relatives, où l'antécédent assume également la fonction d'objet direct du verbe, celles-ci s'imposant au contraire comme des éléments indispensables à la compréhension, conformément à leur statut de déterminative[39].

Dans notre texte, le problème vient du fait qu'il perd tout sens si la relative en question est tenue pour accessoire. Cette difficulté peut néanmoins être résolue dès qu'on examine ce qu'il est advenu de ce type d'explicative après le Moyen Empire. Passée cette époque, on peut en effet observer une évolution dont le signe le plus net est l'accroissement du nombre des exemples, du moins dans les inscriptions en égyptien de tradition. Du Nouvel Empire à l'époque ptolémaïque, on en relève non seulement dans des textes de différentes natures, mais aussi à toutes les périodes. Un dépouillement systématique des sources permettrait certainement d'en ajouter beaucoup d'autres, mais le présent recensement suffit pour être en mesure de se faire une bonne idée du changement.

Ex. 1. Stèle Paris, Louvre C 65, l. 12 (milieu de la XVIIIe dyn.)[40].

Dans une série d'épithètes complétant le signalement du dédicant :

rḫ.n sw ỉty ḥr biꜣt.f

« (un/celui) que le souverain a appris à connaître du fait de son caractère »

[37] Voir G. Lefebvre, *Grammaire de l'Égyptien classique*, 2e éd., 1955, p. 374, § 750, 4 ; M. Malaise, J. Winand, *op. cit.*, p. 649, § 1024, b.

[38] Sur cette distinction, voir M. Malaise, J. Winand, *op. cit*, p. 633-635, § 1002. L'explicative (ou qualificative) s'oppose à la déterminative (ou restrictive), suivant une notion de linguistique opportunément introduite dans l'analyse des textes égyptiens par A. De Buck, dans son *Egyptische Grammatica*, 1944, § 211 et 256 ; voir à ce propos B. Van de Walle, J. Vergote, *CdE* 21, 1946, p. 69-70, en considérant également Fr. Daumas, « La proposition relative égyptienne étudiée à la lumière de la syntaxe structurale », *Orbis* 11, 1962, p. 29-31. Comme me le précise Elsa Oréal, avec laquelle j'ai eu l'occasion d'aborder cette question, l'explicative définit en compréhension et la déterminative en extension.

[39] Cf. M. Malaise, J. Winand, *op. cit*, p. 635, § 1003.

[40] É. Drioton, *RdE* 1, 1933, p. 28 et pl. IV. Cet exemple et, plus généralement, tous ceux du Nouvel Empire m'ont été communiqués par Elsa Rickal qui les a extraits du très riche corpus sur lequel se fonde sa thèse inédite *Les épithètes dans les autobiographies de particuliers du Nouvel Empire égyptien*, soutenue en 2005 à l'université de Paris IV-Sorbonne.

Ex. 2. Stèle de la tombe thébaine n° 79, l. 34-35 (Thoutmosis III-Amenhotep II) [41].
Dans une brève évocation du défunt :

ḳrs(w).n nsw m mꜣʿ-ḫrw
sbi.n [sw niwtyw]

« *(lui) que le roi a inhumé triomphalement*
et que [ses concitoyens] ont accompagné »

Ex. 3. Stèle Caire CG 34175, côté gauche, l. 9 (Horemheb) [42].
Dans une série d'épithètes complétant le signalement du propriétaire :

swsr(w) nsw sʿꜣ(w) bity
...
rḫ.n sw [nb].f

« *(un/celui) que le roi de Haute Égypte a enrichi et que le roi de Basse Égypte a élevé,*
...
(un/celui) que son [maître] a appris à connaître »

Ex. 4. Ostracon Caire CG 25338, r°, col. 7 (Ramsès II ?) [43].
Dans une série d'épithètes élogieuses évoquant les rapports d'un personnage avec le roi :

mr.f sw ḫr šnyt.f

« *(un/celui) qu'il affectionne dans sa Cour* »

Ex. 5. Bâton Londres, Brit. Mus. EA 35905=3390 (XIXe dyn.) [44].
À la fin d'une série d'épithètes élogieuses évoquant les rapports du personnage avec le roi :

rdi.n.f sw r st-mꜣʿt r šsp ḥswt rʿ nb

« *(un/celui) qu'il a installé à la Set-maât pour recevoir des récompenses chaque jour* »

[41] H. GUKSCH, *Die Gräber des Nacht-Min und des Men-cheper-Ra-seneb. Theben Nr. 87 und 79*, *AVDAIK* 34, 1995, p. 153, fig. 67, et pl. 34, précisant *Urk.* IV, 1199, 17-1200, 1.

[42] *Urk.* IV, 2173, 11.

[43] CG 25001-25385, p. 87 et pl. LX.

[44] A. HASSAN, *Stöcke und Stäbe im Pharaonischen Ägypten bis zum Ende des Neuen Reiches*, *MÄS* 33, 1976, p. 144, n° 23.

Ex. 6. Statue-cube Berlin, Äg. Mus. 2082, pourtour du socle (Ramsès III)[45].
En tête d'une déclaration du propriétaire :

ỉnk s ḥs sw nṯr.f

« je suis un homme que son dieu favorise »

Ex. 7. Fragment de tombe au musée du Caire (attribué à la fin du Nouvel Empire)[46].
Parmi des épithètes se rapportant au propriétaire :

rḫ(w) ỉty mnḫt.f
dỉ{.f} sw r ỉmy-rꜣ mnfy(t)

« (un/celui) dont le souverain connaît l'efficacité
et qu'il a installé pour être chef des troupes »

Ex. 8. Nom d'Horus d'Osorkon Ier[47] :

kꜣ nḫt mr(y) Rʿ rdỉ.n s(w) Itm ḥr nst.f r grg tꜣwy

« Taureau puissant aimé de Rê qu'Atoum a placé sur son trône pour organiser les Deux Terres »

Ex. 9. Nom d'Horus d'Osorkon II[48] :

kꜣ nḫt mr(y) Rʿ sḫʿ sw Rʿ r nsw tꜣwy

« Taureau puissant aimé de Rê que Rê a fait couronner pour être roi des Deux Terres »

Ex. 10. Tombe de Sheshonq III à Tanis, scène 1 du registre inférieur de la paroi ouest[49].
Fin de la déclaration du roi à la divinité devant laquelle il officie :

...]...[50] *m šwty.k rdỉ.n(.ỉ) n.k sn*

« ...]... avec ? tes deux plumes que je t'ai données »

[45] *KRI* V, 398, 16.

[46] Zettel Wb. Kairo Wb. Nr. 62 [97] ; pour la date, voir P.-M. Chevereau, *Prosopographie des cadres militaires égyptiens du Nouvel Empire*, *EME* 3, 1994, p. 21, nº 2.14.

[47] J. von Beckerath, *Handbuch der ägyptischen Königsnamen*, *MÄS* 49, 1999, p. 185, 2.H 1-2.

[48] *Ibid.*, p. 187, 5.H 3-4.

[49] P. Montet, *Les constructions et le tombeau de Chéchanq III à Tanis*, *NRT* III, 1960, pl. XXIX, avec un commentaire p. 58 (exemple néanmoins incertain étant donné ce qui manque).

[50] Avant cela : une lacune, l'extrémité d'un signe, un œil et une corbeille avec anse.

Ex. 11. Nom d'Horus de Sheshonq V [51] :

kꜣ nḫt ḫꜥ m Wꜣst sḫꜥ sw Rꜥ m nsw (r) spd tꜣwy

« *Taureau puissant couronné à Thèbes que Rê a fait couronner pour équiper les Deux Terres* »

Ex. 12. Stèle de l'adoption de Nitocris (Psammétique Ier) [52].
Dans une déclaration du roi :

ink sꜣ.f tp(y)… ir.f n.f sw r sḥtp ib.f

« *Je suis son premier fils… qu'il s'est créé afin de satisfaire ses désirs.* »

Ex. 13. Cercueil du majordome de Nitocris, Aba, à Thèbes-ouest (Psammétique Ier) [53].
À la fin d'une série d'épithètes introduisant le signalement du propriétaire :

ṯni sw ḥm.f m iꜣwt r iꜣwt n-ꜥꜣ(t)-n iḳrw.f

« *(un/celui) que Sa Majesté a élevé de fonction en fonction si grande est sa perfection* »

Ex. 14. Statue de Neshor, Louvre A 90, provenant d'Éléphantine (Apriès) [54].
Au milieu d'une longue énumération d'épithètes précédant la mention du propriétaire :

rdi.n s(w) ḥm.f r iꜣwt ꜥꜣt wrt

« *un que Sa Majesté a promu à une très éminente fonction* »

Ex. 15. Statue de la fondation Koradi/Berger 4014 (attribuable à la XXXe dyn. ou au début de l'époque ptolémaïque) [55].

[51] J. Yoyotte, *Cahiers de Tanis I*, 1987, p. 147.

[52] O. Perdu, *Recueil des inscriptions royales saïtes*, I, *EdE* 1, 2002, p. 19, 1.x+2. Un autre exemple sous le même règne p. 67, 9C.I (scène de la crypte est du temple d'Elkab, dans un bas de colonne évoquant le roi) : …] *mry di.n(.i) sw m nsw bity nb tꜣ[wy…*, « …] chéri que j'ai placé comme roi de Haute et Basse Égypte et seigneur des Deux Terres [… » (les lacunes rendent néanmoins cet exemple incertain).

[53] E. Graefe, *Das Grab des Ibi, Obervermögenverwalters der Gottesgemahlin des Amun*, 1990, fig. 40, αV ; autre exemple très semblable sur le sarcophage de Peftjaouâimen à Athribis (datable des dernières dynasties indigènes) : *stn s(w) ḥm.f m iꜣwt r iꜣwt n mnḫ n ḏꜣ(i)sw.f*, « (un/celui) que Sa Majesté a élevé de fonction en fonction du fait de la pertinence de ses propos » ; H. Gauthier, *MonPiot* 25, 1921-1922, p. 180. Dans ce dernier passage, P. Vernus, *Athribis*, *BdE* 74, 1978, p. 172, voit une sorte de parenthèse : « – Sa Majesté l'a élevé de fonction en fonction à cause de l'excellence de ses avis –. »

[54] H. Schäfer, *Klio* 4, 1904, pl. 1, l. 1 du texte.

[55] H.A. Schlögl *et alii*, *Stiftung Koradi/Berger*, Zurich, 1989, p. 72 ; autre exemple très semblable sur le sarcophage de Djéhoutyirdis (datable de la fin de la XXXe dyn.) : *stn s(w) nsw iw/r mit(w).f*, « (un/celui) que le roi a distingué plus que ses semblables » ; CG *29307-29323*, p. 86, D 3-4. À comparer avec G. Lefebvre, *Le tombeau de Pétosiris*, II, 1923, p. 69, inscr. 90, col. 2.

Parmi des épithètes élogieuses débutant le signalement du propriétaire :

tnw.f sw r mỉtw.f nb

« *(un/celui) qu'il*[56] *a distingué plus qu'aucun de ses semblables* »

Ex. 16. Tombe de Pétosiris, inscription 56, col. 3 (tout début de l'époque ptolémaïque)[57].
Dans un appel aux passants où le locuteur se présente comme enfant vite arraché à la vie :

mỉ s ỉṯ.n s(w) ḳd

« *comme un homme que le sommeil a emporté*[58] »

Ex. 17. Tombe de Pétosiris, inscription 62, col. 2, et 116, col. 4[59].
Commentaire à propos de « la belle voie qui consiste à servir le dieu » (*wꜣt nfrt šms nṯr*) :

ḥs(y) pw sšm s(w) ỉb.f r.s

« *c'est un bienheureux celui que son cœur mène à elle* »

Ex. 18. Tombe de Pétosiris, inscription 128, col. 2[60].
Épithète introduite dans le signalement d'un personnage parmi ses titres :

ḥs s(w) nb.f ḥr pr(t) m rꜣ.f mdw.f r bw mꜣʿ

« *(un/celui) que son maître félicite en raison de ce qui sort de sa bouche car il parle correctement* »

Ex. 19. Fragment de statue Caire CG 70031 (règne de Ptolémée II Philadelphe)[61].
Au début d'une longue série d'épithètes élogieuses introduisant le signalement du propriétaire :

ṯnỉ s(w) nsw ḥr st-rꜣ.f

« *(un/celui) que le roi a distingué en raison de son discours*[62] »

56 Ce suffixe renvoie certainement au roi dont la mention a disparu.

57 G. Lefebvre, *op. cit.*, p. 28.

58 M. Lichtheim, *Ancient Egyptian Literature*, III, 1980, p. 53, propose « Like a man carried off by sleep. ». De son côté, Ph. Derchain, *Les impondérables de l'hellénisation*, *MRE* 7, 2000, p. 55, contourne la difficulté en traduisant « Comme un homme quand s'en empare le sommeil. »

59 G. Lefebvre, *op. cit.*, p. 38 et 83.

60 *Ibid.*, p. 91.

61 Un fac-similé et une photographie du monument sont maintenant disponibles dans I. Guermeur, *BIFAO* 103, 2003, p. 292-293, pl. I et II. Dès Ptolémée Ier Sôter, un exemple possible, mais encore très incertain, avec *ḥnk sn n.t sꜣ Rʿ Ptwlmys* à propos de plantes, sur un bassin circulaire provenant d'Éléphantine (Berlin, Äg. Mus. 18901) ; se reporter à R. Hecker, *ZÄS* 73, 1937, p. 43.

62 À nouveau, Ph. Derchain, *op. cit.*, p. 50, contourne la difficulté en tenant ce passage pour une circonstancielle : « parce que le roi l'a distingué à cause de son éloquence ».

Ex. 20. Nom d'Horus d'or de Ptolémée II Philadelphe [63] :

sḫꜥ.n s(w) ỉt.f

« (un/celui) que son père a fait couronner »

Ex. 21. Nom d'Horus de Ptolémée IV Philopator [64] :

ḥwn ḳn sḫꜥ.n [65] *sw* [66] *ỉt.f*

« (un/le) jeune homme vaillant que son père a fait couronner »

Ex. 22. Nom de *nbty* de Ptolémée VI Philométor [67] :

m (pour ỉmy ?) mꜣꜥt sḫꜥ.n sw ỉt.f

« (un/le) détenteur de la ? maât [68] *que son père a fait couronner »*

Ex. 23. Edfou, frise du pronaos, paroi ouest, scène d'adoration du soleil nocturne (Ptolémée VIII Évergète II) [69].
Épithète du soleil dans l'hymne gravé derrière le roi :

ỉmn s(w) mwt.f m ꜣḫt ỉmntt

« (celui) que sa mère dissimule dans l'horizon occidental »

Ex. 24. Edfou, frise du pronaos, paroi est, inscription du bandeau [70].
Commentaire sur la lune quand le soleil se réunit à elle :

snsn Ḥr m sn-nw[.f] ỉmn sw mwt.f Nwt m ḥṯṯt.s

« Horus s'unit à [son] second que sa mère Nout dissimule en son aisselle [71] *»*

De son côté, I. Guermeur, *op. cit.*, p. 283, règle le problème en préférant voir là une indépendante : « le roi l'a distingué du fait de son discours. »

63 J. von Beckerath, *op. cit.*, p. 235, 2.G.

64 *Ibid.*, p. 237, 4.H.

65 Var. *sḫꜥ sw* ; H. Gauthier, *Le Livre des Rois d'Égypte*, IV, 1916, p. 268, XX.

66 Var. *s(w)* ; *ibid.*, p. 270, XXX.

67 J. von Beckerath, *op. cit.*, p. 239, 6.N.

68 Une autre interprétation, plus aléatoire encore, vient d'être proposée dans P. du Bourguet, *Le temple de Deir el-Médîna*, *MIFAO* 121, 2002, p. 259 : « (celui) des Deux Maîtresses : (celles) qui sont dans la vérité, (celui) que son père a fait couronner. »

69 *Edfou* III, 208, 17 (= IX, pl. LXIX), référence aimablement signalée par Marie-Claire Cuvillier.

70 *Edfou* III, 211, 7 (= IX, pl. LXIX).

71 P. Barguet, *RdE* 29, 1977, p. 17, résout le problème en comprenant : « Horus se réunit à son compagnon, sa mère Nout le cache dans son aisselle. »

Ex. 25. Version la mieux attestée du nom de *nbty* de Ptolémée IX Sôter II [72] :

sḫꜥ.n s(w) [73] *mwt.f ḥr nst ỉt.f*
ỉṯ.f [74] *tꜣwy m mꜣꜥ-ḫrw*

> « *(un/celui) que sa mère a fait couronner sur le trône de son père*
> *et qui s'est emparé des Deux Terres victorieusement* »

Ex. 26-27. Nom d'Horus de Ptolémée X Alexandre [75] :

nṯr(y) m ẖt ḫnm.n s(w) Ḥp ꜥnḫ ḥr msḫn(t)
ḥwn nfr bnr mrwt sḫꜥ.n s(w) mwt.f ḥr nst ỉt.f
ṯmꜣ-ꜥ ḥw ḫꜣswt ỉṯ m sḫm.f mỉ Rꜥ psḏ.f m ꜣḫt

> « *(un/l'être) divin dans le ventre (de sa mère) que l'Apis vivant a rejoint sur le lieu de naissance, (un/le) beau jeune homme doux d'amour que sa mère a fait couronner sur le trône de son père, (un/le) vaillant frappant les pays étrangers et conquérant par la force comme Rê quand il brille à l'horizon* »

De l'explicative connue en égyptien classique, celle attestée par ces exemples ne conserve que la structure : un verbe à la forme *sḏm.f* (ex. 4, 6-7, 9, 11-13, 15-19, 23, 24) [76] ou *sḏm.n.f* (ex. 1-3, 5, 8, 10, 14, 16, 20-22, 25-27), un sujet nominal (ex. 1-3, 6, 8, 9, 11, 13, 14, 16-27) ou pronominal (ex. 4, 5, 7, 10, 12, 15), et un complément d'objet représenté par un pronom dépendant 3e pers. (*sw*, éventuellement *sn* dans l'ex. 10) renvoyant à l'antécédent. Sinon, du point de vue de son statut, elle se démarque radicalement de celle dont elle conserve le schéma car, à sa différence, elle assume un rôle qui ne peut pas être tenu pour négligeable, conformément à ce qu'on observe dans l'exemple de la statue de Nakhtefmout. En effet, à un exemple près où il est difficile de se prononcer tant le texte est lacunaire (ex. 10), elle s'avère toujours indispensable à la compréhension de l'antécédent, servant soit à l'identifier (ex. 6, 16, 17), soit à lui associer un détail considéré comme essentiel (ex. 1-5, 7-9, 11-15, 17-26). Éventuellement, on la voit d'ailleurs employée parallèlement (ex. 2, 3, 7) ou en alternance (ex. 1 [77], 3 [78], 8, 9, 11 [79], 13 [80], 15 [81], 17 [82]) avec une déterminative comme la forme relative, ce qui confirme bien qu'elle tend à en devenir l'équivalent.

[72] H. Gauthier, *op. cit.*, p. 359, XLIV, à compléter d'après J. von Beckerath, *op. cit.*, p. 241, 9.N 1.

[73] Var. *sḫꜥ sw*, voire *sḫꜥ.f* *sic* *sw* ; H. Gauthier, *op. cit.*, p. 360, XLIX.A et XLVIII.B.

[74] Var. *ỉṯ* ; *ibid.*, p. 360, XLIX.A.

[75] J. von Beckerath, *op. cit.*, p. 243, 10.H.

[76] Éventuellement là où un verbe à l'accompli est plutôt attendu (ex. 6, 8, 10, 12, 13).

[77] Voir G. Daressy, *Ostraca* (CGC), 1901, p. 86 et pl. LX (*rḫ(w).n ḥm.f ḥr biꜣt.f nfrt*).

[78] Voir *KRI* IV, 295, 12 (*rḫ(w).n nsw*).

[79] Voir J. von Beckerath, *op. cit.*, p. 185, 1.H 1-2 (Sheshonq Ier : *kꜣ nḫt mr(y) Rꜥ sḫꜥ(.w).f m nsw r smꜣ tꜣwy*).

[80] Voir H.S.K. Bakry, *Oriens Antiquus* 9, 1970, p. 327, fig. 1 et 2 (*stn(w).f m ỉꜣwt r ỉꜣwt*).

[81] Voir G. Lefebvre, *Le tombeau de Pétosiris*, II, p. 69, inscr. 90, col. 2 (*tnw(w) nsw r mỉtw.f nb*).

[82] Voir E.A.W. Budge, *Some Account of the Collection of Egyptian Antiquities of Lady Meux*, 2e éd., 1896, p. 132 et pl. 11 (*ḥs(y) pw ššm(w) ỉb.f r.s*).

Ce constat rappelle en fait un avis incidemment exprimé sur l'usage qui est fait des deux catégories de relative dans les textes ne relevant plus de l'égyptien classique. Selon cette opinion, elles finissent par être employées « sans que l'on s'interroge sur la nature sémantique des relatives [83] ». Autrement dit, le recours à l'une ou l'autre ne s'expliquerait plus par le caractère essentiel ou contingent de la relative. Outre le fait que les exemples réunis ci-dessus permettent seulement d'établir qu'une explicative peut valoir pour une relative nécessaire à la compréhension, il faut surtout observer qu'ils conduisent à mettre en doute le critère suggéré pour expliquer le choix du type de relative, du moins dans les inscriptions en égyptien de tradition. Suivant cette même opinion en effet, celui-ci s'opérerait en fonction de l'antécédent, son aspect défini ou indéfini requérant respectivement l'emploi d'une déterminative ou d'une explicative [84]. Or au regard de nos exemples, même en s'en tenant à ceux dont l'interprétation ne prête pas à discussion, il faut bien admettre qu'une explicative peut se greffer sur un antécédent aussi bien défini (ex. 23, 24) qu'indéfini (ex. 6, 16). En outre, on relève quelques cas où des relatives de chaque catégorie sont employées parallèlement à la suite d'un même antécédent (ex. 2, 3).

Pour en revenir à l'exemple de la statue de Nakhtefmout, on peut en tout cas conclure qu'on est fondé à y voir une relative permettant de spécifier son antécédent et donc à le tenir pour un élément indispensable à la compréhension. En égyptien de tradition, une construction du type *sḏm.f* (ou sujet nominal) + *sw/sy* s'impose en effet comme une alternative à la forme verbale relative toujours ressentie comme une authentique déterminative.

Ainsi, la métaphore ne se limite pas à l'image du seul magasin mais à celle de ce local tel que les enfants peuvent le découvrir. Ce qui importe n'est pas tant l'endroit lui-même que celui que saisissent pour la première fois des regards prêts à s'extasier. Considérée de ce point de vue, l'évocation du magasin n'en devient que plus suggestive et là est toute la force de la comparaison. Suivant cette interprétation, il devient aussi évident que l'allusion aux enfants ne concerne pas la descendance de celui qui accomplit des choses utiles, leur mention s'expliquant simplement par le souci de trouver les sujets les mieux à même de s'émerveiller à la vue d'un magasin.

La place de l'adverbe *ḥr-sꜣ dwꜣ(w)*

Jusqu'à présent, les traducteurs sont unanimes pour admettre que l'expression adverbiale placée en fin de phrase se rapporte au verbe *gm*, laissant ainsi penser que si le fait d'accomplir des choses utiles représente un profit pour la descendance, celle-ci n'en bénéficiera que dans le futur. Néanmoins, après ce qui vient d'être précisé sur la valeur de la relative et le sens de la métaphore, on mesure combien il est peu opportun de rattacher *ḥr-sꜣ dwꜣ(w)* à *gm s(y) msw*. On saisit mal en effet la portée d'une comparaison avec « le magasin que découvrent les enfants plus tard ». En fait, le texte devient plus compréhensible si l'on suppose que l'adverbe

83 M. Malaise, J. Winand, *op. cit*, p. 634.
84 *Ibid.*, *loc. cit.*

porte plutôt sur la relation prédicative, elle-même dépourvue de toute valeur temporelle. Il permettrait ainsi de préciser que ce n'est que « plus tard » que le profit de faire des choses utiles représentera pour leur auteur « le magasin que découvrent les enfants ». Cette hypothèse s'impose d'autant mieux qu'elle est en accord avec une opinion communément partagée, suivant laquelle le responsable d'une bonne action n'en tirera avantage que bien après l'avoir accomplie [85]. C'est d'ailleurs aussi ce que suggère l'évocation même des faveurs dont Nakhtefmout entend bénéficier en retour de sa conduite exemplaire, le futur étant de rigueur [86] et les bienfaits escomptés en rapport avec la fin de son existence.

Ce passage ainsi réexaminé, on est donc en mesure d'en proposer une traduction qui diffère sensiblement des précédentes :

« Je sais l'intérêt de faire des choses utiles : plus tard, (ce sera) le magasin que découvrent les enfants [87]. »

Loin de considérer les bonnes actions comme un investissement qui profiterait à la descendance de leur auteur, comme on l'a cru auparavant, il ne fait qu'évoquer leur intérêt pour celui qui les accomplit sous une forme propre à en souligner l'importance, usant ainsi d'une métaphore particulièrement suggestive empruntée à la vie quotidienne. En fait, l'originalité du témoignage tient moins à son contenu qu'à la manière de l'exprimer.

85 Cf. K. Jansen-Winkeln, *Sentenzen und Maximen*, p. 63-64, A.2.d.

86 Cf. J.-M. Kruchten, *BiOr* 45, 1988, col. 493-494.

87 Étant donné ce que nous pouvons entrevoir de la construction du passage, il est également possible de comprendre, même si cette solution semble moins satisfaisante : « je sais que le profit de faire des choses utiles, c'est, plus tard, le magasin que découvrent les enfants. »

Joachim Friedrich Quack

Henuttawis machtlose Unschuld
Zum Verständnis von *LRL* Nr. 37

Gegenstand der nachfolgenden Ausführungen soll eine Passage in einem spätramessidischen Brief, nämlich pGenf D 191 sein.[1] Die grundsätzliche Situation zur Zeit des Briefes ist, daß der Schreiber Nesamenope eine wichtige Funktion in der Verwaltung der thebanischen Westseite einnimmt. Er ist aber gerade anderswo unterwegs. Während seiner Abwesenheit läßt er Henuttawi, mutmaßlich seine Frau, zurück, welche die laufenden Geschäfte weiterführen soll und von ihm in Briefen instruiert wird. Dabei ergeben sich verschiedene Problemfälle mit Getreidelieferungen, die nicht oder in zu geringem Umfang eintreffen. Einer dieser Vorfälle betrifft eine Lieferung von 80 Sack Gerste, die unvollständig geliefert wird. Die betreffende Passage möchte ich in einigen Details anders als bisher verstanden deuten. Es heißt im Text:

ỉw=k (ḥr) hꜣb n=ỉ r-č̣ṭ: ỉ:šsp pꜣ 80 ẖꜣr n ỉtỉ m tꜣy ʿqꜣy n wḥʿ ʾItỉ-nfr - ỉ.n=k (ḥr) hꜣb. ỉw=ỉ (ḥr) šm (r) šsp=w, ỉw=ỉ (ḥr) gmị ẖꜣr 72 2/4 n ỉtỉ m-ṭị=f, ỉw=ỉ (ḥr) č̣ṭ n=f: ỉḫ pꜣ ẖꜣr 72 2/4 n ỉtỉ - ỉ.n=ỉ [n]=f - ẖr ỉw ẖꜣr 80, ẖr=s m tꜣy=f šʿ.t. ỉw nꜣ rmṯ.w (ḥr) č̣ṭ: 3 mḥ sp 2 čnf pꜣ ẖꜣy=n n=n ỉw wn n=w ẖꜣr [2] 1/2 ỉrị n ẖꜣr 72 2/4 n ỉtỉ - ỉ.n=w. ỉw=ỉ (ḥr) gr n=ỉ m-r-ʿ r-č̣ṭ: ỉ:ỉrị.ṯ=k ỉyị - wn ỉry ʾImn-ḫnm-nḥḥ bỉn nb ỉm=ỉ.

Und du hast mir geschrieben: „Empfang die 80 Sack Gerste von diesem Boot des Fischers Itinefer" – so hast du brieflich gesagt. Ich ging, um sie zu empfangen, und ich fand 72 $^1/_2$ Sack Gerste bei ihm, und ich sagte ihm: „Was sollen die 72 $^1/_2$ Sack Gerste" – so sagte ich ihm – „während es doch 80 Sack sind, wie es in seinem Brief heißt." Und die Leute sagten: „Drei ganz volle Maße sind, was wir für uns abgemessen haben, wobei es für sie [2][2] $^1/_2$ Sack gibt, macht 72 $^1/_2$ Sack Gerste"– so sagten sie. Und ich schwieg dabei auch, denkend: „Bis du zurückkommst. Sonst würde mir Amun von Medinet Habu alles Übel antun." (*LRL* 58, 2-8).

[1] Textedition J. Černý, *Late Ramesside Letters, BiAeg* 9, 1939, S. 57-60; Photographie bei Jac. J. Janssen, *HPBM VI. Late Ramesside Letters and Communications*, London, 1991, Taf. 59-60; Bearbeitung E.F. Wente, *Late Ramesside Letters, SAOC* 33, 1967, S. 71-74; Übersetzung ders., *Letters from Ancient Egypt, SBL Writings from the Ancient World* 1, Atlanta, 1990, S. 174-175; letzte Kommentierung der hier relevanten Abschnitte D. Sweeney, „Henuttawy's Guilty Conscience (Gods and Grain in Late Ramesside Letter no. 37)", *JEA* 80, 1994, S. 208-212.

[2] Ergänzung nach J. Černý, *LRL*, S. 58, Z. 6

Versuchen wir, uns die Situation zu vergegenwärtigen: Der Fischer, der das Boot besitzt, und seine Mannschaft haben sich somit selbstherrlich 7 ½ Sack als Transportlohn genehmigt. Nach ihrer eigenen Angabe sollen das 3 volle Maße gewesen sein, von denen also jedes 2 ½ Sack fassen würde. Insgesamt sind das fast 10% der transportierten Menge. Als Transportlohn erscheint das relativ hoch, wenn man bedenkt, daß etwa beim Transport von 21 Gänsen nur eine als Frachtkosten fällig wird, also knapp 5%.[3]

Daß Henuttawi sich bei so selbstherrlichem Benehmen ärgert, ist nicht überraschend. Jedoch sagt sie zunächst nichts weiter zu den Männern, sondern nimmt deren Willkür hin. Sie denkt sich jedoch etwas dabei, und eben das Verständnis ihrer Gedanken war bislang die wesentliche Klippe für eine angemessene Einschätzung der Situation. Bisher wurden sie folgendermaßen verstanden: „until you shall have returned, Amon, United with Eternity, will have done every (sort of) bad thing with me“,[4] „until you return, Amon, United with Eternity, will have done every sort of bad thing with me“[5] bzw. „until you return, Amun-Endowed-with-Eternity will have done bad to me“.[6] Zur inhaltlichen Auffassung dieser Äußerung hat sich speziell Sweeny geäußert. Sie versteht die Situation so, daß Henuttawi sich schuldig fühlt, weil sie die Opferversorgung des Gottes durch ihr Verhalten habe knapp werden lassen. Folglich würde sie denken, daß der Gott in einer Form angemessener Vergeltung auch ihr Probleme in der Versorgung bereiten würde.

Gegen diese Auffassung scheinen mir jedoch sowohl sprachlich als auch inhaltlich Vorbehalte möglich. Sachlich ist es nicht unbedingt naheliegend, daß Henuttawi eine Gruppe dreister Fischer als Strafe des Gottes versteht. Sie protestiert ja auch zunächst gegen ihr Vorgehen, obwohl sie sich dann zurückhält, weil sie offenbar ihre Auffassung nicht sofort durchsetzen kann. Zudem ist nicht ersichtlich, warum der Zorn des Gottes nur bis zum Eintreffen des Nesamenope bestehen bleiben soll. Außerdem wäre eine rein selbstmitleidige Aussage in einem Brief, der sonst knapp und klar zur Sache kommt, nicht recht plausibel.

Die Kernfrage muß aber auf dem Verständnis der syntaktischen Konstruktionen liegen. Zum einen deuten die bisherigen Bearbeiter das *ỉ:ỉri̯.ṯ=k ỉyi̯*, mit dem Henuttawis Gedanken einsetzen, als ausnahmsweise vor dem Hauptsatz stehende Konstruktion.[7] Dies kann nicht überzeugen, da sonst *ỉ:ỉri̯.ṯ=f sḏm* im Neuägyptischen immer hinter dem Haupsatz steht.[8] Jedoch ist hier kein Hauptsatz vorhanden, an den es sich anschließen könnte. Was m.E. noch bleibt, ist, hier eine Ellipse im Ausdruck anzunehmen, nämlich im Sinne von „(ich will warten), bis du zurückkommst“. Sachlich erscheint dies durchaus plausibel.

[3] S.P. Vleeming, *The Gooseherds of Hou (Pap. Hou), Studia Demotica* 3, Leuven, 1991, S. 60-69. Der von D. Sweeney, *JEA* 80, S. 210 angeführte Fall *RAD* 40, 7, wo ein Fischer einen Sack Getreide erhält, ist dagegen nicht vergleichbar, da es sich um eine Rationsausgabe, nicht um die Bezahlung einer konkreten Leistung handelt.

[4] E.F. Wente, *LRL*, S. 72.

[5] E.F. Wente, *Letters from Ancient Egypt*, S. 174.

[6] D. Sweeney, *JEA* 80, S. 211.

[7] E.F. Wente, *LRL*, S. 73 Anm. h.

[8] E.F. Wente, *LRL*, S. 73 Anm. h, führt, wenn man den Querverweis zu S. 42 Anm. a verfolgt, nur gerade auf die hier in Rede stehende Passage selbst zurück.

Ferner hängt vieles am Verständnis des *wn iry 'Imn-ḫnm-nḥḥ bin nb im=i*. Hier liegt eindeutig ein Imperfekt des Futur vor, mit prospektivem *sčm=f*. Die bisherige Auffassung „Amun wird mir alles Übel angetan haben" vermag allerdings nicht zu überzeugen, da man im Ägyptischen derartige Aussagen als einfaches Futur „Amun wird mir antun" formulieren würde. Vielmehr hat das Imperfekt des Futur im Ägyptischen immer eine Bedeutungsnuance in Richtung Irrealis, angemessener ist also eine Wiedergabe „Amun würde mir alles Übel antun". Diese Art der Ausdrucksweise ist insbesondere aus dem Demotischen bekannt, wo es einen um die Protasis verkürzten Irrealis gibt, der *wn-nꜣ.w iw.f r sčm* lautet und angemessen als „andernfalls würde er hören" zu übersetzen ist.[9] Ein gutes Beispiel ist etwa pRylands IX 15, 14-15. Dort heißt es *tws iw čṭ=w sšṭ pr-ꜥꜣ wn-nꜣ.w iw=n r hb r pꜣ pr pr-ꜥꜣ n mṭ.t nb i:iri̯ n=k nꜣ wꜥb.w n 'Imn*, „Siehe, man hat uns gesagt, daß Pharao verhindert (?) ist. Andernfalls hätten wir alles, was die Priester des Amun dir angetan haben, an den Königspalast gemeldet."[10]

Setzt man diese Konstruktion auch an unserer Stelle ein, dürfte alles klar werden. Henuttawi klagt nicht etwa, weil der Gott ihr bis zur Rückkehr ihres Mannes lauter Unbill bescheren wird, sondern sie hält sich vielmehr mit Einsprüchen bis zu dessen Eintreffen zurück, weil andernfalls der Gott ihr Übles antun würde. Was bedeutet das sachlich?

Angenommen, Henuttawi beharrte den Fischern gegenüber lautstark auf ihrem Recht, so wäre, da diese kaum gutwillig ihr angeeignetes Getreide herausrücken würden, sicher eine Gerichtsverhandlung fällig. Eine Gerichtsverhandlung in der damaligen Zeit würde aber sicher auch eine Konsultation des Gottes durch Orakelbefragung beinhalten.[11] Henuttawi befürchtet nun, und sicher nicht zu Unrecht, daß sie in dieser Situation in Abwesenheit ihres Mannes einen schweren Stand haben würde, d.h. der Gott würde ihr im Orakelverfahren mutmaßlich nicht Recht geben, somit also Böses zufügen. Dahinter steckt natürlich die Einsicht, daß das Gottesurteil nicht unfehlbar und unbeeinflußbar ist, sondern von Menschen gemacht wird, wobei die jeweils dominierende Gruppe der Gemeinschaft den Ton angibt. So etwas ist auch aus dem Elephantineskandal bekannt, wo dem Angeklagten vorgeworfen wird, er habe gemeinsam mit einem anderen Priester versucht, den Gott dazu zu bringen, einen mißliebigen Händlersohn aus der Priesterschaft auszustoßen, d.h. konkret sicher, ein Gottesurteil in diesem Sinne manipulativ herbeizuführen.[12]

9 Den ersten Hinweis auf diese Konstruktion habe ich vor Jahren von Michel Chauveau erhalten, der aber seine Untersuchung über den Irrealis im Demotischen noch nicht publiziert hat. Auf die Deutung der vorliegenden Stelle habe ich bereits in J.F. Quack, „Ein neuer Versuch zum Moskauer literarischen Brief", *ZÄS* 128, 2000, S. 167-181, dort S. 178 Anm. 104 kurz hingewiesen.

10 Vgl. auch G. Vittmann, *Der demotische Papyrus Rylands 9*, *ÄAT* 38, 1998, S. 73 u. 166-167.

11 Vgl. hierzu besonders M. Römer, *Gottes- und Priesterherrschaft in Ägypten am Ende des Neuen Reiches. Ein religionsgeschichtliches Phänomen und seine sozialen Grundlagen*, *ÄAT* 21, 1994, u. A. von Lieven, „Divination in Ägypten", *AoF* 26, 1999, S. 77-126, dort S. 79-95.

12 *RAD* 75, 9-9-11, s. A. von Lieven, *AoF* 26, S. 86.

Im konkreten Fall der Henuttawi bedeutet dies natürlich, daß ihre eigene Autorität in Abwesenheit ihres Mannes nicht sehr groß ist und sie einer männerdominierten Gruppe gegenüber kaum eine Chance hätte, ihre Ansprüche durchzusetzen.[13] Selbst in Ägypten, wo die rechtliche Situation der Frauen besser war als in den meisten vergleichbaren Kulturen, kann von realer Gleichberechtigung keine Rede sein.

Die – offenbar von zumindest einigen Ägyptern durchschaute – Natur des Gottesurteils als keineswegs unparteiischer Instanz muß aber erst recht dazu anregen, seinen Sinn in der ägyptischen Gesellschaft zu hinterfragen. Ein einfaches Etikett „Priesterbetrug" wäre sicher unzureichend.[14] Vielmehr ist das Orakel gerade bei wichtigen Fragen, wo es bewußt angerufen wurde,[15] in seinen Entscheidungen auch Ausdruck eines tragfähigen Entschlusses der Allgemeinheit, der zwar die Machtverhältnisse der Gemeinschaft wiederspiegelte, aber gleichzeitig auch eine für den Zusammenhalt vor Ort tragfähige Lösung bieten mußte – Fälle, in denen unzufriedene Parteien vor andere Götter zogen, um bessere Urteile zu erhalten,[16] zeigen, daß hier Ausweichmöglichkeiten vorhanden waren und sich deshalb einzelne lokale Gruppen auch vor zu eindeutig ungerechten Regelungen hüten mußten. Gleichzeitig wird eben dadurch auch verständlich, daß man bei Orakelentscheidungen immer wieder durch scheinbar redundante und unnötige Fragen an den Gott versuchte, ihn auf eine definitive, später nicht mehr änderbare Position festzulegen.[17] Daß so etwas nötig war, zeigt etwa der Prozeß um Djehutimes,[18] der immer wieder neu aufgerollt wurde, weil offenbar einige der Betroffenen mit den Entscheidungen nicht einverstanden waren und auf Modifikationen hofften.[19]

Sind dies eher die Schattenseiten des Verfahrens, so sollte man doch nicht die positiven Auswirkungen solcher Vorgehensweisen für die Gemeinschaft unterschätzen. Ein gut erarbeiteter Kompromiß, der zwar der vorherrschenden Meinung und den Macht- und Einflußverhältnissen Rechnung trug, aber sich vor Exzessen in Acht nahm, konnte auf Dauer einen Zusammenhalt der Gruppe fördern und die getroffene Entscheidung gleichzeitig so feierlich ritualisiert in der Öffentlichkeit vorführen, daß sie für die Zukunft akzeptiert und tragfähig war. Wie so etwas funktionieren kann, sieht man etwa am pBM 10335,[20] in dem ein angeblicher Dieb, der seine Schuld vehement abstritt, zwar prinzipiell verurteilt wurde, man jedoch auf die rechtlich mögliche Eintreibung einer Buße in Höhe eines Mehrfachen der gestohlenen Objekte verzichtete. Offenbar hielt die Gemeinschaft ihn zwar für den Hauptverdächtigen, wollte aber angesichts noch bestehender Zweifel an seiner realen Schuld nicht zu hart vorgehen.[21] Ebenso bot ein

[13] Vgl. G. Robins, *Women in Ancient Egypt*, London, 1993, S. 124, wo zur vorliegenden Stelle mit Recht gesagt wird, Henuttawi habe keine eigene Autorität, sondern sei von der Stellung ihres Mannes abhängig.

[14] Vgl. M. Römer, *Gottes- und Priesterherrschaft*, S. 272-273.

[15] Die Fälle, in denen Einzelpersonen durch möglicherweise ohne Wissen der Barkenträger hingeworfene Ostraka mit Anfragen Rat für private Probleme gesucht haben, können hier außer Betracht bleiben.

[16] Vgl. A. von Lieven, *AoF* 26, S. 81-82.

[17] Vgl. M. Römer, *Gottes- und Priesterherrschaft*, S. 197-198. u. 208-209.

[18] J.-M. Kruchten, *Le grand texte oraculaire de Djéhoutimose, intendant du domaine d'Amon sous le pontificat de Pinedjem II*, *MRE* 5, 1986.

[19] M. Römer, *Gottes- und Priesterherrschaft*, S. 207-208.

[20] Ediert und bearbeitet von W.R. Dawson, „An Oracle Papyrus. BM 10335", *JEA* 11, 1925, S. 247-248; s. zuletzt A. von Lieven, *AoF* 26, S. 81-82.

[21] McDowell, *Jurisdiction*, S. 137-138.

Gottesorakel im Zweifelsfall die Möglichkeit, daß Fakten gesagt werden konnten, die zwar an sich hinreichend bekannt waren, aber aufgrund der sozialen Stellung der Beschuldigten nicht so leicht von einfachen Menschen hätten gesagt werden können – solches scheint etwa im Falle des Ostrakons Gardiner 4 der Fall zu sein, wo die Tochter eines der mächtigsten Männer von Dair al-Madina des Diebstahls beschuldigt wird.[22]

Für Henuttawi werden diese potentiell konsensstiftenden und positiven Aspekte eines durch die gesellschaftliche Meinung gestützten Gottesurteils im konkreten Fall von geringem Trost gewesen sein. Sie fühlt sich im Recht gegenüber der unautorisierten Selbstbedienung der Fischer, sieht aber als Frau allein und ohne ihren Mann kaum Chancen, in einer männerdominierten Gesellschaft ihren Anspruch durchzusetzen.

[22] *Ibid.*, S. 115-116.

Elsa Rickal

La noble Baka ou quand les shaouabtys embaument

Il est des thèmes auxquels on associe immanquablement François Neveu. L'Égypte du Nouvel Empire, ses habitant(e)s et leur langue n'ont jamais été aussi vivants que dans l'enseignement qu'il dispense depuis des années. Pour beaucoup, les heures passées à l'écouter ont fait bien plus que nous révéler les secrets du néo-égyptien, nous plongeant dans la vie quotidienne des Égyptiens et soulignant leurs facéties avec un plaisir non dissimulé. C'est à mon tour avec plaisir que je lui dédie cette statuette[1] qui, tant par sa typologie que par ses inscriptions, reflète toute l'originalité des shaouabtys du Nouvel Empire. Que sa lecture soit ainsi illuminée à la vue de cette originale servante !

Les shaouabtys du Nouvel Empire

Depuis les exemplaires uniques du Moyen Empire, véritables petites sculptures représentant la momie du défunt, jusqu'aux innombrables serviteurs de faïence des époques tardives, la forme et la fonction de ces statuettes funéraires que sont les shaouabtys / oushebtys ont sensiblement évolué. Nombre d'ouvrages ont déjà été écrits sur la question[2] et il n'est pas nécessaire de s'étendre ici sur le sujet. Notre statuette datant du Nouvel Empire[3], on se contentera de rappeler qu'au début de la XVIIIe dynastie, les shaouabtys poursuivent la tradition des époques antérieures : placés au nombre d'un ou deux par tombe, ils fonctionnent plus comme substitut

[1] Je remercie vivement l'actuel propriétaire de ce shaouabty de m'avoir autorisée à le faire connaître ici.

[2] Voir pour les plus commodes, J.-Fr. Aubert, L. Aubert, *Statuettes égyptiennes, chaouabtis, ouchebtis*, Paris, 1974 ; H.D. Schneider, *Shabtis. An Introduction to the History of Ancient Egyptian Funerary Statuettes with a Catalogue of the Collection of Shabtis in the National Museum of Antiquities at Leiden, CNMAL* 2, Leyde, 1977, 3 vol. Voir aussi dernièrement, J.-L. Bovot, *Chaouabtis. Des travailleurs pharaoniques pour l'éternité, Les dossiers du musée du Louvre* 63, Paris, 2003, ou encore J.-Fr. Aubert, L. Aubert, *Statuettes funéraires égyptiennes du département des monnaies, médailles et antiques*, Paris, 2005.

[3] De nombreuses statuettes de cette période ont été publiées isolément mais aucune étude d'ensemble ne paraît avoir été entreprise. On notera, parmi beaucoup d'autres, les remarques de G.Th. Martin, « Shabtis of Private Persons in the Amarna Period », *MDAIK* 42, 1986, p. 109-129, ainsi que celles de D.B Spanel, « Two Unusual Eighteenth-Dynasty Shabtis in the Brooklyn Museum », *BES* 10, 1989-1990, p. 145-167, spéc. p. 146-147, qui soulignait déjà l'importance et l'originalité des shaouabtys du Nouvel Empire et l'absence d'une monographie complète sur le sujet.

du défunt que comme serviteur à proprement parler [4]. Puis, à partir de la seconde moitié de la XVIIIe dynastie, matériaux, attitudes et costumes des statuettes se diversifient et peu à peu leur nombre augmente jusqu'à former, surtout à partir de la Troisième Période intermédiaire, de véritables armées de serviteurs [5]. Les inscriptions, elles, sont de nature et de taille variables [6] mais doivent en principe au moins comporter le nom du défunt qui permet dans un premier temps d'identifier la statuette à celui qu'elle représente, et dans un second temps d'assujettir le serviteur à son maître.

Description

La statuette [7] représente une femme debout (pl. 1), enveloppée dans un linceul et coiffée d'une perruque tripartite noire, sans ornement particulier [8] mais, détail rarissime, surmontée d'un haut cône d'onguent [9]. Les longs pans de la coiffure viennent souligner l'arrondi d'un petit visage dont les sourcils et les yeux étirés d'un long trait de fard sont eux aussi rehaussés de noir. Elle porte également un collier large de six rangs se terminant par des pendeloques lacrimoïdes [10]. Ses bras croisés sur sa poitrine disparaissent sous le linceul et on ne distingue que ses poings serrés, sculptés en relief, tenant chacun une houe incisée, à lame large dans le droit et pointue dans le gauche.

[4] Sur le rôle de « serviteur » clairement attribué à la statuette, voir notamment O. Perdu, « Quand les ouchebtis parlent de leur rôle », *BSEG* 24, 2001, p. 71-81.

[5] Si les shaouabtys royaux se multiplient relativement tôt (ainsi les centaines de figurines découvertes dans la tombe de Toutânkhamon), le cas est plus rare pour les sépultures de particuliers. On notera d'ailleurs que l'exemple souvent cité de l'intendant de Memphis sous Amenhotep II, Qenamon, et de sa soixantaine de shaouabtys aux formes et inscriptions très variées, concerne surtout des figurines votives et non funéraires. Cf. H. Wild, « Contributions à l'iconographie et à la titulature de Qen-Amon », *BIFAO* 56, 1957, p. 203-237 ; Fr. Pumpenmeier, *Eine Gunstgabe von seiten des Königs. Ein extrasepulkrales Schabtidepot Qen-Amuns in Abydos*, *SAGA* 19, Heidelberg, 1998, p. 72-75, 95-96.

[6] À partir du Nouvel Empire, le chapitre VI du *Livre des Morts* qui était apparu sur les exemplaires du Moyen Empire continue à se développer et devient le texte par excellence à associer aux figurines. Les nombreuses variantes qu'offrent les shaouabtys et oushebtys des diverses périodes ont fait l'objet d'une classification commode dans Schneider, *Shabtis*, I, p. 78-126.

[7] Matière : bois de teinte légèrement rouge, peinture noire et traces de peinture bleue dans les signes et les détails incisés. Une rainure court tout autour du socle, comme pour marquer la limite entre la base des pieds du personnage et le socle lui-même ; voir Schneider, *Shabtis*, III, doc. 3.1.1.35, 3.1.1.37 et comparer avec *ibid.*, doc. 3.2.1.9, 3.2.1.20 ou 3.2.1.53. Dimensions : H. totale (socle inclus) : 22,9 cm ; H. cône : 2 cm ; l. aux coudes : 6 cm. Fendu et recollé en plusieurs endroits sans grand manque ; côté gauche du pied abîmé et légèrement brûlé.

[8] Lorsqu'elles sont différenciées, les coiffures des shaouabtys de femme sont généralement composées d'une perruque tripartite ou enveloppante, aux mèches parfois finement indiquées et surtout ceinte d'un large bandeau floral. Cf. entre autres Schneider, *Shabtis*, III, doc. 3.1.1.18, 3.1.1.35, 3.1.3.1, et p. 40, les perruques W9 et W10. Voir aussi le bel exemple polychrome de la dame Mâya (Philadelphie, University of Pennsylvania, MAA E 12615a) dont la perruque s'orne d'une fleur de lotus ainsi que de deux bandeaux décorés retenant les mèches de sa perruque enveloppante ; cf. D.B. Spanel, dans A.K. Capel, Gl.E.M. Markoe (éd.), *Mistress of the House, Mistress of Heaven. Women in Ancient Egypt*, cat. exp. Cincinnati Art Museum, New York, 1996, p. 151-152, 211, n° cat. 76. Pour un exemple plus proche du nôtre, voir la figurine de la chanteuse d'Amon Tentimentet (Paris, BN 623 [a 1008]) qui porte une simple perruque enveloppante noire laissant toutefois apparaître les mèches naturelles sur le front et sur laquelle repose juste une fleur de lotus ; cf. J.Fr. Aubert, L. Aubert, *Statuettes funéraires égyptiennes*, p. 29, 80-81, n° cat. 14.

[9] Sur cet élément très particulier, voir les remarques faites plus bas.

[10] Les divers rangs du collier portent encore des traces de pigment bleu.

Les inscriptions, incisées et à l'origine peintes en bleu[11], sont délimitées par des traits de séparation également peints. Elles se répartissent en une colonne frontale et six lignes entourant le corps de la figurine. Elles présentent une des nombreuses variantes du chapitre VI du *Livre des Morts*[12].

1. *sḥḏ Wsjr šps.t*[a] *Bꜣkꜣ mꜣꜥ.t-ḫrw ḏd=s*[b] *j š(ꜣ)bty jpn*
2. *jr ꜥš=tj*[c] *jr ḥsb=tj jr jp=tj r jr.t kꜣ.t nb(.t) jr(r)w.t*
3. *m ẖr(y).t-nṯr r srwḏ sḫ.t r smḥ(.t) wḏb.w*
4. *r ḫnt šꜥ.t n jꜣb.t r jmn.t*
5. *jsṯ ḥw=tj*[d] *sḏb.w jm <m> s*
6. *r ẖr.wt=f*[e] *jr ꜥš=tj r nw nb*
7. *mk jnk kꜣ=t*[f] *jm*

« Que soit illuminé l'Osiris, la noble Baka, juste de voix, elle dit : "Ô, ce sha(oua)bty ! Si on appelle, si on recense, si on dénombre pour accomplir tout travail (habituellement) accompli dans la nécropole, pour faire prospérer les champs, pour irriguer les rives, pour transporter du sable d'Est en Ouest, alors, on (t')en infligera l'embarras là <tel> un homme à sa tâche. Si on appelle à tout moment, « Vois, c'est moi ! », diras-tu là." »

[11] Des traces de couleur sont visibles dans plusieurs signes ainsi que dans les lignes de séparation du texte.

[12] À rapprocher de la formule V.A définie par SCHNEIDER, *Shabtis*, I, p. 105-107 ; III, fig. 5.

a. Nous proposons de voir dans ce passage un jeu graphique assimilant le déterminatif du mot *Wsjr* et le début du titre *šps.t*. On attendrait en effet pour le premier le signe du dieu assis (A40) et pour le second, celui du noble défunt assis sur une chaise (A50) ou agenouillé tenant un insigne de son statut (A52 ou variantes). Le signe que l'on retrouve ici, , permet de combiner les deux puisqu'il évoque à la fois un dieu dont les genoux ne seraient pas relevés et un noble sans flagellum. Sur l'emploi même du titre *šps.t*, voir le commentaire ci-après.

b. On notera l'emploi du pronom féminin qui adapte ici le texte à sa propriétaire. On retrouvera également ce principe à la fin du texte dans la formule de clôture du discours. Cf. n. f.

c. Graphie particulière du pronom indéfini *=tw* que l'on retrouve dans tout le texte. Comparer avec Schneider, *Shabtis*, III, fig. 4, IVD.5 (Ld.3.1.0.1), seul exemple où les deux graphies alternent. Cet usage apparaît en ancien égyptien et plus tard en néo-égyptien, mais n'est pas reconnu dans les grammaires pour le moyen égyptien ; on admet toutefois facilement une écriture pour *=t(w)* et, parallèlement, l'alternance / est bien attestée. On peut également se demander s'il ne s'agit pas ici d'une volonté de distinguer graphiquement le pronom indéfini *=tw* du pronom féminin *=t* qui apparaît sous la forme « classique » dans la formule finale. Pour l'écriture *=tj* du pronom indéfini en ancien égyptien, voir Edel, *Altäg. Gramm.*, p. 81, § 177 ; pour *=tj/=tw* en néo-égyptien, voir Winand, *Études de néo-égyptien* I, p. 39, § 70.

d. La présence du pronom indéfini à cet endroit ne trouve pas de parallèle dans les versions proposées par Schneider, *Shabtis*, III, fig. 3-5.

e. Contrairement à la prise de parole col. 1 et à la formule de clôture l. 7, l'expression « tel un homme à sa tâche » n'a pas été adaptée au féminin. Pour des exemples employant *m s.t r ḫr(.w)t=s*, « telle une femme à sa tâche », voir Schneider, *Shabtis*, I, p. 145.

f. À la place de l'habituel pronom dépendant *wj*, le texte utilise le pronom indépendant *jnk*, sans marque spécifique du féminin. Le sujet du verbe *kꜣj*, en revanche, offre bien la deuxième personne du féminin singulier *=t*. Voir les remarques de Schneider, *Shabtis*, I, p. 146.

Commentaire général

Les shaouabtys de femme sont attestés à toutes les époques. Si l'identification des figurines en costume des vivants[13] se fait *a priori* au premier regard, celle des statuettes momiformes n'est pas aussi évidente et nombre de shaouabtys ne livrent le sexe de leur propriétaire qu'à travers leurs inscriptions. Néanmoins, parmi les caractéristiques féminines immédiatement repérables, on notera

[13] Voir par exemple le shaouabty de la dame Noubet dont les épaules sont couvertes d'un châle plissé ; D. Ben-Tor, *The Immortals of Ancient Egypt from the Abraham Guterman Collection of Ancient Egyptian Art*, Jérusalem, 1997, p. 106, 134-135, n° cat. 111.

bien sûr l'absence de barbe postiche [14] et les éléments de parure qui se limitent bien souvent aux coiffures évoquées plus haut [15]. Le shaouabty de Baka répond effectivement à ces critères et y ajoute une particularité notable : elle adjoint à sa perruque non pas un bandeau floral comme c'est souvent le cas, mais un cône d'onguent assez haut et ne portant visiblement aucune trace de peinture [16]. Cet objet et sa signification ont déjà suscité de nombreuses interprétations qui, pour variées qu'elles soient, n'en sont pas pour autant incompatibles, comme l'a bien montré N. Cherpion dans l'un des articles les plus complets sur le sujet [17]. Il pourrait ainsi s'agir à l'origine d'un élément cosmétique composé d'onguent ou de graisse parfumée, dans lequel pourraient être ajoutés des grains odoriférants [18] ; on sait toute l'importance de l'odeur [19], et plus particulièrement de la bonne odeur, dans la société égyptienne et les scènes de banquet du Nouvel Empire montrant des servantes tendant aux invité(e)s une coupe remplie d'un mélange graisseux (pl. 2a) [20] illustrent bien ce rôle social. Mais au-delà de cette explication purement matérielle, il s'agirait aussi et surtout d'un symbole. Symbole même de ces gestes cosmétiques plutôt que réel bloc d'onguent posé sur le sommet de la tête [21]. Symbole aussi d'un certain jeu de séduction, social ou privé, si l'on considère les contextes souvent agréables dans lesquels il est représenté et les liens que l'idée même du parfum suggère avec la sphère de l'érotisme [22].

[14] Les shaouabtys masculins n'en sont certes pas tous pourvus, mais aucune figurine féminine ne devrait l'être. On considérera à cet égard le cas du shaouabty au nom de la dame Répet conservé à la Bibliothèque nationale (854 *bis* [a 5776] ; cf. J.Fr. Aubert, L. Aubert, *Statuettes funéraires égyptiennes*, p. 22, 66-67, n° cat. 7) : des traces d'arasement sont perceptibles sous le menton de la statuette ; or, si l'on observe les inscriptions très clairement détaillées, on remarque que le titre de *nb.t pr*, « maîtresse de maison » que porte la dame a été réécrit sur ce qui pourrait être le titre masculin *mr pr*, « intendant » ; la façon même dont le nom Répet est écrit à la fin de la première ligne, certes suivi d'un déterminatif féminin… mais se poursuivant à la ligne suivante par un *tw* suivi d'un déterminatif masculin, semble aussi suggérer une regravure par dessus un nom masculin. Si on ajoute à cela l'absence d'accord féminin aux épithètes *mꜣ*ꜥ*-ḫrw et nb jmꜣḫ* à la ligne 4 et surtout le fait que rien, dans le costume ou la forme du shaouabty ne laisse deviner un propriétaire féminin, on peut légitimement se demander si l'objet n'était pas à l'origine destiné à un intendant du début de la XVIIIe dynastie du nom de *[…]tw* dont la dame Répet aurait usurpé les inscriptions et gommé le seul trait physique évident de sa masculinité, sa barbe.

[15] Cf. ci-dessus et note 8.

[16] On a déjà souligné l'aspect « rouge » du bois dont est fait ce shaouabty ; si l'on compare avec les shaouabtys en calcaire polychromes dont les membres émergeant du linceul sont souvent peints en ocre rouge, on peut peut-être supposer que la teinte naturelle du bois suffisait à évoquer cette couleur. L'absence de peinture sur le cône serait alors à interpréter comme une volonté d'en signifier la couleur rouge, ce qui correspond tout à fait aux représentations en deux dimensions de cet élément.

[17] N. Cherpion, « Le "cône d'onguent", gage de survie », *BIFAO* 94, 1994, p. 79-106, fig. 1-27 (avec une bibliographie n. 2) ; déjà utilisé comme critère de datation dans la décoration pariétale dans *id.*, « Quelques jalons pour une histoire de la peinture thébaine », *BSFE* 110, 1987, p. 27-47, fig. 1-10. Pour une étude de l'onction sous l'angle des textes, voir St.E. Thompson, « The Significance of Anointing in Ancient Egyptian Funerary Beliefs », dans L.H. Lesko (éd.), *Ancient Egyptian and Mediterranean Studies: in Memory of William A. Ward*, Providence, 1998, p. 229-243.

[18] Cf. N. Cherpion, *op. cit.*, p. 87-88.

[19] Dès les époques anciennes, le fait de parfumer son corps semble être un facteur d'intégration sociale et de réjouissance ; cf. J. Osing, *LÄ* II, col. 555-556, *s.v.* « Geruch und Geruchswharnehmung », qui souligne aussi le rôle des onguents et encens odoriférants dans l'exercice du culte. Sur ce rapport au divin, voir les développements proposés par St.E. Thompson, *op. cit.*, p. 234-237, qui rappelle notamment que les termes qualifiant l'odeur ou le parfum, souvent associés à la fragrance des dieux, apparaissent aussi en relation avec l'onction dès les époques anciennes.

[20] Cf. N. de Garis Davies, *The Tomb of Two Sculptors at Thebes*, *PMMA* 4 = *RPTMS* 4, 1925, pl. 5 et 7.

[21] L'hypothèse autrefois admise selon laquelle le cône formé de cette mixture et représenté ensuite sur la tête des femmes comme des hommes avait surtout pour but de protéger, en fondant, la chevelure ou la peau, a été remise en cause par N. Cherpion, *op. cit.*, p. 81-83, qui souligne notamment le fait que les Égyptiens portaient la plupart du temps des perruques.

[22] Cf. N. Cherpion, *op. cit.*, p. 86-87.

Symbole enfin d'une renaissance après la mort, perceptible, outre dans le fait qu'on le rencontre essentiellement en contexte funéraire, dans la régénération promise par la connotation érotique précédemment évoquée [23].

Il est à noter que ces réflexions s'appuient essentiellement sur des représentations en deux dimensions, dont le nombre ne cesse d'ailleurs de croître depuis l'apparition de l'image du cône d'onguent dans les tombes thoutmosides jusqu'à la fin de l'époque pharaonique [24]. Comparées à cette masse documentaire, les illustrations en ronde-bosse comme la nôtre font figure d'exception [25] ; nous avons pu repérer ainsi une petite série de monuments qui présentent des caractéristiques communes.

On trouve tout d'abord un compromis entre les attestations pariétales des tombes et la ronde bosse : dans les sépultures du Nouvel Empire, et plus particulièrement à Thèbes, des niches sont aménagées pour recevoir la représentation du défunt éventuellement accompagné de son épouse ou de ses proches parents ; ces statues, généralement réalisées en très haut relief, comme sortant de la roche elle-même, portent parfois des cônes (pl. 2b) [26]. Le lien avec les scènes ornant les murs attenants et le contexte même de la tombe invitent à associer à ces représentations les diverses connotations funéraires évoquées plus haut, à savoir la bonne odeur chère aux défunts et la renaissance dans l'au-delà.

Parmi les exemplaires en ronde bosse, plusieurs types de monuments peuvent être distingués. Tout d'abord une série de statuettes en bois trouvées dans une tombe à proximité de Médinet el-Gourob [27]. Ces figurines représentent des jeunes femmes debout, pour la plupart richement parées et tenant dans une main repliée sous leur poitrine un objet qui pourrait être un sistre [28] ; le socle sur lequel elles se dressent porte des inscriptions les identifiant [29]. Pour deux d'entre elles [30],

[23] Mais qui ne doit pas faire oublier le rôle premier de l'onguent, à savoir rendre l'odeur agréable. Comment ne pas songer à ce trait à la fois social et hygiénique quand on observe, dans les représentations de funérailles, la momie ou le cercueil qui la contient dressés devant la porte de la tombe et coiffés de ce cône symbole de bonne odeur ? Cf. J. Assmann, *Mort et Au-delà dans l'Égypte ancienne*, Paris, 2001, p. 456-457, 466-474.

[24] Pour des exemples sur des stèles tardives, voir entre autres A. Bey Kamal, *Stèles ptolémaïques et romaines. Nos 22001-22208*, CGC, Le Caire, 1904, II, pl. 74. *bis* (1-3), 76 (40-45).

[25] N. Cherpion, *op. cit.*, p. 91, n. 97, ne notait que quatre statuettes, auxquelles nous avons pu ajouter plusieurs autres exemples.

[26] Voir *e.g.* les exemples ramessides donnés dans E. Hofmann, *Bilder im Wandel. Die Kunst der ramesidischen Privatgräber, Theben* 17, Mayence, 2004, pl. 9 ; M. Abdul-Qader Muhammed, *The Development of the Funerary Beliefs and Practices Displayed in the Private Tombs of the New Kingdom at Thebes*, Le Caire, 1966, pl. 8-12.

[27] É. Chassinat, « Une tombe inviolée de la XVIIIe dynastie découverte aux environs de Médinet el-Gorab dans le Fayoûm », *BIFAO* 1, 1901, p. 225-234, pl. 1-3.

[28] Sur les six statuettes faisant partie de la découverte, deux étaient nues : une, très fragmentaire, a disparu et l'autre, anciennement dans la collection Behague, est passée en 1987 dans une collection anglaise avant d'être confiée au Brooklyn Museum (qui possède deux des quatre autres statuettes, resp. nº inv. 54.187 et 47.120.3). Cf. É. Chassinat, *op. cit.*, p. 227 ; Vandier, *Manuel*, III, pl. 172.5, 173.3 et 173.4.

[29] Si elles sont toutes nommées, elles ne portent pas toutes de titre. On a ainsi Mi, chanteuse (Brooklyn Museum 47.120.3), Mâya, chanteuse d'Amon (coll. part. Lyon) et Tiy, chef de tisserandes (MMA 41.2.10) ; mais Nebetia (coll. part. anglaise) et Touty (Brooklyn Museum 54.187) ne portent pas de titre. Cf. resp. É. Chassinat, *op. cit.*, pl. 2.1 et 1.3, pl. 1.1, pl. 2.2 et 1.2 ; Vandier, *op. cit.*, pl. 172.4 et 172.1, pl. 172.3, pl. 172.3 et 173.5.

[30] La chanteuse d'Amon Mâya, passée en vente en 1952, est actuellement conservée dans une collection privée à Lyon ; cf. Vandier, *op. cit.*, pl. 172.1. La dame Touty, elle, est au Brooklyn Museum (nº inv. 54.187) ; cf. *ibid.*, pl. 172.5 (sans perruque et avec sistre) ; J.D. Cooney, *Five Years Collecting Egyptian Art. 1951-1956*, cat. exp. Brooklyn Museum (11/XII/56 – 17/III/57), Brooklyn, 1956, p. 7-10, pl. 19-21, nº cat. 9.A (avec perruque et cône avec base, mais sans sistre ; l'auteur assure de l'authenticité des éléments rapportés par rapport à la première publication de la statuette ; cf. *ibid.*, p. 8).

surmontant une lourde perruque enveloppante, un haut cône se dresse, ceint à sa base d'un large anneau [31], chacun de ces éléments, perruque, cône et anneau constituant une pièce amovible (pl. 3.a) [32]. Toutes datées par leur style des règnes d'Amenhotep III ou Amenhotep IV [33], ces statuettes ont parfois été mises en relation avec le harem de la ville de Gourob, dont le fonctionnement est bien documenté pour la fin de la XVIIIe dynastie et le début de l'époque ramesside [34]. La présence d'un cône d'onguent dans un tel contexte ajouterait à la dimension funéraire du lieu même de la trouvaille une dimension érotique qui corroborerait les interprétations symboliques de l'objet. L'absence de titre spécifiquement lié à cette institution ou d'informations complémentaires sur les sépultures du secteur ne nous permet malheureusement pas de tirer plus de conclusions quant à l'appartenance de ces jeunes femmes au harem lui-même et tout au plus peut-on supposer qu'elles vivaient dans le Fayoûm.

À ces statuettes on ajoutera une figurine fragmentaire en bois dont on sait peu de choses [35] mais qui partage avec les précédentes une perruque enveloppante, de grosses boucles d'oreilles rondes et surtout un haut cône d'onguent à large base. Le style général du fragment le rapproche lui aussi de la fin de la XVIIIe dynastie ou du début de la XIXe dynastie.

Le musée de Rio conserve également la moitié supérieure d'une statuette en calcaire peint [36] représentant une jeune femme sans doute debout et qui ramène de sa main gauche une fleur de lotus sur sa poitrine. Coiffée elle aussi d'une perruque enveloppante, elle porte un cône d'onguent haut mais de forme un peu plus pyramidale que les précédents (pl. 3b). De facture et de style différents des statuettes en bois, elle pourrait dater du milieu de la XVIIIe dynastie [37]. Le fin pilier dorsal contre lequel elle s'appuie ne portant aucune inscription, l'attribution et le contexte du monument ne peuvent être précisés.

Une autre série de figurines féminines datant de la XVIIIe dynastie, mais découvertes à Saqqâra, se trouve au musée du Caire [38]. Les trois statuettes en grès peint représentent chacune une femme agenouillée tenant un enfant assis sur ses cuisses. Elle sont toutes trois coiffées d'une

[31] Comparer avec la façon de rendre la base du cône dans certaines peintures ; voir entre autres E. Hofmann, *op. cit.*, pl. 5, fig. 12, pl. 10, fig. 28.

[32] Ce qui explique la présence ou l'absence de tout ou partie de ces éléments dans les diverses publications. Pour Touty, voir la note précédente. Pour Mâya, comparer les planches de É. Chassinat, *op. cit.*, pl. 1.3 et de D. Arnold, *The Royal Women of Amarna. Images of Beauty from Ancient Egypt*, cat. exp. New York, MMA (8/X/1996 – 2/II/1997), New York, 1996, xvii, p. 127, fig. 124, n° cat. 54 ; elle a depuis sa découverte perdu son collier de faïence et certaines de ses boucles d'oreilles, ainsi que la base du cône qu'elle porte encore ; elle a en revanche gagné un sistre.

[33] Voir notamment B.M. Bryan, dans A.P. Kozloff *et al.*, *Aménophis III. Le Pharaon-Soleil*, cat. exp. Paris, Grand Palais (1993), Paris, 1993, p. 222-225, n° cat. 50-51, et spéc. p. 222-223, n. 2, qui mentionne d'autres statuettes trouvées dans le même secteur et datant de la même époque.

[34] Cf. *i.a.* B.J. Kemp, « The Harim-Palace at Medinet el-Ghurab », *ZÄS* 105, 1978, p. 122-133. Je remercie également Marine Yoyotte qui prépare à Paris IV – Sorbonne une thèse de doctorat sur « L'institution du harem royal » pour les nombreuses informations qu'elle m'a communiquées sur le sujet.

[35] Conservée à Bruxelles, n° inv. E 5849 (anc. coll. Amherst). Manque la majeure partie du corps à partir des épaules et ce qui subsiste est assez abîmé ; cf. M. Werbrouck, *Musées royaux d'art et d'histoire. Département égyptien. Album*, Bruxelles, 1934, iii, pl. 54.

[36] Rio de Janeiro, n° inv. 98 ; cf. K.A. Kitchen, *Catalogue of the Egyptian Collection in the National Museum, Rio de Janeiro*, Rio, 1990, I, p. 187, n° cat. 74 ; II, pl. 178-179.

[37] D'après *ibid.*, p. 187.

[38] Statues Caire, CG 1252-1254 (resp. JE 6717, 7023 et 14193) ; cf. L. Borchardt, *Statuen und Statuetten von Königen und Privatleuten im Museum von Kairo : Nr. 1-1294*, CGC, Berlin, 1934, IV, p. 130-131, pl. 173.

perruque enveloppante dont les longues mèches se séparent sur les épaules, mais l'une d'elles [39] porte également un cône d'onguent, apparemment plus petit et plus rond que les précédents (pl. 3c). En outre, la présence de l'enfant semble davantage orienter leur signification vers la sphère de la maternité ou de la fécondité que de la séduction pure ; on pourrait néanmoins y retrouver la promesse d'une renaissance dans l'au-delà mais, sans contexte archéologique précis, rien n'indique que ces figurines proviennent de tombes.

Dans le même ordre d'idées, on rencontre également à travers les collections ce que les égyptologues ont coutume d'appeler des « figurines de fertilité ». Il s'agit de statuettes en terre cuite peinte représentant une jeune femme nue, généralement allongée sur un lit et à côté de laquelle est parfois figuré un jeune enfant [40]. Parmi les nombreux exemples de ces figurines, beaucoup portent très clairement une perruque longue surmontée d'un cône d'onguent (pl. 3d) [41]. Si la présence de l'enfant semble confirmer le thème de la fécondité, la nudité des personnages a également amené à rapprocher ces objets des pseudo « concubines » du Moyen Empire [42], dont l'érotisme symbolique a généralement été accepté bien que leur signification exacte reste discutée. Une fois encore, la présence du cône dans ces conditions peut tout aussi bien souligner l'un ou l'autre des aspects, voire les deux [43].

Parmi les exemples en ronde bosse ainsi relevés, aucun shaouabty. Notre statuette vient donc ajouter un type supplémentaire à ces documents dont la fourchette chronologique couvre essentiellement la fin de la XVIIIe et le début de la XIXe dynastie. On notera également que, pour ces attestations comme pour Baka, le cône d'onguent n'apparaît jamais exclusivement lié à un type de représentation ; il est au contraire un élément ajouté à des modèles par ailleurs bien connus. S'il est

[39] Statue Caire CG 1253 = JE 7023 ; cf. *ibid.* Voir également M.-L. Buhl, *L'art statuaire égyptien au musée Thorvaldsen*, Copenhague, 2000, p. 19, fig. 11-11a (qui date ces statuettes d'Amenhotep III).

[40] Comparer avec les statuettes, sans cône, retrouvées dans le secteur de Gourob : ainsi dans une tombe d'un enfant de douze ans, une figurine en calcaire de la XVIIIe dynastie (cf. G. Brunton, R. Engelbach, *Gurob*, *BSAE* 24, Londres, 1918, p. 17, pl. 13, 6) ; ou encore celles que W.M.Fl. Petrie date au plus tard de Ramsès II en faisant allusion à des figurines similaires trouvées à Naukratis (cf. W.M.Fl. Petrie, *op. cit.*, p. 38, § 74, pl. 18.33 et 18.37).

[41] Parmi les figurines publiées, nous avons pu relever les exemples suivants : pour des femmes couchées sans enfant, Turin, inv. cat. 7829 (XVIIIe dynastie) ; cf. L. Donatelli, dans A.M. Donadoni Roveri (éd.), *La civilisation des Égyptiens. Les croyances religieuses*, Milan, 1988, p. 207, fig. 284 (haut) ; voir aussi Cincinnati Art Museum 1921. 280-281 (Akhenaton, Amarna) ; cf. A.K. Capel, dans *id.*, Gl.E.M. Markoe (éd.), *Mistress of the House, Mistress of Heaven*, p. 66-67, n° cat 16b, ill. (gauche). Noter peut-être un fragment provenant de Gourob dans W.M.Fl. Petrie, *Kahun, Gurob, and Hawara*, Londres, 1890, p. 38, § 74, pl. 18.32. Ajouter également une figurine en calcaire décrite dans W.C. Hayes, *The Scepter of Egypt. Part II : The Hyksos Period and the New Kingdom (1675-1080 B.C.)*, Cambridge, Massachusetts, 1959, p. 266 (sans photo). Pour un exemple où la jeune femme est debout, voir la statuette Londres, BM EA 21953 (fin XVIIIe – début XIXe dynastie) qui rappelle davantage la posture des « concubines » du Moyen Empire ; cf. G. Robins, *Reflections of Women in the New Kingdom : Ancient Egyptian Art from the British Museum*, cat. exp. Atlanta, M.C. Carlos Museum (4/II-14/V/1995), San Antonio, 1995, p. 70, n° cat. 35, ill. Pour une jeune femme avec enfant, voir les figurines Louvre E 11764 ; cf. M. Étienne (éd.), *Heka. Magie et envoûtement dans l'Égypte ancienne*, Paris, 2000, p. 109, n° cat. 173 ; Londres, BM EA 20982 (Amenhotep III, provenant peut-être d'Akhmim) ; cf. *ibid.*, p. 71, n° cat. 36, ill.

[42] Voir par exemple L. Donatelli, *op. cit.*, p. 207, fig. 284, p. 256, qui associe sur une même photo et dans un même commentaire une « concubine » en faïence du Moyen Empire (Turin, inv. 7206) et ce qui est en fait une figurine en terre cuite du Nouvel Empire (Turin, inv. 7829).

[43] Ou les trois, si on considère la connotation funéraire du fait que certaines de ces figurines proviennent de tombes.

difficile dans la plupart des cas de donner à cela un sens certain, les lectures symboliques qui ont pu être proposées pour les représentations bidimensionnelles semblent en tout cas pouvoir être validées dans la statuaire ; il s'y ajoute simplement une dimension supplémentaire qui joue davantage sur la féminité des modèles représentés, les entraînant parfois de l'érotisme à la maternité.

Datation et provenance

Aucune date précise au sein du Nouvel Empire ne s'impose de prime abord pour cette statuette mais plusieurs éléments devraient nous permettre de réduire cette fourchette.

Le style général de la figurine nous fournit assez peu d'informations : le petit visage rond et les grands yeux suggéreraient au moins le milieu de la XVIIIe dynastie, mais on rencontre aussi au tout début de l'époque ramesside des visages féminins s'en rapprochant. Le type de shaouabty lui-même ne saurait nous renseigner précisément puisqu'il est à notre connaissance sans parallèle. Tout au plus soulignera-t-on le fait que Baka tient dans ses mains des outils aratoires, élément qui apparaît sur les shaouabtys à l'époque de Thoutmosis IV. Elle n'est donc pas antérieure à ce règne, ce qui pourrait être confirmé par les éléments de comparaison que nous ont fournis les autres pièces statuaires présentant un cône d'onguent et qui se concentraient surtout sur la fin de la XVIIIe et le début de la XIXe dynastie.

Les inscriptions, elles, offrent quelques indices supplémentaires. Le nom de la propriétaire tout d'abord : *Bꜣkꜣ*, écrit . Tel quel, il n'est pas recensé dans les répertoires onomastiques. Néanmoins, H. Ranke cite quelques exemples avec des graphies approchantes et dans lesquelles il propose de lire les noms *Bk* ou *Bkj*, marquant peut-être une origine étrangère. Ainsi, [44] ou [45], auxquels on ajoutera [46] et [47]. Attestés pour des hommes ou des femmes, ces noms se concentrent entre le milieu et la fin de la XVIIIe dynastie ou le tout début de la XIXe dynastie.

On notera également l'existence, à l'époque ramesside au moins, d'un nom commun *bꜣkꜣ*, écrit [48] ou [49], qui désignerait un végétal d'origine asiatique assimilé

[44] Ranke, *PN* I, 92 et 98, 25 (*Bꜣkꜣ = Bk*). Nom porté par un homme cité comme témoin du procès de Mès en « l'an 59 » d'Horemheb dans G.A. Gaballa, *The Memphite Tomb-Chapel of Mose*, Warminster, 1977, p. 25, 30, pl. 63, S. 11.

[45] Ranke, *PN* I, 92 et 98, 26 (*Bꜣkꜣjꜣ = Bkj*). Attesté pour une femme sur la stèle Munich ÄS 14, datée du milieu de la XVIIIe dynastie (cf. K. Dyroff, B. Pörtner, *Ägyptische Grabsteine und Denksteine aus süddeutschen Sammlungen*, II : *München*, Strasbourg, 1904, p. 18, pl. 9, no 14 [Glypt. 16]). Également porté par le père du propriétaire de la stèle Louvre C 92 ; le monument datant de Séthy Ier, on peut supposer que le personnage a vécu dans les règnes de la fin de la XVIIIe dynastie.

[46] Ranke, *PN* I, 91, 20 (*Bꜣk-kꜣjꜣ*). Ce nom apparaîtrait dans une liste de personnels sur un papyrus de la XVIIIe dynastie trouvé à Gourob : papyrus Gourob A = Londres, BM 10776 ; cité dans Helck, *Materialien*, II, 1035. Voir aussi J. Politi, « Gurob – The Papyri and the "Burnt Groups" », *GM* 182, 2001, p. 107-111.

[47] Ranke, *PN* I, 94, 27 (*Bwkꜣy = Bkj*). Pour une des femmes représentées sur la stèle Londres, BM 472 [293], datée de la XVIIIe dynastie (seul un dessin du texte est donné ; une vérification sur l'objet permettrait de s'assurer qu'il ne s'agit pas d'une autre graphie de *Bꜣkꜣ*) ; *BM Stelae* VI, p. 11, pl. 45.

[48] *Wb.* I, 482, 4 = *pAnastasi* I, 23, 7 ; cf. G. Posener, « La mésaventure d'un Syrien et le nom égyptien de l'ours », *Orientalia* 13, 1944, 193-204, spéc. 197 ; H.W. Fischer-Elfert, *Die satirische Streitschrift des Papyrus Anastasi I : Textzusammenstellung*, *KÄT* 7, 1983, p. 139 ; *id.*, *Die satirische Streitschrift des Papyrus Anastasi I : Übersetzung und Kommentar*, *ÄA* 44, 1985, p. 199, n. k.

[49] *Wb* I, 482, 5 = *pHarris* I, 16b, 11 (cf. Grandet, *Papyrus Harris* I, p. 85, n. 316).

au « baumier [50] », autrement appelé « arbre à myrrhe ». Doit-on voir là une simple coïncidence ou Baka a-t-elle joué, en s'adjoignant un cône parfumé, sur les symboles et sur les mots [51] ?

Le second élément susceptible de nous fournir des rapprochements chronologiques est le titre que porte Baka : , *šps.t*. Le terme est bien connu depuis l'Ancien Empire où– dans le titre *šps.t-nsw* et fréquemment associé aux titres *ḫkr.t-nsw*, « ornement du roi » et *ḥm.t-nṯr Ḥw.t-Ḥr*, « prêtresse d'Hathor [52] »–, il sert notamment à désigner des femmes de hauts dignitaires ; non répertorié pour le Moyen Empire, il réapparaît ensuite sporadiquement au Nouvel Empire [53] et peut-être plus fréquemment à partir de la XXIIe dynastie au moins [54].

Les cas qui concernent notre période se répartissent entre épithètes et titres, mais leurs contextes d'apparition ne sont pas des plus clairs. Ainsi sous Thoutmosis III, Montouherkhépéshef, directeur des prêtres et gouverneur de Tjébou, se présente comme « fils d'un noble-*sꜥḥ*, enfanté par une noble-*šps.t* [55] » ; à la même époque, l'épouse du premier prêtre lecteur d'Amon, Ahmose, porte dans la tombe de ce dernier, une série d'épithètes peu communes : « sa femme qu'il aime, la maîtresse de maison, la grande, la noble-*šps.t*, celle qui siège sur terre (?) [56] » ; on notera qu'elle est également *ḫkr.t-nsw* [57]. Dans les deux cas, le titre *šps.t* semble donc insister sur la haute position sociale de celle qui le porte.

Le terme réapparaît ensuite sur un cône funéraire [58] et sur deux étiquettes de jarres datées de l'an 11 et de l'an 16 d'Akhenaton [59]. Sur ces trois documents, il serait question d'un domaine de *tꜣ šps.t*, « *la* noble-*šps.t* », mais sur deux d'entre eux, aucun nom ne suit cette désignation, et la lecture du troisième reste problématique [60]. On a parfois voulu voir dans ces trois attestations une seule et même personne, notamment Kiya, épouse d'Akhenaton [61] ; une attitude plus prudente consisterait simplement à voir dans les *šps.wt* ainsi évoquées une ou plusieurs dames de haut rang, peut-être des princesses, dont une au moins est assurément d'origine étrangère [62].

Au début de l'époque ramesside, on retrouve le titre *šps.t* sur une statue conservée à Berlin et provenant de la région memphite [63] : la fille du propriétaire du monument, représentée à la

50 W. Helck, *Die Beziehungen Ägyptens zu Vorderasien im 3. und 2. Jahrtausend v. Chr.*, *ÄA* 5, Wiesbaden, 2e éd., 1971, p. 512, n° 72 ; Grandet, *loc. cit.*, se montre plus prudent quant à l'identification de l'essence concernée.

51 Th. Schneider, *Asiatische Personennamen in ägyptischen Quellen des Neuen Reiches*, *OBO* 114, 1992, p. 97, 314-315, souligne ainsi le rapprochement possible entre les noms propres cités ci-dessus et la racine sémitique *bkj* dont dériverait le nom du baumier.

52 L. Manniche, « The Wife of Bata », *GM* 18, 1975, p. 33-38, spéc. p. 36, n. 13.

53 *Wb* IV, 449-450 ; L. Manniche, *loc. cit.*, fait le point sur les attestations du Nouvel Empire à éliminer des références.

54 *Wb* IV, 449, 14.

55 *sꜣ sꜥḥ ms(w).n šps.t* ; N. de Garis Davies, *Five Theban Tombs*, *ASE* 21, Londres, 1913, pl. 4, col. 1–9 (TT 20, Drah Abou'l Naga).

56 *ḥm.t=f mr.y=f nb.t pr ꜥꜣ.t šps.t ḥmsy.t tpy.w*^sic^*-tꜣ* ; fiche *Wb* <TT> 788.9 (TT 121, Scheikh Abd el-Gourna ; l'université de Charleston et le Serapis Research Institute y ont lancé des campagnes de fouilles depuis le début des années 1990, qui devraient un jour préciser les lectures proposées).

57 Fiche *Wb* <TT> 788.9.

58 N. de Garis Davies, M.F.L. Macadam, *A Corpus of Inscribed Egyptian Funerary Cones*, Oxford, 1957, n° 527 (*ꜥꜣ n pr n tꜣ šps[.t] Nhryn Bngꜣy*).

59 Resp. W.M.Fl. Petrie, *Tell el-Amarna*, 1894, pl. 25, doc. 95 (fac-similé) ; H. Frankfort, J.D.S. Pendlebury, *The City of Akhenaten*, II, *EEF* 40, Londres, 1933, pl. 58, an 16 (transcription uniquement).

60 Voir les remarques de R. Krauss, « Nefretitis Ende », *MDAIK* 53, 1997, p. 209-219, spéc. p. 213-215, fig. 6-8.

61 Ainsi L. Manniche, *loc. cit.*

62 Du fait de la mention du Naharyna sur le cône funéraire ; cf. n. 58. Voir également R. Krauss, *oc. cit.*, p. 215.

63 Statue Berlin, Äg. Mus. 2297 ; cf. Roeder, *AIB*, II, p. 6-8 ; voir en dernier lieu R.A. Hema, *Group Statues of Private Individuals in the New Kingdom*, *BAR-IS* 1413, Oxford, 2005, I, p. 302-305, n° cat. 137 ; II, pl. 137 a-b.

fois à ses côtés et sur une scène gravée sur le pilier dorsal, porte le titre de *šps.t (n.t) pr-ꜥꜣ ꜥ.w.s.*, « noble-*šps.t* du palais, v.s.f. », sans plus d'indication.

En l'an 52 de Ramsès II, un journal de bord sur papyrus évoque l'apport de produits relatifs à une noble-*šps.t* nommée Isisnéfret, fille de Mérenptah [64].

À la fin de la XIXᵉ dynastie enfin, dans la seconde partie du *Conte des deux frères* [65], c'est de l'épouse de Bata qu'il s'agit : tout d'abord qualifiée de *s.t-ḥm.t* ou *tꜣ ꜥḏd.t* [66], elle est amenée au roi qui en tombe amoureux et la fait aussitôt *šps.t ꜥꜣ.t*, « grande noble-*šps.t* [67] » ; dans la suite du texte, elle sera dès lors désignée comme *tꜣ šps.t* [68]. Nombre d'auteurs ont considéré que le fait que la jeune femme soit nommée noble-*šps.t* à partir de sa rencontre avec le souverain était un indice de son intégration au harem du roi [69], mais rien ne l'atteste explicitement.

Les quelques mentions que nous avons relevées du titre au Nouvel Empire ne nous éclairent guère quant aux fonctions ou attributions précises qu'il recouvre. Attesté entre le milieu de la XVIIIᵉ et la fin de la XIXᵉ dynastie, il concerne très nettement des femmes de haute condition ayant un rapport privilégié avec le palais ou le roi : certaines sont « noble du palais », d'autres deviennent « épouse de roi », certaines sont étrangères, d'autres créées par les dieux...

Si les éléments que nous avons observés nous permettent ainsi de confirmer une datation de notre statuette entre le milieu de la XVIIIᵉ et la XIXᵉ dynastie, ils ne nous livrent que peu de renseignements précis sur sa provenance. Tout au plus, si on admet que le cône d'onguent est tout autant un symbole de l'au-delà que de séduction et qu'une noble-*šps.t* a des contacts particuliers avec une institution royale, peut-on peut-être supposer que ce shaouabty provient, comme un certain nombre de statuettes portant elles aussi un cône, d'une tombe de la région memphite ou du Fayoûm.

Conclusion

Ainsi, de sa forme à son nom en passant par son titre, les indices sont ténus qui nous permettent de cerner un peu mieux la propriétaire de ce shaouabty. Dotée d'un nom d'origine étrangère, elle porte un titre qui en fait une dame de haut rang et sans doute proche de la sphère royale, sans pour autant nous révéler ses attributions à la cour. Nous offre-t-elle, à travers le cône qu'elle arbore si fièrement, un simple symbole funéraire que justifierait la nature même du shaouabty ? ou nous donne-t-elle subtilement un indice de son appartenance à un harem de la fin de la XVIIIᵉ ou de la XIXᵉ dynastie ?

64 Cf. *KRI* II, 807, 13-14 = *pLeyde* I 350, vs II, 7-8 (J.J. Janssen, *Two Ancient Egyptian Ship's Logs, OMRO suppl.* 42, Leyde, 1961, p. 10, 22 et 26). Comparer avec un passage semblable un peu plus loin, mais où le nom est resté vide : *KRI* II, 809, 1-2 = *pLeyde* I 350, vs II, 27-28 (J.J. Janssen, *op. cit.*, p. 11, 27 et 31) ; et encore avec la *sꜣ.t-nsw ꜣs.t-nfrt* déterminée par le signe šps en *KRI* II, 812, 10 = *pLeyde* I 350, vs IV, 20 (J.J. Janssen, *op. cit.*, p. 15 et 43). K.A. Kitchen propose d'y voir trois mentions de la princesse Isisnéfret III, fille de Mérenptah (*KRITANC* II, 527, § 990).

65 *pd'Orbiney* = *pBM* 10183 ; voir récemment W. Wettengel, *Die Erzählung von den beiden Brüdern. Der Papyrus d'Orbiney und die Königsideologie der Ramessiden, OBO* 195, Fribourg, Göttingen, 2003.

66 Resp. *pd'Orbiney* 9,6 ; 10,2 ; 12,1 et 10,5.

67 *pd'Orbiney* 12,2-3 : *wn.jn ḥm=f ꜥ.w.s. ḥr mr.t=s r jqr jqr jw=tw ḥr dhn=s r šps.t ꜥꜣ.t*. L'emploi du verbe *dhn*, habituellement employé pour « promouvoir » quelqu'un à un poste, confime bien le fait que *šps.t* est ici un titre.

68 *pd'Orbiney* 15,8 ; 16,1 ; 17,5 ; 17,9 ; 18,4.

69 Cf. L. Manniche, *op. cit.*, p. 34 ; W. Wettengel, *op. cit.*, p. 171, 174 et 177 notamment, qui traduit *šps.t* tantôt par « Harimsdame », tantôt par « edle Dame ».

Pl. 1. Shaouabty de Baka.

Pl. 2a. Scène de banquet, tombe de Nebamon et Ipouky, TT 181 (N. de Garis Davies, *The Tomb of Two Sculptors at Thebes*, *PMMA* 4 = *RPTMS* 4, New York, 1925, pl. 7).

Pl. 2b. Statues de la tombe de Néferrenpet, TT 178 (© Eva Hofmann, Ägyptologisches Institut der Universität Heidelberg).

Pl. 3a. Statuette de la dame Mâya, coll. part. Lyon (D. ARNOLD, *The Royal Women of Amarna. Images of Beauty from Ancient Egypt*, cat. exp. New York, MMA, New York, 1996, p. 127, fig. 124, n° cat. 54).

Pl. 3b. Statuette de femme, Rio, Musée national n° inv. 98 (K.A. KITCHEN, *Catalogue of the Egyptian Collection in the National Museum, Rio de Janeiro*, Rio, 1990, II, pl. 178).

Pl. 3c. Statuette de femme tenant un enfant, Caire, CG 1253 = JE 7023 (L. BORCHARDT, *Statuen und Statuetten von Königen und Privatleuten im Museum von Kairo : Nr. 1-1294*, CGC, Berlin, 1934, IV, pl. 173).

Pl. 3d. Statuette d'une femme allongée sur un lit, Louvre E 14385 *bis* (© Christian Décamps, DAE, Musée du Louvre).

Marcella Trapani

Un édit de Séthi II réprimant la corruption des prêtres de Karnak

Le texte dont nous allons aborder l'étude, dans le cadre de cette publication en hommage à M. François Neveu, s'inscrit à juste titre, à notre avis, dans le domaine des intérêts multiples du dédicataire. Il s'agit en effet d'une inscription du roi Séthi II provenant du temple de Karnak, qui contient, entre autres, un décret royal concernant un cas de corruption parmi le personnel du temple d'Amon. Il s'agit donc d'un document en « bon » néo-égyptien, portant sur une question de la vie quotidienne du temple, et nous souhaitons par cette étude rendre hommage et adresser nos remerciements à celui qui a été l'un de nos maîtres de la langue ramesside.

Découverte, position et histoire de la stèle

Jusqu'à 1958, on ne connaissait que le bloc central de la stèle, qui avait été publié et traduit par W. Helck [1] et qui avait été découvert parmi les blocs de la paroi ouest de la « cour de la cachette ». Ensuite, Helck lui-même découvrit deux nouveaux blocs, à côté de la paroi sud-ouest, à l'extérieur de la cour, lesquels ne se rattachaient pas directement au premier mais laissaient deux grandes lacunes. Helck modifia donc sa première édition d'après les nouveaux blocs découverts [2]. L'égyptologue allemand publia encore un fragment de la même inscription en 1963 [3] ; il provenait d'un magasin au nord du lac sacré de Karnak, où plusieurs blocs et fragments étaient stockés. Toutefois, Helck ne le mit pas en rapport avec les autres blocs qu'il avait trouvés auparavant.

Les blocs, au total six, ont été rassemblés et photographiés pour la première fois par K.A. Kitchen à l'occasion de la publication du quatrième tome de ses *Ramesside Inscriptions* [4]. Kitchen a marqué chaque bloc d'un chiffre romain :

[1] « Zwei thebanische Urkunden aus der Zeit Sethos' II. », *ZÄS* 81, 1956, p. 82-86.

[2] « Nachlese zu ramessidischen Inschriften », *ZÄS* 83, 1958, p. 145-146.

[3] « Ein Inschriftfragment Sethos' II. », *CdE* 38, 1963, p. 37-39, fig. 1. Voir également PM II^2, p. 297.

[4] *KRI* IV, p. 263-266 ; cf. PM II^2, p. 136. Traduction et commentaire dans les articles de W. Helck précédemment cités et dans Vernus, *Affaires et scandales*, p. 176-178 et 246. Voir aussi *RITA* IV, p. 188-189.

I. Le premier bloc en haut à gauche, contenant la partie inférieure de la scène représentée sur la stèle, le cartouche de Séthi II et une ligne de texte ;
II. Le bloc publié par Helck en 1963 et correspondant, d'après Kitchen, à la partie gauche de la stèle, lignes 4-7 du texte. Il montre les cartouches de Séthi II ;
III. Le fragment publié par G.A. Gaballa et K.A. Kitchen [5], semble, selon ce dernier, avoir occupé la partie droite de la stèle, à la hauteur des lignes 8-13. Ce bloc, qui avait été signalé par P. Barguet [6], se trouvait devant la paroi nord de l'aile orientale du IXe pylône du temple d'Amon à Karnak. Il porte aussi un cartouche du roi Séthi II ;
IV et VI. Les deux nouveaux blocs publiés par Helck ;
V. Le premier bloc publié par Helck.

Les fragments marqués des numéros IV-VI forment, dans la reconstruction de Kitchen, la partie inférieure de la stèle, c'est-à-dire les lignes 14-18. Ils font sûrement partie de la même inscription, tandis que les numéros II et III pourraient appartenir à une autre stèle de Séthi II. Le bloc I n'a pas été publié. Nous nous proposons, en donnant ici une traduction et un commentaire de tous les blocs publiés, d'essayer de faire le point sur la question.

L'intérêt principal de l'inscription réside dans le décret royal qui, malgré quelques lacunes, présente un sens général assez clair : les lacunes ont pu être restituées à l'aide des autres textes du même genre qui sont connus pour l'époque ramesside. Nous possédons en effet de nombreux décrets royaux de cette époque, en particulier [7] :

1. Le décret de l'an 4 de Séthi Ier à Nauri [8] ;
2. Le décret de l'an 9 de Séthi Ier au temple de Kanaïs [9] ;
3. Le fragment d'un décret attribué par H. Brunner, d'après la paléographie, à un roi entre Séthi Ier et Mérenptah, et provenant des environs du temple de Séthi II à Hermopolis [10] ;

5 « Fragment of a Stela of Sethos II », *CdE* 43, 1968, p. 269-270. Voir aussi PM II², p. 180.

6 *Le temple d'Amon-Rê à Karnak*, *RAPH* 21, 1962, p. 255, n. 2.

7 Sur les décrets royaux en général et sur leurs fonctions, cf. M. Trapani, « Il decreto regale e l'oracolo divino nell'antico Egitto (dalle origini alla XX dinastia : 2472-1070 a. C.) », *AION* 52, 1992, p. 1-11 et 18-20.

8 PM VII, p. 174 ; Fr. Ll. Griffith, « The Abydos Decree of Sethi I at Nauri », *JEA* 13, 1927, p. 193-206, pl. XXVII-XLIII ; P. Montet, *La vie quotidienne en Égypte au temps des Ramsès*, Paris, 1946, p. 247-251 ; W.F. Edgerton, « The Nauri Decree of Seti I. A Translation and Analysis of the Legal Portion », *JNES* 6, 1947, p. 219-250 ; A.H. Gardiner, « Some Reflections on the Nauri Decree », *JEA* 38, 1952, p. 24-33 ; I. Harari, « Le principe juridique de l'organisation sociale dans le décret de Séthi Ier à Nauri », dans *Le droit égyptien ancien. Colloque organisé par l'Institut des hautes études de Belgique le 18 et 19 mars 1974*, p. 57-74 ; *id.*, « Propriété du roi dans le décret du roi Séthi Ier à Nauri », dans *Akten des vierten Ägyptologen-Kongresses München 1985*, IV, *SAK Beiheft* 4, 1991, p. 225-232 ; *KRI* I, p. 45-58 ; *RITA* I, p. 38-50 ; *RITANC* I, p. 48-55 ; B.G. Davies, *Egyptian Historical Inscriptions of the Nineteenth Dynasty*, Jonsered, 1997, p. 277-308 ; P. Brand, *The Monuments of Seti I. Epigraphic, Historical and Art Historical Analysis*, Leyde, Boston, Cologne, 2000, p. 294-295.

9 PM VII, p. 323-324 (14) ; S. Schott, *Kanais. Der Tempel Sethos' I. im Wadi Mia*, *NAWG* 6, 1961, p. 148-149, 184-187 et pl. XIX ; M. Lichtheim, *Ancient Egyptian Literature* II, Berkeley, Los Angeles, Londres, 1976, p. 52-57 ; *KRI* I, p. 65-70 ; *RITA* I, p. 56-60 ; *RITANC* I, p. 60-62 ; B.G. Davies, *op. cit.*, p. 205-220 ; P. Brand, *op. cit*, p. 279-281.

10 H. Brunner, « Das Fragment eines Schutzdekretes aus dem Neuen Reich », *MDAIK* 8, 1939, p. 161-164, pl. XXIII ; *KRI* I, p. 67-70 ; *RITA* I, p. 106 ; *RITANC* I, p. 102-103 ; P. Brand, *op. cit.*, p. 154.

4. Le décret de Ramsès II sur la pyramide d'Ounas à Saqqâra[11];
5. Le décret de Séthi II du P. Anastasi IV, 10, 8-11, 8 (= P. BM 10249)[12];
6. Le décret attribué par K. Sethe, d'après la paléographie, à Ramsès III, et provenant du temple d'Éléphantine[13];
7. Le décret de l'an 2 de Ramsès IX pour le premier prophète Ramsèsnakht, écrit sur un papyrus provenant de Thèbes[14];
8. Le décret de l'an 17 de Ramsès XI, du P. Turin 1896[15].

À côté de ces textes ramessides, une source primaire pour l'histoire des institutions au Nouvel Empire est le fameux décret d'Horemheb[16], auquel nous aurons aussi recours pour éclaircir quelques passages de notre document.

Translittération

II

4. *[…] sꜣ Rꜥ nb ḫꜥw [Stẖy] Mr-n-Ptḥ dỉ ꜥnḫ mr.n Ỉmn r nsyw nbw swꜣḏ.n.f Kmt ḥnꜥ [dš(r)]t*
5. *[…] kꜣw m-ḫt.f Rnn-wtt ẖnm.n.s ḫꜥw.f dỉw.f wn Kmt m rsf ḏfꜣw*
6. *[…] wn m-bꜣḥ nṯrw nbw hrw ḥr ỉr.n.f ḫꜥw ỉb.sn nḏm ꜥwy.sn ẖr ꜥnḫ wꜣs*
7. *[Stẖy] Mr-n-Ptḥ dỉ ꜥnḫ ỉnk ḫnty n Ỉmn rn.f mdt n ḥꜣty.f m rꜣ.ỉ nn sp ỉr.ỉ […]*

III

8. *[… m-]bꜣḥ [wḏ.ỉ? …]*
9. *ršwt ḏr ḫꜥ.ỉ m nsw dỉ.ỉ […]*
10. *qn ḥnꜥ nḫt sry n.ỉ nḫt ỉw.ỉ […]*
11. *Mnṯw sꜣ Mnṯw rw ḫrp m ỉb ḥr ssm (ou kꜣ rnpy …)*
12. *n šft pḥty.f pẖr m wꜣḏ-wr mỉ [Stẖ] ꜥꜣ pḥwty*
13. *ḫꜣstyw nbt ẖr ṯbty.f nsw bỉty nb tꜣwy Wsr-ḫprw-Rꜥ Mry-[Ỉmn] […]*

IV-V-VI

14. *[… …] [ỉ]w.f [… …] ḥqꜣ ꜣwt-ỉb wr ḥbw-sd mỉ Tꜣ-ṯnn ꜥḫꜥw.f mỉ ꜥItn n pt nsw bỉty nb tꜣwy Wsr-ḫprw-Rꜥ Mry-ꜥImn [sꜣ Rꜥ nb ḫꜥw Stẖy Mr-n-Ptḥ*

[11] É. Drioton, J.-Ph. Lauer, « Une inscription de Khamouas sur la face sud de la pyramide d'Ounas à Saqqarah », *ASAE* 37, 1937, p. 201-211; F. Gomaà, *Chaemwese Sohn Ramses' II. und Hoherpriester von Memphis*, *ÄA* 27, 1973, fig. 2.

[12] *Select Papyri in the Hieratic Character from the Collections of the British Museum*, London, 1842-1844, pl. LXXXII-XCVII; *LEM*, p. 46-47; *CLEM*, p. 176-181.

[13] K. Sethe, « Dodekaschoinos das Zwolfmeilenland an der Grenze von Ägypten und Nubien », dans *UGÄA* II, p. 82-84; A.H. Gardiner, « An Egyptian Split Infinitive and the Origin of Coptive Conjunctive Tense », *JEA* 14, 1928, p. 95-96; *KRI* V, p. 343-345.

[14] W. Helck, « Eine Briefsammlung aus der Verwaltung des Amuntempels », *JARCE* 6, 1967, p. 135-145, pl. B.

[15] W. Pleyte, F. Rossi, *Papyrus de Turin*, I-II, Leyde, 1869-1876, pl. LXV-LXVII; Bakir, *Epistolography*, pl. XXIV et XXXI.

[16] Étude principale: Kruchten, *Le Décret d'Horemheb*, avec la bibliographie antérieure; S. Allam, « L'administration locale à la lumière du décret du roi Horemheb », *JEA* 72, 1986, p. 194-195; A.M. Gnirs, « Haremhab – Ein Staatsreformer? Neue Betrachtungen zum Haremhab-Dekret », *SAK* 16, 1988, p. 83-110.

15. *s(?) ỉb n ḥm.f ḥr ḫrp.f ḥr ḥḫy ꜣḫ(t) n ỉt.f [ʿImn-Rʿ] nsw nṯrw Mwt wr(t) nbt ʿIšrw Ḫnsw m Wꜣst Nfr-ḥtp nṯrw nṯrwt nbw Šmʿw Mḥw [… ỉw wḏ.n ḥm.f] rdỉt ḥn.tw tꜣ*

16. *fꜣy(t) n ʿImn (n) Mwt [(n) Ḫnsw m Wꜣst Nfr-ḥtp (n) nṯrw nṯ]r(w)t nbw Šmʿw [Mḥw ỉtw-nṯr] wʿbw ḫryw-ḥb r tm dỉ wḫ(ꜣ).tw nkt m-dỉ.sn ỉn ḥm-nṯr nb (r) ḫpr [m rk ḥm.f ỉr ḥm-nṯr nb ỉw.tw r sḏm r-ḏd] wḫ(ꜣ.f) nkt m-dỉ.sn ỉw.tw*

17. *rwỉ.f m ỉꜣwt.f dd(w) r ỉḥwty [ỉr fꜣy nb ỉt-nṯr nb wʿb nb ḫry-ḥb nb] nty ỉw.tw [r sḏm r-ḏd] dỉ.f nkt n pꜣ ḥm-nṯr [ỉw.tw rwỉ.f m] ỉꜣwt.f dd(w) r ỉḥwty dỉt ỉr.tw [hp r.f …] ỉw.tn (ḥr) ỉr(t).f ỉw.f m sšr sp-sn*

18. *mḥ sp-sn ỉw.tn ḥr ỉrt ḥnt ḥr-ḥr.f [m-bꜣḥ] nꜣ nṯrw ỉw.tn ḏd n.w ssnb Pr-ʿꜣ ʿnḫ wḏꜣ snb pꜣ.ṯn šri nfr m-mnt ỉmỉ n.f nḫt n ḫpš.f m tꜣ nb [ḫꜣst nb(t) ḫr] ṯbty.f ḏt sp sn*

Traduction

II

4. *[…] le fils de Rê, seigneur des diadèmes, [Séthi] Mérenptah, doué de vie, qu'Amon a aimé plus que tous les (autres) rois et à qui il a attribué l'Égypte et [le désert]*

5. *[…] la nourriture est en sa (= du roi) possession. Renenoutet s'est unie à ses membres. Il (= le roi) fait que l'Égypte possède le gibier et les aliments*

6. *[…] comme autrefois. Tous les dieux se réjouissent de ce qu'il a fait et leur cœur est content. Leurs bras sont agréables de vie et de pouvoir.*

7. *[Séthi] Mérenptah, doué de vie. Je*[a] *suis l'image de celui dont le nom est caché mais les mots de son cœur sont dans ma bouche. Jamais je n'ai commis […]*

III

8. *[… de]vant*

9. *la joie lorsque je suis apparu en tant que roi. J'ai donné*

10. *la valeur avec la victoire; la victoire a été prédite pour moi. Je […]*

11. *un Montou fils de Montou, un lion qui a l'habitude de l'autorité, guide (ou jeune taureau ?…)*[17]

12. *du respect (envers lui) et de son pouvoir qui parcourt la mer comme [Seth] le grand de force […]*

13. *Tous les habitants des pays étrangers sont sous ses sandales, le roi de Haute et Basse Égypte, maître du Double Pays, Ouser-kheperou-Rê Méry-[Amon] […].*

IV-V-VI

14. *Il […] le prince de la joie, grand de fêtes-Sed comme Tatjenen. La durée de sa vie (est) comme (celle de) l'Aton du ciel. Le roi de Haute et Basse Égypte, seigneur du Double Pays Ouser-kheperou-Rê Méry-Amon [le fils de Rê, seigneur des diadèmes, Séthi Mérenptah].*

[17] Pour un parallèle à ces épithètes, cf. la stèle de Séthi II provenant du bâtiment au sud du lac sacré et publiée par H. Ricke, « Der Geflügelhof des Amon in Karnak », *ZÄS* 73, 1937, p. 125, fig. 1, l. 5-6 : *wr nsyt Mnṯw sꜣ Mnṯw rw ḫrp m ỉb kꜣ rnp r nšy*, « grand de royauté, un Montou fils de Montou, le lion audacieux, le taureau jeune, féroce en bataille (…) ».

15. *Or donc (?)*[18] *le cœur*[b] *de Sa Majesté le portait à chercher*[c] *ce qui est utile à son père [Amon-Rê], roi des dieux, (à) Mout la grande, dame d'Icherou et (à) Khonsou-dans-Thèbes Néferhotep (ainsi qu')aux dieux et aux déesses, seigneurs de Haute et Basse Égypte. [...*[19] *Sa Majesté a ordonné]*[d] *de faire que soit organisée (ou contrôlée)*

16. *la corporation des porteurs d'Amon, de Mout, [de Khonsou-dans-Thèbes Néferhotep et des dieux et] déesses, seigneurs de Haute et [Basse Égypte, les pères divins], les prêtres-wꜥb et les ritualistes pour empêcher que soit réclamé un « petit quelque chose »*[e] *d'eux par tout prophète qui viendra à l'existence [à l'époque de Sa Majesté. Quant à tout prophète dont on entendra dire :]*[20] *« (Il) réclame d'eux un "petit quelque chose" », qu'il*

17. *soit destitué de sa fonction et déclassé au (rang de) cultivateur*[f]. *[Quant à tout porteur, père divin, prêtre-wꜥb ou ritualiste] dont on [entendra dire :] « Il donne un "petit quelque chose" au prophète », [qu'il soit destitué de] sa fonction et déclassé au (rang de) cultivateur et qu'on fasse [appliquer la loi*[g] *contre lui]. Vous l'(= la loi) appliquerez tout à fait en bon ordre,*

18. *lorsque vous accomplissez le service pour lui*[h] *(= le pharaon) [devant] les dieux, en leur disant : « Gardez en bonne santé le pharaon, vie, santé, force, votre enfant parfait chaque jour. Donnez-lui la puissance de son bras dans tout pays [tout pays étranger (étant) sous] ses sandales pour l'éternité pour l'éternité ».*

Notes

a. Le brusque passage de la troisième à la première personne s'explique par le contexte de narration qui caractérise le préambule du décret. Voir *infra*, Commentaire.

b. Il est bien connu que le cœur est considéré par les Égyptiens anciens comme le siège de la volonté. C'est pour cette raison qu'il est mentionné au début du décret pour indiquer l'intention du roi de servir les dieux. L'expression *wꜣwꜣ (sḫ) ḥnꜥ ib.f*, par exemple, littéralement « tenir conseil avec son cœur », se retrouve souvent à propos du roi. Elle signifie que le souverain n'écoutait que lui-même et est un des clichés de la *Königsnovelle* (cf. A. Loprieno, « The 'King's Novel' », dans A. Loprieno (éd.), *Ancient Egyptian Literature. History and Forms*, Leyde, New York, Cologne, 1996, p. 295). On verra cette formule dans le décret d'Horemheb, face principale, l. 9-10 :

wn.in ḥm.f ḥr wꜣwꜣ sḫ ḥnꜥ ib.f [...] dr isft sḫtm grg

« Alors Sa Majesté tint conseil en son cœur [pour] écraser le mal et détruire l'iniquité. »

[18] Le *s* après le cartouche fait penser à la particule *[i]s[t]* : cf. Vernus, *Affaires et scandales*, p. 238, n. 64.

[19] La restitution *hrw pn*, proposée par Helck puis par Kitchen, ne semble pas plausible. Dans tous les décrets introduits par la formule *iw wḏ.n ḥm*, en effet, on ne trouve jamais cette expression de temps.

[20] Restitution de Vernus : *iw.tw r gmt.f ḥr wḫꜣ* (*op. cit.*, p. 238, n. 67), qui estime la restitution de Helck et de Kitchen « intenable et incompatible avec *wḫꜣ nkt* qui suit ». Il s'appuie sur un passage du décret de Nauri (*KRI* I, 55, 11). Nous, au contraire, considérons plausible la restitution habituelle.

c. On rencontre le thème de la recherche de ce qui est utile aussi bien dans les inscriptions royales que dans les biographies des fonctionnaires pour décrire l'activité déployée par le pharaon en faveur des dieux et de son pays ou, dans le cas du fonctionnaire, en faveur du souverain. Voir, par exemple, le décret d'Horemheb, face principale, l. 11 :

ỉst ḥm.f rsw r trwy ḥr ḥḥy ꜣḫt n Tꜣ-mrỉ ḥr dꜥr spw

> « *Vraiment Sa Majesté veille jour et nuit, en cherchant ce qui est utile à l'Égypte et en scrutant les occasions [de …]* »,

ou, *ibid.*, l. z+2-3, deuxième fragment :

ỉr.n ḥm.f nn ꜥꜣt (ḥr) ḥḥy ꜣḫ(t) […] sp mnḫt m-ḫt smn.tw mꜣꜥt m tꜣ pn r sḥtp nṯr

> « *Sa Majesté a fait ces grandes choses, en cherchant ce qui est utile […] et les occasions excellentes, après que la justice a été établie dans ce pays, pour satisfaire les dieux* ».

d. La formule *ỉw wḏ.n ḥm.f* (ou *ḥm.ỉ*) revient très souvent dans les décrets royaux du Nouvel Empire. Par exemple, dans le décret d'Horemheb, face principale, l. 19 :

ỉw wḏ.n ḥm.ỉ dỉt sꜣ r.f

> « *Ma Majesté a ordonné de mettre fin à cela.* »

Pour cette traduction de *rdỉ sꜣ*, on verra la note de Kruchten, *Le Décret d'Horemheb*, p. 50. Il a remarqué avec raison que si l'on traduisait l'expression par « annuler », cela signifierait donner au décret un caractère rétroactif, alors que dans le document même on précise qu'il est valable *šꜣꜥ m pꜣ hrw*, « à partir de ce jour ». À la l. 13 du même décret, où la formule *ỉw wḏ.n ḥm.ỉ* apparaît encore, on lit en effet :

ỉw wḏ.n ḥm.ỉ tm dỉ(t) ỉr.tw m-mỉtt grw šꜣꜥ m pꜣ hrw

> « *Ma Majesté a ordonné de ne plus permettre que l'on agisse encore de cette façon, à partir de ce jour.* »

Dans le décret de Séthi Ier à Nauri, l. 30-31, on a :

ỉw wḏ.n ḥm.f rdỉt ḫn.tw tꜣ ḥwt nt ḥḥw m rnpwt ỉb nsw bỉty Mn-Mꜣꜥt-Rꜥ hrw m ꜣbḏw ḥr mw ḥr tꜣ ḫt spꜣwt Šmꜥw Mḥw

> « *Sa Majesté a ordonné de faire que le temple des Millions d'Années "Le cœur du Roi de Haute et Basse Égypte Menmaâtrê est content à Abydos" soit organisé soit sur l'eau soit sur la terre dans tous les nomes de Haute et Basse Égypte.* »

e. Proposition subordonnée complétive : cf. Gardiner, *EG*, p. 363 ; forme *sḏm.f* perfective passive en dépendance d'une autre complétive (*r tm dỉ*) : cf. Neveu, *Langue des Ramsès*, § 15.2.1, p. 63-65. Pour *wḫꜣ*, « chercher, réclamer », employé en rapport avec la perception d'impôts, on verra la notice d'A.H. Gardiner, « A Protest against Unjustified Tax-Demands », *RdE* 6, 1951, p. 118 (e). On retrouve une expression parallèle dans le décret d'Horemheb, face principale, l. 27-28 :

ḫr ir pꜣ ky sp-n-dꜣ(y)t nty tw.[tw ḥr sḏm.f] m pꜣ tꜣ pꜣ ḫpr [nꜣ n rwḏw] n pr ḥmt-nsw ḥnꜥ nꜣ n sšw wḏḥw n pr ḫnr ḥr šmt m-sꜣ nꜣ n ḥꜣtyw-ꜥ ḥr ꜣꜥꜥ.st ḥr wḫꜣ pꜣ nkt n pꜣ ḫd-ḫnt

> « *Autre malhonnêteté que [l'on apprend] dans le pays : le fait que [les agents] du palais de l'épouse royale ainsi que les scribes de la table d'offrande du harem poursuivent les maires (de localité), en les gênant et en (leur) réclamant un "petit quelque chose" pour l'"aller-retour" (ou "pour ce qui descend et remonte le fleuve")* »,

ou encore dans le décret d'Éléphantine, l. 9-10 :

mitt iw wḏ.n ḥm.f tm rdi n is ṯꜣty nb (r) ḫpr ḫt nb ḥr ḥm-nṯr nb n nꜣ n rw-pr m ḥḏ nwb sšrw ḥbsw sgrw [...] pw mitt iṯꜣ.tw nb m-di.sn

> « *De la même manière Sa Majesté a ordonné de faire en sorte qu'aucun vizir qui viendra à l'existence exige quelque chose de n'importe quel prêtre de ces temples, en argent, or, lin fin, vêtements et onguents [...] et, de la même manière, que l'on prenne quelque chose d'eux.* »

Quant au mot *nkt*, J.-M. Kruchten (*Décret d'Horemheb*, p. 102) pense qu'il est « un euphémisme pour désigner une contribution, peut-être volontaire, limitée à des événements exceptionnels » et il le traduit donc par « contribution ». W. Helck, *ZÄS* 81, 1956, p. 85, d'autre part, croit que *nkt* indique, dans ce contexte, toutes les marchandises utilisées en forme de paiement, c'est-à-dire aussi bien des métaux précieux que des vêtements, du blé, etc. Il traduit ce mot par *Wertgegenstände* et le met entre guillemets ; il pense qu'il s'agit d'un ou plusieurs objets que les prophètes demandaient en paiement pour une charge de prêtre-*wꜥb* ou de ritualiste (vente de la fonction ?). L'hypothèse d'une vente de fonction, qui est sous-entendue par la traduction de W. Helck, ne nous convainc pas, car les cas très peu nombreux de vente réelle (?) ou fictive de la fonction (P. Kahoun II, 1 ; Stèle juridique de Karnak ; Stèle de la donation) [21] sont toujours sanctionnés par un *imyt-pr*, ce qui n'est pas le cas dans notre inscription. Nous penchons pour la traduction de P. Vernus (*Affaires et scandales*, p. 246) qui voit dans *nkt* un des termes désignant le pourboire, d'autant plus que, à côté du sens « bagatelle, petite chose », il a aussi, dans le P. Wilbour, l'acception « avantage, profit [22] ».

f. On trouve un châtiment similaire dans le décret de Séthi Ier à Nauri, l. 118-119 :

ir.tw hp r.f m ḥwt.f m sḫt 80 dr m iꜣwt.f diw r iḥwty m tꜣ ḥwt ib Mn-Mꜣꜥt-Rꜥ hrw m ꜣbḏw

> « *(...) que la loi soit appliquée contre lui, en lui donnant quatre-vingts coups et qu'il soit destitué de sa fonction et placé comme cultivateur dans le domaine du temple "Le cœur de Menmaâtrê est content à Abydos".* »

[21] À propos de la transmission des fonctions et spécialement de leur vente fictive, cf. M. Trapani, « Per uno studio sulla devoluzione delle cariche pubbliche nella società dell'antico Egitto », *Orientis Antiqui Miscellanea*, II, Rome, 1995, p. 139-157. Sur cet aspect de la Stèle de la donation, on verra *id.*, « Une nouvelle enquête sur la stèle d'Ahmès-Néfertari », *ZÄS* 129, 2002, p. 152-165, pl. XXXII-XXXIV.

[22] A.H. Gardiner, *The Wilbour Papyrus*, II *Commentary*, Londres, 1948, p. 85.

g. Proposition coordonnée séquentielle à prédicat adverbial – forme *sḏm.f* perfective passive (cf. n. e). La formule *ỉrỉ hp* revient dans presque tous les décrets mentionnés :

[ỉr.tw] hp r.f m swꜣ fnḏ.f dỉw r Ṯꜣrw, Décret d'Horemheb, face principale, l. 16

« (...) que la loi [soit appliquée] contre lui, en lui coupant le nez et en l'envoyant à Silè. »

ỉr.tw hp r.f m ḥwt.f m sḫt 200, Décret de Nauri, l. 46

« (...) que la loi soit appliquée contre lui, en lui donnant deux cents coups. »

(...) ỉr.tw hp r.f m sḫr dỉ [...] ḥr tp ḫt r-gs tꜣ ḥwt-nṯr nty ỉw.f r ỉṯt ḫt nb rmṯ nb ỉm.s (...), Décret d'Hermopolis, l. x+1 et x+2

« (...) que la loi soit appliquée contre lui, en le renversant et en le plaçant au sommet d'un pal près du temple d'où il aura pris des biens et des gens (...). »

(...) ỉr.tw hp r.f dỉw (...), Décret d'Éléphantine, l. z+1, 2e fragment

« (...) que la loi soit appliquée contre lui, en [le] plaçant (...). »

Pour l'expression *ỉrỉ hp* avec le sens d'« appliquer la loi », voir Kruchten, *Le Décret d'Horemheb*, p. 46-47. Elle est souvent suivie par un *m* ayant une valeur instrumentale avec un verbe à l'infinitif.

h. *Wb* III, p. 129, 7-8, traduit l'expression *ḫr-ḥr.f* par *auf das Gesicht* et avec le verbe *ḫr* comme expression de respect pour indiquer l'ennemi tombé.

Commentaire

La partie supérieure de la stèle devait être occupée par une scène représentant le roi en train de faire des offrandes aux dieux Amon, Mout, Khonsou et Ouaset.

Les fragments, tels qu'on a pu les reconstruire, montrent deux parties de texte rédigées en deux styles différents :

– la première partie, dans un style soutenu et de circonstance, qui devait tenir lieu d'introduction ;

– la seconde partie contenant le texte du décret royal proprement dit.

Le préambule du texte présente les lieux communs utilisés dans ce genre de documents (les inscriptions royales introduisant les stèles de victoire, par exemple). Quelques expressions que l'on trouve ici constituent des clichés employés dans le genre littéraire de la *Königsnovelle* [23].

Le texte du décret s'adresse au personnel du temple et en particulier aux prêtres-*wꜥb*, aux ritualistes et aux prophètes. Il est constitué en effet de quatre parties :

[23] Cf. A. Hermann, *Die ägyptische Königsnovelle*, *LÄS* 10, 1938, p. 11-20 ; J. Osing, *Königsnovelle*, *LÄ* III, col. 556-557.

1. Une introduction, qui présente les expressions typiques d'un véritable genre (l. 14-15) ;
2. Le début du décret, introduit par la formule *ỉw wḏ.n ḥm.f* (l. 15) ;
3. Le corps du document contenant trois dispositions :
   a. La première concernant l'organisation du transport des statues divines (l. 16) ;
   b. La deuxième concernant les mesures à prendre contre un prêtre de rang supérieur qui exige de l'argent, en échange d'une charge de prêtre ordinaire ou ritualiste (l. 16-17) ;
   c. La troisième qui établit la peine à infliger au prêtre de rang inférieur qui a payé le prophète pour obtenir sa fonction (l. 17) ;
4. Une conclusion contenant l'exhortation aux prêtres à bien accomplir leur service et la prière à adresser aux dieux pour qu'ils protègent le pharaon, leur fils (l. 17-18).

La punition prévue pour le prêtre de rang supérieur ainsi que pour celui de rang inférieur est la destitution du coupable de sa charge et son déclassement social à simple cultivateur. W. Helck[24] cite, comme disposition analogue, celle du décret d'Horemheb, face latérale droite, l. 5-6 :

ỉr swt tꜣ šꜣyt n ḥḏ nwb [...] [ỉw wḏ.n] ḥm[.ỉ] dỉ.t(w) sꜣ r.s r tm dỉt šd.tw šꜣyt ḫt nbt m-dỉ nꜣ n qnbt nw Šmʿw Mḥw

> « *Quant à la contribution en argent, or [...] [Ma] Majesté [a ordonné] d'y mettre fin et de ne plus permettre qu'[aucune] contribution soit perçue, pour quoi que ce soit, des cours de Haute et Basse Égypte.* »

Dans le texte d'Horemheb, il s'agit peut-être de « cadeaux » que le plaignant faisait aux juges pour les gagner à sa cause. Dans le décret de Séthi II, on a affaire à un essai de corruption pour obtenir une charge de porteur, père divin, prêtre-*wʿb* ou ritualiste dans le temple d'Amon de Karnak.

Il nous semble probable que les six blocs retrouvés à des endroits différents du temple et à des moments divers fassent partie de la même stèle. L'apparente hétérogénéité des deux parties du document s'explique par le recours que fait l'auteur du texte à la rhétorique concernant la personne du roi et ses actions. Comme A. Loprieno l'a affirmé avec raison :

> *At first sight, it may appear conceivable to isolate a 'literary' from a 'functional' representation of the king (...) as opposed to the seemingly uniform treatment of Pharaoh as 'king' (nzw) or 'king of Upper and Lower Egypt' (nzw-bjt) in monumental discourse. It is more ardous, however, to identify the specifities of a narrative in which the king acts as the* protagonist *of a story*[25].

En dernière analyse, l'introduction du décret à la manière de la *Königsnovelle* est tout à fait cohérente avec le propos du rédacteur, car celui-ci vise à présenter le roi comme le héros d'un épisode où un état d'illégalité (la corruption des prêtres de Karnak) est contrecarré par sa décision se manifestant à travers sa parole, précisément l'*wḏ-nswt*.

[24] *ZÄS* 8, 1956, p. 85.

[25] Dans A. Loprieno (éd.), *op. cit.*, p. 278-279.

Jean Winand

« Déjà », « aussi », « toujours » et « encore »... ꜥn en néo-égyptien

INTRODUCTION

Beaucoup de langues possèdent de petits mots, généralement des adverbes, qui prennent en charge certaines modalités temporelles. Leur maniement est souvent délicat, ainsi que l'attestent les problèmes posés par l'apprentissage des langues étrangères. C'est que, moins encore que pour d'autres parties du lexique, il n'existe pas en la matière de correspondances étroites et régulières entre des séries appartenant à des langues différentes. Il suffira, pour s'en convaincre tout à fait, de réfléchir un moment aux emplois idiosyncratiques de « encore », « toujours », « aussi » ou « déjà » en français, face à « yet », « again », « still », « always » ou « already » en anglais.

C'est précisément à l'un de ces « petits mots », *ꜥn*, que cette étude est consacrée. Le champ d'investigation a été volontairement limité au néo-égyptien. Je crois le sujet de nature à éveiller l'intérêt de notre jubilaire, qui s'est, en son temps, aussi occupé de « petits mots [1] ».

1. PRÉSENTATION

ꜥn ne semble pas attesté en égyptien de la première phase. En néo-égyptien, on le rencontre dès la XVIIIe dynastie. Son emploi est loin d'être rare ; j'en ai dénombré plus de 120 occurrences, sans prétendre avoir réalisé un dépouillement exhaustif [2]. Son usage se poursuit en démotique et en copte (ⲟⲛ). On le repère encore dans des textes rédigés en égyptien de tradition, et ce jusqu'en ptolémaïque. Enfin, *ꜥn* s'est, semble-t-il, figé dans un emploi particulier dans les textes éthiopiens postérieurs à la dynastie kouchite (cf. *infra*).

[1] Fr. Neveu, « La particule néo-égyptienne *yꜣ* », *SEAP* 11, 1992, p. 13-30, et, bien sûr, la particule *ḫr* (« La particule *ḫr* en néo-égyptien », dans *Akten des vierten Internationalen Ägyptologen-Kongresses München 1985*, Bd. 3, *SAK Beiheft* 3, 1988, p. 99-110 ; *La particule ḫr en néo-égyptien. Étude synchronique*, *Études et mémoires d'Égyptologie* 4, Paris, 2002).

[2] Le corpus comprend, en gros, les textes néo-égyptiens contenus dans les 7 volumes de *KRI*, à quoi il faut ajouter ceux qui se trouvent dans les recueils « classiques » : *Late Ramesside Letters*, *Late Egyptian Miscellanies*, *Ramesside Administrative Documents*, certains textes littéraires comme le P. Anastasi I, la sagesse d'Ani, la sagesse d'Aménémopé, des textes de la XVIIIe dyn. comme les stèles frontières d'Amarna et le décret d'Horemheb, et des textes de la TPI, comme les P. el-Hibeh, les P. CGC 58032 et 58033, la stèle du Louvre, la stèle de l'Apanage, le P. BM 10252 ou encore la T. Leyde I 431.

Pour le néo-égyptien, la présentation faite dans la grammaire de Černý et Groll reste la plus complète[3]. À la suite du *Wb* (I, 189, 8-16), les auteurs distinguent quatre sens fondamentaux :

a. « À nouveau » *(again)* ;
b. « En retour » *(back)* après les verbes signifiant « mettre », « donner » et « apporter » ;
c. « Déjà » *(already)*, et « ne … pas » si *ꜥn* figure dans une phrase négative et
d. « Aussi » *(also)*.

Si ce n'est la précision donnée en **b.**, les auteurs ne suggèrent aucune piste pour trouver l'interprétation correcte en contexte. De même, ils ne fournissent aucune explication permettant de relier entre elles les significations de *ꜥn*[4].

Dans la presque totalité des attestations, *ꜥn* s'écrit . On trouve une fois la graphie  (tombe de Néferhotep, 24) et une fois, fautivement,  (K*RI* V, 461, 6)[5].

2. ꜥN « À NOUVEAU »

2.1. Emploi général

Le sens le plus anciennement attesté, et qui est sans doute aussi le sens premier, est « à nouveau ». Ce sens dérive sans peine de l'origine ici supposée de *ꜥn*, c'est-à-dire le parfait ancien de *ꜥnn* « ayant fait demi-tour », ou, en d'autres termes et en glosant un peu, « étant revenu à la situation initiale pour répéter l'action » (cf. *infra*).

Dans cet emploi, *ꜥn* est largement représenté ; point besoin donc d'insister longuement. Deux exemples suffiront à illustrer le propos :

Ex. 1 : *mtw.ỉ <dỉ.t> sḏm ṯꜣty rn.ỉ ꜥn*
« si je fais en sorte que le vizir entende encore mon nom » (K*RI* IV, 413, 6-7) ;

Ex. 2 : *ỉw.f ḫꜣꜥ.f n.f ꜥn*
« et il le lui laissa à nouveau » (K*RI* V, 524, 7) ;

On notera dès à présent le peu d'affinité entre *ꜥn*, dans le sens de « à nouveau », et les constructions exprimant une situation : prédication non-verbale ou parfait ancien (cf. *infra*).

[3] Č.-G., *LEG*, § 8.6.

[4] Fr. Hintze (*Untersuchungen zu Stil und Sprache neuägyptischer Erzählungen*, Berlin, 1950, p. 96) a consacré une notule à *ꜥn* qu'il range parmi ce qu'il appelle les hypercaractérisations.

[5] À cela il faut ajouter les graphies particulières de l'inscription d'Harsiotef : cf. N.-Chr. Grimal, *Quatre stèles napatéennes au musée du Caire JE 48863-48866*, Le Caire, 1981, p. 70, *s.v ꜥn*.

Dans une phrase négative, l'introduction de *ꜥn* ajoute la précision que le procès en cause ne peut pas se renouveler ; la traduction la plus usuelle en français est « ne … plus » :

Ex. 3 : *m ỉr ḏd n.ỉ ꜥn*
« ne me (le) dis plus ! » (*LES* 13, 1)[6].

2.2. **Emplois « pléonastiques »**

Il n'est pas rare que *ꜥn* figure dans des phrases où l'idée de répétition est déjà exprimée. La présence de *ꜥn* ne semble donc pas « nécessaire », si l'on évalue le caractère de nécessité selon un point de vue strictement logique. En fait, ce type de redondances est banal dans la plupart des langues, comme, par exemple, en français. En égyptien, elles se remarquent plus volontiers dans le discours, et, en tout état de cause dans des registres d'expression faisant appel à un style moins soutenu, où elles servent sans doute à renforcer l'expressivité.

Pour ce qui est de l'égyptien, c'est sans doute la collocation de *ꜥn* et *wḥm* « répéter » qui est la plus répandue[7] ; en dehors des cas, peu nombreux, où il garde sa pleine valeur lexicale (cf. ex. 4), *wḥm* joue le plus souvent le rôle d'un auxiliaire temporel (co-verbe) :

Ex. 4 : *wḥm.f ꜥnḫ n nb ꜥ, w, s ꜥn*
« il refit une nouvelle fois un serment par le maître de VSF » (K*RI* V, 484, 8-9) ;

Ex. 5 : *wn.ỉn.s wḥm {r} ḫw.t.f ꜥn r pꜣ mw*
« alors elle se remit à le lancer à nouveau dans l'eau » (*LES* 49, 4-5) ;

Ex. 6 : *ỉw.f ḥr wḥm ḏd.f ꜥn*
« et il le répéta à nouveau » (K*RI* V, 477, 15-16).

D'une manière générale, on remarque que *wḥm* et *ꜥn* s'associent plus volontiers à partir de la XXe dynastie. Il ne semble pas y avoir de nuances sémantiques importantes entre les tournures avec ou sans *wḥm*, comme le suggèrent les quelques exemples ci-dessous :

Ex. 7a : *ỉw.ỉ ỉr.t n.f wt ꜥn m šꜣw*
« et je lui ai fait à nouveau un cercueil de valeur » (K*RI* IV, 160, 16) ;

Ex. 7b : *ỉr wḥm.tw {r} ỉr.f ꜥn, bn ỉw.ỉ r gr n.sn*
« si on le refait à nouveau, je ne me tairai pas, dans leur intérêt » (P. Turin 1996, r° 1, 6)[8] ;

[6] Sur l'effacement de l'objet, cf. J. Winand, *La non-expression de l'objet direct en égyptien ancien : études valentielles*, I, *LingAeg* 12, 2004, p. 205-234.

[7] Voir néanmoins, *infra*, n. 17, pour un exemple différent.

[8] Cf. *iw.k wḥm iry btꜣ m hrw sn.nw* « et tu as recommencé à nuire le deuxième jour » (*Urk.* VI, 141, 18).

Ex. 8a : *iw.n šm ꜥn*
« et nous sommes repartis » (P. BM 10054, r° 8)[9] ;

Ex. 8b : *iw.f wḥm šm ꜥn*
« et il est à nouveau reparti » (*KRI* V, 579, 9) ;

Ex. 9a : *ir smtr.f m bḏn ꜥn* (P. BM 10052, 1, 17)
« il a encore été interrogé avec le bâton » ;

Ex. 9b : *wḥm smtr.f m bḏn ꜥn* (P. BM 10052, 8, 16)
« on a recommencé à l'interroger avec le bâton ».

On peut encore comparer la dernière paire d'exemples avec la phrase suivante, où *ꜥn* est absent :

Ex. 9c : *wḥm smtr.f m bḏn* (P. BM 10052, 5, 12)
« on a recommencé à l'interroger avec le bâton ».

En dehors des cas où *wḥm* est un auxiliaire temporel, il faut ajouter certaines expressions composées comprenant à la fois *wḥm* et *ꜥn*, comme *ꜥn (m) wḥm*[10], *wḥm ꜥn*[11] ou *m wḥm zp*[12] :

Ex. 10 : *iw* X *di.t iry.f ꜥnḫ n nb ꜥ, w, s ꜥn wḥm*
« et X lui fit à nouveau prêter un serment par le maître de VSF » (*KRI* V, 579, 11) ;

Ex. 11 : *tw.n ḫn.tw m wḥm zp r nꜣ ḫtr ꜥn*
« nous nous sommes une nouvelle fois rendus vers les montants de porte à nouveau » (P. BM 10053, v° 3, 19)[13].

On trouve aussi très souvent *ꜥn* en compagnie de *ky zp* « une autre fois » :

Ex. 12 : *nḫt.k tw r.i ꜥn m ky zp*
« tu t'es à nouveau employé contre moi, une nouvelle fois » (P. *Anastasi* I, 13) ;

Ex. 13 : *r ky zp ꜥn*
« pour une autre fois, à nouveau » (*Aménémopé* 20, 20).

9 Sur la collocation de *šm* et *ꜥn*, cf. *infra*.
10 St. Israël Caire CG 34025, 25 (= *KRI* IV, 18, 15).
11 *KRI* VII, 362, 3.
12 Pour un exemple de *wḥm zp*, sans *ꜥn*, voir *iw* X *hꜣb n.f m wḥm zp* « et X lui a écrit une nouvelle fois » (P. BM 10053, 4, 21).
13 Cf. P. BM 10053, v° 4, 21, et P. BM 10383, 1, 7.

La variété dans le choix des expressions est bien reflétée dans les trois exemples suivants où l'on retrouve à chaque fois le verbe *hꜣb* : *ꜥn* seul, *ꜥn* en collocation avec *wḥm* et *r ky zp*, et absence de *ꜥn*, mais présence d'une expression composée avec *wḥm* :

Ex. 14 : *wn.in.f hꜣb n pꜣ-rꜥ ḥr-ꜣḫtj ꜥn m-ḏd*
« alors il écrivit à nouveau à Prê Horachti en ces termes » (*LES* 57, 15) ;

Ex. 15 : *tm wḥm hꜣb.f r ky zp ꜥn*
« de telle sorte qu'on ne l'envoie pas à nouveau une autre fois » (*Aménémopé* 15, 18) ;

Ex. 16 : *iw* X *hꜣb n.f m wḥm zp*
« et X lui a à nouveau écrit » (P. BM 10053, 4, 21).

En dehors des cas, relativement banals, où *ꜥn* est employé pléonastiquement dans des phrases contenant un verbe ou une expression signifiant explicitement le recommencement d'une action, on trouve encore *ꜥn* en collocation avec des verbes qui expriment le retour ou le recommencement : on peut notamment citer ici le cas de certains verbes causatifs, comme *smꜣwi* « renouveler », ou encore de verbes comme *pnꜥ* « se retourner » :

Ex. 17 : *iw.i r smꜣwy.f ꜥn m mꜣw.t m tꜣy s.t nty sw im.s*
« je le restituerai à nouveau à neuf à la place où il est » (Amarna, stèle frontière A 18-19)[14] ;

Ex. 18 : *mtw.i pnꜥ r md.t im ꜥn, iw.f ḥr 100 n sḫ, šw m ꜣḫ.t.(f)*
« et si je reviens à nouveau sur cette affaire, je serai soumis à 100 coups et privé de mes biens » (K*RI* VI, 239, 14)[15].

2.3. Les verbes exprimant une activité directionnelle : *ꜥn* comme opérateur déictique

Quand un verbe exprime une activité directionnelle, c'est-à-dire une activité télique conçue comme un mouvement allant de A vers B, la présence de *ꜥn* implique une inversion directionnelle. Il s'agit donc bien d'un nouveau procès, mais celui-ci n'est pas orienté de A vers B, comme le premier procès, mais de B vers A. La présence de *ꜥn* présuppose néanmoins toujours l'existence d'une première activité orientée A – B.

[14] Réédition récente du texte dans W. Murnane, Ch. van Siclen, *The Boundary Stelae of Akhenaten*, Londres, 1993, p. 96. Voir encore *iw.i sfḫ.w ꜥn* « je vais les dérouler » (*LRL* 18, 16), où *ꜥn* ne semble pas impliquer une deuxième ouverture des papyrus ; sa présence apparaît ici bien plus comme un écho de l'acte d'ouvrir déjà contenu dans *sfḫ*.

[15] L'expression est assez banale : cf. encore K*RI* VI, 425, 11 ; VII, 418, 6 ; P. BM 10053, v° 2, 18. On notera néanmoins que la présence de *ꜥn* est l'exception ; les exemples sans *ꜥn* sont en effet bien plus nombreux : voir p. ex. K*RI* V, 401, 8 ; 485, 8 ; VI, 239, 14 ; 253, 2 ; 425, 13.

Cet effet de sens est surtout bien connu quand *ʿn* est employé avec le verbe *rdỉ*. Par opposition à *rdỉ* « donner, mettre », *rdỉ ʿn* signifie « rendre, remettre », ce qui implique bien l'existence préalable d'une première activité. On observe une inversion des rôles de l'agent et du bénéficiaire : A *rdỉ* X *n* B « A donne X à B » *vs* B *rdỉ* X *n* A *ʿn* « B rend X à A » :

Ex. 19 : *ḥr ỉr pꜣ ḫt ỉ.dỉ.k m-ḫnw šʿ.t dỉ.ỉ sw ỉm ʿn, dỉ.ỉ ỉn.tw.f n.k ʿn*
« quant à ce bâton que tu avais placé à l'intérieur d'une lettre, je l'y ai replacé, je te l'ai renvoyé » (*LRL* 20, 14-15) ;

Ex. 20 : *ḥr ḏd : ỉmy sw ʿn*
« rends-le » (K*RI* III, 637, 2).

La même observation vaut pour des verbes comme *wꜣḥ* « déposer », *ỉnỉ* « aller chercher [16] », *ỉṯꜣỉ* « prendre », ou encore *sʿḥʿ* « établir », qui sont sémantiquement proches de *rdỉ* :

Ex. 21 : *ỉw.tw wꜣḥ.f <r> s.t.f ʿn*
« et on l'a remis à sa place » (P. BM 10383, 1, 10) ;

Ex. 22 : *mtw.f dỉ.t ỉn.tw.w ʿn n* R. II
« (si une ou plusieurs personnes s'enfuient d'Égypte, le prince de Khatti les arrêtera) et il les renverra à Ramsès II » (K*RI* II, 231, 2-4) ;

Ex. 23 : (X a donné [*rdỉ*] à Y un âne pour travailler) *ỉw.f ỉṯꜣ.f ʿn, ỉw.f ỉn.t.f m* date
« puis il l'a repris, et il l'a rendu à (date) » (K*RI* V, 495, 8) ;

Ex. 24 : (X a prêté (*swḏ*) à Y un âne pour travailler) *ỉw.f ỉṯꜣ.f n.f ʿn m ỉbd 4 pr.t*
« et il l'a repris pour lui le 4e mois de la saison de Péret » (K*RI* V, 509, 12) [17] ;

Ex. 25 : *ỉmy ṯꜣy.tw.<ỉ> r km.t ʿn*
« qu'on me ramène en Égypte ! » (*LES* 64, 14) ;

Ex. 26 : *ḥr ỉry.ỉ sʿḥʿ.f ʿn*
« mais je l'ai rétabli » (*LES* 51, 7-8).

Vu le petit nombre des attestations, il n'est pas facile de décider si la présence de *ʿn* entraîne automatiquement une inversion directionnelle ou bien si elle ne fait que la rendre possible, laissant au contexte le soin de trancher.

16 Sur l'exemple de *LES*, 21, 13-14, cf. *infra*, ex. 34.

17 Voir encore *ỉw.f wḥm ỉṯꜣ.f ʿn m* + date « et il l'a à nouveau repris à la date de » (K*RI* V, 526, 4), où *ʿn* n'est pas en emploi pléonastique de *wḥm*.

Le cas des verbes *iwi* et *šm*, accompagnés de *ʿn*, mérite qu'on s'y attarde un peu. Il s'agit en effet de deux verbes en relation complémentaire, déictiquement marqués : *iwi* exprime fondamentalement un mouvement centripète, effectué en direction de ce qui constitue alors le point d'intérêt du récit, tandis que *šm* rend un mouvement centrifuge [18]. C'est ce qui explique que *iwi* soit le plus souvent associé à la 1re pers., et *šm* à la sphère de la 3e pers. Cela posé, *iwi* et *šm* se rencontrent tous deux dans la narration, le choix de l'un ou de l'autre se faisant en fonction de ce qui constitue le point d'intérêt et qui forme ainsi le foyer d'attraction déictique. *Iwi* rend donc un mouvement qui se fait en direction du foyer d'attraction déictique, *šm* exprime le mouvement inverse.

Que se passe-t-il quand *ʿn* est joint à *iwi* et à *šm* ? Deux solutions sont théoriquement envisageables. Supposons déjà effectué un premier déplacement de A vers B ; *iwi ʿn* pourrait signifier un deuxième déplacement effectué dans la même direction et orienté vers le foyer d'attraction déictique (mouvement centripète), tandis que *šm ʿn* exprimerait également un deuxième déplacement du même type, mais non orienté vers le foyer d'attraction déictique (mouvement centrifuge). L'autre solution consiste à poser que le deuxième mouvement est inversement orienté par rapport au premier, donc de B vers A.

Pour ce qui est de *iwi*, il semble que ce soit toujours la deuxième solution qui s'impose : un mouvement centripète inversement orienté (B – A) par rapport à un premier déplacement (A – B) qui sert de repère. En d'autres termes, étant donné l'orientation déictique naturelle de *iwi* et *šm*, cela signifie que, dans une séquence de deux déplacements (A – B, puis B – A), où A constitue le centre d'attraction déictique, le premier mouvement sera exprimé par *šm* « s'en aller » (mouvement centrifuge initial, donc sans *ʿn*) et le second sera pris en charge par *iwi ʿn* « revenir » (mouvement centripète avec inversion directionnelle). Comme on peut s'y attendre, *iwi* sans *ʿn* exprime un mouvement centripète sans référence à un déplacement préalable « venir » :

Ex. 27 : *ir.n ḥm.f iy.t r tꜣ.t pꜣy.f ṯrn ʿn r di.t.f ḥr.f*
« si Sa Majesté revint, c'était pour prendre sa cuirasse et la mettre sur elle »
(*KRI* II, 175, 7-9 L) ;

Ex. 28 : *ḫr in bw ir.k ptr nꜣ iw r ḏdḥ.i ʿn*
« et ne vois-tu pas ceux qui reviennent pour m'arrêter ? » (*LES* 74, 1-2) [19].

La relation de complémentarité entre *šm* et *iwi ʿn* est assez apparente dans l'exemple suivant :

Ex. 29 : *mk nn wn šm iw ʿn*
« car il n'existe personne qui s'en étant allé soit revenu » (P. Harris 500, chant du Harpiste, 7, 2-3).

[18] Voir J. Winand, *LingAeg* 1, 1991, p. 357-388.

[19] Ounamon est à Byblos quand il prononce cette phrase. Le fait que sa première rencontre avec les Tjéker a eu lieu ailleurs n'infirme pas l'interprétation proposée. Pour Ounamon, il s'agit bien d'un retour des Tjéker, qui s'en étaient allés ; c'est Ounamon qui constitue le centre d'attraction déictique, lequel se déplace donc en même temps que lui.

Ex. 30 : *ḫr ỉr hrw.w ỉw X ỉy ʿn … ỉw.w šm r nꜣ ḥtr ʿn*
« et après quelques jours, X revint … et ils s'en retournèrent vers les montants de porte » (P. BM 10053, v° 3, 11 ; cf. 13).

Pour ce qui est de *šm*, la situation est moins tranchée. Certes, de même que *ỉwỉ*, *šm* n'est pas neutre déictiquement, mais c'est le terme non marqué de l'opposition. Dans son sens marqué, *šm ʿn* exprimera donc la même nuance que *ỉwỉ ʿn*, c'est-à-dire « s'en retourner », mais avec un mouvement centrifuge par rapport au foyer d'attraction déictique, comme c'est le cas dans l'exemple suivant, où le prince de Naharina intime au héros l'ordre de retourner d'où il vient :

Ex. 31 : *ỉmy šm.f n.f ʿn*
« qu'il s'en retourne ! » (*LES* 5, 8).

C'est encore le sens qui s'impose naturellement dans l'exemple suivant, où *šm ʿn* est complété par *ḥr-sꜣ* « en arrière » :

Ex. 32 : *sw mỉ ỉḫ ỉrf pꜣ šm ʿn ḥr-sꜣ r wḫꜣ pꜣ nkt m-dỉ.sn*
« qu'est-ce que cela signifie alors de revenir en arrière pour exiger d'eux la contribution ? » (Décret d'Horemheb, 31)[20].

Mais *šm ʿn* peut aussi suivre la règle générale, et exprimer la répétition d'une action, ainsi que cela est apparent dans les dépositions des pilleurs de tombes, où *šm ʿn* voisine avec *wḥm šm (ʿn)*, sans nuance de sens visible (cf. *supra*, ex. 8)[21].

Ex. 33 : *ỉw.n šm ʿn*
« et nous sommes retournés » (P. BM 10054, r° 8).

En fait, *šm ʿn* est ici employé de la même manière que « retourner » en français, c'est-à-dire que *ʿn* recouvre la même ambiguïté que le préfixe re– du français, susceptible d'exprimer une répétition de l'action ou une inversion de directionalité.

2.4. Un problème de syntaxe

Une question qui n'est pas sans importance touche à la syntaxe. Quand *ʿn* figure dans une proposition verbale où il n'y a qu'un seul verbe, il n'y a évidemment aucun problème à déterminer ce que *ʿn* modifie[22]. La question se pose réellement lorsqu'on a affaire à une phrase complexe comprenant deux verbes susceptibles d'être modifiés par *ʿn*. L'exemple suivant servira à illustrer le propos :

[20] Sur ce passage, cf. Kruchten, *Le Décret d'Horemheb*, p. 98 et n. W.

[21] Cf. encore *supra*, ex. 30.

[22] Il y aurait en revanche quelque profit à examiner de près la place de *ʿn* dans la phrase. Cela ne peut toutefois se faire qu'en replaçant le cadre de *ʿn* dans un cadre plus général.

Ex. 34 : *wn.in ḥm.f ḥr di.t šm rmṯ-mšʿ ḳnw m-mitt n.t ḥtr r in.t.s ʿn* (*LES* 21, 13-14).

Deux solutions s'offrent au traducteur : il peut d'abord choisir de faire porter *ʿn* sur *šm* et traduire « alors sa Majesté envoya à nouveau de nombreux hommes de troupe ainsi que de la charrerie pour l'amener », solution acceptable sur le plan narratif, puisqu'il s'agit bien de la seconde fois que le roi dépêche ses hommes dans la Vallée du Pin. Une deuxième possibilité consisterait à rattacher *ʿn* à *ini*, qui précède immédiatement. Le sens serait dès lors « alors sa Majesté envoya de nombreux hommes de troupe ainsi que de la charrerie pour la ramener ». *Ini ʿn* prendrait ici le sens de « ramener », sans doute de manière un peu abusive, mais non sans rappeler l'usage du français : *ʿn* renforcerait dans ce cas le mouvement centripète de *ini* vers ce qui constitue à ce moment le centre d'attraction déictique du récit.

Un autre cas ambigu du même genre est offert par le récit d'Ounamon :

Ex. 35 : *mtw.k iy ḏd ḥn n.k ʿn* (*LES* 65, 13-14).

Si l'on choisit de rattacher *ʿn* à *iy*, la traduction est « et tu reviens pour me dire de m'en aller », tandis que si l'on fait dépendre *ʿn* de *ḥn*, la traduction devient « et tu viens pour me dire de m'en retourner ». Dans ce dernier cas, *ḥn ʿn* exprimerait un procès analogue à celui de *šm ʿn* (cf. *supra*, ex. 31).

Voici maintenant un autre cas similaire, mais qui livre peut-être une ébauche de solution dans la mesure où le contexte nous permet de trancher entre les deux interprétations :

Ex. 36 : *ḥr in bw ir.k ptr nꜣ iw r ḏdḥ.i ʿn*
« et ne vois-tu pas ceux qui viennent à nouveau pour m'arrêter ? » (*LES* 74, 1-2).

Cette réplique d'Ounamon fait allusion à un retour des Tjéker, avec lesquels il a déjà eu maille à partir au début de son expédition[23]. Comme il n'a jamais été question d'une première arrestation d'Ounamon, il faut en conclure que *ʿn* porte sur *iw*, et non sur *ḏdḥ*.

De même, dans les deux exemples ci-dessous, il est évident que *ʿn* ne peut porter que sur le verbe principal (*ḏd* et *iy.t* respectivement) et non sur celui de la prédication seconde :

Ex. 37 : *ḏd.k hꜣy.k r.i ʿn*
« tu as dit à nouveau à mon propos : "tu vas tomber" » (P. *Anastasi* I, 9, 2) ;

Ex. 38 : *ir.n ḥm.f iy.t r tꜣ.t pꜣy.f trn ʿn r di.t.f ḥr.f*
« Sa Majesté revint pour prendre sa cuirasse et la mettre sur elle » (*KRI* II, 175, 7-9 L).

[23] Cf. *supra*, n. 19.

En résumé, là où l'analyse est incontestable, ꜥn modifie toujours la prédication première et jamais la prédication seconde. De là à prétendre que cela doit toujours être nécessairement le cas et que ꜥn ne puisse jamais porter sur le verbe qui, après tout, lui est le plus proche, il y a un pas qu'on ne peut s'autoriser à franchir au vu du très petit nombre d'exemples. Il reste que cette conclusion partielle rejoint assez bien l'observation que l'on peut faire par ailleurs sur la place de ꜥn dans les phrases simples. On remarque en effet une tendance prononcée à rejeter ꜥn en fin de phrase, après les actants et les circonstants éventuels. Il faut donc malgré nous se résoudre à admettre que la place de ꜥn crée une ambiguïté potentielle quand la proposition contient une prédication seconde.

3. ꜤN « DÉJÀ »

Dans tous les cas examinés jusqu'ici, ꜥn implique l'existence d'un repère par rapport à une autre situation jugée équivalente. Ce point est crucial pour comprendre ce qui unit les sens, apparemment assez différents, de cet adverbe. Il permet notamment d'évaluer correctement ce qui lie ꜥn dans le sens de « à nouveau » à ꜥn dans le sens de « déjà ».

Dans le premier cas, il s'agit en quelque sorte d'une visée rétrospective : le locuteur pose le procès B comme étant la répétition d'un procès A qui a déjà eu lieu, d'où la signification « à nouveau, encore ». Il faut bien voir que ce « encore » renvoie précisément à une nouvelle occurrence d'un procès ; il n'est donc pas susceptible de prendre le sens que « encore » a parfois en français où l'adverbe peut exprimer la non-cessation d'un procès déjà entamé « je suis encore occupé », emploi où il concurrence « toujours ». Dans un premier temps, ꜥn semble même restreint à l'évaluation de deux procès ; ensuite, son emploi s'étendra à l'évaluation d'un procès par rapport à une série préalable de procès, comme dans l'exemple suivant :

Ex. 39 : *i͗w.i͗ i͗r.t 3 zp n smi͗.t.f m tꜣ ḳnb.t m-bꜣḥ sš i͗mn-nḫt n pꜣ ḫr, bwpw.f di͗.t n.i͗ ꜣḫ.t nb r-šꜣꜥ pꜣ hrw, ḫr ptr smi͗.i͗ sw m-bꜣḥ.f ꜥn m ḥsb.t 3 …*

> « et je l'ai dénoncé par trois fois au tribunal en présence d'Amennakhte, le scribe de la Tombe ; mais il ne m'a rien donné jusqu'à ce jour. Alors voilà, je l'ai dénoncé à nouveau en sa présence en l'an 3… » (*KRI* VI, 139, 15).

En égyptien, cette restriction dans l'emploi de ꜥn à l'évaluation entre eux de deux procès permet d'expliquer qu'il puisse parfois prendre le sens de « déjà ». Dans ce deuxième cas, le locuteur évalue le procès A en se référant à un procès B dans lequel il est présentement engagé. Il s'agit donc d'une vue prospective. En mentionnant le procès A, le locuteur constate qu'il est identique à B, autrement dit que B s'est déjà produit une fois. L'emploi de ꜥn dans le sens de « déjà » est donc inversement symétrique de celui de « encore ». À chaque fois, il y a évaluation de deux procès dont on constate l'identité. Dans le premier cas, la visée se fait à partir du deuxième procès (encore) ; elle est donc rétrospective. Dans le second, elle se fait à partir du premier (déjà) ; elle est donc prospective. On notera sans surprise que dans le sens de « déjà », ꜥn est employé avec des situations, c'est-à-dire avec des propositions non verbales, ou, pour ce qui est des propositions verbales, dans des phrases au parfait (perfectif *sḏm.f* et parfait ancien)[24]. Les attestations de *ꜥn* dans le sens de « déjà » sont assez répandues :

Ex. 40 : *iw wn.tn im.f ꜥn*
« alors que vous y avez déjà été » (*LRL* 47, 6) ;

Ex. 41 : *hꜣb(.i) n.k r.f ꜥn m-ḏr.t* X
« je t'ai déjà écrit pour son compte par l'intermédiaire de X » (*LRL* 19, 12) ;

Ex. 42 : *ptr ṯꜣ.k nꜣ rmṯ ꜥn*
« en fait, tu as déjà pris les hommes » (*LRL* 69, 12) ;

Ex. 43 : *pꜣ-wn iry.sn r.i ꜥn sf*
« parce qu'ils ont déjà agi contre moi hier » (K*RI* II, 383, 5-6).

Quand *ꜥn* figure dans une phrase niée, il prend naturellement le sens de « jamais ». Le locuteur constate l'absence de tout précédent au procès du point de vue auquel il se place :

Ex. 44 : *ḫr bwpw.f ir nꜣ mšꜥ nty sw im.w ꜥn*
« car il n'a jamais fait le genre d'expéditions dans lesquelles il est présentement » (*LRL* 49, 2) ;

Ex. 45 : *iw bwpw.f ptr ḥr snḏ ꜥn*
« car il n'a jamais vu de visage effrayant » (*LRL* 49, 5).

Quand le procès est sis dans le futur, c'est-à-dire quand le locuteur affirme que quelque chose n'aura jamais lieu, la limite droite du moment de référence peut être portée à l'infini par l'adjonction d'expressions comme *r nḥḥ*, etc.

Ex. 46 : *iw bn iw.i di.t iry.tw sḫtm bꜣ.f ꜥn ꜥn r-ḥt nḥḥ ḥnꜥ ḏ.t*
« et je ne laisserai jamais détruire son *ba* de toute éternité » (P. CGC 58033, 38-39).

On prendra garde de ne pas traduire une phrase négative contenant *ꜥn* par « ne ... pas encore ». Ce sens est en effet normalement pris en charge par la construction *bw ir.t.f sḏm*. Bien sûr, il est des cas où la traduction « encore jamais » est acceptable en contexte, mais je ne suis pas sûr que l'ajout de « encore » ne constitue pas une surinterprétation du traducteur. Ainsi, dans l'exemple suivant, Wente (*LRL*, p. 60) propose-t-il la traduction « you have never yet gone », qui ne fait évidemment pas violence au sens mais qui ne s'impose pas.

[24] Sur les implications temporelles de la prédication non verbale et des constructions au parfait, cf. J. Winand, « La progression au sein de la narration en égyptien. Éléments d'une grammaire du texte », *BIFAO* 100, 2000, p. 403-435 ; *id.*, *Temps et aspect en ancien égyptien. Une approche sémantique*, *PdÄ* 25, 2006, p. 418-424.

Ex. 47 : *wʿ sḥn iw bwpwy.tn šm n.f ʿn*
« une commission pour laquelle vous n'êtes jamais allés » (*LRL* 47, 4).

De même, dans l'exemple suivant, d'ailleurs intéressant à plus d'un titre :

Ex. 48 : *iḫ nꜣ rmṯ n pꜣ ḫr [ꜥꜣ] šps i.hꜣb.i n.k [ḥr.w r-ḏd] imy n.w it ḥr mtw.k tm di.t n.w ʿn*
« que se passe-t-il à propos des gens de la grande et vénérable Tombe à propos desquels je t'ai écrit de leur donner du grain, mais à qui tu n'aurais jamais rien donné ? » (*LRL* 60, 11-12).

Les traducteurs rendent d'ordinaire la dernière partie par « mais à qui tu n'as encore rien donné ». Cela pose deux problèmes. Tout d'abord, l'apparition de « encore », qui, comme je l'ai déjà dit, ne se justifie pas. Ensuite, la traduction du conjonctif par un passé. Si telle avait été l'intention du scribe, il aurait recouru, me semble-t-il, à un séquentiel *iw.f ḥr (tm) sḏm*. L'emploi du conjonctif dans la sphère du passé est toujours le signal d'une intention particulière. Dans le cas présent, il est peu probable que le conjonctif serve à rendre un procès habituel. Nous avons donc plutôt affaire ici à ce que j'ai appelé ailleurs un emploi médiaphorique du conjonctif, c'est-à-dire un emploi où le locuteur prend ses distances avec les propos rapportés [25]. En l'occurrence, le locuteur, soit par délicatesse, soit par ignorance de ce qui se passe réellement, atténue son discours en faisant sentir qu'il ne reprend pas nécessairement à son compte ce qu'il a entendu dire.

Comme dans son acception première de « à nouveau », la présence de *ʿn*, dans le sens de « déjà » (ou « jamais » quand la proposition est niée), implique toujours la comparaison entre deux procès. Cela signifie que *ʿn* en égyptien a un champ sémantique plus restreint que « déjà » en français ; c'est ainsi que *ʿn* ne se rencontre pas dans des phrases comme « il est déjà arrivé », où « déjà » évalue un procès par rapport à un point de repère (en l'occurrence le moment d'énonciation), plutôt que deux procès entre eux. L'égyptien ne semble d'ailleurs pas avoir de mot spécifique pour exprimer cette précision ; c'est le perfectif *sḏm.f* ou le présent I avec parfait ancien, selon les cas, qui prend seul en charge cette nuance [26].

4. ʿN « AUSSI »

Il y a quelques passages où *ʿn* se rend assez naturellement par « aussi, à son tour, de même [27] ». En voici quelques exemples :

[25] Cf. J. Winand, « À la croisée du temps, de l'aspect et du mode. Le conjonctif en néo-égyptien », *LingAeg* 9, 2001, p. 293-329.

[26] De même, il y a peu de chance de trouver jamais une attestation de *ʿn* dans le sens du français « vous pouvez déjà commencer à jouer ».

[27] Sur l'évolution de ⲟⲛ en copte pour exprimer la permanence dans des phrases à prédicat substantival, cf. B. Layton, *A Coptic Grammar*, Wiesbaden, 2000, p. 214.

Ex. 49 : *iw wn mntf i.ir wdḥ n.n mtw.f pš m pš ꜥḳꜣ irm.n ꜥn*
« car c'est lui qui fondait pour nous et qui faisait aussi des parts égales entre nous » (*KRI* VI, 811, 15)[28] ;

Ex. 50 : *iw nꜣ it-nṯr ... iy m wḥm-zp, iw.w iṯꜣ pꜣy ḥꜣw-gnn ꜥn*
« et les prêtres (...) sont venus une autre fois, et ils ont pris aussi ce vase à onguents » (P. BM 10383, 1, 7) ;

Ex. 51 : *di st n.f pꜣy.f it, i.ir.f di st ꜥn n sꜣ n sꜣ.f iwꜥ n iwꜥ.f*
« son père le lui a donné, et il le donnera à son tour au fils de son fils et à l'héritier de son héritier » (Stèle de l'Apanage, 25-26)[29].

Par rapport au sens de base (« à nouveau, encore »), *ꜥn* dans le sens de « aussi » ne souligne plus l'identité de deux procès dont le second est la répétition du premier. Il établit plutôt entre les deux procès un lien de similitude ; c'est donc un emploi affaibli. Ainsi dans le premier exemple, le sujet des deux propositions est identique (*-f*), de même que les bénéficiaires (*n.n*), mais le procès est différent. Dans le deuxième exemple, le vol du vase par les prêtres fait écho à un vol antérieur du même vase par d'autres personnes : même procès donc, mais sujets différents. Enfin, dans le dernier exemple, le procès est identique, mais les actants ont changé : à nouveau donc, il y a analogie, mais pas similitude.

Cet emploi de *ꜥn* est assez tardif en néo-égyptien. On le rencontre également dans l'inscription d'Harsiotef, dans une tournure d'ailleurs très idiomatique. Placé en tête de phrase, *ꜥn* introduit un nouveau développement ; le sens est proche de « et encore, et aussi, et de plus », c'est-à-dire que *ꜥn* annonce de nouvelles actions qui sont du même ordre que celles qui précèdent, sans leur être toutefois identiques[30] :

Ex. 52 : *ḫr k.t ꜥn šꜣꜥ-mtw hꜣy pr-pꜣ-ḥꜣ-rnp.t, ir.i ḳd.f n.k*
« et autre chose aussi : après que la maison de millier d'années s'est écroulée, je l'ai rebâtie pour toi » (*Harsiotef*, 56-58)[31].

[28] Sur cet emploi du conjonctif pour rendre un procès habituel dans une narration, cf. J. Winand, *op. cit.* (n. 25), ex. 8.

[29] Dernière édition du texte par B. Menu, dans M.-M. Mactoux, É. Geny, *Mélanges Pierre Lévêque, II. Anthropologie et société*, Besançon, 1989, p. 337-357.

[30] Cet emploi se retrouve dans les décrets synodaux ptolémaïques : cf. R. Simpson, *Demotic Grammar* in the *Ptolemaic Sacerdotal Decrees*, Oxford, 1996, p. 120.

[31] Pour la traduction du passage, et sur la construction *šꜣꜥ-mtw*, voir Ph. Collombert, *Du Néo-égyptien au démotique, procédés grammaticaux pour l'expression des relations temporelles*, Paris, 2000, ex. 839 (thèse inédite de l'EPHE).

5. CONCLUSIONS

Étymologiquement, il ne fait guère de doute qu'il faille rattacher *ꜥn* à *ꜥnn* () « se retourner, faire demi-tour ». À titre d'hypothèse, on peut poser que *ꜥn* est un emploi figé du parfait ancien à la 3e pers. du masc. sing.

Le mécanisme de base qui permet de rendre compte des différents sens de *ꜥn* est la comparaison entre deux procès jugés identiques. Si la visée est rétrospective, *ꜥn* prend le sens de « encore » : le locuteur envisage le procès B et constate qu'il existe un procès antérieur A, qui est identique ; B répète donc A. Si la visée est prospective, *ꜥn* prend le sens de « déjà » : le locuteur envisage le procès A et constate qu'il existe un procès B, qui lui est postérieur et identique ; par rapport à B, A a donc déjà eu lieu. Dans ce deuxième emploi, *ꜥn* a une affinité marquée pour les constructions statives.

Par élargissement, le locuteur peut mettre en relation un procès avec une série de procès (cf. *supra*, ex. 39). Par affaiblissement enfin, *ꜥn* peut souligner la relation existant entre deux procès non identiques, mais présentant certaines caractéristiques communes ; le second procès est dès lors considéré comme un prolongement du premier. Dans cet emploi, *ꜥn* se rendra en français par « aussi, et encore, de même, de plus », etc.

Le passage de « encore » à « déjà » ne doit pas étonner. En français, la distinction n'est pas toujours nettement faite [32].

Enfin, et cette remarque finale n'est pas sans importance, il faut bien évidemment relever que la présence de *ꜥn* n'a aucun caractère obligatoire en égyptien. Malgré les nombreuses attestations que j'en ai pu relever, force est de reconnaître que l'emploi de *ꜥn* reste marginal. Son apparition trahit donc généralement un renforcement de l'expression ou de l'expressivité. Il n'est pas rare en effet que des tournures fort proches, voire similaires, diffèrent quant à l'emploi de *ꜥn* : présent dans certaines, absent dans d'autres. Voici un dernier exemple, comprenant deux extraits issus d'un même texte, le célèbre traité hittite. Il s'agit de deux passages discutant de la même clause, d'abord du point de vue égyptien, puis du point de vue hittite. La première fois, *ỉnỉ* est accompagné de *ꜥn*, la seconde fois, il est employé seul :

Ex. 53 a : *ỉr wꜥr rmṯ m pꜣ tꜣ n km.t (...), mtw.sn ỉy.t n pꜣ wr ꜥꜣ n ḫtꜣ, ỉr pꜣ wr ꜥꜣ n ḫtꜣ mḥ ỉm.sn, mtw.f dỉ.t ỉn.tw.w ꜥn n* R. II

« si quelqu'un s'enfuit d'Égypte (...), et qu'ils vont chez le grand prince de Khatti, le grand prince de Khatti les arrêtera et il les fera ramener à R. II » ;

Ex. 53 b : *ỉr wꜥr rmṯ m pꜣ tꜣ n ḫtꜣ (...) mtw.w ỉy.t n* R. II (...), *ỉmy mḥ* R. II (...) *[ỉm.sn, mtw.f dỉ.]t ỉn.tw.w n pꜣ wr ꜥꜣ n ḫtꜣ*

« si quelqu'un s'enfuit du pays de Khatti (...), et qu'ils vont chez R. II, que R. II les arrête et qu'il les fasse amener au grand prince de Khatti ».

[32] Cf. J. Hanse, *Nouveau dictionnaire des difficultés du français moderne*, Paris, 1987, *s.v.* encore, 3°.

Dans cette perspective, l'emploi de *ʿn* est à rapprocher de celui d'autres particules destinées à renforcer ou à clarifier une expression. En néo-égyptien, le cas de *ỉwnꜣ* est particulièrement éclairant et intéressant : d'abord utilisé librement comme particule de renforcement dans une tournure négative, *ỉwnꜣ* s'impose dans certains contextes comme un élément obligatoire, allant parfois jusqu'à assumer seul le poids de la charge négative [33]. Ce processus de grammaticalisation, déjà entamé en néo-égyptien, est pleinement abouti en copte. Un autre cas digne d'intérêt est la particule *m-r-ʿ*, à laquelle j'espère consacrer une note prochainement.

[33] Cf. J. Winand, *LingAeg* 5, 1997, p. 223-236.

Ministère de l'Enseignement supérieur et de la Recherche, Paris – Publication de l'Institut français d'archéologie orientale
Dépôt légal : 2e trimestre 2008 ; numéros d'éditeur et d'imprimeur 994/0604

DIFFUSION

Ventes directes et par correspondance

Au Caire

à l'IFAO,
37 rue al-Cheikh Aly Youssef (Mounira)
[B.P. Qasr al-'Ayni nº 11562]
11441 Le Caire (R.A.E.)
Fax : (20.2) 27 94 46 35
Tél. : (20.2) 27 97 16 00
http ://www.ifao.egnet.net

Section Diffusion Vente → Tél. : (20.2) 27 97 16 22
e-mail : ventes@ifao.egnet.net

Leïla Books
39 Qasr al-Nil St. 2nd floor - office : 12
[P.O. Box 31 – Daher 11271]
Cairo (Egypt)
Fax : (20.2) 23 92 44 75
Tél. : (20.2) 23 93 44 02
23 95 97 47
e-mail : leilabks@link.net
http ://www.leila-books.com

En France

Vente en librairies
Diffusion : AFPU
Distribution : SODIS